企业法律与管理实务操作系列 WIN

人力资源管理合规实务操作进阶

风控精解与案例指引

德恒劳动与社会保障法专业委员会 编著

中国法制出版社
CHINA LEGAL PUBLISHING HOUSE

图书在版编目（CIP）数据

人力资源管理合规实务操作进阶：风控精解与案例指引／德恒劳动与社会保障法专业委员会编著.—北京：中国法制出版社，2020.12
（企业法律与管理实务操作系列）
ISBN 978-7-5216-1508-1

Ⅰ.①人… Ⅱ.①德… Ⅲ.①企业管理－人力资源管理 Ⅳ.①F272.92

中国版本图书馆 CIP 数据核字（2020）第 245937 号

策划编辑 杨　智（yangzhibnulaw@126.com）
责任编辑 周熔希　　　　　　　　　　　　　　　　封面设计 周黎明

人力资源管理合规实务操作进阶：风控精解与案例指引
RENLI ZIYUAN GUANLI HEGUI SHIWU CAOZUO JINJIE: FENGKONG JINGJIE YU ANLI ZHIYIN

编著／德恒劳动与社会保障法专业委员会
经销／新华书店
印刷／三河市紫恒印装有限公司
开本／730 毫米×1030 毫米　16 开　　　　　　　　印张／21.5　字数／286 千
版次／2020 年 12 月第 1 版　　　　　　　　　　　2020 年 12 月第 1 次印刷

中国法制出版社出版
书号 ISBN 978-7-5216-1508-1　　　　　　　　　　　　定价：78.00 元

北京西单横二条2号
邮政编码 100031　　　　　　　　　　　　　　　　传真：010-66031119
网址：http：//www.zgfzs.com　　　　　　　　　编辑部电话：010-66038703
市场营销部电话：010-66033393　　　　　　　　邮购部电话：010-66033288

（如有印装质量问题，请与本社印务部联系调换。电话：010-66032926）

编委会及撰稿人成员

顾　问：王建平
主　编：苏文蔚　　副主编：崔　杰
撰稿人：苏文蔚　赵广英　郭　蕾　沈　威　崔　杰　崔明明　王　冠
　　　　张希宁　靳亚兰　沙乃金　张　倩　王晨曦　赵宇健

王建平　北京德恒律师事务所全球合伙人、全国律协劳动和社会保障法专业委员会主任、北京市劳动和社会保障法学会副会长、中国社会法学会理事、北京法学会理事、中国侨联法顾委员兼劳动行政法专委会副主任、中保协"千人计划"核心人才库成员及首席律师顾问团律师、北京人大立法咨询专家、最高检民事行政检察咨询专家、北京劳动人事争议仲裁委员会仲裁员、中国政法大学兼职教授、社会法研究生导师。曾获全国优秀律师、北京杰出贡献律师称号，2012年起连续荣登Chambers、legal500、ALB、Legalband、Asialaw Profiles等劳动法领先律师排行榜，2019年至2020年连续被Chambers推举为劳动雇佣领域"业界元老"。

苏文蔚　北京德恒律师事务所合伙人，德恒劳动与社会保障法专业委员会主任。执业二十多年，专注为客户提供劳动法律服务，在人力资源全流程管理风险防控以及劳动争议纠纷处理方面积累了丰富经验。现任中国社会法学研究会理事、北京市劳动和社会保障法学会常务理事、北京市劳动人事争议仲裁委员会仲裁员、全国律协劳动和社会保障法专业委员会委员、最高人民检察院行政民事监督案件专家委员会委员。曾被评选为北京市十佳劳动法律师，连续多年被Chambers Asia–Pacific评为劳动与雇佣领域领先律师。

崔　杰　北京德恒律师事务所劳动法律业务团队骨干律师。2004年加入北京德恒律师事务所，在劳动争议处理、人力资源合规审计、企业员工安置等方面拥有丰富的经验。曾任第十届北京市律师协会劳动和社会保障法律专业委员会委员，现任中国保险行业协会劳动用工合规课程签约讲师，连续多年荣获北京德恒律师事务所"优秀律师"称号。多年来发表大量原创专业文章、开展直播讲座，并多次就热点事件、新规出台等接受《工人日报》《中国妇女报》《民主与法制时报》采访。

赵广英 北京德恒（乌鲁木齐）律师事务所合伙人、劳动法律业务团队负责人。现任全国律协劳动和社会保障法专业委员会委员，第九届新疆律协理事、新疆律协劳动和社会保障法专业委员会主任，新疆律协直属分会劳动和社会保障法专业委员会主任。

沈　威 北京德恒（深圳）律师事务所合伙人、劳动法律业务团队负责人。担任全国律协劳动与社会保障法律专业委员会委员、中国政法大学硕士研究生导师、广东省劳动法律事务律师专家库首批专家等。

王　冠 北京德恒律师事务所劳动法律业务团队的骨干律师。王冠律师2015年加入北京德恒律师事务所执业，曾获律所"优秀律师"称号。常年为多家大型知名国企、外资企业、上市集团提供中英文法律服务。

靳亚兰 北京德恒律师事务所劳动法律业务团队骨干律师。2013年加入北京德恒律师事务所执业，曾获律所"优秀律师"称号。曾在劳动仲裁机构工作多年，为多家国内外大型企业、事业单位提供诉讼和非诉讼法律服务。

张　倩 北京德恒（太原）律师事务所劳动法律业务团队专职律师，曾在北京市某法院劳动争议庭工作多年，有丰富的审判实践经验。

赵宇健 北京德恒律师事务所劳动法律业务团队专职律师，为多家大型知名国企、外资企业、上市公司提供法律服务。

郭　蕾 北京德恒（珠海）律师事务所合伙人、劳动法律业务团队负责人。现任全国律协劳动与社会保障法专业委员会委员、广东省律协劳动法律专业委员会主任、广东省劳动法律专家库律师、珠海市律协副会长。

崔明明 北京德恒律师事务所合伙人、劳动法律业务团队骨干律师。现任北京市律师协会劳动和社会保障法律专业委员会副主任、北京市劳动人事争议仲裁委员会兼职仲裁员、北京市劳动和社会保障法学会理事。

张希宁 北京德恒律师事务所劳动法律业务团队的骨干律师。张希宁律师2005年开始独立执业，加入北京德恒律师事务所后，曾获律所"优秀律师"称号。持续为多家集团公司、上市公司提供常年法律服务。

沙乃金 北京德恒律师事务所劳动法律业务团队骨干律师。曾在北京市某法院担任法官，具有丰富的审判实践经验，自2016年加入北京德恒律师事务所，为多家大型国有企业、集团公司等提供法律服务。

王晨曦 北京德恒律师事务所劳动法律业务团队专职律师。2017开始独立执业，为国内多家大型集团公司提供日常法律服务。

前　言

在企业人力资源管理活动中,合规管理是一项非常重要的工作。合规是企业行为的基础,也是企业作为社会组织在复杂的经济环境中生存的基础。合规渗透在企业的经营宗旨里,也确立在企业的行为准则中,甚至在企业的微观经济活动中,合规都是影响企业健康发展的重要因素。过去,我们通常认识的合规工作集中在企业活动符合法律、法规、规章的管理上,随着经济形势的发展,特别在扩大对外投资和中国企业走出去的进程中,我们越来越体会到合规体现在企业行为的方方面面。人力资源管理合规是企业作为用人单位合规最重要的组成部分之一,贯穿在用人单位对劳动力使用的全过程。所以作为从事劳动与社会保障的法律专业人员,研究用人单位人力资源管理合规是必不可少的工作和责任。

德恒律师事务所是中国规模最大的综合性律师事务所之一,1993年1月经中华人民共和国司法部批准创建于北京,原名中国律师事务中心,1995年更名为德恒律师事务所。德恒律师恪守勤勉尽责、竭诚服务、追求公正的宗旨,致力于为中外客户提供优质、高效的法律服务,现已形成在国内外设立的44家分支机构,以及遍布中国和世界160多个主要城市的全球服务网络,出色地完成了一系列具有深远社会影响的重大法律服务项目,创造了中国法律服务领域的多项第一,获得社会各界的肯定与好评。德恒首倡全球合伙制度,拥有一流的法律服务队伍,全球员工3000余人,专业人士80%以上拥有硕士、博士学位和中国律师执照,具有在国内外立法、司法、行政机关、大学、研究机构、跨国公司、大型国企及金融证券机构工作的经验。德恒律师还持有美国联邦最高法院、联邦上诉法院、纽约州、新泽西州、佛罗里达州、俄亥俄州、加利福尼亚州、欧盟、巴黎上诉法院等律师执照,能熟练运用英语、法语、德语、俄语、意大利语、日语、韩语等十多种语言工作,可为中外客户提供"中国资源、全球专家"的服务。

德恒劳动与社会保障专业委员会自2007年起主要从事劳动法相关法律服务

业务，拥有全国劳动法领域的领先专业人员及杰出律师，其成员在全国律协和部分省、市律师协会的劳动和社会保障专业委员会担任主任、副主任等重要职务，在各地劳动人事争议仲裁委员会担任仲裁员，处理了大量劳动争议并参与了大量相关社会矛盾化解工作；成功代理了包括全国最大的破产重整案、国内最大新闻机构大量劳务派遣纠纷、大型国企跨地区裁减人员集体纠纷、飞行员等特殊群体劳动纠纷、涉外劳动纠纷等众多有影响力的劳动人事争议案件。德恒劳专委和主要律师连续数年入围 ALB、钱伯斯、Legal500 等国际权威法律评级机构的顶级律师事务所和律师排行榜，是劳动和人力资源立法、科研、实践和专业服务、争议处理领域的优秀法律服务团队之一。

  本书正是德恒劳专委骨干成员根据自己的实战经验总结编写的。全书分为五章，分别对用人单位解除劳动合同管理、加班管理、女职工管理、竞业限制管理和年休假管理等方面的合规实务问题进行了探讨。在各章内容中，作者收集并整理了审判机关公示或者自己亲自代理、处理的大量劳动争议案例和用人单位内部管理实例，针对所论述的问题进行了实证研究。作者还依据《劳动法》《劳动合同法》《劳动合同法实施条例》，以及相关的行政规章和劳动政策等的具体规定，对用人单位人力资源管理中相应的情形进行了详细的分析，去粗取精、去伪存真、由此及彼、由表及里，对各类争议的立法依据、分类基础、审查要点、衡量标准、适用尺度、易发争议、处理结果等，进行了庖丁解牛式的剖析，目标只有一个——使用人单位在人力资源管理中严格依规，规避不必要的违法风险。

  我们特别注意到，在用人单位管理实践中，并非一切都像教科书那样标配、精准、典型，不同企业、不同环境、不同时期、不同条件下，对事实的判断、评价和对法律的适用与把握，都存在着很多细微的差别。为了给用人单位有效的指导，本书参与写作的都是有多年执业经历和实际办案经验的劳动法律师，且在编写体例上，更注意贴合人力资源部门管理的实务，通过对法律规定的阐述和解释，辅以实际案例的印证，来提示易发生风险的环节、焦点，提供解决的思路和方案。为了使读者能够更深入地了解我们写作的用意和思维方式，这里也把我们写作的思路告知各位以供参考。

  首先，合规通常是指对法律、法规和政策的严格遵守和执行，但我国劳动立法的独立系统和立法方式，使得实际执行中差异化、地域性、时效性的特点突出。为了使读者能够看清这些问题对合规审查结果的影响，我们在介绍适用规则的具体处理方法时，会注意适当提示各地的不同规定和不同做法，有时也会把不同地区的案例进行对照比较，指出他们的不同之处。执法中存在的差别化是个很大的问题，这既涉及整个法律体系的权威性，也会影响地区利益的平衡，但中国幅员辽阔，地理条件不同，文化、生活方式各异，区域发展能力不均衡，地区间难免还有很大的差距。长期以来，在保障、福利等待遇上还无法实现全国或大部分地区的统筹，经济条件、生产能力和管理水平的地区落差，也使各地用人单位的投资成本、经营成本和人力成本等形成较大的差距，当使用同等的标准进行合规审查时，在不同地区可能会发现不少难以处理的新的不平衡。有效地解决这些矛盾，体现了合理利用劳动立法对劳动关系失衡进行矫正。

其次，比较研究是当前劳动法理论研究中比较广泛使用的方法，大数据研究已经成为当前一种时髦的手段。即在对理论和实务问题研究的过程中，调查、了解、编纂、统计实际处理（代理）的劳动争议案件、公布的案例或数据等，通过量的积累和比较发现其中的规律。不过，在对比研究中，个案情况的差异、统计口径的差距、处理方式的差别，也常常会出现甄选结果和认识判断的不同，导致统计结论的不同。很多学者或实务人员常以关联词为索引查阅到的一定数量司法文书中的判决理由或结果，给一定时期、一类案件的执法标准做出结论，得出不同案件类型的发生频率、调解或和解的占比、胜诉或败诉多寡，以此来总结归纳劳动争议处理的特点，这给我们把握合规审查的重点和方向，提供了非常有价值的参考。而我们也看到，很多专业人员利用不同的比较和评判方法，评选出某某十大案件、某某经典案件、某某发展趋势、提供"超全、超细、超有用"的数据，要特别感谢这些同行们的努力，但在我们的分析报告里，却不一定能完全借用他们的成果。因为"大数字不等于大数据"，仅仅靠孤立的数字累计作分析有时会产生误导，尤其在劳动争议处理领域中的数据统计，需要谨慎地借以得出某种结论。以京津冀三地的劳动争议处理情况为例，2019年上半年三地仲裁机关受理的劳动争议数量为60000件、14000件、15000件，三地劳动争议仲裁期期间的调解率大致为50%以上（北京53%、河北65.6%，天津当年数据未报告，但前两年最高时达到65.8%）；三地法院同期一审受理劳动争议案件数量分别为21000件、5000件、13000件（河北的为两审受理的案件数），三地法院的案件调撤率分别为45.8%、48.4%、40.7%。通过公开的争议处理文书来考察案件的分类和判定结果，必须考虑数据采集的局限性，仲裁文书不上网、审判文书中调撤的不上网，通常只能统计到正式上网公开的判决书。那么我们简单地统计一下，三地同期劳动争议案件仲裁受理的数量在90000件左右，同期法院受理的案件在 35000 件左右（河北匡算一审案件占 2/3），平均调撤率为 45%，形成判决的 19000 件左右，二审期间如果调撤了，该数字还会大大减少（已知的同期二审调撤率超过 20%）。这样就形成了大比例的差距，如果仅仅用几十件、十几件案件的比对作为总结归纳京津冀地区某类案件的特点的"数据"，有其显而易见的局限性。我们不否定比较研究方法的优点，也肯定典型案例的指导意义，但我们也许会更注意剖析、归纳和总结发生在典型企业中的个案特点，在合规审查中从特殊推演到一般，从而达到有效防范违规操作的目的。大数据不是数字简单的加减或合并同类项，而要有一定的数量基础、有效的采集坐标、科学的统计方法和合理的分析比较，这样，数字才能真正成为科学的"大数据"。当然，也许这仅仅是研究方法的不同，仁者见仁、智者见智，请读者们注意鉴别。

最后，合规审查和特定时期、特定环境的利益平衡也有复杂的联系，针对不时之需，如何把握合规审查的灵活性，也是我们研究的课题。2020 年年初新型冠状病毒肺炎疫情的泛滥，给社会带来了巨大的危害，也给用人单位的生产经营和劳动管理带来了极大的冲击。沿用传统的方法来要求企业严格合规，对用人单位无异于雪上加霜。法律政策的灵活性，还体现在合规审查标准适应特定时期需要的调整，当然要做到的是基本合法、合规，同时还要合情、合理。我们的阐述中也注意到了这些特殊时期的特殊问题，有针对性地说明和阐述，以供读者打开思路。

总之，合规是一个系统工程，不仅要求充分地守法守规，在法律框架下享有权利和承担义务，也要有效、合理地理解和应用实际操作中的灵活性。

囿于我们的研究水平和对法律认识理解的程度，也许不能保证我们的研究阐述都是透彻的、精准的，但作者们都会遵循职业标准和守则，做出自己最大的努力。

谨以我们完成的工作成果奉献给大家，希望对各位的工作大有裨益。

中华全国律师协会劳动和社会保障法专业委员会主任

北京德恒律师事务所全球合伙人

目 录

第一章 用人单位解除劳动合同合规实务指引　001

第一节 严重过失解除劳动合同　003
一、过失性解除的情形　003
（一）严重违反用人单位规章制度　003
案例1 员工手册规定的严重违纪行为不明确，用人单位解除劳动合同违法　004
（二）严重失职，营私舞弊，给用人单位造成重大损害　004
（三）劳动者未经许可兼职　005
案例2 缺乏制度依据和相关事实证据，用人单位以兼职代理为由解除劳动合同违法　005
（四）劳动者欺诈导致劳动合同无效　006
案例3 工作经历造假构成欺诈，用人单位解除劳动合同合法　007
（五）严重违反劳动纪律和职业道德　007
案例4 员工私自找人代岗属严重违反劳动纪律，用人单位解除劳动合同合法　008
（六）严重违反公序良俗　008
案例5 上传不雅低俗视频违反公序良俗及劳动纪律，用人单位解除劳动合同合法　009
二、过失性解除的规章制度依据应合法有效　010
（一）规章制度的制定程序和发布程序合法　010
案例6 规章制度未公示送达不具有约束力，用人单位解除劳动合同违法　012
（二）规章制度的内容合法合理　013
案例7 规章制度责罚不当不具有合理性，不能作为解除劳动合同的依据　013
（三）规章制度的体系完整　014

三、过失性解除应有充分的事实依据 015
　（一）劳动者过错行为真实存在 015
　　案例8　未能充分举证员工存在违纪事实，用人单位解除劳动合同违法 016
　（二）劳动者过错行为应达到一定的严重程度 016
　　案例9　员工行为未达到严重违反规章制度的程度，用人单位解除劳动合同违法 017
四、用人单位在合理期限内正当行使管理权 018
　　案例10　用人单位需及时处理违纪员工，超出合理期限解除劳动合同违法 018

第二节　试用期不符合录用条件解除 019
一、试用期约定合法有效 020
　（一）试用期期限的确定 020
　（二）重复约定试用期的效力 021
　　案例11　员工离职当天重新入职再次约定试用期，违反法律强制性规定试用期不成立 021
　　案例12　员工离职后6年重新入职担任不同岗位，可以重新约定试用期 022
　（三）试用期中止与延长的效力 022
　　案例13　延长试用期的约定违反法律强制性规定，延长的试用期无效 023
二、试用期内用人单位解除劳动合同应符合法定理由 024
三、用人单位应有证据证明劳动者在试用期内不符合录用条件 025
　（一）用人单位有明确、合法的录用条件 025
　（二）向劳动者告知录用条件 026
　（三）有证据证明劳动者不符合录用条件 026
　　案例14　工作经历虚假不符合录用条件，用人单位试用期解除劳动合同合法 027
四、试用期内劳动者出现解雇保护情形的，用人单位应谨慎行使解除权 028
五、用人单位应在试用期满前行使解除权 028

案例15 试用期内未及时考核，用人单位试用期满后解除劳动合同违法	029
第三节 劳动者被追究刑事责任解除	030
一、劳动者被追究刑事责任的认定条件	031
（一）人民检察院作出不起诉决定，不再适用	031
（二）人民法院判处处罚	031
（三）免予刑事处罚	032
二、用人单位应在合理期限内行使解除权	032
案例16 被追究刑事责任后继续履行劳动合同，用人单位超期解除劳动合同违法	032
三、劳动者被采取刑事强制措施期间的处理	033
（一）刑事强制措施的性质	033
案例17 刑事拘留不属于被追究刑事责任，用人单位解除劳动合同违法	033
（二）刑事强制措施的种类	034
（三）劳动合同暂停或中止履行	034
案例18 取保候审期间员工未提供劳动，用人单位需支付生活费	036
（四）劳动合同恢复履行	036
（五）劳动者被错误限制人身自由的赔偿金	037
四、劳动者被行政/司法拘留期间的处理	037
第四节 医疗期满解除劳动合同	039
一、医疗期的期限及计算	039
（一）医疗期与病假的关系	039
（二）医疗期的期限	040
（三）医疗期的计算	042
（四）医疗期的工资待遇	043
二、医疗期满解除的条件	045
（一）医疗期满的认定	045
案例19 根据员工工作年限计算医疗期，医疗期期间可以循环计算	046
（二）医疗期满不能提供劳动的认定	046

案例20　医疗期满未另行安排工作，用人单位解除劳动合同违法　047
　（三）适用员工限制　047
二、医疗期满解除的特殊程序　047
　（一）劳动能力鉴定是否为法定程序　048
　　案例21　医疗期满未进行劳动能力鉴定，用人单位解除劳动合同违法　048
　（二）劳动能力鉴定结果对解除劳动合同的影响　049
　　案例22　劳动者因病完全丧失劳动能力，应办理退休退职手续并享受相应待遇　050

第五节　不胜任工作解除　052
一、不胜任工作的认定　052
　（一）劳动者有明确的岗位职责　053
　（二）业绩考核目标及考核标准设定清晰、合理且得到劳动者确认　053
　（三）合法有效的绩效考核制度　053
　　案例23　绩效考核未按照规定程序进行，不合格的考核结果不成立　054
　（四）认定劳动者不胜任工作的事实依据充分　055
　　案例24　绩效考核缺乏事实依据，司法机关对考核结果不予采纳　055
　（五）强制排名、末位淘汰并不等于劳动者不胜任工作　056
　　案例25　强制分布绩效考核不合格比例，不能证明员工不胜任工作　056
　　案例26　未完成工作任务且拒绝调岗和培训，用人单位解除劳动合同合法　057
二、调岗的安排及注意事项　058
　（一）不胜任工作调岗是法律赋予用人单位的单方权利　058
　（二）调岗应当具有合理性　058
　（三）薪随岗变应当合理　058
　（四）调岗应以书面形式通知劳动者　058
三、培训的安排及注意事项　059
　（一）培训内容　059
　（二）培训时间　059

　　（三）培训方式 　　059
　　（四）培训过程管理 　　059
　　（五）绩效改进计划（PIP）与培训的关系 　　060
四、第二次考核仍不胜任工作的认定 　　060
　　（一）第二次考核的周期 　　060
　　（二）两次不胜任工作考核必须是连续的 　　060
五、适用主体限制 　　061

第六节　客观情况发生重大变化解除 　　062
一、客观情况发生重大变化的认定情形 　　062
　　（一）"客观情况发生重大变化"的认定要素 　　063
　　　　案例27　合作合同到期可以预见不属于客观情况发生重大变化，用人单位解除劳动合同违法 　　063
　　（二）"客观情况发生重大变化"的法定情形 　　064
　　　　案例28　企业因自身经营需要进行迁移，不属于客观情况发生重大变化 　　065
　　（三）"客观情况发生重大变化"的除外情形 　　067
　　（四）存在争议的其他情形 　　067
　　　　案例29　企业自主决策进行业务调整，不属于客观情况发生重大变化 　　068
二、用人单位应依法与劳动者就变更劳动合同内容进行协商 　　068
　　（一）协商变更劳动合同的提出与协商内容 　　068
　　　　案例30　客观情况发生重大变化未履行协商变更程序，用人单位解除劳动合同违法 　　069
　　　　案例31　用人单位仅提出协商解除或待岗并未提供其他工作岗位，不符合协商变更的法定程序 　　070
　　（二）协商变更劳动合同的待遇调整应合理 　　071
　　（三）协商变更劳动合同的误区 　　071
　　　　案例32　客观情况发生重大变化未经协商单方要求待岗，用人单位解除劳动合同违法 　　072
　　（四）变更劳动合同的协商过程，应留存证据 　　072

案例 33　客观情况发生重大变化且就变更合同经协商未能达成一致，用人单位解除劳动合同合法　　073
三、适用员工限制　　073
四、劳务派遣用工模式下的特殊适用　　074

第七节　经济性裁员　　075

一、用人单位实施经济性裁员必须具备的实体条件　　075

（一）裁减人员规模应达到法定条件　　075
案例 34　用人单位进行经济性裁员，裁减人员规模应满足法定条件　　076
案例 35　用人单位分次实施经济性裁员，裁减人员规模应分别计算　　076

（二）进行经济性裁员应具备法定事由　　077
案例 36　财务报表显示严重亏损，可以作为生产经营严重困难进行经济性裁员的依据　　078
案例 37　预测订单量会下降，不能作为生产经营发生严重困难的依据　　079
案例 38　客观经济情况发生重大变化致使劳动合同无法履行，企业可以进行经济性裁员　　080

二、用人单位实施经济性裁员应当履行法定程序　　081

（一）在听取意见环节应关注的问题　　081
案例 39　经济性裁员未向工会或全体职工说明情况、听取意见，用人单位解除劳动合同违法　　081
案例 40　经济性裁员已向工会说明情况，虽然未提前 30 日但是已经额外支付 1 个月工资，不影响法定程序的履行　　082

（二）履行向劳动行政部门报告程序应注意的问题　　083
案例 41　实施经济性裁员未向劳动行政部门报告，不符合法律规定用人单位解除违法　　083
案例 42　实施经济性裁员未向劳动行政部门报告，但不影响经济性裁员的效力　　084
案例 43　先实施经济性裁员，再向劳动行政部门报告，用人单位解除违法　　085

（三）以协商一致解除实施经济性裁员是否需要履行听取意见及
　　　报告程序　　　　　　　　　　　　　　　　　　　　　　085
三、特殊员工的适用限制　　　　　　　　　　　　　　　　　　　086
四、劳务派遣用工下的经济性裁员　　　　　　　　　　　　　　　086
　案例44　用工单位实施经济性裁员应合法退回劳务派遣员工，
　　　　　用工单位和劳务派遣单位解除劳动合同违法　　　　　086
　（一）劳务派遣单位无法对被退回的劳动者进行重新派遣　　　087
　（二）劳务派遣单位降低劳动合同约定条件重新派遣　　　　　087
　（三）劳务派遣单位维持或者提高劳动合同约定条件重新派遣　088

第八节　解雇保护制度　　　　　　　　　　　　　　　　　　　088
一、享受解雇保护的特殊员工　　　　　　　　　　　　　　　　　089
　（一）职业病危害员工　　　　　　　　　　　　　　　　　　　089
　（二）工伤伤残员工　　　　　　　　　　　　　　　　　　　　089
　　案例45　工伤职工经鉴定未达到伤残等级，不属于解雇保护范围　090
　　案例46　未完成工伤认定及劳动能力鉴定，用人单位解除劳动
　　　　　　合同违法　　　　　　　　　　　　　　　　　　　　091
　（三）医疗期员工　　　　　　　　　　　　　　　　　　　　　091
　（四）"三期"女职工　　　　　　　　　　　　　　　　　　　091
　　案例47　违反计划生育政策严重违反规章制度，用人单位解除
　　　　　　劳动合同合法　　　　　　　　　　　　　　　　　　092
　（五）"15+5"老员工　　　　　　　　　　　　　　　　　　　093
　（六）法律、行政法规规定的其他情形　　　　　　　　　　　　094
二、解除事由的限制　　　　　　　　　　　　　　　　　　　　　095
　（一）禁止适用于六类特殊员工的解除事由　　　　　　　　　　095
　（二）可适用于六类特殊员工的解除事由　　　　　　　　　　　096
　　案例48　与职业病员工签订解除劳动关系协议，因违反法律强
　　　　　　制性规定被认定无效　　　　　　　　　　　　　　　096
　　案例49　协商解除后员工被认定患有职业病，员工可申请撤销
　　　　　　解除协议　　　　　　　　　　　　　　　　　　　　097
　　案例50　调解书违反工伤保险条例，工伤员工有权申请撤销　　098
　　案例51　女职工辞职后发现怀孕，无权主张恢复劳动关系　　　099

案例 52　接触职业病危害未进行离岗前健康检查，用人单位解除劳动合同违法　　100

　　案例 53　员工处于精神病发病期无民事行为能力，提出辞职无效　　100

　　案例 54　工伤职工尚未作出劳动能力鉴定结论，用人单位解除劳动合同违法　　101

　　案例 55　未为工伤职工申请劳动能力鉴定，用人单位解除劳动合同违法　　102

　　案例 56　工伤职工严重违反规章制度和劳动纪律，用人单位解除劳动合同合法　　103

第九节　用人单位解除劳动合同的程序及离职手续　　104

一、用人单位解除劳动合同的程序　　104

（一）用人单位应将解除理由事先通知工会　　104

　　案例 57　单方解除劳动合同未事先通知劳动合同履行地工会，用人单位解除劳动合同违法　　105

（二）用人单位应在合理期限内作出解除劳动合同决定　　106

（三）劳动者担任特殊职务的，用人单位解除时需履行的特别程序　　106

（四）解除劳动合同决定需以书面形式通知并有效送达劳动者　　107

　　案例 58　解除劳动合同通知未有效送达，用人单位解除劳动关系无效　　107

二、离职手续　　108

（一）办理工作交接　　108

（二）办理财务结算　　109

　　案例 59　用人单位为员工办理户口并约定服务期，员工违约离职应赔偿损失　　110

　　案例 60　用人单位以办理户口为由与劳动者约定服务期及违约金，违约金条款无效　　110

（三）竞业限制协议履行评估　　112

　　案例 61　离职时未通知解除竞业限制协议，用人单位需额外支付 3 个月竞业限制补偿金　　112

（四）开具离职证明　　113

案例62　未出具离职证明给员工造成损失，用人单位需承担赔偿责任　　114

　（五）办理社保、公积金、人事档案转移　　114

　　案例63　劳动者不配合办理档案转移手续，相应损失应自行承担　　114

　　案例64　丢失员工档案，用人单位应承担赔偿责任　　115

　（六）及时处理离职外籍员工的工作居留手续　　116

　　案例65　外籍员工离职，用人单位应及时处理工作许可和居留许可　　116

第十节　经济补偿及相关补偿性费用的计算及支付　　117

一、用人单位应当支付经济补偿的法定情形　　118

二、经济补偿金计算及支付　　120

　（一）补偿年限　　120

　（二）经济补偿金基数　　120

　　案例66　加班工资不属于正常工作时间的劳动报酬，不应计入计算经济补偿的基数　　121

　（三）经济补偿金的封顶限制　　122

　（四）工作年限跨2008年的经济补偿金分段计算　　122

　（五）经济补偿金的支付时间　　122

　（六）经济补偿金的税收优惠　　123

　　案例67　劳动合同终止经济补偿金不属于免纳个人所得税的范围　　123

三、医疗补助费　　124

　（一）医疗补助费的支付条件　　124

　　案例68　劳动者拒绝进行劳动能力鉴定，用人单位可以不支付医疗补助费　　125

　（二）医疗补助费的支付标准　　125

　　案例69　正常工资超过月平均工资3倍的员工的医疗补助费基数，应当平衡双方利益　　126

　（三）医疗补助费的支付时间　　126

　（四）医疗补助费的个人所得税　　127

四、一次性工伤医疗补助金和一次性伤残就业补助金　　127

　（一）劳动者享受一次性工伤医疗补助金、一次性伤残就业补助金的情形　　127

（二）支付主体	127
（三）支付标准	127
（四）免征个人所得税	127
五、代通知金	128
（一）代通知金的适用情形	128
案例70　劳动者主张违法解除劳动合同赔偿金，不可同时主张代通知金	128
（二）代通知金的性质	129
（三）代通知金的支付标准	129
（四）代通知金的支付时间	129
（五）代通知金应依法缴纳个人所得税	129
第十一节　违法解除劳动合同的法律责任	**130**
一、违法解除劳动合同的情形	131
（一）解除劳动合同实体违法	131
（二）解除劳动合同程序违法	132
二、用人单位违法解除劳动合同应承担的法律责任	133
（一）继续履行劳动合同	133
（二）支付违法解除劳动合同赔偿金	134
案例71　举证证明继续履行劳动合同已无可能，用人单位无须继续履行	135
案例72　工会主席因履行职责而被解除劳动合同，用人单位需按照《工会法》承担赔偿责任	136
第十二节　协商解除劳动合同	**137**
一、协商解除劳动合同的分类	138
案例73　双方均未能举证证实劳动合同解除原因，应视为协商一致解除劳动合同	138
二、解除劳动合同协议书的内容	139
（一）必备条款	139
（二）可选条款	140
三、解除劳动合同协议书的效力	140
案例74　违反法律、行政法规强制性规定，协商解除协议无效	140

四、解除劳动合同协议书的撤销 　　141
　（一）劳动者因个人原因反悔，要求撤销解除协议，继续履行劳动合同 　　141
　　案例75　签署解除协议后发现已怀孕，主张用人单位违法解除不支持 　　141
　（二）劳动者认为协议约定给付款项有漏项或差额，显失公平，要求补足差额 　　142
　　案例76　终止协议书约定的经济补偿标准低于法定计算标准，不存在可撤销情形仍然合法有效 　　142
　　案例77　解除协议内容显失公平，员工有权要求撤销 　　143

第二章　加班管理合规实务指引 　　145

第一节　加班的安排与限制 　　147

一、劳动者是否可以拒绝用人单位安排的加班 　　147
　（一）需要劳动者同意的加班 　　147
　（二）劳动者不得拒绝的加班 　　148
　（三）员工拒绝加班是否承担损失赔偿责任 　　149

二、加班时间的限制与"996工作制" 　　151
　（一）加班时长的限制性规定 　　151
　（二）"996工作制"的法律评价 　　152

三、加班与值班的区别 　　152
　（一）工作内容不同 　　152
　　案例78　用人单位安排员工值班，无须支付加班工资 　　153
　（二）工作强度不同 　　153
　（三）劳动待遇不同 　　154
　（四）法律适用不同 　　154
　　案例79　以"值班"名义变相安排员工加班，用人单位应支付加班工资 　　154

四、周末参加开会、培训、出差是否属于加班 　　155
　（一）周末参加开会、培训的认定 　　155
　　案例80　员工周末必须参加的例会属于加班，自愿参加的培训不属于加班 　　155

（二）周末出差及路途时间的认定　　　　　　　　　　　　156
　　　　案例81　员工出差休息日在途时间并无实际工作内容，不作为
　　　　　　　　加班时间　　　　　　　　　　　　　　　　　　156
第二节　加班工资的计算　　　　　　　　　　　　　　　　　　　158
　一、标准工时制员工的加班工资　　　　　　　　　　　　　　　158
　　（一）工作日延时加班工资　　　　　　　　　　　　　　　　158
　　（二）休息日加班工资　　　　　　　　　　　　　　　　　　159
　　（三）法定休假节日加班工资　　　　　　　　　　　　　　　159
　　（四）计件工资制员工的加班工资　　　　　　　　　　　　　159
　　（五）防控新冠疫情延长春节假期及延迟复工期间的加班工资　159
　二、综合计算工时制员工的加班工资　　　　　　　　　　　　　160
　　（一）实行综合计算工时工作制的职工范围　　　　　　　　　160
　　（二）综合计算工时工作制员工加班工资的计算　　　　　　　160
　　　　案例82　综合计算工时周期内实际工作时间未超过法定标准，
　　　　　　　　无须支付延时加班工资　　　　　　　　　　　　161
　三、不定时工作制员工的加班工资　　　　　　　　　　　　　　162
　　（一）实行不定时工作制的职工范围　　　　　　　　　　　　162
　　（二）不定时工作制员工是否执行加班工资规定　　　　　　　162
　　　　案例83　经过审批执行不定时工时制，不执行加班工资的规定　162
　四、加班工资的计算基数　　　　　　　　　　　　　　　　　　163
　　　　案例84　劳动合同中约定加班工资基数合法有效　　　　　164
　五、包薪制的效力　　　　　　　　　　　　　　　　　　　　　165
　　　　案例85　劳动合同中约定工资中包含加班工资合法有效　　166
第三节　加班补休的安排　　　　　　　　　　　　　　　　　　　167
　一、休息日加班安排补休的决定权　　　　　　　　　　　　　　167
　二、非休息日加班安排补休替代加班工资的效力　　　　　　　　167
　　　　案例86　法定节假日加班，不能以补休替代加班工资　　　168
　三、加班补休限期未休完作废的效力　　　　　　　　　　　　　168
　　　　案例87　加班调休逾期作废的规定无效　　　　　　　　　168
第四节　加班管理违规的法律后果　　　　　　　　　　　　　　　170
　一、超时限安排加班的法律责任　　　　　　　　　　　　　　　170

二、未依法支付加班费的法律责任	170
（一）足额支付加班工资	170
（二）劳动行政部门限期支付加班费未支付的，需加付赔偿金	170
（三）劳动者被迫解除劳动合同的经济补偿	171
案例 88　用人单位未支付加班工资属于未足额支付劳动报酬，员工被迫辞职可以获得经济补偿	171
案例 89　加班工资与劳动报酬并非同一概念，未支付加班工资不符合被迫辞职的情形	172
（四）恶意欠薪追究刑事责任	173
第五节　加班争议的处理	174
一、加班争议的举证责任	175
（一）加班事实的举证责任	175
案例 90　员工主张加班工资，应就存在加班事实承担举证责任	175
案例 91　用人单位未举证证明综合工时制获得审批，应当支付休息日加班工资	176
（二）加班工资足额支付的举证责任	177
案例 92　用人单位未举证证明已经足额支付加班工资，应承担不利后果	177
二、加班争议的仲裁时效	178
第三章　女职工管理合规实务指引	**181**
第一节　性别歧视与平等就业权保护	183
一、法律禁止实施的就业性别歧视行为	184
（一）国家法律法规的原则性规定	184
案例 93　用人单位招聘时存在性别歧视，侵犯平等就业权应承担侵权赔偿责任	184
（二）招聘过程中的性别歧视行为	185
案例 94　女职工隐瞒婚育状况不属于欺诈，用人单位解除劳动合同违法	186
（三）劳动合同履行过程中的就业歧视	187
案例 95　因女职工怀孕进行辞退，用人单位侵犯其平等就业权应承担侵权赔偿责任	187

二、实施就业性别歧视的法律后果　　188
（一）劳动者以平等就业权纠纷为由向法院起诉要求用人单位承担侵权责任　　189
案例96　平等就业权纠纷无须经过劳动仲裁前置程序，可以直接向法院起诉　　189
（二）劳动者向相关部门举报或投诉对用人单位依法进行处理　　190
案例97　劳动合同限制生育权，女职工可求助工会维权　　190

第二节　"三期"女职工岗位及薪酬管理　　191
一、对"三期"女职工调岗降薪须依法合规　　192
（一）必须调岗的情形　　192
（二）可以调岗的情形　　192
案例98　企业合理调岗未降薪，哺乳期女职工拒绝服从构成严重违纪解除劳动合同合法　　193
二、对"三期"女职工违法调岗降薪的法律后果　　194
（一）女职工可以要求恢复原岗位、待遇，补发工资差额　　194
案例99　用人单位违法对"三期"女职工进行调岗降薪，应依法补足工资差额　　194
（二）女职工被迫辞职可以要求支付经济补偿金　　195
案例100　因公司违法调岗降薪怀孕女职工被迫辞职，公司需支付解除劳动合同经济补偿金　　195

第三节　"三期"女职工休息休假管理　　196
一、孕期、哺乳期女职工工作时间的限制　　196
（一）不得违法安排"三期"女职工进行加班和夜班劳动　　196
（二）违法安排"三期"女职工工作时间的法律责任　　197
二、孕期女职工产检假的时间、次数及待遇　　197
（一）产检假待遇　　197
案例101　符合计划生育的女职工产检期间，用人单位不得扣发工资　　198
（二）产检费用报销　　198
（三）产检时间和次数　　198
三、保胎假或病假的条件、待遇　　199

（一）"三期"女职工休保胎假或病假的条件　　　　　　　　199
　　　　案例102　怀孕女职工提交病假证明，用人单位以非三级医院
　　　　　　　　出具为由不批准病假解除劳动合同违法　　　　　　199
　　（二）保胎休息或病假的待遇　　　　　　　　　　　　　　　200
　　（三）"三期"女职工"泡病假"的防范措施　　　　　　　　　201
　　　　案例103　怀孕女职工提交虚假病假手续构成严重违反规章制
　　　　　　　　度，用人单位解除劳动合同合法　　　　　　　　　202
四、女职工流产假的条件、天数及待遇　　　　　　　　　　　　　203
　　（一）女职工流产假的天数　　　　　　　　　　　　　　　　203
　　（二）流产假的待遇　　　　　　　　　　　　　　　　　　　203
　　（三）流产假的享受条件　　　　　　　　　　　　　　　　　203
五、女职工产假的条件、天数及待遇　　　　　　　　　　　　　　204
　　（一）国家法定产假的天数　　　　　　　　　　　　　　　　204
　　（二）女职工违法生育时的产假　　　　　　　　　　　　　　204
　　　　案例104　违法生育的女职工有权休产假，用人单位以旷工为
　　　　　　　　由解除劳动合同违法　　　　　　　　　　　　　　205
　　（三）地方合法生育奖励假　　　　　　　　　　　　　　　　205
　　（四）产假天数是否包含公休假日　　　　　　　　　　　　　206
　　（五）女职工产假期间的生育津贴　　　　　　　　　　　　　206
　　　　案例105　生育津贴低于女职工产假前本人工资标准，用人单
　　　　　　　　位应补足差额　　　　　　　　　　　　　　　　　207
　　（六）纯母乳喂养产假　　　　　　　　　　　　　　　　　　207
　　　　案例106　符合条件的纯母乳喂养的女职工，可以按当地规定
　　　　　　　　享受额外产假　　　　　　　　　　　　　　　　　208
六、女职工生育时男方享受陪产假的条件、天数及待遇　　　　　　209
　　（一）男职工享受陪产假的条件、天数　　　　　　　　　　　209
　　（二）男职工享受陪产假的工资待遇　　　　　　　　　　　　209
　　　　案例107　男职工休陪产假期间，用人单位应依法支付工资　　210
七、哺乳时间和哺乳假的享受条件、期限及待遇　　　　　　　　　210
　　（一）哺乳时间　　　　　　　　　　　　　　　　　　　　　211

案例 108　女职工外出哺乳时间不属于擅自离岗，用人单位作出违纪处理违法　211

　　（二）地方哺乳假　212

　　　案例 109　女职工符合应当批准哺乳假的条件，用人单位不批准休假以其旷工为由解除劳动合同违法　212

第四节　"三期"女职工离职管理　214

　一、"三期"女职工的解雇保护情形　214

　　（一）用人单位不得解除劳动合同的情形　214

　　（二）用人单位不得终止劳动合同的情形　215

　　（三）劳务派遣员工的退回保护　215

　　　案例 110　医疗期满解除不适用于"三期"女职工，用人单位解除劳动合同违法　216

　二、"三期"女职工可以适用的解雇情形　217

　　（一）协商一致解除劳动合同　217

　　（二）过失性解除　217

　　　案例 111　孕期女职工被证明试用期间不符合录用条件，用人单位解除劳动合同合法　217

　　（三）依法终止劳动合同　218

　三、女职工违法生育可否解除劳动合同　219

　　　案例 112　规章制度规定女职工违反计划生育政策构成严重违纪，公司解除劳动合同合法　219

　四、违法解雇"三期"女职工的法律后果　221

第五节　防治职场性骚扰　222

　一、性骚扰的有关规定　222

　二、职场性骚扰的表现形式及来源　222

　三、实施职场性骚扰需要承担的法律责任及救济渠道　223

　　（一）行政处罚　223

　　（二）侵权责任　223

　四、用人单位防治职场性骚扰的措施要求　224

　　（一）用人单位预防和制止性骚扰的法律规定　224

案例113 用人单位对预防和制止性骚扰采取积极措施，无须对员工实施的性骚扰行为承担连带责任 　　224

（二）用人单位预防和制止性骚扰的措施建议 　　225

案例114 员工对同事实施性骚扰严重违反公司规章制度，公司解除劳动合同合法 　　226

第四章　竞业限制合规实务指引 　　229

第一节　竞业限制协议的签订与效力 　　232

一、竞业限制的主体范围 　　232

（一）法律规定的三类竞业限制人员 　　232

（二）普通员工签订竞业限制协议的效力 　　233

案例115 用人单位与不负有保密义务的普通员工签订的竞业限制协议，员工可以主张对其不具有拘束力 　　233

（三）约定员工的近亲属负有竞业限制义务是否有效 　　235

二、竞业限制的范围、地域、期限 　　235

（一）竞业限制的范围 　　235

案例116 双方明确约定了竞业限制的范围，员工入职竞争对手的关联公司构成违反竞业限制义务 　　236

（二）竞业限制的地域 　　237

（三）竞业限制的期限 　　237

三、竞业限制经济补偿的支付标准、时间、形式 　　238

（一）竞业限制经济补偿的支付标准 　　238

案例117 竞业限制补偿金过低不影响竞业限制协议的效力，员工可以要求补差 　　239

案例118 未约定经济补偿并不当然导致竞业限制条款无效，双方可以就补偿标准进行协商 　　241

（二）竞业限制经济补偿的支付时间 　　242

案例119 竞业限制经济补偿金随工资发放的约定无效，用人单位需要另行支付 　　243

（三）竞业限制经济补偿是否可以以股权激励形式支付 　　244

案例120 股权激励作为竞业限制经济补偿的约定有效，员工违约应当返还股权激励收益 　　245

四、竞业限制违约金的标准 247
（一）违约金的约定方式 247
（二）违约金约定过高时的调整 247
案例 121　竞业限制违约金约定过高，法院酌情调整违约金数额 248

第二节　违反竞业限制义务的行为认定 250
一、在职期间劳动者是否负有竞业限制义务 250
案例 122　竞业限制协议约定员工在职期间负有竞业限制义务，未违反禁止性规定应属有效 251
二、违反就业汇报义务是否等同于违反竞业限制义务 252
案例 123　未履行就业汇报义务不能视同于违反竞业限制义务，用人单位主张违约金不应支持 253
三、违反"禁止招揽"义务是否等同于违反竞业限制义务 255
（一）"禁止招揽"条款的效力 255
（二）违反"禁止招揽"义务的责任 255
案例 124　未能证明离职员工唆使其他员工离职及给公司造成损失，用人单位主张不正当竞争及赔偿损失未获支持 256
四、如何认定员工存在违反竞业限制义务的行为 257
（一）劳动者到新雇主处工作（或自营）的证据 257
（二）原雇主与新雇主（或自营）业务相竞争的证据 257
案例 125　用人单位初步证明员工违反竞业限制义务，员工未作出合理解释可以认定违约事实 258

第三节　员工违反竞业限制义务的法律责任 261
一、违反竞业限制义务的违约金及赔偿责任可否同时主张 261
案例 126　调查、制止竞业限制违约行为的合理费用已在调整违约金时予以考量，法院不再另行支持 262
二、员工违反竞业限制义务是否需要返还已经领取的经济补偿 262
案例 127　员工违反竞业限制义务，按约定需返还已领取的竞业限制补偿金 263
案例 128　虚构就业证明骗取竞业限制补偿金，员工构成诈骗罪被追究刑事责任 263
三、员工支付违约金后是否需要继续履行竞业限制义务 264

案例 129　员工支付违约金后，再次违反竞业限制义务仍需承担违约责任	265
第四节　竞业限制协议的解除	266
一、用人单位主动提出解除	267
（一）解除的时间及后果	267
（二）行使解除权的方式	267
案例 130　约定停发竞业限制补偿金作为解除方式，仍须额外支付 3 个月经济补偿	268
二、劳动者的被动解除权	269
（一）劳动者的解除条件	269
（二）行使解除权的方式	269
案例 131　用人单位超 3 个月未支付经济补偿，员工到竞争对手单位工作视为以实际行为行使解除权	269
（三）劳动者不得解除的情形	270
三、协商解除	271
第五节　竞业限制与保密义务的联系与区别	271
一、竞业限制与保密义务的联系	272
（一）负有保密义务是竞业限制的前提和基础	272
（二）竞业限制是实现保密义务的有效手段	272
（三）保护商业秘密是竞业限制和保密义务的共同目标	272
二、竞业限制与保密义务的区别	272
（一）所适用的劳动者范围不同	272
（二）劳动者承担义务的性质不同	273
（三）履行义务的起始时间和期限不同	273
（四）用人单位是否必须支付对价不同	273
（五）是否可以要求劳动者承担违反义务时的违约金不同	274
（六）违反义务是否以侵犯商业秘密为前提不同	274
（七）违反义务的救济方式不同	274
案例 132　多名员工携原单位经营信息集体跳槽，法院认定员工和新单位侵犯商业秘密应赔偿	275

第五章　年休假管理合规实务指引　277

第一节　年休假的适用对象及享受条件　279

一、哪些用人单位的职工可以享受年休假　279

　案例133　民营企业有义务依法安排员工休年休假　280

二、职工享受年休假需要满足的条件　280

　（一）连续工作时间是否必须在同一用人单位　281

　（二）连续工作时间是否可以中断　281

　（三）"连续工作满12个月以上"的次数　281

　　案例134　入职新单位前曾经连续工作满12个月的新员工有权享受年休假　282

三、职工不享受当年年休假的情形　282

　　案例135　累计工作满10年不满20年的员工连续病休3个月，不享受当年年休假　283

四、不定时工时制、劳务派遣、非全日制员工可否享受年休假　284

　（一）不定时工时制员工可否享受年休假　284

　　案例136　实行不定时工作制的员工有权享受年休假　284

　（二）劳务派遣员工可否享受年休假　285

　　案例137　劳务派遣单位和用工单位未安排劳务派遣员工休年休假需承担连带责任　286

　（三）非全日制员工可否享受带薪年休假　286

　　案例138　非全日制员工不享受年休假，主张未休年休假工资不支持　287

第二节　年休假的天数　288

一、职工每年可以享受的年休假天数　288

　（一）法定年休假天数　288

　　案例139　累计工龄应当结合档案记载、社保记录、劳动合同等综合认定　290

　（二）企业福利年休假天数　290

二、国家规定的各类假期与年休假的关系　291

　　案例140　员工因工伤停工留薪期间不计入年休假假期　291

三、新进单位职工及离职员工的年休假天数　292

（一）新进单位职工的年休假　　292
　　　　案例141　用人单位需按新员工当年度在本单位剩余日历天数折算未休年休假工资　　292
　　（二）离职员工的年休假　　293
　　　　案例142　离职员工已休年休假多于折算应休年休假的天数，用人单位不得再扣回　　294
第三节　年休假的申请与安排　　295
　一、用人单位安排职工休年休假是否需要员工同意　　295
　　（一）当年度安排年休假应当考虑职工本人意愿但无须本人同意　　295
　　　　案例143　用人单位可以在履行协商程序后统筹安排休年休假　　296
　　（二）跨年度安排年休假及工资补偿替代年休假应当征得员工同意　　297
　　　　案例144　用人单位跨年度安排年休假应当征得员工本人同意　　298
　二、法定节假日期间多休的带薪假期可否视为年休假　　298
　　　　案例145　用人单位在春节假期外安排带薪休假应明确告知休假性质　　299
　三、年休假过期作废规定的效力　　300
　　（一）法定年休假过期未休的后果　　300
　　　　案例146　规章制度规定职工未休年休假过期作废无效　　300
　　（二）福利年休假过期未休的后果　　301
第四节　未休年休假的补偿　　302
　一、未休年休假应当如何支付工资报酬　　302
　　（一）建立劳动关系的职工　　302
　　　　案例147　用人单位应当按照员工日工资收入的200%另外支付未休年休假工资　　302
　　　　案例148　规章制度规定员工离职时未休公司福利年休假不支付补偿有效　　304
　　（二）机关、事业单位的工作人员　　304
　二、未休年休假工资报酬的日工资收入如何计算　　305
　　（一）建立劳动关系的职工日工资收入　　305
　　　　案例149　餐补及交通费属于工资，应当计入未休年休假工资基数　　305

　　　　案例 150　未休年休假工资基数的计算期间　　　　　　　　　307
　　　（二）机关、事业单位工作人员的日工资收入　　　　　　　307
　　三、未休年休假工资报酬属于工资还是经济补偿　　　　　　　307
　　　（一）未休年休假工资报酬的性质认定　　　　　　　　　　307
　　　（二）未支付未休年休假工资，能否适用《劳动合同法》第三十八条　308
　　　　案例 151　未休年休假工资报酬属于特殊情况下支付的工资　308
第五节　年休假争议的处理　　　　　　　　　　　　　　　　　　　309
　　一、用人单位未安排年休假也未依法支付未休年休假工资报酬的法律责任　309
　　　（一）责令限期改正，依法安排年休假或支付未休年休假工资　310
　　　（二）逾期不改正的，责令支付未休年休假工资并加罚赔偿金　310
　　　（三）企业拒不整改的，可处以罚款，并可申请人民法院强制执行　310
　　　　案例 152　用人单位未安排年休假也未支付未休年休假工资的
　　　　　　　　　法律责任　　　　　　　　　　　　　　　　311
　　　（四）机关、事业单位的直接负责的主管人员以及其他直接责任
　　　　　　人员还可能被行政处分　　　　　　　　　　　　　312
　　二、解决年休假争议的法律途径　　　　　　　　　　　　　　　312
　　　（一）年休假争议的救济途径　　　　　　　　　　　　　　312
　　　（二）两种法律救济途径的区别　　　　　　　　　　　　　313
　　　　案例 153　员工可以向劳动监察部门投诉解决年休假争议　　313
　　三、未休年休假工资报酬争议的仲裁时效　　　　　　　　　　　314
　　　　案例 154　未休年休假工资 1 年仲裁时效的起算时间　　　　315

第一章　用人单位解除劳动合同合规实务指引

本章导读

不胜任工作解除的核心是"不胜任工作"的认定。根据原劳动部发布的《关于〈中华人民共和国劳动法〉若干条文的说明》第二十六条的规定,"不胜任工作"是指不能按要求完成劳动合同中约定的任务或者同工种、同岗位人员的工作量,用人单位不得故意提高定额标准,使劳动者无法完成。也就是说,认定劳动者"不胜任工作"需要用人单位对劳动者定岗定责、定工作量,并实施考核。在人力资源管理中称为绩效考核。绩效考核是人力资源管理的一项重要内容,是指用人单位运用各种科学的方法,对劳动者的工作行为、工作效果、工作价值等进行的考核与评价。

第一节　严重过失解除劳动合同

因劳动者存在严重过错，用人单位可以随时单方解除劳动合同，又称"过失性解除""过错性解除"。关于员工的过错表现，《劳动法》第二十五条规定了四种情形：试用期被证明不符合录用条件；严重违反劳动纪律或者用人单位规章制度；严重失职、营私舞弊给用人单位利益造成重大损害；被依法追究刑事责任。《劳动合同法》第三十九条在此基础上，将第二种情形中的"劳动纪律"删除，另外增加了"劳动者同时与其他用人单位建立劳动关系，对完成本单位工作任务造成严重影响，或经用人单位提出，拒不改正的"和"以欺诈、胁迫的手段或者乘人之危，使对方在违背其真实意思的情况下订立劳动合同的"两种情形。司法实践中，还存在着因劳动者严重违反劳动纪律和职业道德、违反公序良俗被用人单位解除劳动合同的情形。

过失性解除是法律赋予用人单位的单方解除权之一，与非过失性单方解除权、经济性裁员等相比，具有立即解除、无须支付经济补偿金的特点，于用人单位而言，时间成本和经济成本都是最低的。但是法律在赋予用人单位即时且无补偿解雇员工的单方解除权的同时，也从实体和程序上对这种权利的行使进行了严格的规制。实际上，在过失性解除引发的劳动争议案件中，用人单位很多的解除行为无法得到裁审机构的支持。通常，此类案件争议焦点包括：劳动者过错事实是否存在、过错的严重程度、用人单位解除劳动合同的制度依据、解除劳动合同是否在合理期限内等。

在本节中，我们将对过失性解除的几种情形进行逐一分析，"试用期不符合录用条件解除劳动合同"和"依法被追究刑事责任解除劳动合同"将在第二节、第三节详细介绍，这里不再赘述。

一、过失性解除的情形

（一）严重违反用人单位规章制度

根据《劳动法》规定，用人单位应当依法建立和完善规章制度，劳动者应当完成劳动任务，执行安全卫生规程，遵守劳动纪律和职业道德。规章制度是用人单位实施管理的依据。《劳动合同法》第三十九条第（二）项规定，劳动者严重违反用人单位的规章制度的，用人单位可以解除劳动合同。这就是通常所称的严重违纪解除。企业以严重违纪为由解除劳动合同引发的劳动争议案件，裁审机构审查的重点为：企业是否制定了规章制度且依法履行了民主和公示程序，规章制度中是否明确哪些行为是"严重违规违纪"，员工违纪行为的证据及严重程度，用人单位是否及时行使管理权进行处理等。

案例1 员工手册规定的严重违纪行为不明确，用人单位解除劳动合同违法

在江某与沃尔玛（湖北）商业零售有限公司孝感市长征路分店劳动争议一案中[①]，江某于2011年2月入职沃尔玛公司，2018年6月，公司总部道德办公室接到单位员工举报称江某存在多次向下属员工借款、暗示员工无偿加班等违纪的行为。之后，公司对举报之事进行了调查。2018年9月5日，沃尔玛公司以江某严重违反公司规章制度为由与其解除劳动合同关系。法院认为，根据沃尔玛公司《员工手册》的规定，"公司管理层不应向下属借款。禁止管理层以任何名义向下属索要财物或故意拖欠借款"。在沃尔玛公司没有证据证明江某存在故意拖欠借款的情况下，其向下属和同事借款的行为不属于公司规章制度所禁止的行为，应为一般违纪行为。且《员工手册》《全球道德操守规范》及劳动合同并未明确将该行为约定为解除劳动合同的情形，故认定江某构成严重违反公司规章制度的依据不足。沃尔玛公司在发现江某存在违纪行为后，应当予以教育、批评或者作出其他处罚，采取直接解除劳动合同的处分方式不当，属于违法解除劳动合同。

（二）严重失职，营私舞弊，给用人单位造成重大损害

根据《劳动合同法》第三十九条第（三）项规定，劳动者严重失职，营私舞弊，给用人单位造成重大损失的，用人单位可以解除劳动合同。此种情形解除劳动关系，发生争议后裁审机构审查的焦点集中在：一是员工是否存在严重失职、营私舞弊的行为；二是用人单位是否实际遭受了重大损失，包括有形的经济损失、无形的声誉损失；三是员工的严重失职、营私舞弊行为与用人单位损失之

---

① 湖北省孝感市孝南区人民法院（2019）鄂0902民初2371号民事判决书。

间是否存在必然的关联性;四是用人单位是否及时行使管理权进行处理。其中,关于"重大损失"认定问题是最大的难点。企业性质各有不同,不可能执行统一的认定标准。根据《劳动部办公厅关于〈劳动法〉若干条文的说明》的规定,"重大损失"的认定标准由企业内部规章来规定[①]。因此,用人单位在规章制度中需要对重大损失行为进行量化,且认定重大损失的金额要合理。司法实践中,裁审机构也会对其"公平性、合理性"予以审查。

(三) 劳动者未经许可兼职

我国劳动法并未禁止双重劳动关系。根据《劳动合同法》第三十九条第(四)项的规定,劳动者同时与其他用人单位建立劳动关系,对完成本单位的工作任务造成严重影响,或者经用人单位提出,拒不改正的,用人单位可以与劳动者解除劳动合同。

本条款规定的基础是劳动者的忠诚义务。用人单位按约定提供劳动条件、付出劳动报酬及各种福利待遇,向劳动者购买约定时间内的劳动力,劳动者应当按约定忠实地履行自己的义务,按时提供劳动、交付劳动成果以及正当使用休息休假时间缓解疲劳、恢复身体,以确保在工作时间内提供正常劳动。劳动者在工作时间内或工作时间外的兼职,会直接或间接地对本职工作产生影响,甚至危害,如由于休息时间不足会极大地增加企业工伤事故发生风险。因此,除非用人单位同意,劳动者不应当有兼职行为,如有违反,在符合以下情形之一时用人单位有权解除劳动合同:一是劳动者的兼职行为对完成本单位的工作任务造成了严重影响;二是用人单位对劳动者的兼职行为提出异议,劳动者拒不改正。如果用人单位在规章制度中将兼职行为纳入严重违纪范畴,则劳动者的兼职行为将同时触发严重违纪解除劳动合同条款的适用。

案例2 缺乏制度依据和相关事实证据,用人单位以兼职代理为由解除劳动合同违法

焦点科技股份有限公司上海分公司与郁某劳动争议一案中[②],郁某于2005年

[①] 《劳动部办公厅关于〈劳动法〉若干条文的说明》第二十五条第三款:"本条中的'重大损害'由企业内部规章来规定。因为企业类型各有不同,对重大损害的界定也千差万别,故不便对重大损害作统一解释。若由此发生劳动争议,可以通过劳动争议仲裁委员会对其规章规定的重大损害进行认定。"

[②] 上海市第一中级人民法院(2015)沪一中民三(民)终字第53号民事判决书。

3月28日进入焦点公司从事销售工作。双方签订的最后一份劳动合同中约定：郁某同时与其他用人单位建立劳动关系，对完成焦点公司工作任务造成严重影响，或者经焦点公司提出，拒不改正的，焦点公司可以解除劳动合同。2014年4月15日，焦点公司出具《关于与郁某解除劳动合同的决定》，该决定载明："公司员工郁某，在职期间，兼职代理其他公司的产品，对本职工作产生重大影响。经公司管理人员与其多次沟通，并对其工作品质提出明确要求后，又抽查发现其有大量虚假工作记录的情形。郁某兼职代理，对工作量弄虚作假等违规违纪的行为，在团队中产生极其恶劣的影响，属于严重违反公司规章制度。根据《劳动合同法》及公司的有关规定，现公司决定与郁某解除劳动合同，即日起生效。"法院认为，焦点公司并未提供有效证据予以证明双方劳动合同或其公司规章制度中存在就劳动者有此行为即可径行解除的相关条款，且焦点公司亦未就该公司所主张的郁某兼职代理行为存在营私舞弊、对该公司的工作造成严重影响或者经提出拒不改正等情形完成举证责任。所以，法院最终认定焦点公司构成违法解除劳动合同。

（四）劳动者欺诈导致劳动合同无效

根据《劳动合同法》第八条规定，劳动者在签订劳动合同时应向用人单位如实说明与劳动合同履行有关的基本情况，这是劳动者的法定义务，也是用人单位正当的用工管理权。根据《劳动合同法》第二十六条、第三十九条的规定，劳动者以欺诈、胁迫的手段或者乘人之危使用人单位在违背其真实意思的情况下订立劳动合同的，劳动合同无效，用人单位可以随时提出解除劳动合同。

本条款规定的基础是诚实信用原则。劳动者不诚信行为在求职中具有一定的普遍性。劳动者为了获得工作岗位、提高劳动报酬等目的，在入职过程中伪造、编造、提供虚假的身份、就学、就业等信息或者隐瞒真实情况，致使用人单位作出错误的判断而录用劳动者。在此种情形下解除劳动合同，发生劳动争议后裁审机构审查的重点包括：一是劳动者是否有欺诈行为；二是劳动者隐瞒的内容或虚假的信息是否与劳动合同履行直接相关；三是企业是否基于劳动者的欺诈行为签订了劳动合同，做出了错误的意思表示。因该情形属劳动者过错造成的劳动合同无效，故用人单位可以单方解除劳动合同。

案例3　工作经历造假构成欺诈，用人单位解除劳动合同合法

在昆山华辰光电科技有限公司与刘某劳动争议一案中①，刘某在入职华辰公司时提供虚假工作经历以取得订立劳动合同的机会。法院认为，根据《劳动合同法》第八条"用人单位招用劳动者时，应当如实告知劳动者工作内容、工作条件、工作地点、职业危害、安全生产状况、劳动报酬，以及劳动者要求了解的其他情况；用人单位有权了解劳动者与劳动合同直接相关的基本情况，劳动者应当如实说明"及第二十六条"下列劳动合同无效或者部分无效：（一）以欺诈、胁迫的手段或者乘人之危，使对方在违背真实意思的情况下订立或者变更劳动合同的"的规定，在招用人员的过程中，用人单位会依据所招聘岗位的重要性和专业化程度，向劳动者提出较为具体的应聘要求，包括学历、从业经历、特殊技能的掌握程度等，从业经历可以看出劳动者工作的稳定性。当劳动者在订立劳动合同时，没有依据诚实信用原则向用人单位履行说明义务，可以认定构成欺诈，双方订立的劳动合同应属无效，用人单位有权解除合同。

（五）严重违反劳动纪律和职业道德

劳动合同的履行应当遵循公平合法、诚实信用的原则。劳动者除规章制度的约束外，也应当依据诚实信用的原则承担义务。上海市高级人民法院认为，《劳动法》第三条第二款规定，劳动者应当遵守劳动纪律和职业道德，就是类似义务的法律基础，在用人单位规章制度无效的情况下，劳动者违反必须遵守的合同义务的，用人单位可以要求其承担责任②。职业道德是所有从业人员在职业活动中应该遵循的行为准则③，无须用人单位专门以规章制度的形式加以规定。劳动者不仅应当遵守用人单位的规章制度，而且应当遵守国家法律、法规。劳动者违反

---

① 江苏省苏州市中级人民法院（2019）苏05民终9150、9383号民事判决书。
② 《上海市高级人民法院关于适用〈劳动合同法〉若干问题的意见》第十一条规定："劳动合同的当事人之间除了规章制度的约束之外，实际上也存在很多约定的义务和依据诚实信用原则而应承担的合同义务。如《劳动法》第三条第二款关于'劳动者应当遵守劳动纪律和职业道德'等规定，就是类似义务的法律基础。因此，在规章制度无效的情况下，劳动者违反必须遵守的合同义务，用人单位可以要求其承担责任。劳动者以用人单位规章制度没有规定为由提出抗辩的，不予支持。"
③ 中共中央印发的《公民道德建设实施纲要》第十六条指出："职业道德是所有从业人员在职业活动中应该遵循的行为准则，涵盖了从业人员与服务对象、职业与职工、职业与职业之间的关系。随着现代社会分工的发展和专业化程度的增强，市场竞争日趋激烈，整个社会对从业人员职业观念、职业态度、职业技能、职业纪律和职业作风的要求越来越高。要大力倡导以爱岗敬业、诚实守信、办事公道、服务群众、奉献社会为主要内容的职业道德，鼓励人们在工作中做一个好建设者。"

守法的基本义务就是违反劳动纪律。所以，普遍观点认为，即便《劳动合同法》第三十九条第（二）项规定中删除了"劳动纪律"，即便用人单位在规章制度中未对劳动纪律作出明确规定，劳动合同中也未明确约定，如劳动者发生严重违反劳动纪律或职业道德的行为，用人单位仍有权依据《劳动法》第二十五条的规定与劳动者解除劳动合同[①]。不过在司法实践中，为了防止用人单位以此规定滥用单方解除权，裁审机构会坚持审慎审查的原则。

案例4 员工私自找人代岗属严重违反劳动纪律，用人单位解除劳动合同合法

埃斯比约船舶技术咨询（上海）有限公司与钟某劳争议一案中[②]，钟某于2010年7月1日进入埃斯比约公司工作，职位为船舶检验员。2016年10月30日及31日，钟某并未在货轮上负责检查货物的装运工作，而是安排其朋友高某代替其工作。2016年11月9日，埃斯比约公司向钟某发出邮件，其中载明由于钟某在没有通知公司分部经理的情况下，找非本单位的人员"代岗"，所以被开除。法院认为，亲自履行原则是劳动合同履行应遵循的原则之一，劳动合同双方当事人应亲自按照劳动合同约定履行自己的义务，这是由劳动关系的人身从属性所决定的。原则上劳动合同的履行不允许代为履行，除非得到用人单位的同意，或事后追认。劳动者违反亲自履行原则，应当认为是对劳动合同的根本性违反。劳动合同的履行应当遵循依法、诚实信用的原则。劳动合同的当事人之间除了劳动合同和规章制度的约束之外，实际上也存在很多依据诚实信用原则而应承担的义务。当事人在劳动合同中虽未明示亲自履行的条款，但这是劳动合同的应有之义，无须双方当事人再行约定。未经用人单位同意私自决定由他人代为履行属于严重违反劳动纪律的行为，用人单位解除劳动合同不属于违法解除。

（六）严重违反公序良俗

公序良俗，即公共秩序与善良风俗的简称，包括国家利益、社会经济秩序和社会公共利益、社会公德、职业道德和社会良好风尚等。《民法典》第八条规

[①] 《北京市高级人民法院、北京市劳动人事争议仲裁委员会关于审理劳动争议案件法律适用问题的解答》第十三条。

[②] 上海市第一中级人民法院（2018）沪01民终8068号民事判决书。

定："民事主体从事民事活动，不得违反法律，不得违背公序良俗。"《最高人民法院关于审理劳动争议案件适用法律若干问题的解释（四）》中规定劳动关系调整需遵循公序良俗①。一些地方法规政策中也有明确规定，如《重庆市职工权益保障条例》②。

通常来说，用人单位对员工的管理应当限定在工作时间、工作场所和与工作有关的行为，也就是说管理是有边界的，不应延伸员工在工作时间、工作场所之外与工作无关的私人行为。但不可否认的是，借助互联网技术，信息资讯高度透明、传播迅速，员工违背公序良俗和公共道德、损害公共利益的个人行为短时间内迅速发酵，会给用人单位的社会声誉造成极大的负面影响。尽管《劳动法》和《劳动合同法》均未有明文规定，但普遍的共识是，劳动者明显违反了基本的社会公德、公民基本行为准则，对用人单位工作场所的秩序或者用人单位的日常管理、声誉造成严重不利影响的，应当赋予用人单位依据《劳动合同法》第三十九条与劳动者解除劳动合同的权利。对此，司法实践中也普遍持支持态度。

案例5　上传不雅低俗视频违反公序良俗及劳动纪律，用人单位解除劳动合同合法

刘某与北京优友动量网络技术有限公司劳动争议一案中③，刘某于2018年7月2日入职优友公司，任职内容运营，劳动合同期限至2021年7月1日。2019年3月29日App截图显示刘某上传了低俗内容至公共网络平台。2019年4月3日，优友公司发布《关于内容运营刘某的处罚通告》，对刘某处以5000元人民币罚款、自4月3日起予以辞退。庭审过程中，优友公司陈述该公司系初创公司，公司并没有书面的规章制度，针对刘某上传不雅、低俗视频一事，公司内部表示不允许低俗行为，认可系首次发现刘某有前述的不当行为，未对公司造成实际影响。法院认为，优友公司运营的火萤平台系面向不特定公众的网络服务提供

---

①《最高人民法院关于审理劳动争议案件适用法律若干问题的解释（四）》第十一条："变更劳动合同未采用书面形式，但已经实际履行了口头变更的劳动合同超过一个月，且变更后的劳动合同内容不违反法律、行政法规、国家政策以及公序良俗，当事人以未采用书面形式为由主张劳动合同变更无效的，人民法院不予支持。"
②《重庆市职工权益保障条例》第三条第三款："职工应当遵守国家法律和社会公德，爱护国家和单位的财产，遵守劳动纪律，努力完成生产任务和工作任务。"
③ 北京市第一中级人民法院（2019）京01民终11438号民事判决书。

者，其刊载的相关内容一定程度上涉及公共利益，其应依法维护网络空间的公序良俗。刘某作为该平台短视频内容运营负责人，在法律上亦负有较高的注意义务，以维护社会公德、净化网络环境为内容审核把关的工作标准。证据显示，刘某于3月29日上传至该公共网络的内容存在低俗、不健康内容，不符合社会主流价值观的一般评价标准，亦违反相关部门对于网络平台内容的监管要求，属于严重违反劳动纪律的情形，优友公司据此解除与刘某的劳动合同于法有据。

二、过失性解除的规章制度依据应合法有效

企业规章制度是指企业针对生产、经营、技术、管理等活动所制定的各项规则、章程、程序、标准和办法等，是企业职工所必须遵守的行为准则。《劳动合同法》第四条以不完全列举的方式概括了直接涉及劳动者切身利益的规章制度的内容。虽然用人单位依法享有规章制度的制定权，但也应当依法进行，不能随意制定或变更。为了保证制定的规章制度合法合理，防止用人单位滥用权利而侵害劳动者的合法权益，用人单位制定的规章制度应当具备一定的法律要件才能生效。上述介绍的六类过失性解除劳动合同的情形中，多数会涉及规章制度，尤其是严重违纪解除、严重失职解除必须以规章制度为依据，规章制度的合法有效是解除劳动合同合法有效的前提之一，具有非常重要的意义。

《最高人民法院关于审理劳动争议案件适用法律若干问题的解释》第十九条规定："用人单位根据《劳动法》第四条之规定，通过民主程序制定的规章制度，不违反国家法律、行政法规及政策规定，并已向劳动者公示的，可以作为人民法院审理劳动争议案件的依据。"

根据上述规定，规章制度作为审理劳动争议案件依据需要具备的三个条件，即内容合法合理、程序民主和向劳动者公示或告知，也就是规章制度合法有效的基本条件，三个条件缺一不可。否则，相关的规章制度将无法作为审理案件的依据。

（一）规章制度的制定程序和发布程序合法

《劳动合同法》第四条规定："……用人单位在制定、修改或者决定有关劳动报酬、工作时间、休息休假、劳动安全卫生、保险福利、职工培训、劳动纪律以及劳动定额管理等直接涉及劳动者切身利益的规章制度或者重大事项时，应当

经职工代表大会或者全体职工讨论，提出方案和意见，与工会或者职工代表平等协商确定……用人单位应当将直接涉及劳动者切身利益的规章制度和重大事项决定公示，或者告知劳动者。"这就是我们常说的与劳动者利益密切相关的规章制度的民主制定程序和发布程序。

1. 规章制度制定的民主程序，应分两步实施，包括征求意见和平等协商

一是职工代表大会或者全体职工对规章制度草案进行讨论，提出方案和意见。这一讨论、征求意见的过程，需以证据形式加以固定，通常可以采用以下方式征求意见：（1）召开职工代表大会现场讨论、征求意见，需注意职代会召开的程序、出席人数、投票表决方式等应符合《企业民主管理规定》的要求；（2）召开全体员工大会现场讨论、征求意见，对于全体员工大会的召开程序、出席人数、投票方式等，法律并未有明确的强制性规定，但考虑到可能有部分员工不能出席会议，用人单位应当参考职代会的相关规定执行，以确保全体员工大会征求意见的有效性；（3）通过分部门、分区域等方式进行分组现场讨论、征求意见；（4）通过电子邮件将规章制度草案发送至全体员工书面征求意见，并要求员工在一定期限内提出意见；（5）将规章制度草案在OA系统或者钉钉、微信等工作平台上公示，要求员工在一定期限内提出意见。

二是用人单位就前期所征求的反馈意见和建议，与工会或者职工代表平等协商。通常可以采用以下方式进行平等协商：（1）与工会平等协商，工会主席、副主席、工会委员应当出席协商会议，可以采用现场方式，也可以采用电话会议、视频会议、电子邮件等非现场方式；（2）与职工代表采用现场或非现场方式平等协商，这适用于已经建立职代会的用人单位，尚未建立职代会的用人单位，需要推选职工代表，实施过程较为复杂；（3）与全体员工平等协商，可采用非现场方式，如电子邮件、OA系统；根据实际情况，也可以采用现场或非现场方式按部门、区域分组进行协商。

在上述征求意见和协商程序中，采用现场方式的，应留存相关会议通知、与会人员签到表、反馈意见汇总、会议纪要、投票表决情况等书面文件；采用非现场方式的，应注意保留相关电子邮件、OA系统发布信息、微信、视频等电子数据以及影像资料，用于证明规章制度制定过程中完整履行了民主程序。

用人单位在规章制度制定过程中，只有恰当、完整地履行了民主程序中的征求意见和平等协商程序，才是制定程序合法。我们注意到很多案件中，用人单位

能够举证证明履行了征求意见程序，但协商程序多有遗漏或欠缺，这样制定程序是有瑕疵的。

2. 规章制度的发布程序，包括公示和告知两种方式

公示是针对全体员工的，告知是针对具体每个员工的。在实施时应注意：(1) 直接对每个员工告知的，可采用直接送达并由员工签收的方式，也可以采用电子邮件送达方式，还可以采用线下或线上培训、考试的方式；(2) 采用向全体员工公示方式发布的，可以在 OA 系统或者钉钉、微信等工作平台上进行公示发布，可设置员工阅读回执，以便监督员工主动学习规章制度。例如，采取公示方式发布规章制度的，建议在劳动合同中对发布方式、路径等作出明确约定。

采用告知方式的，用人单位需保留员工签收单、培训签到表（详细记录所培训的规章制度名称）、考试试卷、线上培训和考试的电子数据等文件。采用公示方式发布的，即使曾经发布过的规章制度已经废止、修订，也应始终保留在发布平台上，确保随时可检索、查询到。

如果规章制度没有履行发布程序或程序有瑕疵，对劳动者没有约束力，发生争议后，也无法作为案件审理依据。

案例6　规章制度未公示送达不具有约束力，用人单位解除劳动合同违法

沃尔玛（天津）配送中心有限公司与郭某劳动争议一案中[①]，郭某于2004年5月6日入职沃尔玛公司，从事资产保护部员工岗位工作。郭某在职期间分别于2018年1月19日、2018年3月26日、2018年7月5日、2018年11月9日、2018年11月15日收到一份书面警告、两个口头警告、两个最终警告，且均签字确认。2018年11月30日，沃尔玛公司以郭某严重违反规章制度（《员工手册》第66页第B项中规定消极怠工，不完成工作任务，经管理教育后仍不改正的可立即解聘；《奖惩政策》第12页第8.4条解聘的第一种情况规定员工在12个月内获得2个最终警告可立即解聘）为由解除劳动关系。法院认为，沃尔玛公司解除与郭某的劳动关系所依据的规章制度是《员工手册》和《奖惩政策》，其中《员工手册》制定民主程序为2012年，但沃尔玛公司成立于2014年，所以《员

---

① 天津市第二中级人民法院（2019）津02民终5885号民事判决书。

工手册》不能作为与郭某解除劳动合同的依据。而沃尔玛公司制定《奖惩政策》时的《员工签到记录表》上没有郭某的签字，提供的《公示文件》上不能显示公示内容为奖惩政策，因此沃尔玛公司提供的证据不能证明其在做出《解除合同通知书》前已就《奖惩政策》对郭某进行告知或公示，所以最终认定沃尔玛公司与郭某解除劳动关系系违法解除。

（二）规章制度的内容合法合理

1. 规章制度的内容应当合法。用人单位制定的规章制度既不能免除自己的法定职责、排除劳动者应有的权利，也不能与法律法规相抵触，其内容应当符合《劳动法》《劳动合同法》及相关法律法规的规定。例如，发生抵触，则相抵触的部分是无效的，因此给劳动者造成损失的，还应当承担赔偿责任。

2. 规章制度的内容应当合理。这里的合理包括：（1）用人单位管理的边界应合理，原则上应以工作时间、工作场所、工作行为为边界，不能无限放大甚至超越劳动过程和劳动管理的范畴，超越边界之外的员工私人生活不属于用人单位规章制度约束范围；（2）责罚应相当，规章制度的目的重在约束和教育，过于严苛的处罚措施将劳动者置于随时被过失解除的不安之中，有失公平。

案例7　规章制度责罚不当不具有合理性，不能作为解除劳动合同的依据

孙某与乌鲁木齐市博望语言培训学校劳动争议一案中①，孙某于2004年8月1日入职博望学校，从事会计岗位。博望学校《员工手册》第7.6条规定："……迟到或早退30分钟以上者视为半天旷工，3小时以上者视为1天旷工，主管级别双倍受罚……一年内累计3天旷工者将给予书面严重警告处罚，情节严重者予以开除处理。"2017年2月19日，孙某签收了《员工手册》。2018年1月4日，博望学校做出决定："2017年11月期间，孙某多次出现上下班打卡，打卡后外出不在岗的情形，经统计仅2017年11月，孙某累计旷工天数达11天。2017年12月5日，公司对其进行批评教育谈话并向其送达了最终书面警告一份。2017年12月6日，孙某拒不改正，仍然旷工……经公司研究决定，现对孙某做出解除劳动合同处理……"同日，博望学校给孙某邮寄送达了解除劳动合同书。

---

① 新疆维吾尔自治区乌鲁木齐市中级人民法院（2019）新01民终3981号民事判决书。

法院认为，用人单位制定规章制度不仅要符合法律法规的规定，而且要具有合理性，若单位规章制度过于苛刻，没有弹性空间，劳动者只能被迫接受，显然有失合理性。本案中，博望学校制定的《员工考勤管理制度》中："……迟到或早退30分钟以上者视为半天旷工，3小时以上者视为1天旷工……"的规定扩大了劳动者的责任，有失合理性，因此《员工考勤管理制度》不能作为其解除与孙某劳动关系的依据，且博望学校提供的查岗记录均无孙某本人的签字确认，无法证实孙某旷工的事实，故博望学校依据《员工考勤管理制度》单方作出解除与孙某的劳动合同的决定违反法律规定，属于违法解除。

3. 规章制度内容应当契合企业实际。实务中，常常是企业的个别领导或HR随意把其他单位的规章制度拿来直接复制拼凑。在技术层面，应该看到不同行业的实际情况千差万别，即使是同行业，也因为企业文化不同、发展阶段不同、经营模式不同导致管理目标、要求、措施的差异，而这些都应当反映在规章制度中。可以借鉴，但切忌照搬。

4. 规章制度的内容应当全面、清晰、可操作。规章制度的内容应该覆盖劳动用工管理的各方面，且目的明确、语言简洁、条理清晰，尤其是对一些难以穷尽的事项，应注重概括性规定，要避免出现模糊、空白地带，也要避免重复交叉、自相矛盾。对于"严重违纪""严重失职""重大损失"等概念应具体、量化，以便准确界定劳动者的违纪行为。

（三）规章制度的体系完整

《劳动合同法》第四条以不完全列举的方式概括了规章制度的内容，所列举的几项规章制度都是涉及劳动者切身利益的主要规章制度，但并非全部。一般来说，用人单位与劳动用工管理有关的规章制度，既包括与劳动者切身利益直接相关的规章制度，如劳动合同管理、工资管理、社会保险、福利待遇、工时考勤、休息休假、劳动保护、安全卫生、劳动定额、绩效考核、岗位管理、培训、劳动纪律、职工奖惩等；也包括知识产权、操作规程、财务报销、印章管理、车辆管理、环保政策等与劳动者切身利益间接相关的管理制度。

除规章制度本身外，还应制定配套的流程、表单以及相关使用说明，以确保规章制度得以正确实施。

各项规章制度的内容不能相互冲突，应保持一致性和衔接性。此外，还应注意，规章制度与劳动合同、集体合同相冲突的情况下，根据《最高人民法院关于劳动争议案件适用法律若干问题的解释（二）》规定①，劳动者请求优先适用合同约定的，人民法院应予支持。

三、过失性解除应有充分的事实依据

根据《最高人民法院关于审理劳动争议案件适用法律若干问题的解释》第十三条、《最高人民法院关于民事诉讼证据的若干规定》第六条的规定，因用人单位作出的开除、除名、辞退、解除劳动合同等决定而发生的劳动争议，用人单位负举证责任。即使民事诉讼证据规则修订后，第六条被取消，但根据《劳动争议调解仲裁法》第六条的规定，用人单位仍有义务就其主张劳动者存在严重过错承担举证责任。因此，用人单位按照严重过失与劳动者解除劳动合同前，应注意对劳动者是否存在过失、过失严重程度等事实进行认真排查，核实并确认以下事实：

（一）劳动者过错行为真实存在

在过失性解除争议案件中，用人单位首先需举证证明劳动者客观上实施了违反用人单位规章制度、严重失职、营私舞弊、兼职、欺诈、违反劳动纪律的行为。劳动者过错真实发生的事实证据，是用人单位解除行为合法的核心，是过失性解除的前提和基础。否则，整个解除行为将成为"无源之水、无本之木"。

需要注意的是，我们所说的过错行为真实存在，是指"法律上"的真实存在，即通过证据证明的真实存在。用人单位需要收集、梳理各方面、各种形式的证据，从证据的真实性、合法性、完整性、关联性、证明力等角度综合分析、判断劳动者的过错行为在法律上是否真实存在。

1. 来自劳动者或其他第三方的书证、物证、录音录像资料等证据证明力较高，而用人单位单方自行制作的调查报告、同单位员工的证言等，因这些证据是单方制作或是证人与一方当事人有利害关系，在没有其他证据相佐证的情况下，将很难被裁判机关所采信。

2. 由于无纸化办公的普及，证明过错行为的很多证据也是以电子邮件、微信、短信等电子数据作为证据载体，用人单位应根据需要办理证据保全公证。新

---

① 《最高人民法院关于劳动争议案件适用法律若干问题的解释（二）》第十六条规定："用人单位制定的内部规章制度与集体合同或者劳动合同约定的内容不一致的，劳动者请求优先适用合同约定的，人民法院应予支持。"

修订的《最高人民法院关于民事诉讼证据的若干规定》对电子数据的范围、核对形式、判断因素等做了进一步的明确规定，应当引起用人单位的重视。

3. 在收集证据时还应注意证据的充分性，仅凭单一的间接证据往往无法获得裁审机构的支持。

案例8　未能充分举证员工存在违纪事实，用人单位解除劳动合同违法

深圳市通用科技有限公司与杨某军劳动争议一案中[1]，杨某军系通用公司的员工。通用公司主张杨某军多次违反工作纪律、私自将订单转移给竞争对手、违反保密协议及管理制度，并因此解除了与其的劳动关系，但通用公司仅提交了一份手机短信对话内容以证明其主张。法院认为，用人单位在解除与劳动者的劳动关系时应当提供充分的证据，仅凭一份手机短信对话内容不足以认定劳动者存在通用公司所主张的违纪行为，应承担举证不能的不利后果。通用公司还主张杨某军私藏购销合同系严重违反公司规章制度的行为，且开除杨某军时引用了该理由，但在开除通知中并无通用公司所主张的该内容，故通用公司该主张依法不能作为其解除劳动合同的理由。所以法院判定通用公司解除杨某军劳动合同系违法解除。

（二）劳动者过错行为应达到一定的严重程度

1. 用人单位据以解除劳动合同的劳动者过错行为，在性质、情节、态度、后果等方面必须达到一定的严重程度。

2. 规章制度有明确的可适用条款，根据该条款，劳动者的过错行为符合解除劳动合同的条件。在实践中，为防止用人单位利用规章制度滥用解除权，裁审机构仍然要对劳动者过错行为的严重程度进行审查。在确定劳动者违纪行为是否达到严重程度时，既要尊重企业的用工自主权、经营管理权，又要保障劳动者的劳动权利；既要依据法律法规的规定，又要尊重用人单位的行业惯例和岗位性质。裁审机构具体会从以下几个方面来进行综合审查：

一是根据劳动者的岗位职责来判断。不同部门、不同行业有不同的要求，有的岗位职责明确体现在劳动合同或用人单位的规章制度中，有的岗位职责可能没

---

[1] 深圳市中级人民法院（2014）深中法劳终字第3847号民事判决书。

有具体约定,需要根据一般的生活经验和常识进行判断。

二是针对不同行业的不同特点进行审查。同种行为在不同行业的危害性是有差别的,应当结合劳动者所在岗位和行业进行判断。比如,厂区内吸烟,在一般的企业就是违反禁止在公共场所吸烟的规定,很难称得上严重违纪;但如果是在生产易燃易爆品的企业,就有可能引发严重后果,应当将其认定为严重违纪。

三是结合劳动者违纪行为的情节、性质、多寡进行审查。应判断劳动者对其违纪行为的发生是否具有主观上的故意或重大过失。比如,劳动者多次出现相同的违纪行为,就可以作为证明劳动者的违纪行为已达严重程度的证据之一。

案例9　员工行为未达到严重违反规章制度的程度,用人单位解除劳动合同违法

徐州新天地农机有限公司与侯某追索劳动报酬劳动争议一案中[1],侯某原为新天地农机公司职工,在该公司下属的太山经营部从事仓管工作。2012年1月16日下午5点多,侯某上完当天白班(上午8点到下午5点)后准备下班,在等待交接班人员未果后,其主动给太山经营部的负责人陈某打电话问谁来接班,陈某在电话中要求侯某留下继续值夜班,侯某在电话中表示家中有事,无法安排,而且女同志值夜班不方便等,最终拒绝了值夜班的要求。2012年2月24日,新天地农机公司作出《关于解除侯某同志劳动关系的决定》,以其不服从工作安排、违反考勤规定为由解除劳动合同。法院认为,劳动者严重违反用人单位的规章制度,所谓严重应指"多次"违反单位规章制度的行为,"一次"显然达不到严重的程度。本案中,劳动者仅有一次未按照用人单位要求值夜班,无其他违反公司管理规定的行为,显然未达到严重违反用人单位规章制度的程度。况且,新天地农机公司考勤办法规定"夜间值班未经批准缺勤的,公司解除劳动合同"不仅违反法律规定,而且有失合理性,本案的劳动者系女职工,用人单位让其深夜一人值班,显然不符合常理,故该项规定对劳动者不应具有约束力。用人单位单方解除劳动合同的决定无法律效力。

---

[1] 江苏省徐州市中级人民法院(2013)徐民终字第1366号判决书。

四、用人单位在合理期限内正当行使管理权

员工出现严重过错行为后，法律赋予用人单位单方立即解除权，且无须支付经济补偿金。但是任何权利的行使都不是绝对的，都应当有一定的期限限制。《企业职工奖惩条例》第二十条规定："审批职工处分的时间，从证实职工犯错误之日起，开除处分不得超过五个月，其他处分不得超过三个月。"《企业职工奖惩条例》于2008年1月15日废止后，国家法律层面并未就这一问题出台新的规定。对于过失性解除的时效性问题，司法实践中仍普遍按照原《企业职工奖惩条例》的规定执行。地方有规定的，则遵循地方规定，如天津规定为6个月[①]。超过合理期限，用人单位会被视为怠于行使权利，可能被认定为违法解除劳动合同。

案例10　用人单位需及时处理违纪员工，超出合理期限解除劳动合同违法

中国铁路济南局集团有限公司青岛西车务段与刘某劳动争议一案中[②]，刘某于1997年8月开始到青岛西车务段工作，2011年1月1日，青岛西车务段与刘某双方签署了无固定期限劳动合同。刘某于2013年10月25日因容留他人吸毒被青岛市黄岛区人民法院追究刑事责任，2017年8月9日，青岛西车务段与其解除劳动合同。法院认为，从有利于维护和谐稳定的劳动关系、督促用人单位及时行使劳动管理权利的角度出发，用人单位依据《劳动合同法》第三十九条解除劳动合同应有合理期限，否则劳动者被追究刑事责任这一过错行为可能会成为用人单位长期持有的法定理由，势必会导致用人单位和劳动者之间关系的失衡，不利于维护和谐稳定的劳动关系。本案中，法院参照《劳动争议调解仲裁法》规定的劳动争议申请仲裁的时效期间为1年的规定，将用人单位解除劳动合同的合理期限确定为1年。所以，青岛西车务段于2017年8月9日以刘某在2014年被判刑为由，解除与刘某的劳动合同，超出合理期限，青岛西车务段系违法解除劳动合同。

[①] 《天津市贯彻落实〈劳动合同法〉若干问题实施细则》第十二条规定："劳动者有《劳动合同法》第三十九条第二项、第三项、第四项、第五项、第六项情形之一，用人单位与劳动者解除劳动合同的，应自知道或应当知道劳动者存在上述情形之日起六个月内做出解除劳动合同的决定。"

[②] 山东省青岛市中级人民法院（2018）鲁02民终6592号民事判决书。

合规建议

针对用人单位实施过失性解除，我们提出以下合规建议：

1. 用人单位应建立健全规章制度。规章制度既要遵守法律法规的规定，也要符合公司章程，且必须履行民主程序和公示程序。规章制度应具有较强的操作性，并考虑具体内容的合理性，整体统一、彼此衔接、不产生冲突；实施流程完备，无缝对接；语言简洁，无歧义。

2. 规章制度应当对严重过错的认定标准作出明确的界定。针对"大错没有，小错不断"的行为，可以建立警告、记过、记大过、辞退等阶梯式的惩处方式，这样既能保障员工工作条件的宽松，不会苛责员工，又能保障惩处制度的有效运作，真正起到约束员工、惩处违纪的作用。

3. 做好日常管理，重视证据搜集。企业在日常管理中，对于员工的违规行为要保留好相应的证据，以民事诉讼证据规则确定的原则搜集和固定证据，确保证据的合法性和证明力。

4. 在对劳动者作出过失性解除决定前，应审慎评估解除决定的事实依据和制度依据。对于缺乏制度依据但是有悖职业道德或公序良俗的行为，如造成严重影响的，亦可适用《劳动法》第二十五条或《劳动合同法》第三十九条解除。

5. 发现员工严重过错行为后应当在合理期限内及时行使解除权。

6. 用人单位过失性解除的程序、通知送达、工作交接、出具解除劳动合同证明、办理档案和社会保险关系转移手续等，见本章第九节"解除劳动合同的程序及离职手续"。

第二节　试用期不符合录用条件解除

试用期是用人单位与新招录的劳动者依法协商确定的一个相互考察期限。在试用期内，用人单位可以进一步详细考察被录用的劳动者在道德品质、劳动态度、工作能力、身体状况等方面是否符合录用条件；而劳动者也可以实际了解用人单位的工作岗位、工作要求、企业文化等是否符合自己的预期。试用期赋予了用人单位与劳动者双向选择的机会,从而为双方确定是否继续履行劳动合同或者解除劳动合同提供了选择和参考依据。

根据法律规定,用人单位和劳动者均可以在试用期内解除劳动合同,但是法律赋予了双方不同的解除条件。用人单位解除试用期员工,应当符合法律规定并且需要向其说明理由。

在处理试用期解除不符合录用条件员工产生的劳动争议案件中,裁审机构审查的重点包括:劳动合同是否约定试用期、试用期约定是否合法有效、录用员工的条件以及试用期不符合录用条件的认定、劳动合同解除时间等。用人单位以试用期不符合录用条件解除劳动合同,应注意以下问题:

一、试用期约定合法有效

对用人单位以劳动者试用期不符合录用条件为由解除劳动合同的争议,首先要审查和认定的基础事实是,用人单位和劳动者约定的试用期是否符合法律规定。例如,试用期约定违法,在超过法定的试用期内,用人单位以试用期不符合录用条件解除劳动合同的合法性便失去了基本的法律基础,从而导致解除劳动合同违法。

对于劳动合同约定试用期的效力审查,主要集中在以下几个方面:

(一)试用期期限的确定

《劳动合同法》第十九条第一款规定,双方约定的试用期期限应当根据劳动合同期限确定。详见下表:

序号	劳动合同期限(N)	试用期(M)
1	3个月≤N<1年	M≤1个月
2	1年≤N<3年	M≤2个月
3	3年≤N或无固定期限	M≤6个月

在约定试用期时应注意:

1. 超过上述规定期限约定试用期的,超过法定试用期的期间不发生试用期的效力。

2. 试用期包含在劳动合同期限内,劳动合同仅约定试用期的,试用期不成立，该期限为劳动合同期限。

3. 用人单位与劳动者口头约定的试用期无效。

4. 以完成一定工作任务为期限的劳动合同、期限不满 3 个月的固定期限劳动合同、非全日制用工，约定试用期无效。

(二) 重复约定试用期的效力

《劳动合同法》第十九条第二款规定，同一用人单位与同一劳动者只能约定一次试用期。因此，重复约定试用期通常被认为是无效的。重复约定试用期常见于劳动合同履行期间劳动者岗位发生变化、劳动合同期满续订时、劳务派遣员工更换用工单位以及劳动者离职后重新入职同一用人单位。

上述情形中，争议较大的是最后一种情形，即劳动者重新入职能否约定试用期的问题。对此司法实践中有争议。主流观点认为，法律规定限定只要是同一用人单位与同一劳动者，就只能约定一次试用期，劳动者离职后重新入职用人单位也不得再次约定试用期。

案例 11　员工离职当天重新入职再次约定试用期，违反法律强制性规定试用期不成立

李某与宁波舜象科技实业有限公司劳动争议一案中①，李某于 2007 年 5 月进入舜象公司，2017 年 10 月 13 日李某以"家中有事"为由，向舜象公司提交辞职报告，2017 年 11 月 13 日，李某填写了《离开公司手续办理单（二）》。同日下午，李某又向舜象公司要求上班，当即，李某填写了《员工招募登记表》，重新签订了劳动合同，约定试用期。2017 年 11 月 20 日，舜象公司作出《关于李某擅自离职按旷工予以解除劳动（合同）关系处理的通报》：原料车间员工李某，在试用期内未办理任何请假或辞工手续，擅自离职，无故不到公司上班，旷工至今，严重违纪违规，符合公司《关于公司解除员工劳动（合同）关系的若干种情形的规定》第十条第一款"在试用期间被证明不符合录用条件；上班旷工的，公司可以解除劳动者劳动关系，并不发经济补偿"之规定，决定对李某予以解除劳动（合同）关系处理。法院认为，根据《劳动合同法》第十九条规定，同一用人单位与同一劳动者只能约定一次试用期，李某与舜象公司曾签订三次劳动合

---

① 浙江省宁波市中间人民法院（2019）浙 02 民终 1309 号民事判决书。

同，曾约定了试用期，现双方于 2017 年 11 月 13 日重新签订劳动合同、建立劳动关系后，舜象公司再次约定试用期，并以试用期旷工为由，解除与李某的劳动关系，其解除依据不成立，舜象公司系违法解除。

但是，也有观点认为，劳动者离职一段时间后，工作能力、身体状况和用人单位的用工要求都可能发生变化，再次入职同一用人单位已经不属于同一段劳动关系，应当允许约定试用期给予双方相互考察和相互选择的机会。

案例 12　员工离职后 6 年重新入职担任不同岗位，可以重新约定试用期

阿里巴巴（中国）网络技术有限公司与忻某劳动争议一案中[①]，忻某于 2002 年 7 月第一次进阿里巴巴公司从事国际网站客户服务工作，双方签订的劳动合同期限从 2002 年 7 月 13 日起至 2005 年 7 月 12 日止，其中试用期为 3 个月。2003 年 8 月，忻某离开阿里巴巴。2009 年 5 月 20 日，忻某再次应聘入职阿里巴巴，双方签订了期限自 2009 年 5 月 20 日至 2012 年 5 月 19 日的劳动合同，其中前 6 个月为试用期，忻某从事公共关系工作。2009 年 11 月 17 日，阿里巴巴以忻某试用期不符合录用条件为由解除了与其的劳动合同。法院认为，《劳动合同法》第十九条规定的"同一用人单位与同一劳动者只能约定一次试用期"的情形，其立法本意在于防止用人单位在用工过程中滥用试用期侵犯劳动者的权益，从而保护劳资双方建立稳定的劳动合同关系。但本案的情况是阿里巴巴与忻某前后签订的两份劳动合同中约定的岗位和职位明显不同，前者是国际网站客户服务，后者是公共关系，两者对工作技能的要求不同，月薪也相距甚远，两次建立劳动关系时间间隔长达 6 年，阿里巴巴在新的岗位中约定试用期以考察劳动者是否符合录用条件，应属合理。所以，阿里巴巴作为用人单位对忻某的工作岗位有具体要求，且对其试用期表现进行评价，证明其不符合录用条件而解除双方的劳动合同，应属合法。

（三）试用期中止与延长的效力

试用期内，员工可能因为本人、用人单位或者客观情况等各种原因未能正常出勤，用人单位在约定的试用期内无法达到考察员工的目的。比如，试用期内员

[①] 浙江省杭州市滨江区人民法院（2010）杭滨民初字第 693 号民事判决书。

工患病停止工作休息治疗，2020年新冠肺炎疫情暴发，各级政府部门采取隔离、停工等防控措施致使劳动者无法正常提供劳动，其间试用期是否可以中止或延长的问题，引发了大量的讨论。

从国家法律法规层面上，《劳动合同法》《劳动合同法实施条例》对此问题没有涉及。司法实践中存在争议，有观点认为，《劳动合同法》规定同一用人单位与同一劳动者只能约定一次试用期，中止或延长试用期相当于再次约定了试用期，因此中止或延长试用期无效。北京地区司法实践中支持该观点。

案例13　延长试用期的约定违反法律强制性规定，延长的试用期无效

北京金色华勤数据服务有限公司等与卢某劳动争议一案中[1]，卢某于2018年7月27日入职金色华勤公司，双方签订了期限自2018年7月27日至2021年7月26日的劳动合同，其中试用期至2018年10月26日止。2018年10月25日，金色华勤与卢某协商变更试用期至2019年1月26日止。法院认为，《劳动合同法》第十九条第二款规定："同一用人单位与同一劳动者只能约定一次试用期。"本案中金色华勤公司与卢某签订的劳动合同已明确约定试用期至2018年10月26日。金色华勤公司虽主张其已与卢某签订劳动合同变更协议书，将试用期延长至2019年1月26日，但该约定违反了法律强制性规定，应属无效。

而江苏、天津、浙江等地方法规政策持相反的观点[2]，认为用人单位与劳动者协商一致，可以变更劳动合同约定的内容，试用期属于劳动合同约定的内容，双方协商一致后可以中止或延长，但是累计的试用期期限不应超过法定期限。

随着新冠肺炎疫情的发展，北京高院、北京劳动仲裁委于2020年4月29日

---

[1] 北京市第二中级人民法院（2019）京02民终13912号民事判决书。
[2] 《江苏省劳动合同条例》第十五条第二款："劳动者在试用期内患病或者非因工负伤须停工治疗的，在规定的医疗期内，试用期中止。"《天津市贯彻落实〈劳动合同法〉若干问题实施细则》第十三条："劳动者在试用期内患病或者非因工负伤的，经劳动关系双方协商一致，试用期可以中止。"《浙江省高级人民法院民事审判第一庭、浙江省劳动人事争议仲裁院关于审理劳动争议案件若干问题的解答（四）》第二条："试用期是用人单位与劳动者的相互考察期间。劳动者在此期间请病假，影响到考察目的的实现，故该病假期间可从试用期中扣除。"《浙江省高级人民法院民事审判第一庭、浙江省劳动人事争议仲裁院关于审理劳动争议案件若干问题的解答（五）》第六条："用人单位与劳动者约定了试用期，试用期内双方协商一致以书面形式约定延长试用期，延长后累计的试用期仍在法定期限内的，不属于同一用人单位与同一劳动者多次约定试用期的情形，该约定合法有效。"

发布《关于审理新型冠状病毒感染肺炎疫情防控期间劳动争议案件法律适用问题的解答》（以下简称《解答》）。其中，《解答》第五条就劳动者因疫情原因无法正常返岗上班，用人单位可否"延长"试用期的问题作出了解答，但是裁判口径与以往明显不同①。如果用人单位无法采取灵活的考察方式实现对劳动者试用考核的目的，双方可以协商顺延试用期，不属于重复约定试用期。劳动者因疫情客观原因导致无法正常提供劳动的期间不应计算在原约定的试用期内，不应视为延长了原约定的试用期。同时，扣除受疫情影响期间后实际履行的试用期也不得超过原约定的试用期，否则劳动者同样有权依据《劳动合同法》第八十三条要求用人单位以转正后的工资标准支付继续试用期间的工资差额及赔偿金。北京此次《解答》关于试用期的规定，突破了北京之前的裁判口径，一改以往对试用期的延长及中止均持否定的态度，认同试用期的中止而坚持不认同试用期的延长。

因此，在对试用期延长、中止的效力认定方面，需依据用人单位所在地或劳动合同履行地的地方规定作出判断。如果试用期约定中止或延长本身被认定无效，则被认定无效的期间，用人单位不能依据试用期不符合录用条件解除劳动合同。

二、试用期内用人单位解除劳动合同应符合法定理由

根据《关于实行劳动合同制度若干问题的通知》（劳部发〔1996〕354号）第十一条，《劳动合同法》第二十一条、第三十九条和第四十条第（一）项、第（二）项规定，出现以下情形之一，用人单位可以与试用期员工解除劳动合同：

1. 新招用的职工在试用期内发现并经有关机构确认患有精神病的；
2. 在试用期间被证明不符合录用条件的；
3. 严重违反用人单位的规章制度的；
4. 严重失职，营私舞弊，给用人单位造成重大损害的；
5. 劳动者同时与其他用人单位建立劳动关系，对完成本单位的工作任务造成严重影响，或者经用人单位提出，拒不改正的；

---

① 《解答》第五条指出，劳动者在试用期内因客观原因不能返岗上班，用人单位可以采取灵活的试用考察方式考核劳动者是否符合录用条件。无法采取灵活的考察方式实现试用期考核目的的，用人单位与劳动者协商顺延试用期，不违反《劳动合同法》第十九条第二款关于"同一用人单位与同一劳动者只能约定一次试用期"的规定精神。劳动者因上述原因导致无法正常提供劳动的期间不应计算在原约定的试用期内，不应视为延长了原约定的试用期。例如，扣除受疫情影响期间后实际履行的试用期超过原约定试用期的，劳动者要求用人单位以试用期满月工资为标准支付超出原约定试用期之后实际履行期间的工资差额，并根据《劳动合同法》第八十三条的规定要求用人单位以试用期满月工资为标准支付该期间赔偿金的，应予支持。

6. 劳动者以欺诈、胁迫的方式或者乘人之危，使用人单位违背真实意思订立或变更劳动合同，致使劳动合同无效的；

7. 劳动者被依法追究刑事责任的；

8. 劳动者患病或者非因工负伤，在规定的医疗期满后不能从事原工作，也不能从事由用人单位另行安排的工作的；

9. 劳动者不能胜任工作，经过培训或者调整工作岗位，仍不能胜任工作的。

由此可知，试用期被证明不符合录用条件只是用人单位与试用期员工解除劳动合同的理由之一。有时候一个行为或事实本身可能适用多个条款，发生条款适用的竞合，如劳动者提供虚假工作履历，用人单位可适用的解除理由包括不符合录用条件、严重违纪、欺诈导致合同无效等；劳动者工作过失给单位造成损失，用人单位可适用的解除理由包括不符合录用条件、不胜任工作、严重失职等。选择不同的解除理由，用人单位解除的程序不同，承担的举证责任不同，诉讼风险存在差异。比如，在员工未能完成试用期考核目标时，如按不符合录用条件解除，可立即解除劳动合同且无须支付经济补偿金；如按不胜任工作解除，则经过调岗或培训后仍不能胜任工作的，方可提前 30 日通知或支付 1 个月工资作为代通知金后解除劳动合同，且需支付经济补偿金。如果仔细分析就会发现，我国试用期期限最长不超过 6 个月的制度设计，很难满足不胜任工作解除、医疗期满解除的复杂程序要求。

所以，用人单位应当根据实际情况，从劳动合同约定、事实证据、录用条件、规章制度等各方面进行分析和论证，选择最优解除途径，并在解除劳动合同通知中明确解除的具体事实理由和法律依据。如果解除通知中没有明确具体的解除理由或者其他解除理由，则发生劳动争议后用人单位主张是以劳动者在试用期间被证明不符合录用条件解除劳动合同的，存在不被裁审机构采纳并被认定违法解除劳动合同的法律风险。

三、用人单位应有证据证明劳动者在试用期内不符合录用条件

劳动者在试用期间被证明不符合录用条件，用人单位解除劳动合同，必须满足以下三个前提条件：

（一）用人单位有明确、合法的录用条件

用人单位应根据本单位的实际情况和工作岗位的任职要求等自行规定录用条

件。在设计录用条件时，用人单位应当注意：

1. 录用条件应当合法。录用条件不得含有就业歧视的相关内容，如不得将限制结婚、生育、某些体检项目（如乙肝、艾滋病）的结果等，作为录用条件。

2. 录用条件应当包含与其工作岗位胜任要求相关的条件，如学历学位、职业资格、工作履历、知识技能等岗位任职要求，必须提供的各类证明文件，合规与利益冲突要求，职业道德与劳动纪律，身体健康条件（如驾驶员的视力要求）等。

3. 录用条件应当客观、具体、可量化，应当尽量避免出现主观、笼统、模糊的描述。用人单位可以从以下几个方面对录用条件设定量化指标：根据岗位职责设定的试用期内任务目标、业绩指标、权重、分值、不合格标准；试用期内出勤率（累计及单月）、缺勤天数限制等出勤指标要求。

4. 录用条件还可以设定其他与劳动关系建立、履行有关的条件。

（二）向劳动者告知录用条件

用人单位应当在录用劳动者时、劳动者入职时或入职后，通过下列方式向劳动者告知录用条件，并取得、保留证据：

1. 在录用通知、劳动合同中明确告知试用期录用条件；

2. 劳动者签署岗位说明书、目标任务书、录用条件确认书；

3. 用人单位在依法制定的规章制度中对不同岗位的录用条件作出规定，并在劳动者入职时送达。

（三）有证据证明劳动者不符合录用条件

用人单位如果主张劳动者试用期间不符合录用条件，应当根据事先告知的录用条件和劳动者试用期内的表现行为，提供证据予以证明。比如，用人单位以劳动者提供虚假工作履历不符合录用条件为由解除劳动合同，应当提供劳动者签字确认的《入职登记表》以及劳动者真实工作履历的证据。用人单位以劳动者试用期内未完成工作考核目标认定不符合录用条件并解除劳动合同的，应提供劳动者业绩完成数据、试用期考核表等证据。

在劳动者不符合录用条件的认定标准上，2017年4月24日北京市高级人民法院、北京市劳动人事争议仲裁委员会联合发布的《关于审理劳动争议案件法律适用问题的解答》第十一条规定，"……就劳动者是否符合录用条件的认定，在试用期的认定标准可适当低于试用期届满后的认定标准"。这在一定程度上减轻了用人单位的举证责任。

考虑用人单位规定的录用条件不可能涵盖所有可能性，因此司法实践中，除用人单位明确规定的录用条件外，如劳动者存在违反诚实信用原则、违反职业操守或违反公共道德、公序良俗的行为，也可以作为认定劳动者不符合录用条件的事实依据。

案例14　工作经历虚假不符合录用条件，用人单位试用期解除劳动合同合法

周某与上海闽龙实业有限公司劳动合同纠纷再审案中[1]，周某原系闽龙公司员工，双方签订期限自2016年8月9日起至2017年8月8日止的劳动合同，约定试用期自2016年8月9日起至2016年10月8日止。2016年9月30日，闽龙公司向周某作出《试用期解除劳动合同告知书》，载明解除理由为试用期不符合录用条件，主要为沟通能力欠缺，财务处理错误，内部管理报表未及时、准确出具，未按公司工作流程处理工作，入职后对会计凭证未做整理、装订及归档工作。双方签订的《劳动合同》中规定，在试用期间被证明不符合录用条件的、提供虚假个人信息的，闽龙公司可以随时通知解除劳动合同。上海高院认为，诚实信用原则不仅仅是一个公民的道德准则，更是员工的一项基本职业道德。本案中，周某填写了员工基本资料登记表并承诺所填各项资料内容真实，并允许公司查证，如有虚假愿意承担由此产生的一切责任。经查，周某三段入职经历除最后一段属实外，其他两段经历均有不实。《劳动合同法》第三十九条规定："劳动者有下列情形之一的，用人单位可以解除劳动合同：（一）在试用期间被证明不符合录用条件的；（二）严重违反用人单位规章制度的；……"周某隐瞒入职经历并在个人履历表上记载不实用工信息，有违双方合同的约定，更有悖于劳动者最基本的职业道德，其应承担相应的法律后果。同时，周某在劳动合同试用期间，工作中存有差错。闽龙公司根据上述情况，解除双方劳动合同，体现了企业自主经营的权利。法律保护劳动者的合法权益，但对于劳动者欲利用法律以达到其个人不法目的者，依法予以驳回。综上，闽龙公司解除双方的劳动合同合法有据。

为了防范法律风险，我们建议用人单位在设计录用条件时，将劳动者存在违

---

[1]　上海市高级人民法院（2019）沪民再9号再审民事判决书。

反诚实信用原则、违反职业操守或违反公共道德、公序良俗的行为,作为认定劳动者不符合录用条件的兜底条款。

四、试用期内劳动者出现解雇保护情形的,用人单位应谨慎行使解除权

试用期内会发生一些特殊情况,如女员工怀孕、流产、生育,员工发生工伤,患病进入医疗期,等等。在这些情况下,虽然《劳动合同法》第四十二条并未禁止用人单位以试用期不符合录用条件解除劳动合同,但我们建议,除非劳动者存在严重违纪行为或被追究刑事责任的情形,否则用人单位依然应当谨慎行使解除权。

1. 如果劳动者在试用期内怀孕,因为妊娠反应导致不能适应原工作、不能完成工作任务目标,根据《女职工劳动保护特别规定》,用人单位不仅不能以此为由解除劳动合同,还应当与劳动者协商减少工作任务或另行安排适合其身体状况的工作岗位,且不得降低劳动报酬。如果女员工生育的,还需依法给予产假待遇。除非用人单位有证据证明劳动者不符合录用条件与怀孕、生育没有任何关系,如出现严重违反职业道德和劳动纪律的行为,否则不建议用人单位以不符合录用条件解除劳动合同。

2. 如劳动者在试用期内被确诊精神病,用人单位可以直接解除劳动合同。劳动者在医疗期内患病或非因工负伤的,需根据所患疾病、负伤情况与岗位任职健康条件要求等综合评估判断解除劳动合同的风险。

3. 如劳动者在试用期内患职业病或因工负伤的,在取得劳动能力鉴定结果之前,用人单位解除劳动合同可能被认定违反法律规定,详见本章第八节"解雇保护制度"。

五、用人单位应在试用期满前行使解除权

劳动部办公厅对《关于如何确定试用期内不符合录用条件可以解除劳动合同的请示》的复函规定,对试用期内不符合录用条件的劳动者,企业可以解除劳动合同;若超过试用期,则企业不能以试用期内不符合录用条件为由解除劳动合同。因此,用人单位以"不符合录用条件"为由解除劳动合同的,必须在试用期满前发出解除劳动合同通知书,并保留相关送达证据。试用期期满后,用人单位再以试用期内不符合录用条件为由解除劳动合同的,构成违法解除劳动合同。

案例 15　试用期内未及时考核，用人单位试用期满后解除劳动合同违法

彭某与西安培华学院劳动争议一案中[1]，彭某于 2018 年 6 月 4 日入职西安培华学院任教师工作，双方签订了《西安培华学院教师聘用合同》，合同聘用期限为 3 年，自 2018 年 6 月 4 日起至 2021 年 6 月 3 止，试用期 3 个月。2018 年 8 月 31 日培华学院向彭某所在医学院发出新入职员工试用期满考核通知书，通知内容：你单位新进员工彭某同志，将于 2018 年 9 月 4 日试用期满，按照人力资源管理有关规定，请你单位依据岗位职责和目标任务，完成对该同志试用期考核工作，并于 2018 年 9 月 4 日前将《新入职员工试用期满考核表》交至人力资源中心。2018 年 10 月 16 日培华学院向彭某所在医学院发出"关于彭某同志试用期考核结果的通知"，通知彭某到人力资源中心办理离职手续并解除劳动关系。法院认为，彭某与培华学院约定试用期至 2018 年 9 月 4 日。2018 年 8 月 31 日培华学院向彭某所在医学院发出新入职员工试用期满考核通知书，通知其应在 2018 年 9 月 4 日前将彭某的《新入职员工试用期满考核表》交至人力资源中心。该医学院未在通知规定期限内提交《新入职员工试用期满考核通知书》，应视为试用期限届满合同生效。2018 年 10 月 16 日培华学院人力资源中心作出关于彭某同志试用期考核结果的通知，并于 10 月 24 日正式通知彭某于 2018 年 10 月 29 日前办理离校手续的行为属违法解除劳动合同。

当然，如果试用期内劳动者的行为表现符合过失性解除、医疗期满解除或不胜任解除条件，用人单位依据这些理由单方解除劳动合同的，解除时间不受试用期期限的限制，但是也应当在相关解除事实被证实后的合理期限内作出解除决定，并向劳动者送达解除劳动合同通知书。

合规建议

综合以上分析，针对用人单位以劳动者试用期间不符合录用条件为由解除劳动合同，我们提出以下合规建议：

1. 约定试用期应当合法。试用期应当在劳动合同中约定，不得超过法定期

---

[1] 陕西省西安市长安区人民法院（2019）陕 0116 民初 7737 号民事判决书。

限。同一用人单位与同一劳动者只能约定一次试用期,且一般不得中止或延长(用人单位所在地或劳动合同履行地另有规定的除外)。

2. 录用条件应当客观、具体、可量化,不得含有就业歧视等违法内容,并通过录用条件确认书、劳动合同、签收规章制度等方式将录用条件告知劳动者。

3. 注意加强试用期管理、考核和建档归档工作,并树立证据意识。

4. 当试用期员工发生医疗期、三期、工伤等解雇保护情形的,用人单位解除劳动合同应谨慎。

5. 用人单位以不符合录用条件解除劳动合同的,解除劳动合同的决定应当在试用期满前作出,需说明解除原因,并书面向劳动者送达。

6. 用人单位解除劳动合同的法定程序、送达方式、离职手续详见本章第九节"解除劳动合同的程序及离职手续"。

第三节 劳动者被追究刑事责任解除

在劳动合同履行过程中,劳动者可能因为各种原因触犯刑律,如商业贿赂、职务侵占、挪用公款等与履职有关的犯罪,或者是故意杀人、故意伤害、醉驾等其他与履职无关的犯罪。根据《劳动法》第二十五条第(四)项和《劳动合同法》第三十九条第(六)项规定,劳动者被依法追究刑事责任的,用人单位可以解除劳动合同。

自2020年春节以来,新冠肺炎疫情蔓延,国家及各地政府出台了很多疫情防控管理措施。2020年2月6日,最高人民法院、最高人民检察院、公安部、司法部发布了《关于依法惩治妨害新型冠状病毒感染肺炎疫情防控违法犯罪的意见》,其中对抗拒疫情防控措施犯罪作出了明确规定。多地法院也出台了针对疫情期间劳动争议的指导意见,对劳动者存在违反疫情防控管理措施、拒绝配合检疫治疗等违法违规情形,被依法追究刑事责任的,用人单位据此解除劳动合同的予以支持。

在处理追究刑事责任解除劳动合同产生的劳动争议案件中,裁审机构审查的重点包括:劳动者是否确定已经被依法追究刑事责任,以及用人单位作出解除决定是否在合理期限内等。

一、劳动者被追究刑事责任的认定条件

1995年原劳动部制定的《关于贯彻执行〈中华人民共和国劳动法〉若干问题的意见》（以下简称《贯彻劳动法意见》）第二十九条对"被依法追究刑事责任的"进行了解释，即"被依法追究刑事责任"是指被人民检察院免予起诉的、被人民法院判处处罚的、被人民法院依据刑法第三十二条免予刑事处分的。劳动者被人民法院判处拘役、三年以下有期徒刑缓刑的，用人单位可以解除劳动合同。但是由于《贯彻劳动法意见》出台时间较早，现在已经不能完全适用，下面将分别进行分析。

（一）人民检察院作出不起诉决定，不再适用

《贯彻劳动法意见》规定的免予起诉依据的是1980年《刑事诉讼法》。"免予起诉"的概念在《刑事诉讼法》（1996年修订）中已不再使用，目前使用的是"不起诉"。

根据2003年的《劳动和社会保障部办公厅关于职工被人民检察院作出不予起诉决定用人单位能否据此解除劳动合同问题的复函》（以下简称《复函》）规定："人民检察院根据《中华人民共和国刑事诉讼法》第一百四十二条第二款规定作出不起诉决定的，不属于《劳动法》第二十五条第（四）项规定的被依法追究刑事责任的情形。因此，对人民检察院根据《中华人民共和国刑事诉讼法》第一百四十二条第二款规定作出不起诉决定的职工，用人单位不能依据《劳动法》第二十五条第（四）项规定解除其劳动合同。但其行为符合《劳动法》第二十五条其他情形的，用人单位可以解除劳动合同。"因此，根据《复函》的规定，对于被人民检察院作出不起诉决定的职工，用人单位不能依据被依法追究刑事责任规定解除其劳动合同。但如果劳动者的行为构成用人单位规章制度规定的其他解除条件的，用人单位可以依据规章制度解除劳动合同。

（二）人民法院判处处罚

根据《刑法》规定，被人民法院判处处罚的情形包括：

1. 被判处管制、拘役、有期徒刑、无期徒刑、死刑等主刑；

2. 被判处罚金、剥夺政治权利、没收财产、驱逐出境（适用于犯罪的外国人）等附加刑；

3. 被判处拘役、3年以下有期徒刑的犯罪分子，符合条件宣告缓刑的。

因此，被人民法院生效判决书判决有罪并判处处罚的，属于被依法追究刑事责任，用人单位可以据此解除劳动合同。

（三）免予刑事处罚

1980年《刑法》关于"免予刑事处分"的规定已经被修订，2015年《刑法》使用的概念为"免予刑事处罚"。因此，被人民法院生效判决书判决有罪但免予刑事处罚的，也属于被依法追究刑事责任，用人单位可以据此解除劳动合同。

二、用人单位应在合理期限内行使解除权

人民法院生效判决书判决劳动者有罪后，用人单位可以选择继续履行劳动合同，也有权与劳动者解除劳动合同，但其必须在一定合理期限内及时行使解除权。详见本章第一节"严重违纪解除劳动合同"之四。

用人单位在对被追究刑事责任的劳动者行使单方解除权时，应当遵循合理期限的要求，合理期限的起算点为法院判决书生效之日。如果用人单位怠于行使解除权，超过一定合理期限仍未做出解除决定的，劳动者可能认为用人单位不会再行解雇，并进而产生继续履行劳动合同的合理利益期待，此时用人单位再作出解除决定双方产生劳动争议的，存在法院认定用人单位违法解除的风险。

案例16 被追究刑事责任后继续履行劳动合同，用人单位超期解除劳动合同违法

苗某与国网河北省电力公司武安市供电分公司劳动争议一案中[1]，苗某于1988年12月加入供电分公司工作，双方签订有无固定期限劳动合同。2014年11月8日，苗某驾驶轿车发生交通事故造成一人死亡；2014年12月1日其因涉嫌交通肇事罪被取保候审；2015年3月13日一审法院判决其犯交通肇事罪被判处有期徒刑1年，宣告缓刑，矫正期限自2015年4月19日至2016年4月18日。在苗某矫正期限内双方正常履行劳动合同，其仍在供电分公司工作。矫正期满后，2016年5月16日供电分公司以苗某被追究刑事责任为由，与其解除了劳动合同。法院认为，供电分公司作为用人单位，在苗某缓刑期1年内，基于一定的

---

[1] 河北省邯郸市中级人民法院（2017）冀04民终1775号民事判决书。

考量而未立即解除劳动合同，本身就是对劳动者的一种宽宥，并且苗某在缓刑考验期限的1年内，供电分公司作为其供职单位，每月都在社区矫正人员遵纪守法反馈表上出具"服刑人员苗某遵纪守法，改造良好的意见"，表示了对其工作的认可。在缓刑1年考验期满后，苗某已经恢复正常的生活和工作状态，供电分公司再行与其解除劳动合同，应当视为超出了合理期限，有悖立法本意，故判令双方继续履行劳动合同。

三、劳动者被采取刑事强制措施期间的处理

（一）刑事强制措施的性质

根据《刑事诉讼法》规定，未经人民法院依法判决，对任何人都不得确定有罪。刑事强制措施不等于刑事处罚，对劳动者进行刑事拘留、逮捕等也不同于行政拘留、司法拘留。前者是为了防止犯罪嫌疑人、被告人发生社会危险性采取的一种防范措施，并不是确定有罪实施的刑事处罚，而后者是对违法行为人实施的一种行政或司法处罚措施。因此，用人单位不能因为劳动者被刑事拘留、逮捕而认定已经被追究刑事责任。劳动者涉嫌刑事犯罪被采取刑事强制措施的，在人民法院依法作出有罪判决前，用人单位不得以"被依法追究刑事责任"为由解除劳动合同，否则属于违法解除劳动合同。

案例17　刑事拘留不属于被追究刑事责任，用人单位解除劳动合同违法

杨某与浙江威凌实业股份有限公司劳动争议一案中[1]，2011年8月6日杨某与实业公司建立劳动关系，2016年1月1日，其因涉嫌猥亵罪被刑事拘留。2016年2月3日，杨某被取保候审并于同日释放。2016年2月16日，实业公司以杨某严重违反用人单位的规章制度及被依法追究刑事责任为由，解除了与其的劳动合同。2016年5月23日，杨某涉猥亵罪案因没有犯罪事实被撤销。法院认为，虽然杨某在2016年1月1日因涉嫌猥亵罪被公安机关刑事拘留，但于2016年5月23日撤销了该案，该情形不属于严重违反规章制度和被依法追究刑事责任的情形，故实业公司以此为由在2016年2月16日解除与其的劳动合同，缺乏法律

---

[1] 浙江省杭州市中级人民法院（2016）浙01民终7569、7570号民事判决书。

依据，系违法解除。实业公司上诉主张其是依据公司劳动纪律管理制度"在职期间被刑事拘留、行政拘留者"予以开除的规定解除与杨某的劳动合同关系。但实业公司在诉讼过程中未提交该劳动纪律管理制度系经民主议定程序讨论通过的相关证据材料，该规章制度的制定过程存在程序瑕疵，且根据《劳动合同法》规定，劳动者只有在被追究刑事责任的情形下，用人单位才可以解除劳动合同。而《劳动部关于贯彻执行〈中华人民共和国劳动法〉若干问题的意见》（劳部发〔1995〕309号）第二十九条就"被追究刑事责任"的范围作出了明确规定，该范围中并不包括刑事拘留、行政拘留。故实业公司所制定的劳动纪律管理制度中的该条款因违反劳动合同法的规定而应被认定为无效，实业公司依据该条公司规章制度解除与杨某的劳动合同，属违法解除劳动合同。

（二）刑事强制措施的种类

根据《刑事诉讼法》的有关规定，劳动者涉嫌刑事犯罪时，可能被采取的刑事强制措施见下表：

序号	刑事强制措施	时限	限制人身自由	对劳动合同履行的影响
1	传唤/拘传	不得超过24小时	是	不能提供劳动
2	拘留	一般为14天，法定最长期限为37天	是	不能提供劳动
3	逮捕	法律规定的侦查羁押、审查起诉、一审、二审期限	是	不能提供劳动
4	取保候审	最长不得超过12个月	不得离开所居住的市、县	劳动时间和范围受到限制
5	监视居住	最长不得超过6个月	不得离开住所或指定居所	不能提供劳动或者劳动时间和范围受到限制

通过上述表格可以看出，刑事拘留、逮捕等刑事强制措施限制人身自由，会对劳动合同的履行产生严重影响，而取保候审并不限制人身自由，劳动者仍可以提供劳动。

（三）劳动合同暂停或中止履行

劳动者被采取刑事强制措施期间，是否构成刑事犯罪，处于不确定状态，用人单位不能以劳动者被追究刑事责任为由解除劳动合同，但可以在符合规定情形时，根据国家规定或地方性规定，暂停或中止劳动合同的履行。

1. 国家层面的法律规定

国家法律未明确规定劳动合同中止制度，但是根据《贯彻劳动法意见》第二十八条的规定，劳动者涉嫌违法犯罪被有关机关拘留或逮捕的，用人单位在劳动者被限制人身自由期间，可与其暂时停止劳动合同的履行。暂时停止履行劳动合同期间，用人单位不承担劳动合同规定的相应义务。上述规定中"用人单位不承担劳动合同规定的相应义务"，一般理解可以不支付工资，但是对于是否可以停止缴纳五险一金存在不同理解。

2. 地方政府的规定

《上海市劳动合同条例》《山东省劳动合同条例》《江苏省劳动合同条例》等地方规定明确规定，劳动者因涉嫌违法犯罪被限制人身自由的，劳动合同可以中止。劳动合同中止期间，劳动关系保留，劳动合同暂停履行，用人单位可以不支付劳动报酬并停止缴纳社会保险费。有些地方规定更是明确劳动合同中止期间不计算为劳动者在用人单位的工作年限。有些地方，如吉林省，虽明确劳动合同可以中止履行，用人单位不再支付劳动者工资，而对于是否可以停止缴纳社会保险费并没有明确规定。有观点认为，只要劳动关系存续即应继续缴纳社会保险费，也有观点认为无须缴纳。

3. 取保候审的处理

劳动者涉嫌刑事犯罪时劳动合同可以中止的情形，仅限劳动者因涉嫌违法犯罪被限制人身自由期间，如被采取拘留、逮捕、指定居所监视居住等刑事强制措施的，而被取保候审是不属于劳动合同可以中止的情形的，劳动合同应当继续履行。

根据《北京市工资支付规定》《广东省工资支付条例》《江苏省工资支付条例》《吉林省企业工资支付暂行规定》《深圳市员工工资支付条例》等地方规定，劳动者被取保候审期间，劳动合同未解除且劳动者继续在原单位正常劳动的，用人单位应当支付其工资。但是上述规定没有明确劳动者在取保候审期间未提供劳动时，用人单位是否应当发给生活费。由于劳动关系未解除，用人单位仍存在支付生活费的风险。

案例18 取保候审期间员工未提供劳动，用人单位需支付生活费

张某与北京物美商业集团股份有限公司劳动争议一案中[1]，张某于2009年3月2日入职物美公司，正常工作至2015年4月18日，物美公司支付张某工资至2015年3月31日。2015年4月19日，张某因涉嫌职务侵占罪被刑事拘留。2015年5月26日，决定对其取保候审，期限从2015年5月27日起算。2016年5月16日，因取保候审期限届满予以解除取保候审。张某主张在2015年5月26日之后多次向物美公司提出要求上岗，但未提交相应证据，物美公司对张某的该主张亦予以否认。法院认为，双方均认可未就劳动关系进行处理。物美公司主张因张某未告知其被公安机关释放，因此双方劳动关系处于两不找状态，双方不再有继续履行劳动合同的基础和条件。但是张某涉嫌职务侵占罪的举报人为物美公司，且其为物美公司高管，该案件的进展与物美公司财产及人事密切相关，物美公司应当跟踪该案件的进展，物美公司主张双方处于两不找状态不予采信。物美公司亦未就双方不具备继续劳动合同的基础和条件提出更为实质的理由及证据，故对物美公司无须继续履行劳动合同的请求不予支持。最终法院确认物美公司与张某自2015年4月1日至2016年5月31日存在劳动关系，物美公司应与其继续履行劳动合同。鉴于张某正常工作至2015年4月18日，故物美公司应支付其2015年4月1日至2015年4月18日的工资。2015年4月19日至2015年5月26日，张某因涉嫌刑事犯罪被拘留，物美公司无须支付其上述期间的工资。2015年5月27日被取保候审至2016年5月31日，张某未向物美公司提供劳动，鉴于双方存在劳动关系，故物美公司应支付其上述期间的生活费。

（四）劳动合同恢复履行

《山东省劳动合同条例》《江苏省劳动合同条例》等地方规定明确规定，劳动合同中止情形消失，除已经无法履行的外，应当恢复履行。

根据《刑事诉讼法》有关规定，劳动者涉嫌刑事犯罪被限制人身自由期间，出现以下情形应当释放：（1）人民检察院不批准逮捕的；（2）人民法院、人民检察院、公安机关发现不应当拘留、逮捕的；（3）不能在侦查羁押、审查起诉、一审、二审期限内办结的；（4）决定撤销案件、不起诉或者一审法院判决宣告

---

[1] 北京市第一中级人民法院（2017）京01民终3770号民事判决书。

无罪终止追究刑事责任的;(5)解除监视居住的;(6)变更强制措施为取保候审的。

劳动者被释放,劳动合同中止履行的情形消失,劳动合同应当恢复履行。但在劳动合同中止履行期间以及中止履行情形消失后,如果劳动者或用人单位出现其他符合解除或终止劳动合同的法定情形的,可依法处理。比如,第一次固定期限劳动合同到期的,用人单位可以依法终止劳动合同。

(五)劳动者被错误限制人身自由的赔偿金

根据《贯彻劳动法意见》第二十八条的规定,劳动者经证明被错误限制人身自由的,暂时停止履行劳动合同期间劳动者的损失,可由其依据《国家赔偿法》要求有关部门赔偿。因此,即使劳动者被错误限制人身自由,造成工资、社保等损失的,也无权要求用人单位承担赔偿责任。

根据《国家赔偿法》的规定,存在对公民采取拘留、逮捕措施后,决定撤销案件、不起诉或者判决宣告无罪终止追究刑事责任等情况时,被侵犯人身权的受害人有权获得国家赔偿。侵犯公民人身自由的,每日赔偿金按照国家上年度职工日平均工资计算。自2020年5月18日起作出的国家赔偿决定涉及侵犯公民人身自由权的赔偿金标准为每日346.75元。

四、劳动者被行政/司法拘留期间的处理

劳动者被行政/司法拘留虽然也被限制人身自由,但是不属于被追究刑事责任,不能依据劳动者被追究刑事责任解除劳动合同。即使用人单位规章制度规定职工被行政/司法拘留属于严重违纪行为可以解除劳动合同的,对于解除的合法性,司法实践中仍存有争议。实务中存在一些特殊情况,用人单位解除劳动合同可能获得支持,如:

劳动者受到行政处罚/司法拘留的违法行为给用人单位造成重大损害,损失金额达到规章制度中的可解除劳动合同金额标准的,或者给用人单位的声誉造成严重损害的,用人单位根据规章制度规定解除劳动合同,有可能获得支持。

劳动者因为严重违反职业道德、公序良俗而受到行政处罚/司法拘留,给用人单位造成重大经济或声誉损失的,用人单位仍可依据《劳动合同法》第三十九条规定解除劳动合同,具体参见本章第二节"严重过失解除劳动合同"。

劳动者因损害公共利益而受到行政处罚/司法拘留,如在新冠肺炎疫情期间,

部分省市法院出台的疫情期间劳动争议指导意见，对于不配合疫情防控被行政拘留，如果规章制度规定被拘留属于严重违纪的，支持用人单位解除劳动合同合法[1]。

因此，在劳动者被行政/司法拘留时，用人单位解除劳动合同，仍需谨慎。

合规建议

针对用人单位以劳动者被追究刑事责任为由解除劳动合同，我们提出以下合规建议：

1. 劳动者被采取刑事拘留、逮捕等刑事强制措施期间，用人单位不得依据被追究刑事责任解除劳动合同，但是可以暂停或中止劳动合同的履行。在此期间用人单位不再支付劳动者工资，对于是否可以停止缴纳社会保险费应依据当地规定执行。

2. 取保候审期间、劳动者涉嫌刑事犯罪但是没有被限制人身自由，或者劳动合同中止情形消失恢复人身自由的，用人单位应当继续履行劳动合同，劳动者提供劳动的应当支付工资，未提供劳动的可以支付生活费。劳动合同暂停履行期间，劳动合同期限届满、符合法定终止情形的，用人单位有权终止劳动合同。

3. 劳动者被人民法院生效判决书判决有罪的，包括被判处处罚和免予刑事处罚，均属于被追究刑事责任，用人单位可以据此解除劳动合同。但是，解除劳动合同的决定应当在判决后合理期限内尽快作出并送达给劳动者，当地对解除期限有明确规定的应依据当地规定执行。

4. 劳动者被行政拘留或司法拘留的，用人单位是否可以解除劳动合同，需审慎评估解除行为的合法性。即使用人单位在规章制度中明确将该情形规定为用人单位有权立即解除劳动合同的严重违纪行为，由于缺乏明确的法律依据，规章

---

[1] 广西壮族自治区高级人民法院民一庭《关于妥善审理涉新冠肺炎疫情相关民事纠纷的指导意见》规定，劳动者因不配合疫情防控被采取行政拘留措施的，用人单位能否解除劳动合同，根据用人单位的规章制度确定。浙江省舟山市中级人民法院《新型冠状病毒肺炎疫情防控期间劳动争议案件法律适用指南》规定，疫情防控期间，职工因不配合政府部门疫情防控被追究刑事责任的，企业可依据《劳动合同法》第三十九条的规定，依法解除劳动合同。对于被行政拘留的，则需根据企业制定的制度执行，如果企业制度规定"被拘留属于严重违纪"且履行过民主程序的，可以依法解除劳动合同；如没有相应规定，则不宜直接解除劳动合同，建议以合理方式与职工沟通、协商解除劳动合同或以职工辞职形式终止劳动合同。

制度的规定也存在不被支持的可能。

5. 劳动合同解除程序及离职手续，详见本章第九节"解除劳动合同的程序及离职手续"。

第四节　医疗期满解除劳动合同

根据《劳动合同法》第四十条第（一）项规定，劳动者医疗期满不能从事原工作，也不能从事用人单位另外安排的工作，经提前30日书面通知劳动者本人或额外支付1个月工资后，用人单位可以解除劳动合同。这就是医疗期满解除劳动合同。医疗期满解除是法律赋予用人单位的单方解除权之一。根据《企业职工患病或非因工负伤医疗期规定》（以下简称《医疗期规定》）第二条规定，医疗期是指企业职工因患病或非因工负伤停止工作治病休息不得解除劳动合同的时限。医疗期是解雇保护期。在医疗期满后，若劳动者由于身体原因不能从事原工作，用人单位有义务为其安排力所能及的新的工作岗位；若劳动者也不能或不愿从事新岗位工作的，用人单位可以依法单方解除劳动合同，但是应当满足法律规定的特殊程序。

在处理因医疗期满解除劳动合同引发的劳动争议案件中，争议焦点和审查重点包括：员工依法享受医疗期的期限、医疗期的计算方式、医疗期是否期满、员工是否无法从事原工作、用人单位是否为员工安排新的工作岗位、员工是否不能从事新工作、用人单位是否为员工进行劳动能力鉴定、员工是否有其他解雇保护情形等。

一、医疗期的期限及计算

员工患病或非因工负伤，并不当然就进入医疗期，而是需要达到停止工作、进行治疗和休养的程度。在医疗期满解除劳动合同的劳动争议案件中，首先要审查和认定的基础事实就是员工依法可以享有的医疗期期限以及医疗期的计算方式。

（一）医疗期与病假的关系

病假并不等同于医疗期。病假是指因疾病或负伤，经医生建议停止工作、治病休息的期间。病假的长短取决于员工伤病的严重程度、治愈需要的时间以及医生基于医学判断所提出的建议。医疗期的期限是由法律明确规定的，根据员工的工作年限确定，与员工所患疾病或负伤严重程度无关，难以治愈的特殊疾病除外。

（二）医疗期的期限

根据《医疗期规定》第三条的规定，劳动者可以享受的医疗期期限应当根据本人实际参加工作年限和在本单位工作年限确定。详见下表：

序号	实际工作年限（X）	在本单位工作年限（Y）	医疗期
1	X＜10	Y＜5	3个月
2		5≤Y＜10	6个月
3	X≥10	Y＜5	6个月
4		5≤Y＜10	9个月
5		10≤Y＜15	12个月
6		15≤Y＜20	18个月
7		Y≥20	24个月

在确定医疗期期限时应注意：

1. 医疗期期限是由法律明确规定的，劳动者入职之后即可享有至少3个月的医疗期。用人单位规章制度规定，或者通过集体合同、劳动合同与劳动者约定医疗期享受条件和期限，不得违反法律规定。

2. 劳动者的实际工作年限应根据劳动者的人事档案、社保缴费年限以及其他可以证明实际工作情况的资料确定。

3. 医疗期期间，若因劳动者工龄发生变化而导致医疗期期限跨档的，医疗期期限是否应相应调整，在实践中存在争议。有的观点认为医疗期期限不应调整，因为根据《医疗期规定》第三条的规定，劳动者的医疗期期限是根据"需要停止工作医疗时"的参加工作年限和在本单位工作年限确定的。有的观点则认为医疗期期限应当随之调整。但无论是否调整医疗期期限，起算医疗期的日期均不变，均以劳动者"第一次病休之日"起算。当然我们也注意到，有些用人单位会规定劳动者连续病休超过一定期限如15天，才开始计算医疗期，这是有利于劳动者的规定，法律并不禁止。

4. 上海地区医疗期期限确定的方法与全国的规定不同。根据上海市人民政府发布的《关于本市劳动者在履行劳动合同期间患病或者非因工负伤的医疗期标准的规定》（以下简称《上海医疗期规定》）第二条的规定，上海地区劳动者可以享受的医疗期期限只根据其在本单位的工作年限确定。详见下表：

序号	在本单位工作年限（N）	医疗期
1	N≤1	3个月
2	1<N<2	3个月
3	2≤N<3	4个月
4	3≤N<4	5个月
……	……	……
n+1	n≤N<n+1	n+2（不超过24个月）

此外，根据《上海医疗期规定》第四条的规定，设立在上海的用人单位，若在集体合同、劳动合同、内部规章制度对医疗期有特别规定的，而该规定中关于医疗期的约定长于上海市发布的规定的，则应按照用人单位内部的特别规定执行。

5. 用人单位在确定特殊疾病员工医疗期期限时应结合当地规定与司法实践谨慎处理。根据原劳动部发布的《关于贯彻〈企业职工患病或非因工负伤医疗期规定〉的通知》（以下简称《贯彻医疗期通知》）第二条的规定，对某些患特殊疾病（如癌症、精神病、瘫痪等）的职工，在24个月内尚不能痊愈的，经企业和劳动主管部门批准，可以适当延长医疗期。但该条是否意味着患有特殊疾病的职工一律可以享受24个月的医疗期，不同省市司法实践有不同理解。江苏省规定[①]对某些患有特殊疾病的职工，不论其工作年限长短，均给予不少于24个月

---

① 江苏省劳动争议仲裁委员会《江苏省劳动仲裁疑难问题研讨会纪要》第三条，"根据原劳动部规定，对某些患有特殊疾病（如癌症、精神病、瘫痪等）职工，不论其工作年限长短，均给予不少于24个月的医疗期，医疗期满后能否延长、延长多久，应由用人单位根据劳动者的具体情况自行确定"。

的医疗期。而广东省①、浙江省②、山东省③等地则认为特殊疾病的职工并不当然享有24个月的医疗期。

(三) 医疗期的计算

根据《医疗期规定》和《贯彻医疗期通知》规定，医疗期期限计算应注意：

1. 医疗期期限应在法定的累计病休时间内计算，即通常称的计算周期。详见下表：

序号	医疗期期限	累计病休计算时间（计算周期）
1	3个月	6个月
2	6个月	12个月
3	9个月	15个月
4	12个月	18个月
5	18个月	24个月
6	24个月	30个月

2. 根据《贯彻医疗期通知》第一条的规定，医疗期及计算周期计算均应从病休第一天开始，并在法定的计算周期内累计计算。若在一个计算周期内员工没有休满医疗期，该周期结束。员工再次申请病休时，开始计算下一个计算周期并在该周期内重新计算员工的医疗期。应注意不同周期内的病假天数不累计计算。也就是说，医疗期是可以循环使用的。按照该计算规则，对于工龄较长的员工，医疗期计算从操作上存在很多不便。从便捷和清晰的角度出发，很多用人单位采

---

① 《广东省劳动和社会保障厅关于疾病医疗期问题的复函》第二条："职工患特殊疾病的医疗期也应按劳部发479号文规定执行，即根据本人实际工作年限、在本单位工作年限计算医疗期，而不能理解为患特殊疾病的最少有24个月的医疗期。"

② 《浙江省高级人民法院民事判第一庭、浙江省劳动人事争议仲裁院关于审理劳动争议案件若干问题的解答（四）》第十三条："该规定指职工根据实际参加工作年限和在本单位工作年限确定医疗期，该医疗期满后尚不能痊愈的情况下，可以申请延长，并不意味着患有上述特殊疾病的职工的医疗期当然为24个月。"

③ 《山东省高级人民法院、山东省人力资源和社会保障厅关于审理劳动人事争议案件若干问题会议纪要》第十七条："《劳动部关于贯彻〈企业职工患病或非因工负伤医疗期规定〉的通知》（劳部发〔1995〕236号）规定：'对某些患特殊疾病（如癌症、精神病、瘫痪等）的职工，在24个月内尚不能痊愈的，经企业和劳动主管部门批准，可以适当延长医疗期。'该规定指根据企业职工实际参加工作年限和在本单位工作年限确定享受24个月医疗期的，该医疗期满后尚不能痊愈的情况下，职工可以申请延长，并不意味着患有上述特殊疾病职工的医疗期当然为24个月。"

用倒推方式计算员工医疗期，司法实践中也有观点支持这种计算方式，即以员工最后病休日为起算点，向前逆向倒推计算周期和员工病休天数是否达到或超过可享受的医疗期。以北京市企业员工可享受 12 个月医疗期为例，累计周期为 18 个月，员工最后病休日为 2019 年 12 月 12 日，那么以倒推的方式只需要统计在 2018 年 6 月 13 日至 2019 年 12 月 12 日累计病休时间是否达到或超过 12 个月即可，无须从其入职后第一次病休开始统计。

3. 员工连续病休的，病休期间公休、假日和法定节假日均包括在内，也就是说医疗期的计算是自然日，而非工作日。

4. 需注意各地规定的差异化，用人单位需根据所在地或劳动合同履行的规定妥善实施医疗期的计算。例如，上海地区医疗期计算的方法与全国的规定不同。上海地区在计算医疗期时采用根据员工在现单位的工作年限，累计计算医疗期①。即医疗期从用人单位与员工建立劳动关系起的第一次病休日开始累计计算，不按照周期计算。此外，上海地区病休期间不包括休息日和法定节假日，即应按照实际休假日数（实际工作日天数）计算。

5. 新冠肺炎患者隔离治疗期是否计入医疗期，各地意见不同。比如，四川、无锡、河南等地明确隔离治疗期计入医疗期，该期间发放病假工资，但是福建、厦门、天津等地则明确隔离治疗期不计入医疗期，该期间正常发放工资。其余大部分地区未明确隔离治疗期是否计入医疗期，只规定该期间应正常发放工资。

（四）医疗期的工资待遇

《贯彻劳动法意见》第五十九条规定，职工患病或非因工负伤治疗期间，在规定的医疗期内由企业按有关规定支付其病假工资或疾病救济费，病假工资或疾病救济费可以低于当地最低工资标准支付，但不能低于最低工资标准的 80%。也就是说，国家法律法规层面上仅规定了医疗期内用人单位应当支付劳动者病假工资的下限。所以，用人单位可以在劳动合同、集体合同中与劳动者约定或在规章制度中规定不低于法定标准的医疗期病假工资的金额或标准。但是，企业在制定医疗期病假工资标准或发放病假工资时需要注意以下几点：

1. "最低工资标准的 80%"是否包含了劳动者个人应缴纳的社会保险费和

---

① 《上海市政府关于本市劳动者在履行劳动合同期间患病或者非因工负伤的医疗期标准的规定（2015 修订）》第五条规定："劳动者在本单位工作期间累计病休时间超过按规定享受的医疗期，用人单位可以依法与其解除劳动合同。"

住房公积金,各省市的规定不同。贵州省①、浙江省舟山市②、四川省成都市③等地明确规定了最低工资标准包含了劳动者个人缴纳的社会保险费及住房公积金。江苏省④、北京市⑤等地则规定最低工资标准不包括劳动者个人应缴纳的各项社会保险费和住房公积金,用人单位应当另行承担。

2. 虽然国家法律法规层面只规定了医疗期内用人单位应当支付劳动者病假工资的下限,但如上海市⑥、浙江省⑦、山东省⑧、深圳市⑨等一些地区在法律允

---

① 《贵州省人力资源和社会保障厅关于调整贵州省最低工资标准的通知》(黔人社发〔2019〕16号)第二条:"月最低工资标准包含劳动者个人应缴纳的基本养老保险费、医疗保险费、失业保险费和住房公积金……"
② 《舟山市人民政府关于调整全市最低工资标准的通知》(舟政发〔2008〕50号):"最低工资标准包含职工个人缴纳的社会保险费和住房公积金……"
③ 《成都市人民政府关于调整全市最低工资标准的通知》(成府发〔2018〕9号)第三条:"上述最低工资标准包含职工个人应缴纳的社会保险费和住房公积金……"
④ 《江苏省工资支付条例》第三十二条:"用人单位依照本条例第二十七条、第三十一条的规定,按照当地最低工资标准的百分之八十支付给劳动者病假工资、疾病救济费和生活费的,必须同时承担应当由劳动者个人缴纳的社会保险费和住房公积金。"
⑤ 《北京市人力资源和社会保障局关于调整北京市2019年最低工资标准的通知》(京人社劳发〔2019〕71号)第一条:"下列项目不作为最低工资标准的组成部分,用人单位应按规定另行支付:……(三)劳动者个人应缴纳的各项社会保险费和住房公积金……"
⑥ 《上海市劳动保障局关于病假工资计算的公告》第一条,职工疾病或非因工负伤连续休假在6个月以内的,企业应按下列标准支付疾病休假工资:连续工龄不满2年的,按本人工资的60%计发;连续工龄满2年不满4年的,按本人工资70%计发;连续工龄满4年不满6年的,按本人工资的80%计发;连续工龄满6年不满8年的,按本人工资的90%计发;连续工龄满8年及以上的,按本人工资的100%计发。职工疾病或非因工负伤连续休假超过6个月的,由企业支付疾病救济费:连续工龄不满1年的,按本人工资的40%计发;连续工龄满1年不满3年的,按本人工资的50%计发;连续工龄满3年及以上的,按本人工资的60%计发。
⑦ 《浙江省劳动厅关于转发劳动部〈企业职工患病或非因工负伤医疗期规定〉的通知》第二条第一款:"职工因病或非因工负伤,病假在六个月以内的,按其连续工龄的长短发给病假工资。其标准为:连续工龄不满十年的,为本人工资(不包括加班加点工资、奖金、津贴、物价生活补贴;下同)的百分之五十;连续工龄满十年不满二十年的,为本人工资的百分之六十;连续工龄满二十年不满三十年的,为本人工资的百分之七十;连续工龄满三十年以上的,为本人工资的百分之八十。职工因病或非因工负伤,连续病假在六个月以上的,按其连续工龄的长短改发疾病救济费。其标准为:连续工龄不满十年的,为本人工资的百分之四十;连续工龄满十年不满二十年的。为本人工资的百分之五十;连续工龄满二十年不满三十年的,为本人工资的百分之六十;连续工龄满三十年以上的,为本人工资的百分之七十。"
⑧ 《山东省劳动厅转发劳动部〈关于发布《企业职工患病或非因工负伤医疗期规定》的通知〉的通知》第一条:"企业职工因病或非因工负伤,在医疗期内,停工医疗累计不超过180天的,由企业发给本人工资70%的病假工资;累计超过180天的,发给本人工资60%的疾病救济费。医疗期内的医疗待遇仍按现行规定执行。"
⑨ 《深圳市员工工资支付条例》第二十三条:"员工患病或者非因工负伤停止工作进行医疗,在国家规定的医疗期内的,用人单位应当按照不低于本人正常工作时间工资的百分之六十支付员工病伤假期工资,但是不得低于最低工资的百分之八十。"

许的范围内制定了各自病假工资发放的标准。这些省市的用人单位在与劳动者约定医疗期病假工资待遇时应优先适用本地区的规定标准。

3. 若用人单位与劳动者对于病假工资没有约定，规章制度也未做规定的情况下，用人单位所在地对于病假工资标准有具体规定的，应优先适用本地区的规定。若本地区没有具体规定，则可按照国家规定标准执行，即员工病假工资不低于当地最低工资标准的80%即可。但贵阳市规定[①]若用人单位与劳动者没有约定病假工资支付计算标准的，应按劳动者本人工资支付。

二、医疗期满解除的条件

医疗期满解除劳动合同需要满足两个实体条件：一是劳动者医疗期已满；二是劳动者无法从事原工作也不能从事另行安排的工作，若医疗期满劳动者回单位继续工作的，则用人单位不能依据医疗期满解除劳动合同。

（一）医疗期满的认定

自劳动者病休之日起开始计算，在规定的累计病休时间内，若劳动者累计病休达到依法可以享受的医疗期期限的视为医疗期满。比如，在北京A公司工作的员工王某，其依法可以享受6个月的医疗期。而自他加入A公司后第一次病休时间为2019年3月7日，那么王某的医疗期应当在2019年3月7日至2020年3月6日累计计算确定。若在此期间，王某累计病休达到6个月，即视为医疗期满。如果是连续病休，病休期间的公休、假日和法定节假日不予扣除。所以，若王某系连续病休，则"达到6个月"是指连续病休了6个完整的自然月；若该员工系不连续的间断病休，则此处的"达到6个月"可按照累计病休满180天计算。在上海地区，只计算在工作日员工病休的天数，累计病休达到180个工作日即为医疗期满。

用人单位还需要注意，除上海外，在医疗期的制度设计上存在医疗期循环使用的问题，也就是说在一个周期内劳动者法定医疗期未满的，第一个计算周期期满。此后劳动者再次病休的，重新计算第二个计算周期。

[①] 《贵阳市企业工资支付办法》第二十七条："劳动者患病或非因工负伤治疗期间，在规定的医疗期内，企业应当按约定的病假工资支付计算标准支付劳动者病假工资。病假工资支付计算标准不得低于当地最低工资标准的80%。没有约定病假工资支付计算标准的，按劳动者本人工资支付。"

案例19　根据员工工作年限计算医疗期，医疗期期间可以循环计算

林某与国际商业机器全球服务（大连）有限公司劳动争议一案中[1]，林某于2003年7月毕业后参加工作，2014年9月17日入职全球服务公司。2017年5月31日前，林某的病休时间如下：2015年7月30日至2015年8月6日、2015年12月4日至2015年12月9日、2015年12月16日至2015年12月18日，2015年12月23日至2015年12月25日、2015年12月28日至2016年1月3日、2016年1月4日至2016年1月8日、2016年1月18日至2016年1月24日、2016年8月11日下午、2016年8月12日、2016年8月15日至2016年8月27日、2016年8月29日至2016年9月14日、2016年9月16日至2016年9月30日、2016年10月9日至2017年1月11日、2017年1月12日至2017年2月7日、2017年2月8日至2017年3月10日、2017年3月20日至2017年5月15日。法院认为：根据《医疗期规定》第三条，林某的医疗期为6个月，按12个月内累计病休时间计算。林某于2015年7月30日开始病休，应自该日起计算医疗期，其中2015年7月30日至2016年7月29日共计12个月为一个计算周期，此期间林某累计病休39日，未满6个月医疗期。此后，林某进入下一个医疗期计算周期即2016年7月30日至2017年7月29日。截至2017年4月26日，林某在本计算周期内累计病休226.5日，已超过6个月，全球服务公司同意将其医疗期延长至2017年5月11日，属于公司为林某提供的特殊待遇。所以，法院予以照准并据此认定林某医疗期于2017年5月11日届满。

（二）医疗期满不能提供劳动的认定

医疗期满劳动者不能提供劳动应包含两层含义，一是劳动者无法从事原工作，二是劳动者也不能从事用人单位另行安排的工作。司法实践中，若劳动者在医疗期满后继续提交病假条要求继续病休的，可以视为不能从事原工作，但是不能当然地视为该劳动者不能从事新工作。所以，在此情况下，用人单位应当根据劳动者的身体状况为其另行安排新工作。安排新工作后，若劳动者仍旧继续提交病假条要求继续病休的，则可以认为其不能从事用人单位另行安排的新工作。

---

[1] 辽宁省大连市高新技术产业园区人民法院（2019）辽0293民初890号民事判决书。

案例20　医疗期满未另行安排工作，用人单位解除劳动合同违法

北京新月联合汽车有限公司与董某劳动争议一案中[1]，董某于2008年7月24日入职新月公司。2013年5月2日，董某突发脑梗入院诊疗，5月16日出院，此后一直病休。2014年1月2日，新月公司告知董某病休已经超出6个月医疗期期限，通知其1月9日进行劳动能力鉴定。但双方到劳动局后，董某以非其自愿鉴定为由拒不提供鉴定材料原件，故无法鉴定。2014年1月13日，新月公司告知董某因其未按要求提供相应的材料导致无法做劳动能力鉴定，通知其2014年1月20日到公司办理上车手续，如不能继续从事驾驶员工作，当天公司将另行安排其他工作。但是公司之后并没有给董某另行安排工作。2014年2月12日，新月公司解除劳动合同。法院认为：新月公司以董某拒绝进行劳动能力鉴定、未同意到岗恢复运营或安排其他工作为由解除劳动关系，但新月公司未就另行安排工作提交相应的证据予以证实，且董某对新月公司的主张不予认可，故新月公司在未另行安排董某工作的情况下解除劳动合同，应当认定为违法解除。

从上述案例可以看出，劳动者医疗期满后，用人单位在确认劳动者无法从事原工作之后，应当为劳动者另行提供其他工作。但在上海地区，如劳动者医疗期满不能上班，用人单位无须另行为劳动者提供新工作[2]。

（三）适用员工限制

根据《劳动合同法》第四十二条的规定，以下情形的员工，用人单位不得以医疗期满为由解除劳动合同：从事接触职业病危害作业的劳动者未进行离岗前职业健康检查，或者疑似职业病病人在诊断或者医学观察期间的；在本单位患职业病或者因工负伤并被确认丧失或者部分丧失劳动能力的；女职工在孕期、产期、哺乳期的；在本单位连续工作满15年，且距法定退休年龄不足5年的；法律、行政法规规定的其他情形。详见本章第八节"解雇保护制度"。

三、医疗期满解除的特殊程序

根据《医疗期规定》第六条和第七条的规定，企业职工非因工致残和经医

---

[1] 北京市第二中级人民法院（2015）二中民终字第11964号判决书。
[2] 《上海市劳动和社会保障局关于实施〈上海市劳动合同条例〉若干问题的通知》第十六条规定："劳动者患病或非因工负伤超过规定医疗期仍不能上班工作的，用人单位可以按超过停工医疗期规定解除劳动合同。"

生或医疗机构认定患有难以治疗的疾病，在医疗期内医疗终结或医疗期满后，不能从事原工作，也不能从事用人单位另行安排的工作的，应当由劳动鉴定委员会参照工伤与职业病致残程度鉴定标准进行劳动能力的鉴定。所以，医疗期满解除在满足前述两个实体条件外，还需要满足安排劳动者进行劳动能力鉴定这一特殊程序条件。在这个鉴定程序的认识理解和执行中，经常产生争议的问题有：

（一）劳动能力鉴定是否为法定程序

根据原劳动部发布的《违反和解除劳动合同的经济补偿办法》（劳部发〔1994〕481 号文已于 2017 年 11 月 24 日失效）第六条[①]的规定，劳动者患病或者非因工负伤的，应经劳动鉴定委员会确认不能从事原工作也不能从事用人单位另行安排的工作后，才能解除劳动合同。所以该文明确规定了劳动能力鉴定是用人单位与医疗期内治疗终结或医疗期满劳动者解除或终止劳动合同的必经前置程序。但是，在该文废止以后，劳动能力鉴定是否为医疗期满解除的法定程序，实践中出现了较大争议。

主流观点认为，《医疗期规定》及《贯彻劳动法意见》《劳动部关于实行劳动合同制度若干问题的通知》（劳部发〔1996〕354 号）中均明确规定了在医疗期满后，除需要证明员工无法从事原工作、又无法从事另行安排的工作外，用人单位还应当安排员工进行劳动能力鉴定，并根据劳动能力鉴定结果进行相应处理。所以在没有进行劳动能力鉴定的情况下直接解除或终止劳动合同属于违法解除或终止。

案例 21　医疗期满未进行劳动能力鉴定，用人单位解除劳动合同违法

北京万方月坛商贸公司与陈某劳动争议一案[②]，陈某于 2014 年 11 月 27 日入职万方公司，劳动合同续签至 2020 年 12 月 31 日。2017 年 12 月 20 日陈某突发脑出血急诊住院治疗。2019 年 3 月 21 日，万方公司向陈某发出解除信，表示陈某医疗期及延长期届满，且经职工代表大会形成陈某医疗期满不能继续从事正

[①] 原劳动部发布的《违反和解除劳动合同的经济补偿办法》第六条："劳动者患病或者非因工负伤，经劳动鉴定委员会确认不能从事原工作、也不能从事用人单位另行安排的工作而解除劳动合同的，用人单位应按其在本单位的工作年限，每满一年发给相当于一个月工资的经济补偿金，同时还应发给不低于六个月工资的医疗补助费。患重病和绝症的还应增加医疗补助费，患重病的增加部分不低于医疗补助费的百分之五十，患绝症的增加部分不低于医疗补助费的百分之百。"

[②] 北京市第二中级人民法院（2020）京 02 民终 822 号民事判决书。

常工作的一致意见，告知陈某解除劳动合同。法院认为：企业职工非因工致残和经医生或医疗机构认定患有难以治疗的疾病，医疗期满，用人单位应当依照《医疗期规定》中明确的程序进行劳动能力鉴定并根据鉴定结论确定的等级进行处理。万方公司在陈某未进行劳动能力鉴定的情况下直接做出解除劳动关系的通知，属于违法解除劳动关系。

上述判决代表的是主流观点。还有的观点认为，由于《劳动合同法》第四十一条、第四十五条并未明确将劳动能力鉴定规定为解除或终止劳动合同前置程序，且劳动能力鉴定主要解决的是解除、终止劳动合同之后的待遇问题，对解除或终止劳动合同并无实质性影响，因此用人单位无须安排劳动者进行劳动能力鉴定，可以直接解除、终止劳动关系。

正因为存在不同的理解，为最大限度防控违法解除风险，我们建议用人单位按照第一种观点，在解除劳动合同前安排劳动者进行劳动能力鉴定。若劳动者因自身原因拒绝配合的，用人单位可以直接解除或终止劳动合同。

（二）劳动能力鉴定结果对解除劳动合同的影响

根据《企业职工患病或非因工负伤医疗期规定》第六条、第七条以及《劳动部关于贯彻执行〈中华人民共和国劳动法〉若干问题的意见》第三十五条的规定，劳动能力鉴定结果为一级至四级的，劳动者应当退出劳动岗位，解除劳动关系，办理退休、退职手续，享受退休、退职待遇；被鉴定为五级至十级的，用人单位可以解除劳动合同，并按规定支付经济补偿金和医疗补助费。所以，鉴定结果为五级至十级或者没有达到伤残等级的劳动者，用人单位可以直接与其解除或终止劳动合同（员工没有其他解雇保护情形）。对于鉴定结果为一级至四级的劳动者，应当退出劳动岗位，解除（终止）劳动关系，并办理退休、退职，享受退休、退职待遇。但是劳动者需要符合国家[1]及各地区关于退职退休

---

[1] 《国务院关于安置老弱病残干部的暂行办法》第四条："党政机关、群众团体、企业、事业单位的干部，符合下列条件之一的，都可以退休。（一）男年满六十周岁，女年满五十五周岁，参加革命工作年限满十年的；（二）男年满五十周岁，女年满四十五周岁，参加革命工作年限满十年，经过医院证明完全丧失工作能力的；（三）因公致残，经过医院证明完全丧失工作能力的。"

《国务院关于工人退休、退职的暂行办法》第一条："全民所有制企业、事业单位和党政机关、群众团体的工人，符合下列条件之一的，应该退休。（一）男年满六十周岁，女年满五十周岁，连续工龄满十年的。（二）从事井下、高空、高温、特别繁重体力劳动或者其他有害身体健康的工作，男年满五十五周岁、女年满四十五周岁，连续工龄满十年的。本项规定也适用于工作条件与工人相同的基层干部。（三）男年满五十周岁，女年满四十五周岁，连续工龄满十年，由医院证明，并经劳动鉴定委员会确认，完全丧失劳动能力的。（四）因工致残，由医院证明，并经劳动鉴定委员会确认，完全丧失劳动能力的。"

的条件。

对于不符合退职退休条件的劳动者，用人单位能否与其解除或终止劳动合同，实践中存在争议。有的观点认为这种情况下，用人单位不得解除或终止劳动合同，而是应当继续履行劳动合同直到用人单位可以为劳动者办理退休或退职手续为止。有的观点则认为即使劳动者不符合退职退休的条件，用人单位也可以解除或终止劳动合同，用人单位无义务继续履行劳动合同。我们倾向于后者，但在此情形下，用人单位应当向劳动者支付不低于 6 个月工资的医疗补助费。

案例22　劳动者因病完全丧失劳动能力，应办理退休退职手续并享受相应待遇

邹某与大连大锻锻造有限公司劳动争议一案中[1]，邹某于 2006 年 3 月 13 日入职大锻公司，2016 年 1 月 14 日经大连市劳动能力鉴定委员会评定为"因病完全丧失劳动能力"，双方于 2016 年 3 月 18 日协商解除劳动合同。邹某于 2016 年 4 月 11 日办理病退。之后，邹某提起仲裁要求大锻公司支付其因病完全丧失劳动能力解除合同后的医疗补助费、因解除劳动合同后患重病增加 50% 的医疗补助费。法院认为，根据《劳动部关于贯彻执行〈中华人民共和国劳动法〉若干问题的意见》第三十五条、《劳动部关于实行劳动合同制度若干问题的通知》第二十二条、《关于对劳部发〔1996〕354 号文件有关问题解释的通知》（劳办发〔1997〕18 号）第二条、《职工非因工伤残或因病丧失劳动能力程度鉴定标准（试行）》第 2.5 条的规定，劳动者患病或者非因工负伤完全丧失劳动能力或者被鉴定为一级至四级的，应当退出劳动岗位，解除劳动关系，办理因病或非因工负伤退休退职手续，享受相应的退休退职待遇；被鉴定为五级至十级的，用人单位可以解除劳动合同，并按规定支付经济补偿金和医疗补助费。邹某于 2016 年 1 月 14 日经劳动能力鉴定被评定为"因病完全丧失劳动能力"，在双方于 2016 年 3 月 18 日协商解除劳动合同后，于 2016 年 4 月 11 日办理病退，已享受相应的退休退职待遇，因此不符合主张医疗补助费的法定情形。

此外，上海地区明确规定，若劳动者不符合退职退休条件，应当延长医疗期，延长的医疗期由用人单位与劳动者具体约定，但约定延长的医疗期与前条规

---

[1] 辽宁省大连市中级人民法院（2017）辽02民终3767号民事判决书。

定的医疗期合计不得低于 24 个月①。但在协商延长的医疗期满后，用人单位可以终止、解除劳动合同。

合规建议

综合以上分析，针对用人单位以医疗期满为由解除劳动合同，我们提出以下合规建议：

1. 依法准确计算劳动者的医疗期。用人单位应根据劳动者人事档案、社保缴纳年限等资料和信息确定劳动者的实际工作年限和本单位工作年限，确定劳动者应享受医疗期期限；在计算医疗期是否休满时，需注意不同地区对于病休天数的不同计算方式以及计算周期的规定。

2. 保存好劳动者提交的病假条原件以及病假审批文件。若发生劳动争议，用人单位对劳动者已休医疗期天数的事实有举证责任。

3. 对于医疗期满的劳动者，用人单位应当发放并有效送达返岗通知。若劳动者按返岗通知规定的时间返岗，则用人单位不得以医疗期满为由解除劳动合同。

4. 若劳动者在收到用人单位送达的返岗通知后继续提供有效的病休证明申请继续病休，可以理解为劳动者不能从事原工作。但在此情况下，用人单位应当根据劳动者的身体状况另行安排工作，并有效送达调岗通知。若劳动者在收到调岗通知后继续提供有效的病休证明要求休养或者无正当理由拒绝接受新工作岗位的，可以视为该劳动者也不能从事另行安排的新工作。

5. 在劳动者不能从事原工作且不能从事另外安排的新工作的情况下，用人单位应向劳动者送达要求劳动者办理劳动能力鉴定的通知，并告知劳动者办理劳动能力鉴定需要提交的文件资料、时间期限、法律后果等。鉴定结果未达到伤残等级或被鉴定为五级至十级伤残的，用人单位可以解除劳动合同。鉴定结果为一级至四级伤残的，应当退出劳动岗位，终止劳动关系，办理退休、退职手续，享受退休、退职待遇；如劳动者不符合退休、退职条件，我们理解，在法律法规政策没有禁止性规定的情况下，用人单位有权依法解除劳动合同，但由于存在不同

---

① 《上海市人民政府关于本市劳动者在履行劳动合同期间患病或者非因工负伤的医疗期标准的规定（2015修订）》第三条："劳动者经劳动能力鉴定委员会鉴定为完全丧失劳动能力但不符合退休、退职条件的，应当延长医疗期。延长的医疗期由用人单位与劳动者具体约定，但约定延长的医疗期与前条规定的医疗期合计不得低于24个月。"

的认识，我们建议用人单位最好与劳动者协商解决相关问题。

6. 用人单位以医疗期满为由解除劳动合同，劳动者被鉴定为丧失或部分丧失劳动能力的，用人单位应支付不低于6个月工资的医疗补助费。

7. 对于解雇保护员工，不适用医疗期满解除，需根据员工具体情况另行确定劳动合同履行方式。

8. 解除劳动合同程序、离职交接、经济补偿金及医疗补助费计算等，参见本章第九节"解除劳动合同程序及离职交接"、第十节"经济补偿及相关费用的计算及支付"。

第五节 不胜任工作解除

根据《劳动合同法》第四十条第（二）项规定，劳动者不胜任工作，经过培训或调整工作岗位后仍不胜任工作的，用人单位经提前30日书面通知劳动者本人或额外支付1个月工资后，可以解除劳动合同，这就是通称的不胜任工作解除。在不胜任工作解除劳动合同争议中，裁审机构审查的重点包括业绩考核目标的确认及合理性、认定不胜任工作的制度依据和事实依据、培训计划的合法合理性、调整工作岗位及工资待遇的合法合理性、是否违反解雇保护规定等。

一、不胜任工作的认定

不胜任工作解除的核心是"不胜任工作"的认定。根据原劳动部发布的《关于〈中华人民共和国劳动法〉若干条文的说明》第二十六条的规定，"不胜任工作"是指不能按要求完成劳动合同中约定的任务或者同工种、同岗位人员的工作量，用人单位不得故意提高定额标准，使劳动者无法完成。也就是说，认定劳动者"不胜任工作"需要用人单位对劳动者定岗定责、定工作量，并实施考核。在人力资源管理中称为绩效考核。绩效考核是人力资源管理的一项重要内容，是指用人单位运用各种科学的方法，对劳动者的工作行为、工作效果、工作价值等进行的考核与评价。用人单位对劳动者进行绩效考核有多种原因，包括基于奖金发放、工资调整、职务晋升、合同解除等，考核的方式有多种方式，包括

KPI、360度考核等，考核的周期有多种类别，包括日常考核、定期考核（如月度考核、季度考核、半年考核、年度考核等）与不定期考核等。用人单位主张员工不胜任工作，需对以下事实承担举证责任：

（一）劳动者有明确的岗位职责

所谓岗位职责，是指一个岗位所需要完成的工作内容以及应当承担的责任范围。岗位职责是用人单位对劳动者进行绩效考核的前提条件，也是用人单位据以为劳动者设定绩效考核目标的基础。通常，岗位职责包括部门名称、岗位名称、直接上级、下属部门、管理权限、管理职能、工作范围、工作职责等内容。其中，工作职责是岗位职责的核心内容，其设定应当尽可能地全面和具体。一般而言，用人单位以岗位职责说明书、绩效考核表等方式来设定和明确劳动者的岗位职责，但从证据角度考虑，绩效考核表的方式为优选，它可以把岗位职责、业绩考核目标、考核标准及考核结果对应的不同处理情形等内容集中体现在一份文件上，既能省去用人单位举证方面的麻烦，也能在发生劳动争议时比较直观地呈现给裁审机构。岗位职责应当得到劳动者的书面确认。

（二）业绩考核目标及考核标准设定清晰、合理且得到劳动者确认

用人单位除明确劳动者的岗位职责外，还应根据劳动者所在的不同岗位、不同工作内容设置具体的考核目标和考核标准。考核目标和考核标准的内容应当合法合理、易于量化，且在考核开始前应将考核的内容明确告知劳动者，并要求劳动者以书面形式确认。考核标准应包含主观标准及客观标准，并根据劳动者的岗位和工作内容匹配权重。明显不合理的考核目标，过于主观的考核目标，或者未经劳动者确认的考核目标，都不能被认定为用人单位对劳动者进行绩效考核的有效依据，进而不会被法律所认可。

业绩考核目标可以在劳动合同、岗位职责协议中约定，也可以通过任务目标确认书等方式予以明确。业绩目标的设定应注意合理、公平，与同岗位其他员工基本相当，不得故意提高劳动者的业绩目标，使其无法达成目标，进而对劳动者实施调岗降薪甚至解除劳动合同的处分。

（三）合法有效的绩效考核制度

用人单位对劳动者实施绩效考核，要有较为完善的绩效考核制度，包括绩效考核目标的设定、绩效考核流程的实施、绩效考核结果的应用等。作为一个合法有效的绩效考核制度，需要满足以下条件：

1. 程序合法。由于绩效考核直接关系到劳动者的切身利益，用人单位制定或修改的绩效考核制度应当履行《劳动合同法》第四条规定的民主程序及公示告知程序。在司法实践中，未履行法定程序的绩效考核制度，通常对劳动者不具有约束力，从而使用人单位对劳动者进行绩效考核缺乏依据而不具有合法性。相关法定程序的要求，详见本章第一节"严重过失解除劳动合同"之二。

2. 内容合法、合理、清晰。内容合法是指绩效考核制度的内容不得违反国家法律的强制性规定，如将员工放弃年休假、无条件服从加班作为考核指标；内容合理是指绩效考核指标应当与员工本身的岗位职责相关且合理，不能故意设定劳动者无法完成的指标，或者延伸至与工作无关的劳动者个人生活方面；内容清晰是指考核指标清晰、考核程序清晰、考核评分机制清晰、考核结果清晰，特别是绩效考核制度应当就绩效考核结果进行分类，且明确何种绩效考核结果属于不胜任工作，为认定劳动者不胜任工作提供具体、准确的裁量依据。

3. 考核程序应公开透明且正当实施。绩效考核制度应当规定公开透明的考核程序，以确保用人单位的考核过程公平公正，不存在个人偏见、歧视等损害劳动者利益的情形，以程序正义最大限度地保证实质正义。

案例23　绩效考核未按照规定程序进行，不合格的考核结果不成立

胡某与国民信托有限公司劳动争议一案中[1]，胡某于2011年6月20日入职国民公司，双方签订了期限为2012年6月21日至2015年6月20日的劳动合同书，约定月工资为30000元。2014年2月20日，国民公司根据《劳动合同法》第四十条第（三）项规定解除了与胡某的劳动合同，且因胡某2013年绩效考核不合格而未发放2013年绩效奖金。胡某不服国民公司的决定，遂起诉至法院，要求国民公司支付2013年度年终奖15万元等多项诉讼请求。

法院认为，用人单位对员工的年终考核属于其行使用工管理权和用工自主权的范畴，用人单位实际掌握员工全年的工作表现及完成工作业绩的情况，因此员工的年终考核结果是否合格应当由用人单位根据员工全年的工作表现和工作业绩作出客观公允的认定。对工作业绩目标未以数字化形式进行量化的特定工作，员工难以提供证据证明其达到用人单位设定的工作业绩目标，司法部门并无可能对

---

[1] 北京市第二中级人民法院（2015）二中民终字第03710号民事判决书。

员工的工作业绩和绩效指标进行对比并得出员工绩效考核是否合格的结论，因此司法部门对用人单位认定考核结果的实体依据是否进行审查应当慎之又慎。然而，用人单位对员工作出的考核结果认定应当建立在考核实施之前，即已预设的考核程序之上，用人单位是否严格按照严谨设定好的考核程序对员工进行实体考核，直接影响到员工考核结果是否客观公允。因此，绩效考核程序对于用人单位公平公正行使用工管理权，以及保障员工与考核相关的利益均具有重要意义。鉴于考核程序所具有的重要价值、公开透明且便于第三方评判的属性，因此在司法程序中，应当对用人单位实施的考核程序进行审查。《2013年度绩效考核实施方案》对部门员工设定有至少七项考核程序，其中有四项程序存在不同程度的缺失。国民公司并未严格按照其预设的七项考核程序对胡某实施绩效考核，其在程序存有缺失的情况下得出的绩效考核结果的正当性应当予以否定，即国民公司对胡某作出的2013年度绩效考核"不合格"结论应予否定。

由此案例可以看出，在劳动者不胜任工作、考核不合格的认定方面，考核程序的审查也是法院审理的关键。用人单位应当注意考核程序的正当实施，但考核程序也不宜规定得过于烦琐，以免成为用人单位自身的束缚。

（四）认定劳动者不胜任工作的事实依据充分

用人单位认定劳动者不胜任工作，应当以经劳动者确认的绩效考核目标为基础。认定劳动者的绩效考核结果未达到绩效考核目标，用人单位应当有充分的事实依据，如针对销售人员的销售额数据、针对行政人员的出勤率等，并以合法有效的证据形式呈现。

案例24 绩效考核缺乏事实依据，司法机关对考核结果不予采纳

管某与深圳市巴蜀风饮食管理有限公司、深圳市巴蜀风饮食管理有限公司华侨城店劳动争议一案中①，管某要求巴蜀风华侨城店支付其2018年3月的绩效工资差额。巴蜀风华侨城店称已经足额支付管某2018年3月的绩效奖金，绩效奖金不是工资，是巴蜀风华侨城店在足额支付员工工资的基础上按照员工的具体表现给予员工的奖励，因此管某所主张的未足额发放奖金是不存在的。法院认为，巴蜀风华侨城店与管某在劳动合同中并未对绩效工资的发放金额、发放标准做出

---

① 广东省深圳市中级人民法院（2019）粤03民终25709号民事判决书。

约定，巴蜀风华侨城店提交了管某2018年3月的人员绩效考核表，该表格上没有管某的签名，管某对该考核结果不予认可，因巴蜀风华侨城店未提交证据证明其绩效考核评价结论的真实性和客观性，所以对该考核结果不予采纳。

（五）强制排名、末位淘汰并不等于劳动者不胜任工作

在实践中，有的用人单位实行强制排名制度或末位淘汰制度，即将绩效考核结果排在末位的劳动者确定为不胜任工作。但是，依据最高人民法院发布的《第八次全国法院民事商事审判工作会议（民事部分）纪要》第二十九条规定："用人单位在劳动合同期限内通过'末位淘汰'或'竞争上岗'等形式单方解除劳动合同，劳动者可以用人单位违法解除劳动合同为由，请求用人单位继续履行劳动合同或者支付赔偿金。"不难理解，排在末位并不等同于不胜任工作，用人单位仅以劳动者排在末位而认定劳动者不胜任工作，一般不会得到裁审机构的支持。

案例25　强制分布绩效考核不合格比例，不能证明员工不胜任工作

王某与中兴通讯（杭州）有限责任公司劳动争议一案中[1]，王某于2005年7月进入中兴公司工作从事销售工作，基本工资每月3800元。中兴公司的《员工绩效管理办法》规定：员工半年、年度绩效考核分别为S、A、C1、C2四个等级，分别代表优秀、良好、价值观不符、业绩待改进；S、A、C（C1、C2）等级的比例分别为20%、70%、10%；不胜任工作原则上考核为C2。2008年下半年、2009年上半年及2010年下半年，王某的考核结果均为C2。中兴公司认为，王某不能胜任工作，经转岗后，仍不能胜任工作，故在支付了部分经济补偿金的情况下解除了劳动合同。法院认为，中兴公司以王某不胜任工作，经转岗后仍不胜任工作为由，解除劳动合同，对此应负举证责任。根据《员工绩效管理办法》的规定，"C（C1、C2）考核等级的比例为10%"，虽然王某曾经考核结果为C2，但是C2等级并不完全等同于"不能胜任工作"，中兴公司仅凭该限定考核等级比例的考核结果，不能证明劳动者不能胜任工作，不符合据此单方解除劳动合同的法定条件。因此，中兴公司主张王某不胜任工作，经转岗后仍然不胜任工作的依据不足，存在违法解除劳动合同的情形，应当依法向王某支付经济补偿标准二倍的赔偿金。

---

[1] 浙江省杭州市滨江区人民法院（2011）杭滨民初字第885号民事判决书。

当然我们也看到一些不同的观点,如下面的案例中,法院认为劳动者已符合该公司末位淘汰的情况,用人单位依照相关规定对员工进行调岗的行为并无不当,并进而支持用人单位在劳动者不服从调岗安排的情况下解除劳动合同的决定。

🎬 案例 26 未完成工作任务且拒绝调岗和培训,用人单位解除劳动合同合法

周某与深圳市安奈儿股份有限公司劳动争议一案中[1],周某于2010年8月20日入职安奈儿公司,2018年3月至4月,安奈儿公司向周某多次发出《员工调岗通知书》,告知周某将其从原区域主管岗调至店铺待岗学习培训,薪资结构保持原来不变(底薪+提成),并要求周某按指定时间到新中国儿童商场店铺报到。周某认为安奈儿公司的行为降低其收入,故未到店铺报到。2018年4月27日,安奈儿公司向周某发出《关于给予周涛严重警告的通知》,载明:根据2017年区域主管末位淘汰管理制度规定,未达成年度任务且综合排名倒数第一的区管直接淘汰。2017年未达成年度任务,周某综合排名倒数第一,且未完成个人年度任务。2018年3月30日,安奈儿公司通知周某去新中国儿童商场安奈儿专柜待岗培训3个月,培训合格后方可回原岗位上班。但是,截至2018年4月26日止,周某仍未去店铺报到。根据《员工手册》的规定,给予周某"严重警告"处分。若在严重警告有效期内再有任何违纪行为,公司有权与其解除劳动关系且公司无须承担任何补偿或赔偿责任。2018年5月9日,安奈儿公司以严重违纪为由向周某发出《关于给予北京办事处周某解除劳动关系的通知》。法院认为,民事主体的合法权益依法受法律保护。根据安奈儿公司提交的证据,显示周某已符合该公司末位淘汰的情况,安奈儿公司依照相关规定对周某进行调岗的行为并无不当。同时,从安奈儿公司所发通知并未调岗,而是仅进行了待岗学习的要求,因此安奈儿公司的行为并无不当。相反地,周某在接到安奈儿公司所发通知后,不服从安排,长期未到岗,亦未以合理方式向安奈儿公司提出异议,安奈儿公司依据《员工手册》的规定与周某解除劳动合同关系,并无不当。

因此,用人单位适用末位淘汰对劳动者进行调岗或培训前,应当谨慎评估风险。

---

[1] 北京市第二中级人民法院(2020)京02民终572号民事判决书。

二、调岗的安排及注意事项

（一）不胜任工作调岗是法律赋予用人单位的单方权利

调岗是用人单位与劳动者对原劳动合同内容的变更，通常需要根据《劳动合同法》第三十五条的规定，由用人单位与劳动者协商一致后方可实施。但根据《劳动合同法》第四十条第（二）项的规定，用人单位因劳动者不胜任工作而调整其工作岗位，是法律赋予用人单位的权利，并不需要征得劳动者同意。在劳动者被认定为不胜任工作且有充分证据支持的情况下，用人单位调整劳动者的工作岗位，劳动者拒不服从的，用人单位有权根据规章制度的规定予以处理。

（二）调岗应当具有合理性

虽然法律赋予用人单位对不胜任工作的劳动者采取单方调整工作岗位的权利，但为了避免用人单位滥用调岗权，侵害劳动者利益，用人单位在调整劳动者的工作岗位时应当遵循合理性原则，即调整后工作岗位应当与原工作岗位的工作内容具有关联性，扬长避短，有利于发挥劳动者工作能力优势，或者适当降低工作难度、工作量，否则有可能被认定为对劳动者的歧视、刁难、报复，从而使调岗因明显不具有合理性而被否定。

（三）薪随岗变应当合理

在实践中，用人单位的薪酬体系往往是薪随岗变，这就使有些用人单位借此大幅降低劳动者薪酬待遇，通过调岗降薪的方式逼迫劳动者辞职。然而，从严格意义上来说，法律仅赋予了用人单位单方调整劳动者工作岗位的权利，并未明确赋予用人单位单方调整劳动者工资待遇的权利。因此，用人单位在调整不胜任工作劳动者的工作岗位时，原则上不应降低劳动者的工资待遇标准，即使依据薪酬制度必须调整，也应当注意合理性，用人单位不得利用调岗对劳动者实施惩罚性降薪，这与调整工作岗位的合理性是相互呼应、一脉相承的。

（四）调岗应以书面形式通知劳动者

用人单位调整劳动者的工作岗位，应当履行告知义务，将调岗通知以书面形式通知劳动者，向劳动者明确告知调整后的工作岗位名称、岗位职级、岗位职责、工作内容、薪酬标准、汇报对象、调整时间、二次考核周期、考核指标等内容，并取得通知已经有效送达员工的证据。

三、培训的安排及注意事项

用人单位因劳动者不胜任工作而对劳动者进行的培训，应当以提高劳动者的绩效表现为目的，且具有针对性，旨在帮助劳动者提升专业技能、胜任岗位工作。用人单位对劳动者进行培训，应当制订详细的培训计划，明确培训目的、培训内容、培训方式、培训地点、培训时间、培训周期、培训要求、二次考核时间、考核内容、指标等。用人单位制订的培训计划应当书面告知劳动者，并督促、帮助劳动者完成培训计划。

（一）培训内容

用人单位对劳动者进行培训的内容，应当结合第一次对劳动者的绩效考核结果，根据所在工作岗位的特点，着重针对绩效表现不尽如人意的方面，方能帮助劳动者提高绩效表现，即便未能帮助劳动者提高绩效表现，也会为后续处理提供相对客观的事实依据。因此，培训内容的设定应当在具有针对性的前提下尽可能地量化，列明每一项培训内容的所占比重及考核规则，可就培训内容对劳动者进行考核。

（二）培训时间

在培训周期内，用人单位对劳动者进行培训，既可以是脱岗培训，也可以是不脱岗培训，培训形式由用人单位根据劳动者所在岗位的工作需要程度来决定。无论是脱岗培训还是不脱岗培训，原则上均应当在正常工作时间内进行，既要确保完成培训任务，又要确保劳动者享有正常休息的权利。用人单位安排劳动者培训的时间也应当合理，以确保培训的有效实施。一般情况下，脱产培训建议在一周以上。

（三）培训方式

对劳动者进行培训的方式多种多样，如线上培训、线下培训、讲授式培训、体验式培训、内部培训、外部培训、单独培训、集体培训等，具体采用哪一种或哪几种方式取决于用人单位的培训机制和实际需要。

（四）培训过程管理

用人单位对劳动者进行培训，除了注重培训结果，还应当重视对培训过程的管理，诸如对劳动者进行考勤及缺勤的处理、要求劳动者定期提交培训报告等，这些要求均应当体现在培训计划中，并且由用人单位安排专人负责。劳动者应当遵守用人单位的各项培训要求，若有违反，用人单位有权根据规章制度的规定予以处理。

（五）绩效改进计划（PIP）与培训的关系

绩效改进计划，一般是用人单位根据劳动者有待发展或提高的方面所制订的在一定时期内完成有关工作绩效和工作能力改进与提高的系统计划。绩效改进计划实施的前提是劳动者在某些方面需要进一步改进或提高，通常由劳动者的本部门或跨部门的上级管理者对其进行辅导，订立一些改进指标以及工作汇报程序要求，绩效改进计划所针对的有可能是不胜任工作的劳动者，也有可能是胜任工作但绩效有待进一步提升的劳动者。由此可以看出，就适用员工范围而言，绩效改进计划的范围比不胜任工作培训的范围更广，绩效改进计划更多的是为了帮助劳动者提高业绩表现，培训则是作为不胜任解除劳动合同的一种必经流程之一，二者不能等同，应避免混淆。用人单位对不胜任工作劳动者实施绩效改进计划，并将其作为培训，在司法实践中不一定能获得支持。

四、第二次考核仍不胜任工作的认定

用人单位对不胜任工作的劳动者进行培训或调整工作岗位，实质上是对劳动者进行第二次绩效考核所作的前期准备。在完成培训回到原岗位或调整工作岗位的考核期限届满后，用人单位会对劳动者进行第二次绩效考核，从而确定劳动者是否仍不胜任工作。除考核周期应保持与第一次绩效考核的连续性外，第二次绩效考核要求同第一次相同。

（一）第二次考核的周期

作为不胜任解除劳动合同的必经流程，第二次考核的周期应当在调岗或培训时告知劳动者，二次考核的周期应适当，太长则会增加不胜任解除的不确定性甚至限制不胜任解除，太短则不能达到帮助劳动者改进的目的，易引起合理性质疑，如第二次考核周期确定为 10 天。综合考虑，我们认为考核周期需根据劳动者任职岗位性质确定，如管理性岗位，至少要在 3 个月以上较为合理，而一些操作性或者业务类岗位，可以适当缩短，但至少也要在 1 个月以上。具体周期可由用人单位根据实际情况来确定。

（二）两次不胜任工作考核必须是连续的

用人单位因劳动者不胜任工作而解除其劳动合同，需要经过两次绩效考核，且两次绩效考核结果均为不胜任，才能行使解除权。两次绩效考核之间必须是连续性的，而不是累计的。如果第一次不胜任考核结果之后，经过培训或调岗，劳

动者第二次考核合格，第三个考核周期又出现不胜任的考核结果，那么用人单位是不能按照不胜任工作解除劳动合同的。

五、适用主体限制

根据法律规定，劳动者存在《劳动合同法》第四十二条规定的情形之一的，用人单位不得依据不胜任工作解除劳动合同。详见本章第八节"解雇保护制度"。

合规建议

根据上述分析，针对用人单位以劳动者不胜任工作为由解除劳动合同，我们提出以下合规建议：

1. 用人单位应按照法定程序制定绩效考核制度，明确界定不胜任工作的认定标准、绩效考核流程等。绩效考核制度应当公示或告知劳动者。

2. 用人单位应当根据劳动者的工作岗位事先制定合理的、可量化的绩效考核目标及考核标准，并取得劳动者的书面确认。

3. 用人单位需严格按照绩效考核制度规定的流程对劳动者进行绩效考核，确保考核程序公开、公正、透明。

4. 用人单位应将绩效考核结果、培训计划或调整工作岗位通知等以书面形式告知劳动者，并取得有效送达的证据。

5. 用人单位安排劳动者培训，培训内容应当具有针对性，以补短板、帮助劳动者提升业务技能为目标；培训时间应合理，尽量不占用劳动者休息时间，培训周期应在一周以上较为合理；应注意绩效改进计划不等于培训。

6. 用人单位安排劳动者调岗的，应注意调岗的合理性，有利于扬长避短、发挥劳动者优势，或者降低工作难度。调岗后，薪酬调整应合理。

7. 培训或调岗后的第二次考核周期应当合理，根据劳动者所任职岗位确定。

8. 两次不胜任工作的绩效考核必须是连续性的。

9. 在解除劳动合同前，应注意对劳动者是否存在解雇保护情形进行审查。

10. 用人单位单方解除劳动合同的法定程序、离职手续、经济补偿金计算及支付等，详见本章第九节"解除劳动合同的程序及离职手续"、第十节"经济补偿金及相关补偿性费用的计算和支付"。

第六节　客观情况发生重大变化解除

《劳动合同法》第四十条第（三）项规定，订立劳动合同时所依据的客观情况发生重大变化，致使劳动合同无法履行，经用人单位与劳动者协商，未能就变更劳动合同内容达成协议的，用人单位提前30日以书面形式通知劳动者本人或额外支付1个月工资后，可以解除劳动合同。这是法律赋予用人单位在劳动者无过失情形下的单方解除权之一。

实践中，用人单位依据这一条款解除劳动合同引发的争议非常多，且用人单位在此类案件中胜诉率远低于劳动者一方。这说明用人单位在理解和适用此条款时或者在处理劳动争议纠纷的过程中存在错误和不当，从而导致败诉。通过检索同类案件分析，用人单位被认定违法解除劳动合同的归责原因主要包括四个方面：解除的事实依据不属于客观情况发生重大变化、适用主体错误、协商变更劳动合同程序存在瑕疵以及解除劳动合同程序存在瑕疵。因此，用人单位在以客观情况发生重大变化为由解除劳动合同时，必须谨慎评估风险，依法合规。

一、客观情况发生重大变化的认定情形

关于"客观情况发生重大变化"的认定，《劳动法》和《劳动合同法》并未作出具体规定。原劳动部在《关于〈中华人民共和国劳动法〉若干条文的说明》（以下简称《说明》）第二十六条对此进行了解释："客观情况"是指发生不可抗力或出现致使劳动合同全部或部分条款无法履行的其他情况，如企业迁移、被兼并、企业资产转移等，并且排除《劳动法》第二十七条所列的客观情况（即经济性裁员）。可以看到，上述解释既有原则性规定，也有具体情形的列举。长期以来，司法实践中对"客观情况发生重大变化"的理解和适用，都是以原劳动部《说明》中的解释为依据，但由于解释中所列举的情形非常有限，无法覆盖和穷尽所有可能发生的变更情形，导致大量争议发生。为防范违法解除劳动合同的风险，企业应当正确理解和识别"客观情况发生重大变化"的认定情形。

（一）"客观情况发生重大变化"的认定要素

根据原劳动部的解释，"客观情况发生重大变化"应从以下四个方面进行考量：

1. 客观性。劳动合同的履行是一个动态的过程，劳动合同履行过程中各方面的情况随时都在变化中。有些变化是用人单位或劳动者的主观原因导致的，有些是由客观原因产生的。"客观情况发生重大变化"主要是指后者，即由于外部原因导致用人单位不得不做出某些调整，如用人单位丧失了特许经营资质。当然这种客观性的要求，也不绝对，企业因经营需要原因自行决定作出某些调整如组织架构调整、部门合并，如具备实质合理性、必要性且达到影响劳动合同履行基础的重要程度，仍可能被视为具备客观性。

2. 不可归责于劳动者。不论"客观情况发生重大变化"是外力所致，还是基于用人单位自身经营战略需要自行决策进行的调整，劳动者对此均不负有责任。

3. 不可预见性。虽然用人单位和劳动者在订立劳动合同时，对于合同履行变化应当具有一定的预见性，但是并非所有变化都是可预见的。客观情况发生重大变化，应当是指劳动合同双方在签订劳动合同时无法预见性的，如果是双方或一方在签署劳动合同时已经或者应当预见的变化（根据常识、经验或者管理者的智力、受教育水平、认知等判断），如经营利润指标未能达成就属于一般性的商业风险，用人单位应当预见，不能据此主张客观情况发生重大变化。

案例27　合作合同到期可以预见不属于客观情况发生重大变化，用人单位解除劳动合同违法

张某与北京埃顿酒店服务有限公司第二分公司劳动争议一案中[①]，张某于2009年2月4日入职埃顿酒店服务公司，签订两年期限劳动合同，后续订期限至2014年5月31日。合同到期后，张某与埃顿酒店服务公司第二分公司签订了无固定期限劳动合同，其工作场所及工作岗位均没有发生变化。张某与第二分公司劳动合同存续期间在第二分公司与第三方的合作项目上工作，该合作项目最后一次合作合同的签订日期为2017年3月1日，期限至2018年12月31日止。之后

---

① 北京市第二中级人民法院（2019）京02民终11270号民事判决书。

未续签。2018 年 11 月 30 日，第二分公司向张某发送《项目点关闭通知书》，称项目合作合同将于 2018 年 12 月 31 日到期结束，鉴于以上客观情况发生重大变化的事实，该公司将根据员工的具体情况提供其他项目的工作机会。2019 年 1 月 4 日第二分公司作出《解除劳动合同及办理离职手续通知书》，称合作项目点关闭，鉴于客观事实发生重大变化，致使劳动合同无法再继续履行，与张某解除劳动合同。法院认为，第二分公司与第三方的合作合同于 2018 年 12 月 31 日到期，上述情况是可以预见的，且第二分公司亦未举证证明曾与张某协商变更劳动合同。第二分公司以客观情况发生重大变化为由解除劳动合同，理由不成立，属于违法解除，应当支付违法解除劳动合同赔偿金。

4. 合同目的无法实现。任何合同的订立均有目的，劳动合同也不例外。劳动合同的订立目的依赖于合同订立时劳动关系双方的自身条件因素以及对用人单位经营具有决定性作用的外部条件因素。这些条件因素是劳动合同订立和履行的基础。当这些条件发生变化使劳动合同丧失履行基础，全部或部分条款无法继续履行或者继续履行将导致利益失衡，应当认定为劳动合同目的无法实现。应当注意的是，客观情况发生变化必须达到动摇劳动合同履行基础的"重大"程度，有些情况如企业变更名称、法定代表人变更，虽也属于客观情况发生变化，但不会影响原劳动合同的继续履行。在企业并购中，如劳动者在企业投资人发生变化前后的工作岗位、内容没有实质上的区别，劳动合同履行并未受到影响，也不能认为构成"客观情况发生重大变化"。

（二）"客观情况发生重大变化"的法定情形

根据原劳动部《说明》解释，"客观情况发生重大变化"的法定情形包括：

1. 不可抗力。不可抗力是指不能预见、不能避免且不能克服的客观情况，包括地震、火灾、水灾、瘟疫等自然灾害形成的不可抗力，也包括战争、政府禁令、罢工等人为因素、社会因素引发的不可抗力，如 2020 年年初的新冠肺炎导致政府发布的停工停学禁令。

应当注意的是，对于一些公认的不可抗力情形，是否必然构成"客观情况发生重大变化"并进而触发用人单位单方解除行使权，也不可一概而论，需视具体情况而定。"审理时应注意考察同一时期、相同地区、相同性质的用人单位是否能正常履行劳动合同，若仅因单位自身原因与劳动者解除劳动合同的，不属于客观情况发生重大变化的情形"①。

2. 企业迁移。企业迁移既包括企业基于政策要求进行的迁移，也包括企业基于自身经营需要进行的迁移。对于企业迁移的原因以及迁徙的距离或区域，《说明》未做规制。从地方规定来看，部分省市的法院或劳动争议仲裁机构以内部会议纪要、解答等形式，对企业迁徙的具体情形做了进一步的限缩或扩大解释。比如，深圳将"企业搬迁"限定在"由深圳市行政区域内向深圳市行政区域外搬迁"，对于搬迁原因则未做限制②。而北京虽然未对企业迁移的地域范围进行限制，但将"用人单位迁移、资产转移"的原因限定在"受法律、法规、政策变化导致"的范围内，也就是说必须是受到外力影响导致的迁移，如果是用人单位因考虑成本因素自行决定迁移导致劳动合同无法履行，则可能无法被认定为"客观情况发生重大变化"。

案例28　企业因自身经营需要进行迁移，不属于客观情况发生重大变化

北京首钢重型汽车制造股份有限公司与傅某劳动争议一案中③，傅某于1987年9月1日入职首钢重汽公司，岗位为维修钳工。2005年12月6日，双方签订无固定期限劳动合同。2017年6月7日，首钢重汽公司召开第十五次股东大会，会议全票通过决议将公司住所地由北京变更为江苏省常州市。2017年6月30日，首钢重汽公司发布《关于公司经营搬迁公告的通知》和《北京首钢重型汽车制造股份有限公司搬迁转移人员安置方案》。2017年7月3日，首钢重汽公司召开职工大会，傅某参加。2017年7月31日，首钢重汽公司以"经济性裁员：其他因劳动合同订立时所依据的客观情况发生重大变化，致使

---

① 北京市第一中级人民法院民六庭《妥善处理涉疫情劳动争议问题促进劳动关系和谐稳定》；江苏省淮安市中级人民法院《关于应对涉新冠肺炎疫情劳动争议纠纷的司法意见》；《福建省人力资源和社会保障厅办公室关于处理新冠肺炎疫情引发的劳动争议案件若干问题的指导意见》。

② 深圳市中级人民法院《关于审理劳动争议案件程序性问题的指导性意见》第八十五条第二款："用人单位由深圳市行政区域内向深圳市行政区域外搬迁的可以依据《劳动合同法》第四十条第一款第（三）项的规定，对劳动者要求支付经济补偿金的请求，予以支持。"深圳市人力资源和社会保障局《劳动合同管理疑难问题研讨会会议纪要》（2012）第四条："企业搬迁劳动关系问题。企业在深圳行政区域内搬迁的双方应当继续履行劳动合同，员工提出解除劳动合同的不得要求经济补偿。企业搬迁至深圳行政区域外的，员工如果提出解除或终止劳动合同，并且要求支付补偿的，企业应当向员工支付经济补偿。"

③ 北京市第一中级人民法院（2018）京01民终4112号民事判决书。

劳动合同无法履行"为由向傅某发放解除劳动合同通知书。2017年8月1日通过银行汇款的方式支付了傅某12个月经济补偿金和额外1个月工资的补偿。2017年8月4日,首钢重汽公司以发布公告及微信通知的方式通知傅某将劳动合同解除理由变更为"订立劳动合同时所依据的客观情况发生重大变化,致使劳动合同无法履行,经用人单位与劳动者协商,未能就变更劳动合同内容达成协议的"。

法院认为,首钢重汽公司主张系依据《劳动合同法》第四十条第(三)项的规定与劳动者解除劳动关系,应举证证明其所实施的解除行为符合该项所规定的劳动合同订立时所依据的客观情况发生重大变化,致使劳动合同无法履行,经用人单位与劳动者协商,未能就变更劳动合同内容达成协议的。本案中,首钢重汽公司提交的证据表明企业的搬迁系根据自身经营状况需适应市场的变化而进行的自主决策,且尚未完成工商及税务的迁移,故不应纳入客观情况发生重大变化的范畴;首钢重汽公司未能充分举证证明已与劳动者就劳动合同的变更进行充分的沟通及协商,并尽到合理说明以及是否已考虑到协商的内容符合实际情况。所以首钢重汽公司的解除行为违法。

3. 企业被兼并。企业被兼并后,可能是作为民事主体继续存在,只是投资人发生变化;还可能是被并购后企业注销,由并购方承继其权利义务。根据《劳动合同法》第三十三条、第三十四条的规定,第一种情形下,企业投资人发生变化不影响劳动合同履行;第二种情形下,劳动合同应由承继其权利义务的用人单位继续履行。因此,有观点认为,企业被兼并后劳动合同履行的问题已经被《劳动合同法》重新定位[①]。但通常情况下,企业被兼并后业务整合、部门裁撤几乎不可避免,并进而影响劳动合同的履行,所以《劳动合同法》第三十三条、第三十四条的适用与《说明》并不冲突。

4. 企业资产转移。企业资产转移是指企业基于生产经营需要,将资产有偿或无偿转让给第三方,有时候企业并购也通过资产转移的方式进行。随着资产转移到第三方,企业相关的业务、组织、人员会随之发生变化,导致劳动合同失去履行基础。

---

① 侯军、田璐:《以实证分析为视角看"客观情况发生重大变化致使劳动合同无法履行"的司法认定》,载《劳动和社会保障法治丛》,中国劳动社会保障出版社2018年版。

除上述规定情形外，北京明确将企业"停产、转产、转（改）制"和"特许经营性质的用人单位经营范围等发生变化"纳入"客观情况发生重大变化"的情形①。

（三）"客观情况发生重大变化"的除外情形

原劳动部《说明》关于"客观情况"的解释，明确将《劳动法》第二十七条规定的经济性裁员的情形排除在外②。之所以如此规定，根本目的在于防止用人单位通过适用"客观情况发生重大变化"解除劳动合同，化整为零，规避经济性裁员的特别程序规制。需要注意的是，在《劳动合同法》生效实施后，"客观情况发生重大变化"的除外情形不应局限于《劳动法》第二十七条规定的经济性裁员两种情形，而应当以《劳动合同法》第四十一条的规定为准，具体包括：

1. 依照企业破产法规定进行重整的；
2. 生产经营发生严重困难的；
3. 企业转产、重大技术革新或者经营方式调整，经变更劳动合同后，仍需裁减人员的；
4. 其他因劳动合同订立时所依据的客观经济情况发生重大变化，致使劳动合同无法履行的。

（四）存在争议的其他情形

原劳动部在《说明》中列举的"企业迁移、被兼并、企业资产转移"后面有一个"等"字，所以普遍理解，这并不是一个封闭的、穷尽式的列举，用人单位经常主张的组织架构调整、业务整合、岗位取消、部门裁撤、转变用工方式等是否属于"客观情况发生重大变化"，目前没有明确的指引，也缺乏统一的裁判尺度，裁量自主权较大。鉴于此，用人单位应充分注意其中的不确定性。

---

① 北京市高级人民法院、北京市劳动人事争议仲裁委员会《关于审理劳动争议案件法律适用问题的解答》（2017年4月24日）第十二条："劳动合同订立时所依据的客观情况发生重大变化"是指劳动合同订立后发生了用人单位和劳动者订立合同时无法预见的变化，致使双方订立的劳动合同全部或者主要条款无法履行，或者若继续履行将出现成本过高等显失公平的状况，致使劳动合同目的难以实现。下列情形一般属于"劳动合同订立时所依据的客观情况发生重大变化"：（1）地震、火灾、水灾等自然灾害形成的不可抗力；（2）受法律、法规、政策变化导致用人单位迁移、资产转移或者停产、转产、转（改）制等重大变化的；（3）特许经营性质的用人单位经营范围等发生变化的。

② 《劳动法》第二十七条第一款："用人单位濒临破产进行法定整顿期间或者生产经营状况发生严重困难，确需裁减人员的，应当提前三十日向工会或者全体职工说明情况，听取工会或者职工的意见，经向劳动行政部门报告后，可以裁减人员。"

案例29　企业自主决策进行业务调整，不属于客观情况发生重大变化

萌蒂（中国）制药有限公司与李某劳动争议一案中[1]，李某于2015年4月20日入职萌蒂公司，岗位为销售专员。2017年12月5日，萌蒂公司向李某发放待岗通知书，该通知书写明萌蒂公司基于长远发展的目标，决定取消个美迪芳产品业务线，撤销全部与美迪芳产品业务线相关的岗位。基于本次调整将引起公司内部相应变化，这将导致李某与萌蒂公司签订的劳动合同无法继续履行，萌蒂公司在2017年11月20日与李某沟通协商解除劳动合同事宜，但李某不同意协商解除劳动合同。鉴于此，萌蒂公司决定安排李某待岗，待岗期限自2017年12月1日至李某的劳动合同终止日。后李某提起仲裁及诉讼，要求撤销萌蒂公司于2017年12月5日向李某邮寄发送的待岗通知书，双方继续履行劳动合同。法院认为，萌蒂公司基于自身经营状况撤销业务线的行为，属于萌蒂公司的自主决策行为，并非劳动法意义上的客观情况发生重大变化的情形。萌蒂公司以撤销业务线为由，在未与李某协商一致解除劳动关系的情况下，向李某发送待岗通知，造成李某工作岗位变更、工资待遇降低的事实，李某有权要求撤销待岗通知书。

二、用人单位应依法与劳动者就变更劳动合同内容进行协商

根据法律规定，当订立劳动合同时所依据的客观情况发生重大变化导致劳动合同无法继续履行的情形发生时，用人单位并不能直接据此与劳动者解除劳动合同，而必须履行协商变更劳动合同内容的程序，在协商未能达成一致的情况下，用人单位才可以解除劳动合同。但是，我们发现很多用人单位会忽视这个协商程序，或者不协商直接解除，或者以单方变更来替代协商，最终导致被认定违法解除劳动合同。因此，用人单位必须正确理解、恰当实施协商变更劳动合同的程序，并妥善保存协商过程的相关证据。

（一）协商变更劳动合同的提出与协商内容

关于协商变更劳动合同的动议由谁提出，法律并未做强制性规定，我们理解可以由用人单位提出，也可以由劳动者提出。但通常情况下，用人单位应当是主

---

[1] 北京市第三中级人民法院（2018）京03民终14372号民事判决书。

动方。用人单位与劳动者协商变更劳动合同的内容，主要是围绕劳动者的工作岗位、工作地点、工作职责等，通常包括以下几种变更方式：

1. 在用人单位内部调整其他岗位。

2. 调整到用人单位关联企业的相关岗位。这种方式通常是在资产并购、集团内部业务重整等情形下适用，该种情形下，劳动者的工作岗位仍在，只不过相关业务或职能调整到关联企业去经营。除劳动合同内容的变更外，这一方式还涉及劳动关系用人单位主体的变更。

3. 变更工作地点。这种方式通常适用于企业搬迁，或用人单位发生变更的情形。

4. 提供用人单位或关联企业竞聘机会。应当注意，提供应聘机会属于用人单位或关联企业发出的要约邀请，而不是要约，不是劳动者承诺、同意即可达成契约，提供竞聘机会就如同用人单位公开招聘，当劳动者选择参加竞聘时，提供竞聘机会的单位拥有最终的决定权。从这个角度去评价，提供竞聘机会不能等同于提供工作岗位，并不是严格意义上的双方协商，具体案件中也存在不被认定为充分协商的可能。

5. 一定期限内待岗、放假。这种方式通常适用于用人单位无法提供其他工作岗位，或者不能协商变更劳动合同的解雇保护员工，待用人单位有适合岗位或劳动者具备上岗条件时，再行进一步协商安排岗位。

6. 内退。这种方式通常是适用于即将达到法定退休年龄的老员工，即双方协商劳动者退出工作岗位，享受一定标准的工资福利待遇，达到退休年龄时依法办理退休手续。

除上述常见方式外，也偶见用人单位将协商解除劳动合同作为履行协商变更劳动合同程序的方式，由于协商变更劳动合同内容是以继续履行劳动合同为目的，而协商解除劳动合同与此目的完全相悖，所以以协商解除劳动合同替代协商变更劳动合同，协商程序正当性存在风险。

案例30　客观情况发生重大变化未履行协商变更程序，用人单位解除劳动合同违法

杨某与上海君瑞宾馆有限公司劳动争议一案中[①]，杨某与君瑞宾馆签订期限

---

① 上海市第一中级人民法院（2017）沪01民终14297号民事判决书。

自 2012 年 10 月 1 日起的无固定期限劳动合同，约定杨某担任营销总监。君瑞宾馆于 2012 年 10 月 1 日通知员工装修，2016 年 8 月 27 日重新开业。2015 年 12 月 1 日，君瑞宾馆与××有限公司签订协议书，约定君瑞宾馆聘用××有限公司代为管理并经营酒店，管理公司享有挑选、任命、监管所有雇员的权利以及享有对所有雇员设定雇佣条款的权利、享有终止对所有雇员的雇佣的权利。根据××有限公司的设置，销售岗位仅设销售经理一位，已经另聘他人。君瑞宾馆成立了转制员工安置工作组，并将可供选择的岗位张贴在公司办公区域，供全体员工自愿选择合适岗位。杨某一直未予选择。2017 年 6 月 1 日，君瑞宾馆以双方签订劳动合同时的客观情况发生重大变化，导致原劳动合同无法继续履行为由，通知杨某即日起解除劳动合同。法院认为，君瑞宾馆因将酒店委托××有限公司进行管理，导致杨某原岗位灭失，该情形并非君瑞宾馆主观恶意导致，具有客观性。因双方订立劳动合同时所依据的客观情况发生重大变化，致使合同无法继续履行，但君瑞宾馆未经与杨某协商变更劳动合同内容，而是直接协商解除劳动合同，君瑞宾馆的解除程序不符合法律规定，应当承担违法解除劳动合同的法律责任。

案例 31　用人单位仅提出协商解除或待岗并未提供其他工作岗位，不符合协商变更的法定程序

思爱普（中国）有限公司北京分公司与金某劳动争议一案中[①]，金某先后三次与思爱普大连分公司签订劳动合同书，2010 年 6 月 17 日，签订了最后一份无固定期限劳动合同书。2016 年 3 月 4 日，上海市商务委员会批准思爱普（中国）有限公司吸收合并思爱普软件公司。2017 年 5 月 8 日，思爱普公司数字业务部门召开会议，向员工宣布数字业务服务部的业务和组织架构调整。2017 年 5 月 31 日，思爱普公司与金某进行了沟通，告知其岗位被裁撤，公司向其提供高于法定标准的协商解除方案和待岗方案。2017 年 6 月 14 日，思爱普公司向金某发送电子邮件，内容为："根据 5 月 31 日通知会上与你讨论的结果，所有条款和条件已传达给你，《有关劳动关系解除或变更的沟通函》也已于 2017 年 5 月 31 日交与你，如有任何疑问或困惑，请随时当面探讨或交谈。"后双方没有协商一致。2017 年 7 月 13 日，思爱普公司以 DBS 业务和组织结构在全球范围调整，导致金

---

① 北京市第三中级人民法院（2019）京 03 民终 10447 号民事判决书。

某的原工作岗位不再保留，金某的劳动合同无法继续履行，公司向金某提供了协商解除劳动合同或变更劳动合同为待岗两个方案，但公司以未能与金某达成一致意见为由，解除与金某的劳动关系。

法院认为，受法律、法规、政策变化导致用人单位迁移、资产转移或停产、转产、转制等重大变化的，属于劳动合同订立时所依据的客观情况发生重大变化；用人单位根据自身经营情况作出的组织架构调整、部门合并、岗位撤销等情形，属于单位对经营和管理的主观调整，不属于客观情况发生变化。思爱普公司所述DBS业务和组织结构在全球范围调整，导致金某的原工作岗位将不再保留，不符合客观情况发生重大变化的法定条件；另思爱普公司向金某提出协商解除和待岗的方案，并未向金某提供其他工作岗位，也不符合用人单位应与劳动者进行协商的法定程序；故思爱普公司解除与金某的劳动关系，缺乏依据，应予以撤销。

(二) 协商变更劳动合同的待遇调整应合理

由于客观情况发生重大变化导致原劳动合同无法继续履行，不可归责于劳动者，协商变更劳动合同应以不损害劳动者利益为原则，用人单位应避免通过协商变更劳动合同来达到降低劳动者薪资待遇、劳动条件或者逼迫劳动者放弃协商的目的。具体来说，应体现在：

1. 原则上，用人单位提供新工作岗位，应维持原待遇，如确实由于工作内容、数量、职责发生重大变化而应当调整薪酬待遇的，也需控制在合理限度内。

2. 对于变更工作地点的，需提供合理的补救措施，如提供交通工具、补贴、集体宿舍、灵活工作时间等。

3. 为劳动者提供关联企业工作岗位的，应注意劳动者本企业工龄连续计算、经济补偿金支付、劳动合同次数及期限、工资福利、年休假结算等问题。

(三) 协商变更劳动合同的误区

用人单位在与劳动者协商变更劳动合同过程中，需要注意充分协商、合理协商，避免以下错误操作：

1. 单方调岗、待岗、放假代替协商，未履行协商变更劳动合同程序，或者未保留相关协商过程的证据，存在程序瑕疵。

案例32 客观情况发生重大变化未经协商单方要求待岗，用人单位解除劳动合同违法

唐某与易高服务管理有限公司劳动争议案一案中①，唐某于2013年2月与易高公司签订无固定期限劳动合同，岗位为业务发展总监。2018年11月23日11点易高公司向唐某发送"关于离职事宜"邮件，称因业务调整，区总团队已整体解散，无法调岗，要求唐某离职并测算了离职补偿金。11月26日公司再次向唐某发送邮件，要求其办理离职手续。当日唐某回复"不同意"，同日易高公司发送邮件，安排唐某自2018年12月1日起待岗。11月30日唐某回复不同意。12月3日，易高公司向唐某发送解除劳动合同通知书，依据《劳动合同法》第四十条第三款规定解除劳动合同。同时，公司将离职通知书送达唐某，其中离职原因记载为因公司业务调整等原因，双方协商解除劳动合同，通知日期2018年11月23日，最后受雇日期2018年12月23日。后唐某提出仲裁申请。法院认为，公司根据集团的战略部署和经营需要，撤销唐某所在部门，系企业经营自主决定权。但公司要求唐某待岗，并未体现出协商过程，故公司解除劳动合同的行为，存在程序瑕疵，属于违法解除，应向唐某支付违法解除赔偿金。

2. 以简单粗暴的方式协商，如不给劳动者合理的考虑时间。

3. 不合理地降低新工作岗位薪资待遇，不提供必要合理的劳动条件，迫使劳动者放弃协商，成就用人单位单方解除劳动合同的法定条件。

（四）变更劳动合同的协商过程，应留存证据

协商变更劳动合同内容是客观情况发生重大变化解除的法定程序，用人单位不仅要履行协商变更程序，更应将协商过程以书面通知、电子邮件、视频、录音、微信等证据方式留痕。如果协商仅仅停留于口头，没有证据予以证实，发生争议后，员工否认，用人单位的解除行为可能因程序瑕疵被认定为违法解除。

---

① 北京市第二中级人民法院（2019）京02民终11423号民事判决书。

🎬 **案例33 客观情况发生重大变化且就变更合同经协商未能达成一致，用人单位解除劳动合同合法**

孟某与新大洲本田摩托有限公司劳动争议一案中[1]，孟某于1995年5月25日进入本田摩托公司处工作，担任仓库管理员工作，双方签订了自2008年1月1日起的无固定期限劳动合同。2018年6月28日，本田摩托公司全面停产，从青浦区搬迁至太仓。当日，公司作出《关于上海生产基地搬迁员工安置手续办理的通知》，实施员工安置工作，明确告知了下发通知、签收资料、员工咨询协商及办理手续的日期及时间，并告知对于在规定时间内不愿意协商或协商不成的员工，公司将依法进行单方解除劳动合同。2018年7月25日，公司依据《劳动合同法》第四十条解除与孟某的劳动合同。孟某申请仲裁，主张单位解除劳动合同前双方未进行协商，要求公司支付违法解除劳动合同赔偿金差额、解除劳动合同代通金等。庭审中，公司出具了谈话录音、沟通短信等证据，证明双方就安置协议协商不成的情况。法院认为，本田摩托公司经营地址搬迁，属于双方劳动合同订立时所依据的客观情况发生重大变化，双方未协商一致，公司依据《劳动合同法》第四十条第（三）项解除与孟某的劳动合同并无不妥。

三、适用员工限制

根据《劳动合同法》第二十一条、第四十二条规定，用人单位不得依据"客观情况发生重大变化"与下列劳动者解除劳动合同：

1. 试用期员工。这一点是许多用人单位容易忽略的，我们理解该规定的基础是"客观情况发生重大变化"的不可预见性，由于试用期最长不超过6个月，用人单位在招聘新员工时，对短期内劳动合同能否正常履行应当具备预见性。因此，法律对用人单位依据"客观情况发生重大变化"解除试用期员工劳动合同作出了限制。

2. 解雇保护员工。详见本指引第八节"解雇保护制度"。

---

[1] 上海市第二中级人民法院（2019）沪02民终4656号民事判决书。

四、劳务派遣用工模式下的特殊适用

根据《劳务派遣暂行规定》第十二条[①]、第十五条[②]的规定，用工单位因客观情况发生重大变化，经与被派遣劳动者协商，就变更派遣用工岗位、待遇等无法达成一致的，可以将被派遣劳动者退回劳务派遣单位。但劳务派遣单位不得直接据此单方解除劳动合同，在劳动者待派期间需支付不低于最低工资标准的劳动报酬；重新派遣时维持或者提高劳动合同约定条件，被派遣劳动者不同意的，劳务派遣单位方可解除劳动合同。

合规建议

综合以上分析，针对用人单位依据客观情况发生重大变化解除劳动合同，我们提出以下建议：

1. 用人单位在解除劳动合同前，应对解除劳动合同的事实条件进行全面审核、排查、确认，主要包括：劳动合同订立时的客观情况、履行过程中发生了怎样的变化、发生变化的原因、这种变化在订立劳动合同时是否可以预见、是否导致劳动合同无法履行、影响的范围等。

2. 用人单位应特别关注"客观情况发生重大变化"的认定情形范围，特别是企业基于自身经营需要进行的组织架构调整、部门或岗位裁撤是否属于"客观情况发生重大变化"目前没有明确的指引，也缺乏统一的裁判尺度，裁量自主权较大，用人单位应充分注意其中的不确定性。此外，还需注意企业搬迁构成"客观情况发生重大变化"在不同地区的认定标准。

3. 应注重协商变更劳动合同程序的正当性，协商内容必须是明确的，包括岗位、待遇等；岗位及待遇变更应当是合理的；协商方式应当合理，避免以单方

[①] 《劳务派遣暂行规定》第十二条："有下列情形之一的，用工单位可以将被派遣劳动者退回劳务派遣单位：（一）用工单位有劳动合同法第四十条第三项、第四十一条规定情形的；……被派遣劳动者退回后在无工作期间，劳务派遣单位应当按照不低于所在地人民政府规定的最低工资标准，向其按月支付报酬。"

[②] 《劳务派遣暂行规定》第十五条："被派遣劳动者因本规定第十二条规定被用工单位退回，劳务派遣单位重新派遣时维持或者提高劳动合同约定条件，被派遣劳动者不同意的，劳务派遣单位可以解除劳动合同。被派遣劳动者因本规定第十二条规定被用工单位退回，劳务派遣单位重新派遣时降低劳动合同约定条件，被派遣劳动者不同意的，劳务派遣单位不得解除劳动合同。但被派遣劳动者提出解除劳动合同的除外。"

调岗、待岗、放假等方式取代协商。

4. 双方协商变更劳动合同的过程应以书面、电子邮件、微信、录音、视频等有效方式呈现，并注意保留相关记录。

5. 应注意主体适用范围的限制，客观情况发生重大变化解除劳动合同不得适用于试用期员工以及《劳动合同法》第四十二条规定的解雇保护员工。

6. 应注意劳务派遣用工模式下，用工单位基于客观情况发生重大变化退回被派遣员工的，劳务派遣单位不得直接解除劳动合同。

7. 解除劳动合同程序、离职交接、经济补偿金计算及支付等，参见本章第九节"解除劳动合同的程序及离职手续"、第十节"经济补偿金及相关补偿性费用的计算和支付"。

第七节　经济性裁员

经济性裁员，是指用人单位由于经济方面的原因，如濒临破产、生产经营状况发生严重困难等，依照法律规定的程序可以单方与一定规模的劳动者解除劳动合同，是一种集体解雇制度。用人单位通过一次性裁减相当数量的劳动者，实现降低用工成本，改善生产经营状况，提高市场竞争力的目的，进而渡过暂时的难关。

根据法律规定，用人单位进行经济性裁员应当符合法律规定，既要具备法定事由，也要遵守法定程序，同时应向被裁减的劳动者支付经济补偿。

一、用人单位实施经济性裁员必须具备的实体条件

对用人单位以经济性裁员为由解除劳动合同引发的争议，裁审机构首先要审查和认定的基础事实是，用人单位进行经济性裁员是否符合法定实体条件。如用人单位不具备可以进行经济性裁员的法定实体条件，用人单位以经济性裁员解除劳动合同的合法性便失去了基本的法律基础，从而导致解除劳动合同违法。

对于是否符合经济性裁员的实体条件的审查，主要集中在以下两个方面：

（一）裁减人员规模应达到法定条件

根据《劳动合同法》第四十一条规定，裁减人员需达到法律规定的数量或

比例要求，即裁减人员二十人以上或者裁减不足二十人但占企业职工总数10%以上。实践操作中，在判断裁减人员数量或比例是否符合法律规定时需要注意：

1. 裁减人员数量达到20人以上，或裁减人员比例达到或超过10%，任意一项达到法定要求即可。

案例34　用人单位进行经济性裁员，裁减人员规模应满足法定条件

俞某与鲍姆氟塑料（上海）有限公司劳动争议一案中[1]，俞某自2013年5月6日起进入鲍姆氟公司工作，2014年7月31日，鲍姆氟公司以经济性裁员为由，解除了与俞某的劳动合同。2014年7月23日，上海市金山区人力资源和社会保障局作出受理用人单位裁减人员情况报告回执。法院认为，鲍姆氟公司共有员工11名，向劳动行政部门报告的经济性裁员人数为2人，占该公司职工总数10%以上，属于经济性裁员的人数范围。鲍姆氟公司因经营困难决定进行经济性裁员，召开了职工大会，且审议通过了裁减人员方案，并报告了劳动行政部门，故已经履行相关的经济性裁员的程序，该公司经济性裁员符合法律规定。

2. 判断裁减人员规模是否达到法定数量或比例，应以用人单位实施经济性裁员的时间节点为准。

案例35　用人单位分次实施经济性裁员，裁减人员规模应分别计算

大连泛海建设投资有限公司与孙某劳动争议一案中[2]，2013年5月15日，泛海公司与孙某签订《劳动合同书》。2018年9月27日，泛海公司召开裁减人员专题会议，决定进行经济性裁员，裁员人数为两人，分别为规划设计部孙某、营销管理部冯某。2018年10月31日，泛海公司向孙某、冯某分别发出解除劳动合同通知书。在两人被裁员前，泛海公司的员工总数为47人。此后，泛海公司分别于2018年10月29日、2018年11月9日再次召开裁减人员专题会议，两次裁员人数分别为4人和1人，并向劳动行政部门报告了上述三次裁减人员方案。

---

[1] 上海市第一中级人民法院（2015）沪一中民三（民）终字第1496号民事判决书。
[2] 辽宁省大连市中级人民法院（2020）辽02民终370号民事判决书。

法院认为，用人单位经济性裁员必须要一次性解除法定数量的劳动合同，即一次性裁减人员20人以上或者裁减不足20人但占职工总数10%以上，否则就不能以经济性裁员为由解除合同。本案中泛海公司在2018年10月至12月陆续与包括孙某在内的7名员工解除了劳动合同，虽解除合同的理由一致，也向工会说明情况、向劳动行政部门报告了裁减人员方案，但是，一方面，泛海公司开始进行裁员工作时，对于裁减总数并没有明确的方案，所述7人仅是事后统计；另一方面，不论是泛海公司召开裁减人员专题会议、向工会报送裁员方案、工会讨论方案还是向劳动行政部门报告裁员方案都是分三次进行，泛海公司与前述7人解除劳动合同并非一次性经济性裁员。2018年11月，泛海公司以"用人单位裁员"为由解除与孙某、冯某2人的劳动合同时，公司职员总数为47人，裁减人数不足10%，因此，泛海公司以经济性裁员解除与孙某的劳动合同依据不足，系违法解除劳动合同。

（二）进行经济性裁员应具备法定事由

构成经济性裁员除需要满足人数或比例要求，还需要具备法定合理事由。根据《劳动合同法》第四十一条的规定，能够引起经济性裁员的法定事由包括：

1. 依照企业破产法规定进行重整的

根据《企业破产法》的规定，"依照企业破产法规定进行重整"是指人民法院根据债权人或债务人的申请，裁定债务人重整，并予以公告。人民法院裁定债务人重整之日起至重整程序终止，为重整期间。

2. 生产经营发生严重困难的

现行法律、行政法规中未对"生产经营发生严重困难"的标准进行规定。根据原劳动部办公厅关于印发《关于〈劳动法〉若干条文的说明》的通知（劳办发〔1994〕289号）第二十七条[①]以及《企业经济性裁减人员规定》第

[①] 《关于〈劳动法〉若干条文的说明》的通知（劳办发〔1994〕289号）第二十七条："用人单位濒临破产进行法定整顿期间或者生产经营状况发生严重困难，确需裁减人员的，应当提前三十日向工会或者全体职工说明情况，听取工会或者职工的意见，经向劳动行政部门报告后，可以裁减人员。用人单位依据本条规定裁减人员，在六个月内录用人员的，应当优先录用被裁减的人员。本条中的'法定整顿期间'指依据《中华人民共和国破产法》和《民事诉讼法》的破产程序进入的整顿期间。'生产经营状况发生严重困难'可以根据地方政府规定的困难企业标准来界定。'报告'仅指说明情况，无批准的含义。'优先录用'指同等条件下优先录用。"

二条①的规定，各地地方政府有权规定当地"生产经营发生严重困难"（或称"严重困难企业标准"）。但在各地司法实践中，一些地区缺少"生产经营发生严重困难"的具体标准或相关规定已经失效②，在此种情况下，判断是否属于生产经营发生严重困难一般可以参考当地政府关于困难企业的相关标准。

司法实践中，用人单位主张因"生产经营发生严重困难"实施经济性裁员，需要就"生产经营发生严重困难"进行举证。一般而言，用人单位可以提供财务报表、审计报告、劳动行政部门困难企业认定文件等直接证据，从持续亏损、存在高额负债、资不抵债等角度进行举证，也可以从经济形式、市场情况、行业态势等宏观角度提供间接证据。而对未来市场可能亏损的单纯的预测不能成为认定生产经营发生严重困难的依据。

案例36 财务报表显示严重亏损，可以作为生产经营严重困难进行经济性裁员的依据

李赛克玻璃机械（上海）有限公司、沈某劳动争议一案中③，沈某于2011年6月29日进入李赛克公司工作。2015年12月26日，沈某收到裁员通知。2016年1月26日，李赛克公司就裁员情况向上海市青浦区人力资源和社会保障局备案。在公司提交的《企业裁减人员情况报告表》中记载现有职工63人，拟裁员人数7人，占全体职工比例的11%。法院认为，一审中李赛克公司提供了2014—2015年度利润表证明其公司存在亏损致经营困难，沈某虽对亏损情况不认可，但未提供有力证据反驳。另外，李赛克公司拟定裁员名单后，经过职工集体协商、征得工会同意并向劳动行政部门报告，程序符合法律规定。

---

① 《企业经济性裁减人员规定》第二条："用人单位濒临破产，被人民法院宣告进入法定整顿期间或生产经营发生严重困难，达到当地政府规定的严重困难企业标准，确需裁减人员的，可以裁员。"

② 《北京市企业经济性裁减人员规定》（京劳发〔1995〕56号）中虽然作出了相关规定，但该文件已于2017年12月21日被《北京市人力资源和社会保障局关于宣布失效一批规范性文件的通知》（京人社法发〔2017〕272号）文件宣布失效。

③ 上海市第二中级人民法院（2016）沪02民终9211号民事判决书。

案例37　预测订单量会下降，不能作为生产经营发生严重困难的依据

徐某与昆山百瑞扣件系统有限公司劳动争议一案中[①]，徐某于2014年6月16日入职百瑞公司工作。2017年11月7日百瑞公司就经济性裁员征求员工意见，除1名员工同意裁员外，其他27名员工分别不同意、无意见、不发表意见或主张协商。当日，百瑞公司召开董事会会议决定，按照《劳动合同法》第四十一条第（二）项的规定，决定对张某、朱某、田某、徐某四人进行经济性裁员。2017年11月8日百瑞公司向徐某等人送达通知书。法院认为，根据会计师事务所的审计，2016年、2017年百瑞公司净利润正处于大规模增长趋势，2017年11月8日百瑞公司实施经济性裁员时，并不存在经营严重困难的情形。用人单位生产经营是否发生严重困难只能依据确定的事实进行判断，如果允许用人单位可以以尚未发生的事实作为解除依据，则会对劳动关系的稳定性产生严重的不利影响。百瑞公司客户福斯罗公司出具的通知虽然预测2018年度的订单量将会下降，但该通知已经明确说明不具有约束力，不保证预测的准确性。百瑞公司依据该份客户公司的通知实施经济性裁员计划，依据不足。生产经营亏损是正常的商业风险，即便发生亏损也不意味着公司已经陷入经营严重困难的境地。综上，百瑞公司解除与徐某之间的劳动关系不符合《劳动合同法》第四十一条第一款第（二）项规定的实体条件，属于违法解除。

3. 企业转产、重大技术革新或者经营方式调整，经变更劳动合同后，仍需裁减人员的

此种情形下实施经济性裁员，用人单位除需证明"企业转产、重大技术革新或者经营方式调整"的客观事实外，还必须具备"经变更劳动合同后，仍需裁减"的前提，如未经变更劳动合同直接裁减人员，不符合法律规定。

4. 其他因劳动合同订立时所依据的客观经济情况发生重大变化，致使劳动合同无法履行的

应注意将本条规定情形与《劳动合同法》第四十条第（三）项规定的情形进行区分。本条款中的"客观经济情况发生重大变化"，强调"经济情况"；而

[①] 江苏省苏州市中级人民法院（2018）苏05民终5596号民事判决书。

《劳动合同法》第四十条第（三）项规定的"客观情况"，范围并不局限于"客观经济情况"。

案例38　客观经济情况发生重大变化致使劳动合同无法履行，企业可以进行经济性裁员

庄河市盐业有限公司、谢某劳动争议一案中[①]，谢某自盐业公司成立后即在该公司从事销售工作。2017年2月14日，盐业公司向庄河市人力资源和社会保障局提出了裁减人员的报告，同时提供了以下附件：一、《经济性裁员方案》显示，2016年4月国务院发布了盐业体制改革方案（国发〔2016〕25号）。二、《被裁减人员名单》，包括谢某在内共5人。三、《庄河盐业有限公司裁减人员解除劳动合同支付经济补偿金等公示结果的报告》。四、《听取工会意见说明书》。2017年2月15日，盐业公司制作了《解除劳动合同证明书》并邮寄给谢某，经济补偿金94666元已发放给谢某。法院认为，盐业公司根据国务院发布了盐业体制改革方案的要求，进行盐业体制改革，进行经济性裁员，属于劳动合同法规定的其他因劳动合同订立时所依据的客观经济情况发生重大变化，致使劳动合同无法履行的情形。盐业公司已提前30日向工会说明情况，听取工会的意见后，裁减人员方案经向劳动行政部门报告，劳动行政部门经审核表示《裁减人员方案》及程序符合《劳动合同法》第四十一条等条款的规定。盐业公司解除劳动合同符合法律规定。

对于以上经济性裁员四项事由，用人单位在实施裁员前，需要根据用人单位的具体情况，对照法律规定逐项分析，找出最恰当的法定理由，且用人单位应当有足够的证据支持所确定的裁员理由。另外，用人单位如能证明其在实施经济性裁员前曾采取了一定措施如转岗、集体降薪、部分员工放假等以避免大量裁减人员，最终无奈必须以保护绝大部分员工利益为目的将裁员作为最后救济手段，这会令实施裁员看起来更具有经营管理上的合理性以及经济上的必要性，是有利于用人单位的抗辩点。

---

① 辽宁省大连市中级人民法院（2018）辽02民终931号民事判决书。

二、用人单位实施经济性裁员应当履行法定程序

根据《劳动合同法》第四十一条、《企业经济性裁减人员规定》第四条的规定，用人单位进行经济性裁员必须履行如下法定程序：(1) 收集整理、准备材料资料，包括裁员的背景、理由、事实依据以及裁减人员方案，内容包括：被裁减人员名单，裁减时间及实施步骤，符合法律、法规规定和集体合同约定的被裁减人员经济补偿办法等；(2) 提前30日向工会或者全体职工说明情况，用人单位可根据工会或者全体职工的意见，对裁员方案进行修改和完善；(3) 向当地劳动行政部门报告裁减人员方案以及工会或者全体职工的意见，并听取劳动行政部门的意见；(4) 由用人单位正式公布裁减人员方案，与被裁减人员办理解除劳动合同手续，按照有关规定向被裁减人员本人支付经济补偿金，出具解除劳动合同证明书等。

经济性裁员必须满足的法定条件既包括实体性条件，也包括程序性条件。用人单位实施经济性裁员如违反程序性条件，即使其符合实体性条件，也属于违法解除。实践中，就裁员程序的规定，实践中还是存在一些不同认识，也有一些错误的操作，如用人单位实施经济性裁员基本符合程序性条件，仅仅是某一项程序未履行或履行存在瑕疵，仍可能导致违法解除。

（一）在听取意见环节应关注的问题

1. 向工会或者全体职工"说明情况""听取意见"，是二选一的关系，并不需要同时向工会和全体职工履行两次听取意见的程序，当然如果用人单位自愿选择两种途径同时采用，法律并不禁止。

2. 应当提前30日向工会或者全体职工"说明情况""听取意见"，这个时间要求是强制性规定，应当遵守。

案例39 经济性裁员未向工会或全体职工说明情况、听取意见，用人单位解除劳动合同违法

广州珠江侨都房地产有限公司珠江帝景酒店、广州珠江侨都房地产有限公司、吴某劳动争议一案中[1]，吴某于2013年6月20日入职珠江帝景酒店。2014

---

[1] 广东省广州市中级人民法院（2015）穗中法民一终字第4633、4634号民事判决书。

年7月22日，珠江帝景酒店因裁员而召开公司领导层、各部门经理以及职工代表共16人的通报会。2014年7月23日，珠江帝景酒店向当地人社局提出裁员备案申请，该局经审查同意备案。2014年7月23日至24日，珠江帝景酒店向吴某发出书面《解除劳动合同通知书》。吴某主张，珠江帝景酒店并没有提前30日向员工说明情况，听取员工意见，更没有与其协商变更劳动合同，在裁员前2个月内从社会上招录20多名与被裁减人员岗位职位相同、相近的新员工，珠江帝景酒店单方解除劳动合同的行为违法。法院认为，用人单位合法裁员应具备相应的实质条件，并履行法定的裁员程序。珠江帝景酒店向当地人社局提交的裁员报告备案，并不能当然证实其已实际具备可裁减员工的实质条件，且其裁员程序也与《劳动合同法》第四十一条规定不符，解除劳动合同违法。

3. 能否以支付代通知金的方式替代"提前三十日"的要求

用人单位未能满足"提前三十日向工会或者全体职工说明情况"的程序条件，能否比照《劳动合同法》第四十条的规定，以支付代通知金的方式替代，司法实践中亦存在不同观点。普遍观点认为，以支付代通知金的方式替代"提前三十日"缺乏法律依据。也有观点认为，"提前三十日"不是法定生效条件，可以通过支付代通知金替代"提前三十日"的通知义务，对劳动者的权益作出弥补。

🎬 **案例40　经济性裁员已向工会说明情况，虽然未提前30日但是已经额外支付1个月工资，不影响法定程序的履行**

王某与广州市番禺区旧水坑丰达电机厂劳动争议一案中[①]，王某于2001年12月21日入职丰达电机厂，任机械加工副科长。2014年1月15日，丰达电机厂向广州市番禺区大龙街工会工作委员会提交《情况说明》，申请裁员，王某在裁员名单内。2014年1月16日，广州市番禺区大龙街工会工作委员会对此《情况说明》加具了"该厂情况属实"的意见。2014年1月23日，丰达电机厂就裁员方案向广州市番禺区大龙街劳动和社会保障中心进行备案。2014年1月24日，丰达电机厂通知王某解除劳动关系，并向其支付了解除劳动关系的经济补偿金和额外1个月工资。法院认为，根据《劳动合同法》第四十一条的规定，以及丰达

---

① 广东省广州市番禺区人民法院（2014）穗番法民五初字第1025号民事判决书。

电机厂提供的证据，从多方面反映出其经营和用工情况出现了明显变化，具有经济性裁员的事实基础。关于裁员程序，丰达电机厂已于实施裁员前向当地工会工作委员会说明情况，并向当地劳动行政部门备案，履行了法定程序。虽未能提前30日，但在计付补偿金时向王某额外支付1个月工资，做出了相应补偿，对其实际权益没有造成损失，故不影响其法定程序的履行。所以，丰达电机厂因经济性裁员解除与王某的劳动合同合法。

（二）履行向劳动行政部门报告程序应注意的问题

1. 未向劳动行政部门报告，实施经济性裁员存在违法解除风险

司法实践中，对未向劳动行政部门报告实施经济性裁员是否属于违法解除存在不同观点。主流观点认为向劳动行政部门报告是效力性规定，未向劳动行政部门履行报告实施经济裁员构成违法解除劳动合同。也有观点认为，向劳动行政部门报告是管理性规定，未向劳动行政部门履行报告手续存在程序瑕疵，但法律未明确规定此种报告程序系用人单位进行经济性裁员的必要生效条件，故不属于违法解除。

案例41　实施经济性裁员未向劳动行政部门报告，不符合法律规定用人单位解除违法

天津万创欧泰信息技术有限公司、赵某劳动争议一案中[①]，赵某于2014年11月19日入职万创公司。2016年5月6日，万创公司以公司经营出现较严重的亏损，赵某自入职以来没有成功的开拓客户为由，作出与赵某解除劳动关系的通知。法院认为，根据《劳动合同法》第四十一条第一款第（二）项的规定，企业生产经营发生严重困难实施经济性裁员必须履行向劳动行政部门的报告程序。万创公司裁员未向劳动行政部门报告，不符合该项法律的规定，构成违法解除劳动合同。在本案中，法院持第一种观点，即向劳动行政部门报告是效力性规定。

---

① 天津市第一中级人民法院（2017）津01民终1384号民事判决书。

案例42　实施经济性裁员未向劳动行政部门报告，但不影响经济性裁员的效力

在彭某与广东盈通网络投资有限公司韶关分公司劳动争议一案中①，彭某于2005年8月24日入职盈通公司。2012年6月，盈通公司因经营管理不善出现严重亏损，由此，作出裁减人员方案（裁减4人），在报请总公司工会同意后，决定与包括彭某在内的四名员工解除劳动关系。盈通公司于2012年12月13日向彭某发出《解除劳动关系通知书》。彭某主张，盈通公司职工总人数为8人，裁减4人远超过了职工总人数的10%，依法应当向劳动行政部门报告后，方可裁减人员。但是盈通公司并未向劳动行政部门报告，裁减人员违反法律规定。法院认为，盈通公司以经营出现问题，需裁减人员为由向广东盈通网络有限公司申请裁减人员，并征询了广东盈通网络有限公司工会委员会的意见，向工会说明情况，并听取了工会的意见。至于盈通公司是否将裁减人员方案向劳动行政部门报告，由于用人单位经济性裁员并不需要劳动行政部门审批或批准，盈通公司未将裁减人员方案向劳动行政部门报告，可由劳动行政部门对盈通公司作出处理，但不影响盈通公司进行经济性裁员的效力。而且，盈通公司在解除与彭某的劳动关系后，一直同意向彭某支付经济补偿金。因此，盈通公司解除与彭某的劳动关系并不违反法律规定。本案中，法院持第二种观点，即向劳动行政部门报告是管理性规定。

2. 先实施经济性裁员，再补正向劳动行政部门报告程序，存在违法解除风险

在用人单位单方解除情形中，有些程序瑕疵，在一定情况下允许事后补正，比如，根据《最高人民法院关于审理劳动争议案件适用法律若干问题的解释（四）》第十二条的规定，用人单位解除劳动合同未按照规定事先通知工会，允许用人单位可以在起诉前补正。实施经济性裁员应提前向劳动行政部门报告，事后补正缺乏法律依据，且由于实施经济性裁员涉及人员多，法律规定提前报告的目的在于实现事前监督、预防集体争议，而事后补正会导致这一立法目的落空。

---

① 广东省韶关市中级人民法院（2013）韶中法民一终字第1237号民事判决书。

案例43　先实施经济性裁员，再向劳动行政部门报告，用人单位解除违法

新时代工程有限公司、张某劳动争议一案中①，张某于2005年8月入职新时代公司。2016年5月16日，新时代公司召开全体员工大会，向全体员工通知将进行经济性裁员，裁员名单中包含张某。张某主张公司于2016年5月24日向其送达《解除劳动合同通知书》，落款处加盖新时代公司的公章。新时代公司认可该通知书的真实性，但主张公司于2016年5月24日向张某仅是出示了通知书，并非送达，系张某自行拿走。新时代公司主张2016年7月因经济性裁员解除双方劳动关系，并就其主张提交了《董事会临时会议文件》、2015年审计报告、2016年6月28日北京市海淀区人社局开具的企业裁减人员报告材料收悉证明。法院认为，张某提交的解除通知书落款时间为2016年5月24日，加盖新时代公司公章，且原件由张某持有，足以证明新时代公司在向人社局就经济性裁员进行备案前已向张某发出解除通知，违反应当履行的程序，新时代公司与张某解除劳动关系属违法解除。

3. 实际裁减人员能否与向劳动行政部门报告的裁减人员方案不同

实践中，可能在最终实施裁减人员方案时，由于一些原因，导致实际裁减人员与报告的裁减人员方案存在差异。这种情况下，是否会导致违法解除劳动合同，需要区分不同情况：第一，如实际实施裁减人员人数少于向劳动行政部门报告的人数，一般不会导致解除违法，但降低后裁减人员人数低于法定人员规模（低于20人且低于企业职工总数10%）的要求，则存在违法解除风险；第二，如实际实施裁减人员人数超过向劳动行政部门报告的人数，报备名单之外的员工，存在违法解除风险；第三，报备名单上拟裁减人员实际未被解除的，一般不会导致对其他裁减人员的解除行为违法；第四，如对裁减人员报备名单进行变更调整，对未列入名单的人员实施经济性裁员的，存在违法解除风险。

（三）以协商一致解除实施经济性裁员是否需要履行听取意见及报告程序

实践中，在实施经济性裁员时，用人单位更愿意采用与员工协商一致解除劳动合同的方式。一方面，协商一致解除劳动合同，操作更为灵活简便，时间效率最优；另一方面，协商一致解除有利于降低诉讼风险。但需要注意的是，以协商

---

① 北京市第一中级人民法院（2017）京01民终3454号民事判决书。

一致解除实施经济性裁员时是否应履行法定的听取意见和报告程序，在司法实践中存在不同的观点：第一种观点认为，协商解除劳动合同的人数达到法定规模且符合裁员的实质性条件时，应当履行裁员的法定程序。2014年12月31日公布的《企业裁减人员规定（征求意见稿）》第十八条①的规定就采纳了这种观点。第二种观点认为，协商一致解除的是《劳动合同法》第三十六条规定的另一种解除情形，与经济性裁员无关，即便具有类似的解除背景和人员规模，仍然应该按照《劳动合同法》第三十六条，尊重双方意思自治。

鉴于司法实践存在不同观点，如用人单位出现经济性裁员的情形，与一定规模比例的劳动者协商解除劳动合同，建议事先向工会或全体职工说明情况，并向劳动行政部门进行告知。

三、特殊员工的适用限制

经济性裁员的适用人员受到法律限制，禁止适用于《劳动合同法》第二十一条规定的试用期员工以及第四十二条规定的解雇保护人员。符合法定条件的员工，用人单位在实施经济性裁员时，应有限留用。具体内容参见本章第八节"解雇保护制度"。

四、劳务派遣用工下的经济性裁员

根据《劳务派遣暂行规定》第十二条的规定，用工单位出现《劳动合同法》第四十一条规定的情形，用工单位可以依法将被派遣劳动者退回劳务派遣单位（用人单位）。因此，在劳务派遣用工中，用工单位可以适用经济性裁员的规定，停止使用被派遣劳动者，将劳动者退回派遣单位，而不能以用工单位名义直接与被派遣劳动者解除劳动合同。

🎬 **案例44　用工单位实施经济性裁员应合法退回劳务派遣员工，用工单位和劳务派遣单位解除劳动合同违法**

天津市劳职辰通人力资源开发有限公司、天津星地电子有限公司与何某劳动

---

① 《企业裁减人员规定（征求意见稿）》第十八条："〔协商解除的报告义务〕企业出现劳动合同法第四十一条第一款规定的情形，与职工协商一致解除劳动合同人数达到20人以上的，应当提前30日向本企业工会或者全体职工告知有关情况，并同时将拟解除劳动合同人数报告当地人力资源社会保障行政部门。"

争议一案中[1]，何某与天津市劳职辰通人力资源开发有限公司先后签订两份《天津市劳务派遣单位劳动合同书》，天津市劳职辰通人力资源开发有限公司系劳务派遣单位即用人单位，天津星地电子有限公司系被派遣单位即用工单位。2016年5月10日，天津星地电子有限公司在其公司公告栏发布公告，通知准备在2016年5月末裁员及协商解决的补偿标准等，并于2016年5月27日召开全体职工大会，告知裁员情况。2016年5月31日，天津星地电子有限公司给何某下达解除劳动合同通知书。2016年6月初天津市劳职辰通人力资源开发有限公司向何某发放解除劳动合同证明书。

法院认为，虽然天津星地电子有限公司欲进行经济性裁员，但该公司并非何某的用人单位。按照《劳动合同法》的规定，用工单位可以将劳动者退回劳务派遣单位，劳务派遣单位依照该法有关规定，可以与劳动者解除劳动合同。庭审中，何某的劳务派遣单位，即用人单位天津市劳职辰通人力资源开发有限公司自述该公司经营状况良好。用人单位既未进行经济性裁员，也未按照法律规定与劳动者解除劳动合同，故应支付何某违法解除劳动合同赔偿金。天津星地电子有限公司存在未进行合法退工的行为，在天津市劳职辰通人力资源开发有限公司与何某解除劳动合同关系行为中存在过错，故对此应承担连带赔偿责任。

在用工单位因经济性裁员将被派遣劳动者退回劳务派遣单位后，劳务派遣单位不得直接与劳动者解除劳动合同，需根据不同情况作出安排：

（一）劳务派遣单位无法对被退回的劳动者进行重新派遣

此种情况下，根据《劳务派遣暂行规定》第十二条、第十五条的规定，劳务派遣单位不得直接与劳动者解除劳动合同。被派遣劳动者被退回后在无工作期间，劳务派遣单位应当按照不低于所在地区最低工资标准按月支付劳动者待派期间的报酬，并应依法缴纳社保公积金。

（二）劳务派遣单位降低劳动合同约定条件重新派遣

此种情况下，根据《劳务派遣暂行规定》第十五条的规定，重新派遣需要经被派遣劳动者同意。如被派遣劳动者不同意，劳务派遣单位也不得解除劳动合同，应按照待派期间的规定支付相关待遇。

---

[1] 天津市第一中级人民法院（2017）津01民终5912号民事判决书。

（三）劳务派遣单位维持或者提高劳动合同约定条件重新派遣

此种情况下，根据《劳务派遣暂行规定》第十五条的规定，被派遣劳动者不同意的，劳务派遣单位可以解除劳动合同，并向被派遣劳动者支付经济补偿。

🔍 合规建议

针对以经济性裁员为由解除劳动合同，我们提出以下合规建议：

1. 实施经济性裁员之前，应对实施经济性裁员的必要性和合理性进行充分论证，实施经济性裁员应当符合法律规定的实体条件。

2. 实施经济性裁员必须严格遵守法定程序，特别要注意积极听取员工的意见，安抚员工情绪，充分保证员工的知情权和监督权，避免因程序瑕疵影响解除的合法性，避免产生群体性事件或其他不良影响。

3. 确定裁减人员范围时，应符合法定的规模比例，并注意积极排查拟裁减员工是否属于禁止裁减的人员或应优先留用的人员。

4. 在作出正式解除劳动合同手续前，应对是否属于禁止裁减、有限留用人员及总体裁减人员是否符合法定规模比例进行再次排查。

5. 在劳务派遣用工中，如用工单位出现《劳动合同法》第四十一条规定的情形、实施裁员退回劳务派遣员工的，劳务派遣单位不得直接与劳动者解除劳动合同，应按照《劳务派遣暂行规定》的相关条款履行。

6. 注意关注所在地区劳动行政部门的具体规定或特殊要求，如所在地区有其他限制条件的，也应遵守执行。

7. 用人单位解除劳动合同程序、离职手续、经济补偿金计算等详见本章第九节"解除劳动合同的程序及离职手续"、第十节"经济补偿金及相关补偿性费用的计算及支付"。

第八节　解雇保护制度

解雇一词源自英文"dismissal"，是指雇主根据自己的意愿向被雇佣的劳动者表示终止劳动契约①。解雇保护是对雇主的解雇行为进行约束和限制，以保护特定的劳动者不被解雇，避免其劳动权益受到不法侵害。在我国劳动法体系中，解雇被分为解除和终止，本节仅在用人单位单方解除劳动合同的范畴内就"解雇保护"展开讨论，并不涉及劳动合同到期终止的"解雇保护"。

解雇保护分为两个方面，一是解除人员限制，即享受解雇保护的特殊员工；二是解除事由限制。

一、享受解雇保护的特殊员工

根据《劳动合同法》第四十二条的规定，解雇保护范围包括以下六种员工：

（一）职业病危害员工

职业病危害员工是指从事接触职业病危害作业的员工未进行离岗前职业健康检查，或疑似职业病的员工在诊断或者医学观察期间的。

职业病，是指企业、事业单位和个体经济组织等用人单位的劳动者在职业活动中，因接触粉尘、放射性物质和其他有毒、有害因素而引起的疾病。我国《职业病防治法》规定，对从事接触职业病危害作业的劳动者，用人单位应当按照国务院卫生行政部门的规定组织上岗前、在岗期间和离岗时的职业健康检查，并将检查结果书面告知劳动者。对未进行离岗前职业健康检查的劳动者不得解除或者终止与其订立的劳动合同。用人单位应当及时安排对疑似职业病病人进行诊断；在疑似职业病病人诊断或者医学观察期间，不得解除或者终止与其订立的劳动合同。因此，从事接触职业病危害作业的劳动者未进行离岗前职业健康检查，或者疑似职业病病人在诊断或者医学观察期间的，属于解雇保护的范围。

（二）工伤伤残员工

工伤伤残员工是指在本单位患职业病或因工负伤并被确认丧失或部分丧失劳动能力的员工。

员工患职业病或因工负伤，必须同时符合以下三个方面的条件，方可享受解雇保护：

1. 必须在本单位发生；

---

① 王益英、黎建飞：《外国劳动法和社会保障法》，中国人民大学出版社2001年版，第474页。

2. 员工的职业病已被有关的职业病诊断机构确诊，或者员工已被社会保险行政部门认定为工伤；

3. 员工经有关劳动能力鉴定机构鉴定，被确认丧失或者部分丧失劳动能力；其中伤残鉴定等级一级至四级为完全丧失劳动能力；五级、六级为大部分丧失劳动能力；七级至十级为部分丧失劳动能力。

如果员工满足前两个条件，被认定工伤或职业病，但经鉴定未达到伤残等级的，也不属于解雇保护的范围。

案例45　工伤职工经鉴定未达到伤残等级，不属于解雇保护范围

陈某与新疆守信劳务派遣有限责任公司、新疆亚欧大陆桥金轮建筑工程有限责任公司乌鲁木齐分公司劳动争议一案中[1]，守信公司于2012年4月19日与陈某签订劳动合同书，并将陈某派遣到金轮分公司从事驾驶员工作。2012年7月2日，陈某在为金轮分公司运送混凝土时受伤，当日治疗被诊断为头皮裂伤。2012年8月1日陈某向金轮分公司提出辞职。2012年8月1日守信公司出具解除或终止劳动合同（关系）证明书，但未能直接送达陈某。2012年9月1日守信公司作出告知函，告知陈某守信公司与其解除劳动关系。陈某于2012年9月6日收到上述告知函。2012年7月30日陈某申请工伤认定，2012年10月24日乌鲁木齐市人力资源和社会保障局作出认定工伤决定书，认定陈某为工伤。2013年5月13日乌鲁木齐市劳动鉴定委员会鉴定陈某未达到伤残等级。后陈某提起仲裁与诉讼，认为其系工伤公司不能与其解除劳动关系，要求确认其与守信公司存在劳动关系。法院认为，《劳动合同法》第四十二条规定的是劳动者具有一定情形，用人单位不得依照本法第四十条、第四十一条的规定解除劳动合同，而本案是作为劳动者的陈某解除与用人单位守信公司签订的劳动合同，而非守信公司解除与陈某签订的劳动合同。且陈某经鉴定未达伤残等级，亦与上述条款规定的情形不符。因此，陈某关于守信公司不得与其解除劳动关系的主张不应被支持。

需要注意的是，员工正在工伤认定过程中，或者被认定工伤、职业病后，正在伤残等级鉴定过程中的，也属于解雇保护范围。

---

[1] 新疆维吾尔自治区乌鲁木齐市中级人民法院（2014）乌中民五终字第989号民事判决书。

案例46　未完成工伤认定及劳动能力鉴定，用人单位解除劳动合同违法

宝鸡忠诚精密数控设备有限责任公司与张某劳动争议一案中[1]，张某于2014年5月26日进入忠诚公司工作，工作岗位为司机。2014年9月18日，张某在上班途中发生交通事故受伤，当天入院治疗被诊断为：眶骨骨折、面部挫伤、颧骨骨折（右侧）、创伤性中型颅脑损伤、眼外伤、硬膜外血肿、颅骨骨折等。2015年11月3日，张某提出工伤认定申请，2015年12月29日，宝鸡市人力资源和社会保障局作出工伤认定决定书：同意认定张某为工伤。2016年5月18日，经宝鸡市劳动能力鉴定委员会鉴定，张某的劳动功能障碍程度为6级。2015年5月15日，忠诚公司以张某严重违反公司劳动纪律为由，作出解除劳动关系的通知，于2015年8月22日送达了张某。法院认为，在张某治疗未结束、申请工伤认定及劳动能力鉴定未作出的情况下，忠诚公司于2015年8月22日作出解除与张某的劳动关系的决定，违反了法律规定。

（三）医疗期员工

医疗期员工是指患病或非因工负伤，在规定的医疗期内的员工。

根据《企业职工患病或非因工负伤医疗期规定》，企业职工因患病或非因工负伤，需要停止工作医疗时，根据本人实际参加工作年限和在本单位工作年限，给予3个月到24个月的医疗期。员工在法定医疗期内，享受解雇保护。医疗期的计算详见本章第四节"医疗期满解除劳动合同"。

（四）"三期"女职工

"三期"女职工是指孕期、产期、哺乳期女职工。

女职工在孕期、产期、哺乳期的，享受解雇保护。在理解和执行"三期"女职工的解雇保护制度时，经常发生争议的问题是，违反国家计划生育政策的女职工是否属于解雇保护范围，用人单位是否能够以严重违纪为由解除劳动合同。

《女职工劳动保护规定》（1988年9月1日实施，国务院令第9号）第十五条规定："女职工违反国家有关计划生育规定的，其劳动保护应当按照国家有关计划生育规定办理，不适用本规定。"而计划生育相关规定要求单位对于违反计

---

[1] 陕西省宝鸡市中级人民法院（2017）陕03民终1490号民事判决书。

划生育规定的职工给予纪律处分，也就是说违反计划生育的女职工并不享受解雇保护。但 2012 年出台的《女职工劳动保护特别规定》废止了《女职工劳动保护规定》，取消了第十五条的规定，女职工违反计划生育规定的，并不当然排除在解雇保护范围之外。特别是在 2015 年《人口与计划生育法》修订后，国家鼓励生育二孩，很多地方对于违反计划生育采取了更为包容的态度。一些地方规定，女职工违反计划生育政策的，适用"三期"女职工的岗位调整、孕检假、产假、哺乳时间、限制解雇等保护规定，但不适用孕检假、产假、哺乳时间的假期待遇保护规定[1]。但仍有一些地方规定对于违反计划生育的女职工可以按照严重违纪解除劳动合同[2]。

案例47　违反计划生育政策严重违反规章制度，用人单位解除劳动合同合法

华强方特（厦门）文化科技有限公司、叶某劳动争议一案中[3]，叶某于 2011 年 9 月 1 日入职华强方特公司，担任出纳一职。2018 年 1 月 1 日，双方续签了期限至 2020 年 12 月 31 日的劳动合同。2018 年 4 月 14 日，叶某生育第三胎，2018 年 4 月 24 日，华强方特公司以叶某生育第三胎违反国家计划生育政策、严重违反规章制度为由单方面解除劳动合同。一审法院认为华强公司解除劳动合同违法，判令支付违法解除劳动合同赔偿金。二审法院认为，华强公司不是单纯因叶某处于怀孕、

---

[1] 《北京市人口与计划生育条例（2016 修正）》第三十六条第一款："机关、企业事业单位、社会团体、其他组织的职工违反本条例规定生育的，由其所在单位给予行政处分或者纪律处分；分娩的住院费和医药费自理，产假期间停止其工资福利待遇；三年内不得被评为先进个人、不得提职，并取消一次调级。"《上海市人口与计划生育条例（2016 修正）》第四十一条："对违反本条例规定生育子女的公民，除征收社会抚养费外，给予以下处理：（一）分娩的住院费和医药费自理，不享受生育保险待遇和产假期间的工资待遇；（二）持有《光荣证》的，应退回《光荣证》，终止凭证享受的一切待遇，并退回依据本条例第三十五条规定所享受的奖励；（三）系国家工作人员的，依法给予行政处分；系其他人员的，所在单位可以给予纪律处分；（四）系农民的，调整自留地和安排宅基地时，不增加自留地和宅基地的分配面积。"

[2] 《云南省人口与计划生育条例（2018 修正）》第三十三条第一款："违反本条例规定多生育子女的，按照《云南省社会抚养费征收管理规定》对夫妻双方分别征收社会抚养费，是国家工作人员的，还应当依法给予处分。"《江西省人口与计划生育条例（2018 修正）》第五十四条："不符合本条例第九条规定的条件再生育或者重婚生育的人员，除按照规定征收社会抚养费外，是国家工作人员的，还应当依法给予行政处分；其他人员还应当由其所在单位或者组织给予纪律处分。"《海南省人口与计划生育条例（2018 修正）》第五十五条第一款："按照法律、法规规定缴纳社会抚养费的人员，是国家工作人员的，还应当依法给予处分；其他人员还应当由其所在单位或者组织给予纪律处分。"

[3] 福建省厦门市中级人民法院（2019）闽 02 民终 348 号民事判决书。

生育、产假、哺乳的自然状态而与之解除劳动合同,而是基于其存在违约、违反公司规章制度的行为与之解除劳动合同,故该解除行为与《妇女权益保障法》和《女职工劳动保护特别规定》的禁止性规定并不冲突。在叶某未能提供符合计划生育政策的相关资料及手续证明其生育第三胎的合法性的情况下,华强公司根据双方《劳动合同》有关解除权的约定和《劳动合同法》第三十九条第(二)项的规定,在履行了企业工会批准等法定程序后,解除双方的劳动关系,于法有据,不属于违法解除。从这个案件中,我们可以看到,两审法院对此问题持有完全相反的观点,值得关注。

(五)"15+5"老员工

"15+5"老员工是指在本单位连续工作满15年,且距法定退休年龄不足5年的员工。

在确认员工是否符合"15+5"解雇保护条件时,需要注意:

1. 本单位连续工作满15年

必须是为本单位提供劳动,且是连续15年。如果同一单位有过离职、重新入职,几段劳动关系的工龄不能连续计算。员工在不同用人单位之间的工龄不能连续计算。但以下情况应当连续计算工作年限:第一,劳动者非因本人原因从原用人单位被安排到新用人单位工作,工龄连续计算,具体情形有:劳动者仍在原工作场所、工作岗位工作,劳动合同主体由原用人单位变更为新用人单位;用人单位以组织委派或任命形式对劳动者进行工作调动;因用人单位合并、分立等原因导致劳动者工作调动;用人单位及其关联企业与劳动者轮流订立劳动合同;其他合理情形[①]。故对于一些集团性企业而言,员工在集团、系统内部关联企业之间进行调动、连续工作的,员工在关联企业之间的连续工作年限应当视为"本单位"的连续工作时间。第二,军队转业干部的军龄,计算为接收安置单位的连续

[①] 《最高人民法院关于审理劳动争议案件适用法律若干问题的解释(四)》第五条:"劳动者非因本人原因从原用人单位被安排到新用人单位工作,原用人单位未支付经济补偿,劳动者依照劳动合同法第三十八条规定与新用人单位解除劳动合同,或者新用人单位向劳动者提出解除、终止劳动合同,在计算支付经济补偿或赔偿金的工作年限时,劳动者请求把在原用人单位的工作年限合并计算为新用人单位工作年限的,人民法院应予支持。用人单位符合下列情形之一的,应当认定属于'劳动者非因本人原因从原用人单位被安排到新用人单位工作':(一)劳动者仍在原工作场所、工作岗位工作,劳动合同主体由原用人单位变更为新用人单位;(二)用人单位以组织委派或任命形式对劳动者进行工作调动;(三)因用人单位合并、分立等原因导致劳动者工作调动;(四)用人单位及其关联企业与劳动者轮流订立劳动合同;(五)其他合理情形。"

工龄（工作年限）[1]，有接收安置单位的退伍、复员军人的军龄，计算为接收安置单位的连续工龄[2]。

2. 距法定退休年龄不足5年

根据《国务院关于安置老弱病残干部的暂行办法》和《国务院关于工人退休、退职的暂行办法》（国发〔1978〕104号），劳动者正常退休的法定退休年龄为：男年满60周岁，女干部（管理或专业技术岗位聘满10年以上）年满55周岁，女工人（或工勤岗位）50周岁；全民所有制企事业单位和机关、群众团体的工人以及工作条件与工人相同的基层干部，从事井下、高空、高温、特别繁重体力劳动或者其他有害身体健康的工作，男年满55周岁，女年满45周岁；因病或非因公致残完全丧失劳动能力，男年满50周岁，女年满45周岁。由上述规定可以看出，根据职工性别、所处岗位、自身健康状况等，每个员工的法定退休年龄并不是完全一致的，用人单位需要特别关注员工是否存在因特殊岗位和健康原因提前退休的问题，避免落入年龄陷阱，在解雇保护期内做出解除劳动合同决定。同时，在退休年龄认定方面，用人单位也应当关注所在地的特殊规定。

（六）法律、行政法规规定的其他情形

该项作为兜底条款，为解雇保护人员范围的进一步扩大留下空间。比较常见的有：

1. 试用期员工；根据《劳动合同法》第二十一条的规定，对于试用期员工，用人单位不能依据客观情况发生重大变化以及经济性裁员解除劳动合同。

2. 工会工作人员、集体协商代表；根据《工会法》及《集体合同规定》规定，工会主席、副主席、委员在任职期间以及职工一方的集体协商代表在其履行

---

[1] 《军队转业干部安置暂行办法》第三十七条："军队转业干部的军龄，计算为接收安置单位的连续工龄（工作年限），享受相应的待遇。在军队从事护理、教学工作，转业后仍从事该职业的，其在军队的护龄、教龄应当连续计算，享受接收安置单位同类人员的待遇。"

[2] 国务院、中央军委《关于退伍义务兵安置工作随用人单位改革实行劳动合同制度的意见》（国发〔1993〕54号）第五条、《关于复转军人军龄及有关人员工龄是否作为计算职工经济补偿金年限的答复意见》（劳社厅函〔2002〕20号）。

协商代表职责期间，除非严重过失的，用人单位不得与其解除劳动合同[①]。

3. 新冠肺炎患者、疑似病人、密切接触者；人力资源社会保障部办公厅发布《关于妥善处理新型冠状病毒感染的肺炎疫情防控期间劳动关系问题的通知》（人社厅明电〔2020〕5号）规定，新冠肺炎患者、疑似病人、密切接触者在隔离治疗期间、医学观察期间、政府实施隔离措施或其他紧急措施期间，也享受解雇保护。

4. 裁员中的优先留用人员；根据《劳动合同法》第四十一条第二款的规定，裁减人员时，应当优先留用以下员工：与本单位订立较长期限的固定期限劳动合同的，与本单位订立无固定期限劳动合同的，家庭无其他就业人员、有需要扶养的老人或者未成年人的。需要注意的是这三类员工不是禁止以裁员为由解除劳动合同，而是在同等条件下优先留用。

如果一个员工同时符合上述解雇保护情形中的多项，如既是工伤伤残员工，也是"三期"女职工，又是工会委员，在确定员工的解雇保护期限时，需要按照期限最长、最有利于员工的情形确定。

二、解除事由的限制

依据《劳动合同法》《劳动合同法实施条例》的规定，用人单位对于上述六类特殊员工行使单方解除权时，解除事由受到限制，部分单方解除权不得适用于这六类特殊员工。

（一）禁止适用于六类特殊员工的解除事由

根据法律规定，非过失性解除和经济性裁员被禁止适用于六类特殊员工。

1. 非过失性解除

非过失性解除，是指《劳动合同法》第四十条规定的三种情形，即劳动者

[①] 《工会法》第十八条："基层工会专职主席、副主席或者委员自任职之日起，其劳动合同期限自动延长，延长期限相当于其任职期间；非专职主席、副主席或者委员自任职之日起，其尚未履行的劳动合同期限短于任期的，劳动合同期限自动延长至任期期满。但是，任职期间个人严重过失或者达到法定退休年龄的除外。"

《集体合同规定》第二十八条："职工一方协商代表在其履行协商代表职责期间劳动合同期满的，劳动合同期限自动延长至完成履行协商代表职责之时，除出现下列情形之一的，用人单位不得与其解除劳动合同：（一）严重违反劳动纪律或用人单位依法制定的规章制度的；（二）严重失职、营私舞弊，对用人单位利益造成重大损害的；（三）被依法追究刑事责任的。职工一方协商代表履行协商代表职责期间，用人单位无正当理由不得调整其工作岗位。"

患病或者非因工负伤医疗期满,劳动者不能从事原工作,也不能从事由用人单位另行安排的工作的;劳动者不能胜任工作,经调岗或培训,仍不能胜任工作的;劳动合同订立时所依据的客观情况发生重大变化,致使劳动合同无法履行,经用人单位与劳动者协商,未能就变更劳动合同内容达成协议的。

2. 经济性裁员

用人单位存在以下情形,根据《劳动合同法》第四十一条的规定,实施经济性裁员时,不得以单方解除劳动合同的方式裁减6种解雇保护情形的员工。应注意,用人单位以协商解除的方式进行人员优化达到减员目的的,严格从形式上来看,并不属于单方解除,不在《劳动合同法》第四十二条限制之列。但是司法实践中对此也存在不同的认识,用人单位仍需持谨慎的态度。

(二)可适用于六类特殊员工的解除事由

1. 双方协商一致解除劳动合同

用人单位与劳动者基于友好、自愿、平等的前提下,就劳动合同的解除及相关事宜协商达成一致,从而达到双方解除劳动合同的目的。双方自愿促成了劳动合同的解除,故在此情形下,不涉及解雇保护的问题。

但我们也注意到,在司法实践中确实存在一些特殊的个案,支持解雇保护员工协商解除之后反悔提出撤销之诉,主要集中在接触职业病危害员工、正在进行伤残等级鉴定或达到伤残等级的工伤员工。

案例48 与职业病员工签订解除劳动关系协议,因违反法律强制性规定被认定无效

王某与榆林市麻黄梁镇二墩煤矿劳动争议一案中[1],王某从2011年2月起到二墩煤矿从事炮工工作。双方于2013年3月11日签订劳动合同,约定合同期限为2013年2月1日至2014年2月1日。2013年5月王某离开工作岗位进行职业病检查;7月12日,榆林市疾病预防控制中心作出职业病诊断证明,诊断结论为:无尘肺。2013年8月7日,王某经商洛市疾病预防控制中心作出了疑似职业病的诊断告知书,诊断为尘肺病观察对象。2013年11月王某回到二墩煤矿,二墩煤矿为其重新安排了工作,王某以工资低为由离开二墩煤矿再未工作。2013

---

[1] 陕西省榆林市中级人民法院(2019)陕08民终1310号民事判决书。

年 12 月 31 日，王某与二墩煤矿签订解除劳动协议书，约定双方解除劳动关系，二墩煤矿向其支付经济补偿金 18000 元。2014 年 10 月 26 日经商洛市疾病预防控制中心职业病诊断为"煤工尘肺一期"。2016 年 3 月 24 日，王某经榆林市人力资源与社会保障局作出工伤认定决定书认定其所受伤害为工伤，经榆阳区人民法院一审及榆林市中级人民法院二审判决确定王某为工伤。2016 年 8 月 13 日榆林市劳动能力鉴定委员会出具榆劳鉴字〔2016〕697 号初次鉴定结论书，鉴定王某为煤工尘肺一期，伤残等级为七级，护理等级无。法院认为，2014 年王某经职业病诊断确定为煤尘肺一期并被认定为工伤，虽双方于 2013 年 12 月 31 日签订解除劳动关系协议，但该协议违反法律强制性规定应属无效。

案例49　协商解除后员工被认定患有职业病，员工可申请撤销解除协议

李某与长春市海拉车灯有限公司劳动争议一案中①，李某于 2003 年 4 月入职海拉公司，被安排在机加数控工岗位工作。2015 年 4 月 22 日，李某在吉林大学第二医院门诊被诊断出患有 COPD（慢性阻塞性肺病），李某向长春市职业病诊断小组申请职业病鉴定，2015 年 10 月 16 日，诊断结论为：目前未见职业病。李某因不服该诊断结论，故向长春市职业病诊断鉴定委员会申请鉴定。2016 年 7 月 14 日，李某与海拉公司签订《协商解除协议书》，约定双方劳动关系于 2016 年 7 月 14 日解除及公司应向其支付补偿款等。李某在协议签订后领取了补偿款并离岗。2016 年 11 月 9 日，长春市职业病诊断鉴定委员会作出鉴定意见为目前未见职业病。后李某又向吉林省职业病诊断鉴定委员会申请重新鉴定。2017 年 5 月 11 日，吉林省职业病诊断鉴定委员会出具鉴定结论为：职业性慢性煤油烟气中毒性阻塞性肺病（中度）。同年 7 月 26 日，长春市人力资源和社会保障局出具《工伤认定决定书》，认定李某患有的职业性慢性煤油烟气中毒性阻塞性肺病（中度）属于工伤。2018 年 6 月 15 日，长春市劳动鉴定委员会办公室认定李某患有的职业性慢性煤油烟气中毒性阻塞性肺病（中度）构成五级伤残。李某得知其患有职业病并构成伤残后提起仲裁与诉讼，要求与海拉公司恢复劳动关系及享受工伤保险待遇等。法院认为，鉴于李某是在对职业病病情、可享受的工伤待

---

① 吉林省长春市中级人民法院（2019）吉 01 民终 1904 号民事判决书。

遇（五级伤残人员应保留劳动关系）等重要事项存在重大误解的情形下订立于己不利的《协商解除协议》，李某关于撤销《协商解除协议》、恢复劳动关系的诉讼请求，事实及法律依据充分，予以支持。

案例50　调解书违反工伤保险条例，工伤员工有权申请撤销

除了员工与用人单位的协商解除协议依法被撤销之外，在湖南省湘辉人力资源服务有限公司、广州铁路广州局集团有限公司长沙车务段等单位与朱某劳动争议纠纷一案中[①]，法院更是依据工伤员工的诉求，撤销了人民法院出具的民事调解书。该案中，朱某原在石长公司从事客运员工作，2007年12月30日双方终止了劳动关系；2008年1月1日，朱某与人力资源公司签订《劳务派遣劳动合同书》，由人力资源公司派遣至石长公司所属益阳火车站工作，劳动合同期限从2008年1月1日起至2009年12月31日止；2010年1月1日，朱某又与人力资源公司签订《劳务派遣劳动合同书》，由人力资源公司派遣至长沙车务段所属益阳火车站工作，劳动合同期限从2010年1月1日起至2011年12月31日止。2009年12月24日，朱某在广铁车务段属下的益阳火车站组织的迎新年拔河比赛活动中，出现大汗、心闷、心痛状况，即被送至益阳市中心医院救治，截至2010年1月13日出院，在家休养至2010年3月25日上班。2010年12月31日，广铁车务段根据铁道部的部署和要求，为优化资源配置，对劳务工进行清退，朱某属于被清退人员之一，人力资源公司解除了与朱某的劳动关系，工资支付至2011年1月31日。朱某不服，要求确认与湘辉公司劳动关系于2011年3月13日解除及要求支付医疗补助费等。2012年11月1日一审法院依据双方调解协议出具了民事调解书。2015年4月12日，长沙市人社局认定朱某为工伤。2015年5月25日，长沙市劳动能力鉴定委员会作出劳动能力鉴定结论：朱某的伤残等级鉴定为二级。后朱某提起诉讼，要求撤销民事调解书。法院认为，民事调解书出具后，因朱某伤残等级最终予以确认，民事调解书的内容亦违反了《工伤保险条例》前述规定，一审判决撤销民事调解书并认定朱某与湘辉公司恢复劳动关系并无不当。

还有一种常见的情况是，女员工协商解除后发现自己怀孕，进而主张撤销解

---

① 湖南省益阳市中级人民法院（2018）湘09民终1760号民事判决书。

除协议。此类争议中员工多主张在签署协议时不知道自己怀孕，签署解除协议是重大误解。从查询的案例看，员工的主张基本难以获得支持。

案例51　女职工辞职后发现怀孕，无权主张恢复劳动关系

中外运—敦豪国际航空快件有限公司上海分公司与周某劳动争议一案中[①]，周某于2008年1月24日起至敦豪上海分公司工作，双方签订了为期3年的劳动合同。2008年9月28日，周某与敦豪上海分公司签订了《协商解除劳动合同协议书》，约定双方于9月30日解除劳动合同，该日敦豪上海分公司为周某办理了退工手续，周某工资及社会保险费也结算至该日，并支付了周某代通金及经济补偿金。后周某于10月初得知其已怀孕。2009年1月7日，周某提起仲裁，要求敦豪上海分公司撤销双方签订的协议书，与其恢复劳动关系。一审法院认为，由于周某在与敦豪上海分公司签订解除劳动合同协议时对其自身（已怀孕情况）错误认识，解除劳动合同后产生无法享受孕期、产期、哺乳期待遇，周某要求撤销解除行为、恢复劳动关系并无不当，应予支持。但是二审法院认为，我国《民法通则》及其司法解释对民事法律行为中的重大误解有较为明确的规定，周某对其本人在签订协商解除劳动关系协议书时不知晓其"停经"之事实，并不能列入重大误解之要件序列，对周某要求恢复劳动关系之诉请，不予支持。

基于上述几个案例，可以看出，用人单位在与接触职业病危害员工、工伤员工协商解除劳动合同时，必须确定已经完成职业病排查或医学观察，完成工伤伤残等级鉴定，在完成上述程序之前协商解除劳动合同存在被撤销的风险。

2. 劳动者提前通知解除劳动合同

劳动者满足法律规定的时间、程序、形式要求即可单方面解除劳动合同（包括主动解除和被迫解除），无须用人单位同意，也不受解雇保护限制。但是，正如前面讨论协商一致解除劳动合同一样，实践中也存在解雇保护员工辞职后基于各种原因反悔请求撤销的案件。因此，对于接触职业病员工、"三期"女职工、患精神病员工等特殊员工提出辞职的，用人单位需充分注意对员工身份的确认、可能引发辞职无效情形的排查，并采取相应的救济措施。

[①] 上海市第二中级人民法院（2010）沪二中民三（民）终字第162号民事判决书。

案例52　接触职业病危害未进行离岗前健康检查，用人单位解除劳动合同违法

中煤新集能源股份有限公司、赵某劳动争议一案中[1]，赵某自2004年起在中煤新集从事井下掘进工作。2011年9月19日赵某在淮南市职业病防治所体检的X片报告显示其"两中下肺野见散在类圆形阴影及不规则影，建议申请职业病会诊对症处理"。2012年8月9日，双方解除了劳动合同。2012年11月6日，中煤新集向赵某发出离职健康体检书面通知，赵某在淮南市职业病防治所之后的体检过程中，发现"两肺野见类圆形及不规则小阴影"，建议申请职业病会诊对症处理。2013年5月22日，淮南市职业病防治所向赵某出具了职业病诊断证明书，结论为：煤工尘肺一期。

法院认为，根据《劳动合同法》第四十二条的规定，劳动者有下列情形之一的，用人单位不得依照本法第四十条、第四十一条的规定解除劳动合同：（一）从事接触职业病危害作业的劳动者未进行离岗前职业健康检查，或者疑似职业病病人在诊断或者医学观察期间的；（二）在本单位患职业病或者因工负伤并被确认丧失或者部分丧失劳动能力的。员工离职需要提前30天通知用人单位，中煤新集应该在这段时间内安排员工进行离职体检。但本案中，中煤新集向赵某送达《劳动合同终止（解除）证明书》日期为2012年8月13日，但其通知赵某进行离岗前职业健康检查的日期为2012年11月6日；赵某的伤情后被淮南市职业病防治所确诊为煤工尘肺病一期（职业病）、被认定为工伤，被评定为劳动功能障碍六级、四级。因双方解除劳动合同在前，组织职业健康检查在后，且赵某的伤情符合法律禁止解除劳动合同的情形，故法院确定双方解除劳动合同违反法律规定。

案例53　员工处于精神病发病期无民事行为能力，提出辞职无效

隆昌市普润镇中心学校、彭某劳动争议一案中[2]，2013年9月，彭某受聘到普润中心校工作，系正式编制教师。2016年9月22日，彭某向普润中心校递交

---

[1] 安徽省淮南市中级人民法院（2019）皖04民终247号民事判决书。
[2] 四川省内江市中级人民法院（2018）川10民终309号民事判决书。

了《在编教师辞职申请书》，并填写了《事业单位人员辞职申请表》，申请辞职。普润中心校在接收到彭某的申请后，通过召开行政会议研究决定，同意彭某的辞职申请。2016年11月，彭某因病到医院检查，被内江市第二人民医院诊断患有精神分裂症。为此，彭某认为其在2016年9月22日期间患有精神分裂症，其提出的辞职行为不具有民事行为能力，要求普润中心校恢复公职。法院认为，彭某向普润中心校递交辞职申请书时处于精神病发病期，系无民事行为能力人，该事实有西南医科大学司法鉴定中心作出的鉴定意见为据，故彭某递交的辞职申请书的行为属于无效行为。

3. 用人单位依据《劳动合同法》第三十九条解除劳动合同

解雇保护是给予特定员工在非本人严重过错的情形下不受解雇的权利。因此，如果有证据证明劳动者存在《劳动合同法》第三十九条规定的情形，即过失性解除情形，用人单位仍有权单方解除劳动合同。关于过失性解除的具体内容，详见本章第一节"严重过失解除劳动合同"、第二节"试用期不符合录用条件解除"以及第三节"劳动者被追究刑事责任解除"。

过失性解除是用人单位选择频率最高的单方解除劳动合同的路径。对于解雇保护员工，在解除的事实依据、制度依据、程序合法性等方面，仲裁和法院会采取更为谨慎的态度，用人单位需承担更重的举证责任，并接受更为严苛的审查。

用人单位更应特别注意，对于正在进行劳动能力鉴定的职业病或工伤员工，即使员工存在严重过失的事实证据充分，用人单位的解除行为仍存在被认定违法解除的风险。北京、重庆、湖北、江西、山西、新疆、黑龙江、河南、上海等地的工伤职工停工留薪期管理办法或工伤保险实施办法中明确规定，工伤职工在停工留薪期内或者尚未作出劳动能力鉴定结论的，用人单位不得与其解除或者终止劳动合同。但在实践中，不同地区或同一地区的不同法院对于该类规定是否限制用人单位过失性辞退的适用，认定不一。

案例54　工伤职工尚未作出劳动能力鉴定结论，用人单位解除劳动合同违法

龙某与重庆仁和麦克新迪药业有限公司劳动争议一案中[①]，龙某于2013年4

---

① 重庆市第一中级人民法院（2016）渝01民终1009号民事判决书。

月 1 日入职仁和公司，并与其签订了期限至 2018 年 3 月 31 日止的劳动合同。2013 年 7 月 31 日，龙某在下班途中发生交通事故受伤，伤后被送至重庆北部新区第一人民医院，经住院治疗好转出院，出院诊断为（T00.901）多处挫伤、（S22.301）肋骨骨折。2014 年 4 月 30 日，仁和公司向龙某出具《解除劳动合同通知书》，以其无故旷工 3 天以上为由解除了与龙某的劳动合同。2014 年 6 月 13 日，重庆北部新区管理委员会认定龙某受伤性质为工伤。2014 年 8 月 4 日，重庆北部新区劳动能力鉴定委员会作出鉴定结论，确认龙某为伤残十级，无护理依赖。法院认为，工伤职工在停工留薪期内或者尚未作出劳动能力鉴定结论的，用人单位不得与之解除或者终止劳动合同。仁和公司以龙某无故旷工违反规章制度为由解除劳动合同时，龙某尚未作出劳动能力鉴定，违反法律规定，构成违法解除劳动合同。

案例 55　未为工伤职工申请劳动能力鉴定，用人单位解除劳动合同违法

北京韩助易汽车配件系统有限公司、闫某与北京市密云区人力资源和社会保障局劳动争议一案中[1]，闫某于 2010 年 8 月 16 日到韩助易公司工作，岗位为车间操作工。2011 年 7 月 19 日，闫某在工作中受伤，其伤情经诊断为右侧髂腰肌损伤、腰部扭伤直接导致腰椎间盘突出。2011 年 12 月 14 日，闫某所受伤害被北京市密云区人力资源和社会保障局认定为工伤。2012 年 7 月 25 日，闫某到中日友好医院住院治疗腰椎间盘突出症，2012 年 9 月 28 日，北京市人力资源和社会保障局增补闫某的梨状肌综合征部位为受伤部位。2011 年 9 月以后，闫某未向韩助易公司提供劳动。自 2014 年 4 月 24 日起，韩助易公司 3 次通知闫某提交工伤鉴定申请或到单位上班。闫某未按要求提交工伤鉴定申请或到单位上班。2014 年 4 月 29 日，韩助易公司以"闫某无故旷工，严重违反公司就业规则"为由解除了双方的劳动关系。法院认为，工伤职工在停工留薪期内或者尚未作出劳动能力鉴定结论的，用人单位不得与之解除或者终止劳动合同。劳动能力鉴定由用人单位、工伤职工或者其近亲属向设区的市级劳动能力鉴定委员会提出申请，并提供工伤认定决定和职工工伤医疗的有关资料。本案中，闫某在工作中受伤亦被认

---

[1] 北京市第三中级人民法院（2017）京 03 民终 1453 号民事判决书。

定为工伤，其与工伤有关的合法权益应受到法律保护。闫某称其伤情一直在治疗所以未申请劳动能力鉴定，考虑到本案在韩助易公司解除通知前闫某的工伤未作出劳动能力鉴定，韩助易公司亦有权申请但也一直未申请劳动能力鉴定，且闫某也是因发生工伤才未提供劳动的，其亦能提供医疗机构出具的病假条，故韩助易公司以闫某未申请工伤鉴定并严重旷工为由解除劳动关系违反法律规定。

与上述两个案例相反的是，更多的案例中法院普遍认为"法律对劳动者的解除保护仅在非劳动者主观过错的前提下才能启动"。

案例56 工伤职工严重违反规章制度和劳动纪律，用人单位解除劳动合同合法

黄某与重庆钢铁股份有限公司（以下简称重钢公司）劳动争议案中[①]，黄某于1986年5月进入重庆铁合金厂工作。该厂于1996年改制并成立重庆鑫腾冶金炉料股份有限公司。2008年，重庆鑫腾冶金炉料股份有限公司并入重钢公司，黄某即进入重钢公司从事皮带巡查工作。黄某系重钢公司工会会员。2011年10月22日，黄某在工作中发生交通事故。2012年1月10日，重庆市大渡口区人力资源和社会保障局认定黄某为工伤。2013年1月23日，重庆市长寿区公安局向黄某出具《行政处罚决定书》，因黄某于2013年1月22日晚与他人吸食冰毒和麻古，给予其行政拘留五日的行政处罚。2013年2月27日，重钢公司以黄某吸毒，严重违反了《重钢公司劳动纪律管理办法》及《重钢公司职工吸毒、贩毒处理暂行规定》为由解除了劳动合同。2013年7月4日，重庆市大渡口区劳动鉴定委员会鉴定黄某为伤残九级，无护理依赖。2014年1月17日，重庆市劳动鉴定委员会鉴定黄某为伤残八级，无护理依赖。

法院认为，首先，《劳动合同法》第三十九条明确规定了因劳动者的原因用人单位可以依法行使解除权的各种情形，对用人单位行使该条规定的解除权，法律没有限制性规定。其次，《劳动合同法》第四十二条规定了在非劳动者主观过错情况下对用人单位行使解除权的限制，体现了法律对特殊职工的解除保护。综合前述两条规定，法律对劳动者的解除保护仅在非劳动者主观过错的前提下才能启动，《重庆市工伤保险实施办法》第二十五条及《重庆市工伤职工停工留薪期管理

[①] 重庆市第一中级人民法院（2014）渝一中法民终字第06944号民事判决书。

办法》第十条关于用人单位在工伤职工劳动能力等级鉴定之前不得解除的规定，也只能在前述劳动合同法的规定框架下理解。所以重钢公司解除劳动合同合法。

🔍 合规建议

根据上述分析，在理解和适用解雇保护制度时，我们向用人单位提出以下合规建议：

1. 正确识别并建立本单位的特殊保护员工台账，随时更新相关信息。在作出单方解除劳动合同决定前，必须对照台账，进行解雇保护排除。

2. 对于适用解雇保护的特殊员工，用人单位不得依据医疗期满不能工作、不胜任工作、客观情况发生重大变化等非过失性解除条款以及经济性裁员条款，单方解除劳动合同。

3. 对于适用解雇保护的特殊员工，用人单位的单方解除权仅限于过失性解除，且用人单位将被苛以更为严格的举证责任；应注意试用期员工的解除事由限制与其他特殊员工不同。

4. 应注意，对于享受解雇保护的特殊员工，特别是尚未完成职业健康检查或正在进行诊断或观察期间的接触职业病危害员工、尚未完成劳动能力鉴定的工伤员工、患有精神疾病的员工，在员工辞职、协商解除劳动合同、过失性解除等解除路径方面，也存在被撤销或被认定为违法解除的风险。

第九节　用人单位解除劳动合同的程序及离职手续

《劳动合同法》赋予了用人单位特定条件下的单方解除权，但也规定了用人单位在行使劳动合同解除权时必须依法履行的正当程序。劳动合同解除后，用人单位还负有依法为劳动者办理工资结算、社保和档案关系转移、出具解除劳动合同证明等法定附随义务。相应地，劳动者也负有办理工作交接的义务。

一、用人单位解除劳动合同的程序

（一）用人单位应将解除理由事先通知工会

《劳动合同法》第四十三条规定，用人单位单方解除劳动合同的，应当事先将解除理由通知工会。工会发现解除理由违反法律规定或劳动合同约定的，应当提出意见，要求用人单位纠正。用人单位收到工会回复意见后，应当认真研究，并将处理结果再次通知工会。

在适用该条款时，用人单位应注意以下几点内容：

1. 已建立工会的用人单位，必须事先将解除理由通知工会。如果用人单位未按法律规定通知工会，即使解除行为在实体方面合法，也会因为解除程序存在瑕疵，被裁审机构认定为违法解除。但是，《最高人民法院关于审理劳动争议案件适用法律若干问题的解释（四）》第十二条规定，用人单位建立有工会但解除劳动合同前没有履行通知工会程序的，可以在劳动者起诉前补正通知程序。这里的起诉，通常理解为法院一审诉讼立案之前。

2. 未建立工会的用人单位，是否需要事先通知工会以及通知哪一级工会，实践中存在争议。有观点认为，用人单位未建立工会的，无须履行通知工会的程序；也有观点认为，《劳动合同法》第四十三条规定并没有将用人单位是否建立工会作为前提，也没有明确限定被通知的工会必须是用人单位内部工会，因此不论用人单位是否建立工会，都不能免除通知工会的法定义务。所以，用人单位没有建立工会的，在单方解除劳动合同时，需关注用人单位所在地和劳动合同实际履行地相关劳动法律规范和裁审口径，综合判断是否需要将解除理由事先通知工会。

案例 57　单方解除劳动合同未事先通知劳动合同履行地工会，用人单位解除劳动合同违法

乔某与赛尔互联（北京）教育科技有限公司劳动争议一案中[①]，公司所在地为北京市海淀区，双方劳动合同履行地为江苏省南京市。2016 年 5 月 27 日，赛尔互联公司以乔某 2016 年 5 月 4 日至 2016 年 5 月 31 日旷工为由，作出书面解除劳动合同通知书，决定于 2016 年 6 月 1 日解除与乔某的劳动关系。因公司没有建立工会，故未履行劳动合同解除通知程序。法院再审认为，用人单位单方解除劳动合同，应当事先将理由通知工会。《最高人民法院关于审理劳动争议案件适用法律若干问题的解释（四）》第十二条并未免除没有建立工会的用人单位应当

[①] 江苏省高级人民法院（2019）苏民申 3252 号民事裁定书。

履行事先通知工会程序的义务。而《江苏省劳动合同条例》第三十一条第二款规定，用人单位单方解除劳动合同，应当事先将理由通知工会；用人单位尚未建立工会的，通知用人单位所在地工会。该条款并不违反法律及司法解释的所涉规定，适用于江苏省行政区域；本案双方劳动合同履行地在江苏省南京市，故《江苏省劳动合同条例》适用于本案。因此本案一审、二审法院认定赛尔互联公司解除与乔某之间的劳动合同违反法定程序，具有事实与法律依据。

3. 劳务派遣用工模式下，要考虑到劳务派遣单位和用工单位可能存在不同的工会组织。《劳动合同法》第六十四条规定，被派遣劳动者有权在劳务派遣单位或者用工单位依法参加或者组织工会，维护自身的合法权益。因此，劳务派遣单位对被派遣劳动者作出解除劳动合同的决定，应当视劳动者参加工会的具体情况，向其参加的工会履行事先通知的法定程序。

4. 对解除劳动合同的理由，工会提出异议的，用人单位应就意见认真研究，并将处理结果再次通知工会。工会未提出异议的，并不代表用人单位的解除就符合法律规定，裁审机构依然会对用人单位解除的合法性进行全面审查。

（二）用人单位应在合理期限内作出解除劳动合同决定

用人单位以试用期不符合录用条件为由解除劳动合同的，应当在试用期内做出决定，并有效送达劳动者。劳动者发生《劳动合同法》第三十九条第（二）项至第（六）项规定的情形，用人单位单方解除劳动合同的，应当在合理期限内完成。详见本章第一节"严重过失解除劳动合同"。

（三）劳动者担任特殊职务的，用人单位解除时需履行的特别程序

根据《工会法》及《企业工会主席产生办法》规定[1]，工会主席、副主席任期未满的，用人单位不得随意解除劳动合同，但任职期间个人严重过失的除外。

---

[1] 《工会法》第十七条："工会主席、副主席任期未满时，不得随意调动其工作。因工作需要调动时，应当征得本级工会委员会和上一级工会的同意。罢免工会主席、副主席必须召开会员大会或者会员代表大会讨论，非经会员大会全体会员或者会员代表大会全体代表过半数通过，不得罢免。"

《企业工会主席产生办法》第二十二条："企业工会主席任期未满，企业不得随意调动其工作，不得随意解除其劳动合同。因工作需要调动时，应当征得本级工会委员会和上一级工会同意，依法履行民主程序。工会专职主席自任职之日起，其劳动合同期限自动延长，延长期限相当于其任职期间；非专职主席自任职之日起，其尚未履行的劳动合同期限短于任期的，劳动合同期限自动延长至任期期满。任期期间个人严重过失或者达到法定退休年龄的除外。罢免、撤换企业工会主席须经会员大会全体会员或者会员代表大会全体代表无记名投票过半数通过。"

用人单位调动工作、解除劳动合同的，应当征得本级工会委员会和上一级工会同意，依法履行民主程序。

（四）解除劳动合同决定需以书面形式通知并有效送达劳动者

《劳动合同法》第四十条规定，解除劳动合同必须书面通知劳动者本人。

案例58　解除劳动合同通知未有效送达，用人单位解除劳动关系无效

刘某、济南轻骑销售有限公司劳动争议一案中[1]，刘某于1998年1月入职轻骑销售公司，从事销售岗位。2015年，公司针对刘某长期无故不到岗上班，对其作出上岗通知，并表示逾期未到岗，视为自动离职、解除劳动合同。因无法直接联系到刘某本人，公司派员工向刘某参加公司房改购房时的地址直接送达，但邻居和居委会均表示本人不在此居住。公司又通过EMS向该地址邮寄送达，但也因查无此人被退回。随后，公司以报纸公告方式，向刘某先后送达上岗通知和解除劳动合同通知。刘某于2018年得知被除名，向法院主张解除劳动合同无效，要求恢复劳动关系。法院认为，根据上岗通知书能够认定刘某之前未到岗是公司安排。故公司应留有刘某个人信息，以备随时通知其到岗。公司主张直接送达和邮寄送达地址为刘某家庭住址，但未提供证据，且刘某证明已将该房出卖他人。《劳动部办公厅关于通过新闻媒介通知职工回单位并对逾期不归者按自动离职或旷工处理的复函》要求只有在受送达职工下落不明，或者用上述送达方式无法送达的情况下，方可公告送达。在公司作出上岗通知及解除通知时，该复函尚未被废止，即使该复函原有依据《企业职工奖惩条例》已于2008年被废止，因公司未能举证证明已谨慎负责地将到岗通知及解除通知送达刘某，故认定公司解除劳动关系无效。

因此，解除劳动合同决定未有效送达劳动者本人的，不发生解除劳动合同的效力。用人单位在将解除劳动合同通知送达劳动者时，需注意以下几点内容：

1. 解除劳动合同通知书的内容，至少应当包括：被解除劳动者的姓名、解除理由（包括事实依据、制度依据、法律依据）、劳动合同解除日期、办理离职手续要求、经济补偿金、相关费用的结算和支付日期（如有）、竞业限制协议履

---

[1] 山东省济南市中级人民法院（2019）鲁01民终3052号民事判决书。

行义务告知（如有）、用人单位名称和日期（加盖公章）、签收通知的回执。

2. 用人单位应当向劳动者本人有效送达解除通知书，常见的送达方式：

（1）直接送达，即向劳动者当面送达。若采取该种送达方式，则用人单位需注意应取得劳动者的书面签字确认，以保留已有效送达的凭证。

（2）邮寄送达。若劳动者在直接送达中拒签或不具备直接送达条件的，用人单位应当按照劳动者在劳动合同或其他文件中提供的送达地址，通过 EMS 快递向劳动者邮寄《劳动合同解除通知书》。劳动者在用人单位留存多个有效送达地址的，用人单位应尽可能向全部地址进行邮寄送达。同时在快递底单上，用人单位应当写明邮寄文件的名称，并在邮寄后关注 EMS 投递情况并取得该快递已被劳动者有效签收的证明文件。应注意，除 EMS 外，其他快递公司并不具备送达法律文件的资质。

（3）电子送达。若劳动者在《劳动合同》《入职登记表》等文件中预留手机号、微信号、个人电子邮箱地址的，用人单位可以采取短信、微信、邮件等方式送达《劳动合同解除通知书》扫描件。

（4）用人单位确实无法有效将《劳动合同解除通知书》送达劳动者本人的，可联系劳动者在《劳动合同》或《入职登记表》中预留的紧急联系人，并向其核实劳动者下落，再依法履行送达程序。

（5）报纸公告送达。虽然原劳动部办公厅《关于通过新闻媒介通知职工回单位并对逾期不归者按自动离职或旷工处理问题的复函》已于 2017 年 11 月被废止，但《民法典》第一百三十九条规定，以公告方式作出的意思表示，公告发布时生效。若用人单位穷尽一切方式仍无法有效送达，仍可以通过新闻媒体进行报纸公告的方式送达《解除劳动合同通知书》。

二、离职手续

根据《劳动合同法》第五十条的规定，劳动合同解除后，劳动关系双方依然负有合同解除后的法定附随义务，包括：交接工作，财务结算，开具离职证明，办理社保、公积金、人事档案转移手续等。

（一）办理工作交接

用人单位解除劳动合同时，应当主动告知劳动者办理工作交接的相关要求，如交接时间、交接对象、交接事项等。劳动者不履行或未完全履行交接义务，用人单位可暂不支付经济补偿金；如由于劳动者拒绝办理工作交接，给用人单位造成损失，劳动者应承担赔偿责任。

(二) 办理财务结算

劳动关系解除后，用人单位和劳动者应当办理的财务结算主要包括：

1. 在职期间的劳动报酬，包括未结算工资、奖金、津贴、货币性补助、加班工资、未休年假工资等。该项费用，用人单位最迟应在劳动者解除劳动合同后的第一个工资支付日支付，除非双方另有约定。如根据用人单位规章制度，劳动者存在未到期的递延薪酬，用人单位应在支付条件满足后，及时向劳动者支付。

2. 解除劳动合同的经济补偿金，用人单位应在劳动者完成工作交接后支付。

3. 劳动者因工负伤且经鉴定为5—10级工伤，用人单位应当按照《工伤保险条例》规定，支付一次性伤残医疗补助金和一次性伤残就业补助金，已经缴纳工伤保险的，一次性伤残医疗补助金由工伤保险基金承担。用人单位最迟应当在劳动合同解除后的第一个工资支付日前，向劳动者支付用人单位承担的工伤待遇。

4. 劳动者医疗期满解除劳动合同，经鉴定丧失或部分丧失劳动能力的，用人单位应当支付医疗补助费。应当注意，尽管《违反和解除劳动合同的经济补偿办法》(劳部发〔1994〕481号) 已于2017年11月24日被废止，但司法实践中有观点仍然支持医疗补助费的支付，依据是原劳动部《关于贯彻执行〈中华人民共和国劳动法〉若干问题的意见》(劳部发〔1995〕309号)、《关于因病或非因工负伤医疗期管理等若干问题的请示的复函》(劳办函〔1996〕40号)、《关于实行劳动合同制度若干问题的通知》(劳部发〔1996〕354号) 均有医疗补助费的规定，且仍有效。此外，各地的地方性法规中也存在医疗补助费的相关规定，用人单位需关注所在地和劳动合同履行地相关裁审口径。

5. 劳动者有工作费用报销、工作借款等，用人单位应进行据实结算。

6. 如劳动者存在以下行为，依法应对用人单位承担违约或赔偿责任的，用人单位可要求劳动者支付，或从用人单位应支付款项中抵扣：

(1) 损失赔偿：劳动者在职期间因违纪、违法行为给用人单位造成经济损失的，用人单位可要求在离职时一并处理；

(2) 培训服务期协议违约金：劳动者与用人单位签订专项培训服务期协议的，劳动者因个人原因违反约定提前解除劳动合同，或因严重违纪被用人单位解除劳动合同的，劳动者应当按照培训协议，承担尚未履行服务期应分摊的专项培训费用；

（3）落户协议违约赔偿：劳动者与用人单位签订落户服务期协议的，劳动者因个人原因违反约定提前离职，或因严重违纪被用人单位解除劳动合同的，用人单位能否主张违约赔偿或损失赔偿，各地裁审口径差异很大。北京支持用人单位根据协议约定要求劳动者赔偿损失，如下列参考案例 59；上海则认为即使双方自愿就落户约定了违约金或赔偿金，但因有违《劳动合同法》的禁止性规定，相关约定依然无效，如下列参考案例 60。

案例 59　用人单位为员工办理户口并约定服务期，员工违约离职应赔偿损失

何某与北京农业信息技术研究中心、北京派得伟业科技发展有限公司劳动争议一案中[1]，2014 年 7 月 14 日，何某与派得伟业公司建立劳动关系。农业信息中心系派得伟业公司的股东之一，何某与派得伟业公司建立劳动关系后，实际在农业信息中心工作。2014 年 7 月 14 日，何某与派得伟业公司签订了《毕业生服务协议》，约定何某的服务期限为 5 年，否则需按 10000 元每年的标准缴纳培养金。派得伟业公司为何某办理户籍进京手续。2017 年 2 月 17 日，何某提出离职，与派得伟业公司的劳动关系于当日解除。何某离职时交纳了 30000 元。后何某提起仲裁与诉讼要求返还其 30000 元培养金。法院认为，用人单位为其招用的劳动者办理了本市户口，确因劳动者违反了诚实信用原则，给用人单位造成损失的，劳动者应当予以赔偿。本案中，何某与派得伟业公司签订了《毕业生服务协议》，约定派得伟业公司为何某办理户籍进京手续，何某应在派得伟业公司服务满 5 年，此项约定并未违反法律法规的强制性规定。何某虽主张其交纳 30000 元的性质为违约金，但双方签订的《毕业生服务协议》中约定的并非违约金条款，而系损失赔偿条款，所以对何某的主张不予采纳。

案例 60　用人单位以办理户口为由与劳动者约定服务期及违约金，违约金条款无效

上海雅捷信息技术股份有限公司与许某劳动争议一案中[2]，许某于 2017 年 4

---

[1] 北京市海淀区人民法院（2017）京 0108 民初 46986 号民事判决书。
[2] 上海市闵行区（2018）沪 0112 民初 22681 号民事判决书。

月 19 日进入雅捷公司担任语言研究员，双方签订了为期 3 年的劳动合同。2017 年 9 月 4 日，双方签订《落户补充协议》，约定雅捷公司为许某递交落户材料，同时约定了服务期。在服务期内许某不得单方解除劳动合同，否则将产生违约金。2018 年 1 月 25 日，许某提出辞职，后雅捷公司提起仲裁及诉讼，要求许某支付违约金。法院认为，根据《劳动合同法》第二十五条的规定，除该法第二十二条和第二十三条规定的情形外，用人单位不得与劳动者约定由劳动者承担违约金。其中，第二十二条规定，用人单位为劳动者提供专项培训费用，对其进行专业技术培训的，可以与该劳动者订立协议，约定服务期。劳动者违反服务期约定的，应当按照约定向用人单位支付违约金。第二十三条规定，用人单位与劳动者可以在劳动合同中约定保守用人单位的商业秘密和与知识产权相关的保密事项。对负有保密义务的劳动者，用人单位可以在劳动合同或者保密协议中与劳动者约定竞业限制条款，并约定在解除或者终止劳动合同后，在竞业限制期限内按月给予劳动者经济补偿。劳动者违反竞业限制约定的，应当按照约定向用人单位支付违约金。综上，用人单位与劳动者约定支付违约金的情形仅限于以上两项。虽然，雅捷公司认为落户补充协议系双方自愿协商订立，但落户补充协议相关条款违反了法律的禁止性规定，当属无效，故难以支持雅捷公司的主张。

（4）特殊待遇返还：为吸引人才，用人单位给予劳动者汽车、住房或者高额补贴等特殊经济待遇，并约定一定工作期限的，因劳动者提前辞职或存在过错导致劳动合同提前解除的，用人单位是否可以要求劳动者就未履行期限按比例返还上述特殊经济待遇，北京[①]、上海[②]对此均持支持观点，但需注意实践中存在不同的认识，用人单位应关注所在地和劳动合同履行地相关裁审口径。

[①]《北京市高级人民法院、北京市劳动人事争议仲裁委员会关于审理劳动争议案件法律适用问题的解答》第十四条："用人单位除向劳动者支付正常劳动报酬外，还特别给予劳动者如汽车、房屋、住房补贴等经济方面特殊待遇，双方对特殊待遇与约定工作期限的关联性有明确约定的按约定；虽无明确约定，但能够认定用人单位系基于劳动者的工作期限给予劳动者特殊待遇的，由于劳动者未完全履行合同，用人单位可以就劳动者未履行合同对应部分拒绝给付特殊待遇，对已经预先给付的，可以按照相应比例要求返还。"

[②]《上海市高级人民法院关于适用〈劳动合同法〉若干问题的意见》第七条："用人单位向劳动者支付报酬，劳动者付出相应的劳动，是劳动合同双方当事人的基本合同义务。用人单位给予劳动者价值较高的财物，如汽车、房屋或住房补贴等特殊待遇的，属于预付性质。劳动者未按照约定期限付出劳动的，属于不完全履行合同。根据合同履行的对等原则，对劳动者未履行的部分，用人单位可以拒绝给付；已经给付的，也可以要求相应退还。因此，用人单位以劳动者未完全履行劳动合同为由，要求劳动者按照相应比例返还的，可以支持。"

7. 用人单位应当保留向劳动者支付或收取各类款项的财务凭证。涉及劳动者同意赔偿和抵扣款项的,应当要求劳动者书面确认。

8. 劳动者与用人单位存在其他生活费用借款、租房、房屋回购、股权返还等纠纷,无法协商解决的,可通过民事诉讼程序解决。

(三)竞业限制协议履行评估

竞业限制是法律为保护用人单位商业秘密,赋予用人单位限制劳动者就业自由的一项权利。作为对价,用人单位应在劳动者离职后,按月向其支付竞业限制经济补偿。用人单位拥有随时解除竞业限制协议的权利,但选择不同时点行使解除权,用人单位承担的法律责任完全不同。

双方签有竞业限制协议的,劳动者离职前,用人单位应当考虑劳动者离职前的任职岗位、所知悉企业商业秘密价值、同行业人才供求关系、经济补偿成本等各方面因素,综合评估是否需要劳动者在离职后履行竞业限制义务;如需要劳动者履行的,应当以书面方式告知或提示劳动者履行协议,并就竞业限制经济补偿的支付作出安排;如无须劳动者履行的,则用人单位应当在劳动者离职前以书面形式通知劳动者解除竞业限制协议,否则,劳动者按照竞业限制协议约定履行竞业限制义务后,有权向用人单位主张经济补偿。

案例61 离职时未通知解除竞业限制协议,用人单位需额外支付3个月竞业限制补偿金

张某与凌云光技术集团有限责任公司劳动争议一案中[1],张某入职公司后,双方签有竞业限制协议。张某离职后要求公司支付竞业限制经济补偿金。公司表示离职时张某拒绝单独签署解除竞业限制协议,故公司在离职协议中载明"本协议签订后双方各自的行为均与对方无关,不再向第三方宣称维持原有关系";同时公司向张某邮寄劳动合同解除通知中,再次明确通知终止竞业限制条款,并提交顺丰快递单。法院认为,离职协议载明内容不能得出公司在解除劳动关系时已告知张某解除竞业限制约定;同时顺丰快递单上未有该邮件被揽收的信息,且通过顺丰网站未能查到运单相关信息,故不能证明劳动合同解除通知书已送达给张某,该通知书不发生解除竞业限制条款的法律效力。公司通过一审当庭口头答辩

---

[1] 北京市第一中级人民法院(2015)一中民终字第9878号民事判决书。

方式表达了解除竞业限制约定的意思表示，方才发生解除效力，故法院确认竞业限制条款于当天解除，公司应依法额外支付3个月的竞业限制经济补偿金。

（四）开具离职证明

《劳动合同法》第五十条规定，用人单位应当在劳动合同解除或终止时出具解除或终止劳动合同证明，也就是通常称"离职证明"，出具时用人单位应当注意：

1. 无论用人单位与劳动者就劳动合同解除是否存在争议、存在何种争议、争议解决进度及结果如何，用人单位都应当在解除劳动合同时，及时向劳动者出具离职证明。

2. 离职证明不是用人单位对劳动者工作能力的"差评单"，其内容应当符合法律规定。根据《劳动合同法实施条例》第二十四条的规定，离职证明的内容应包括：（1）劳动合同期限；（2）解除或者终止劳动合同的日期；（3）工作岗位；（4）在本单位的工作年限。除该四项内容外，一般不得载有对劳动者不利的主观评价。

3. 劳动者主动要求用人单位写明离职原因的，用人单位应当依据劳动者的申请，根据《劳动部关于实行劳动合同制度若干问题的通知》第十五条的规定，在离职证明中客观说明解除劳动合同的原因，以便劳动者自主选择再次就业或享受失业保险待遇。"客观说明解除劳动合同的原因"，是为了协助劳动者办理失业登记、求职登记。用人单位说明时，应限定在办理失业登记、求职登记所需信息范围内；不利于劳动者失业登记或再就业内容，不应记载。

4. 未依法出具离职证明，用人单位将承担以下法律责任：

（1）非因劳动者要求，用人单位在离职证明中作出不利于劳动者说明的，劳动者除了可以要求重新出具离职证明之外，还可以主张用人单位承担名誉权侵权或平等就业权侵权的法律责任。

（2）用人单位未依法出具离职证明，若导致劳动者无法申领失业保险待遇的，劳动者可就相关失业保险损失，要求用人单位赔偿[1]；若导致劳动者丧失了

---

[1] 《人力资源社会保障部办公厅关于进一步推进失业保险金"畅通领、安全办"的通知》（人社厅发〔2020〕24号）第二条第二款规定："经办机构认定失业人员失业状态时，应通过内部经办信息系统比对及信息共享，核实用人单位已停止为失业人员缴纳社会保险费即可确认，不得要求失业人员出具终止或者解除劳动关系证明、失业登记证明等其他证明材料。"尽管如此，政策落地实施存在时间差，仍可能发生要求劳动者提供解除劳动关系证明的情形。

新的工作机会，劳动者可按照失去工作机会的薪酬标准，要求用人单位赔偿其经济损失。

案例62　未出具离职证明给员工造成损失，用人单位需承担赔偿责任

深圳礼意久久网络科技有限公司、深圳市不象网络科技有限公司与朱某劳动争议中①，朱某因礼意久久公司、不象网络公司未向其出具离职证明而提起仲裁与诉讼，要求礼意久久公司、不象网络公司向其支付未出具离职证明的损失人民币42000元。法院认为，虽然礼意久久公司、不象网络公司主张朱某并未到公司申领离职证明，自身存在过错。但根据《劳动合同法》第五十条之规定，出具解除或终止劳动合同的证明是用人单位在与劳动者解除或者终止劳动合同时应当履行的法定义务，而非依据劳动者的申请而作出。又根据《劳动合同法》第八十九条之规定，用人单位违反法律规定未向劳动者出具解除或者终止劳动合同的书面证明，由劳动行政部门责令改正；给劳动者造成损害的，应当承担赔偿责任。朱某因礼意久久公司、不象网络公司未出具离职证明而遭受损失，并按照新公司《录取通知书》提供的年薪50万元标准、工资损失1个月核算出损失为42000元。最终法院判决礼意久久公司及不象网络公司应向朱某支付因未出具离职证明而造成的损失42000元。

（五）办理社保、公积金、人事档案转移

1. 劳动合同解除后，用人单位应当在15日内为劳动者办理社保和人事档案的转移手续，并于30日内向住房公积金管理中心办理变更登记，为劳动者办理住房公积金账户转移或者封存手续。劳动者不配合办理上述手续的，用人单位在尽到提醒、告知义务后，可以将人事档案转至劳动者户籍地街道办事处，劳动者就此主张损失赔偿的，法院一般不予支持。

案例63　劳动者不配合办理档案转移手续，相应损失应自行承担

张某与北京市天成出租汽车有限责任公司劳动争议一案中②，张某于2009年

---

① 广东省深圳市中级人民法院（2019）粤03民终6975号民事判决书。
② 北京市第二中级人民法院（2015）二中民终字第07677号民事判决书。

3月17日入职天成出租公司,双方签订了劳动合同。2011年4月29日,张某向天成出租公司送达解除劳动通知,后未到岗工作。2011年5月16日,天成出租公司为张某出具终止、解除劳动(聘用)合同或者工作关系的证明书,并告知其应于终止(解除)劳动(聘用)合同(工作关系)之日起40日内,到户口所在地的街道(镇)劳动和社会保障部门办理失业登记。符合领取失业保险金的,同时办理领取失业保险金手续。天成出租公司在2011年5月及此后曾多次联系咨询办理张某档案转移事宜,但因缺少张某签名导致未转移成功。天成出租公司在此后亦通过报纸公告通知张某办理档案转移手续。2013年11月6日,天成出租公司完成张某档案的转移手续。后张某提起仲裁与诉讼,要求天成出租公司承担因延迟转档造成的经济损失。法院认为,用人单位在劳动合同解除后依法负有为劳动者办理档案转移的义务,但劳动关系双方均应配合办理。张某虽对劳动关系的解除或相关材料有异议,但亦应配合完成其档案的转移手续,现延迟转档的主要原因在于办理档案转移过程中缺少张某本人签名,在此情况下天成出租公司无法独立完成张某档案的转移手续,因此,延迟转档的责任不在天成出租公司,天成出租公司已履行用人单位的转档义务。故法院对张某要求天成出租公司承担因延迟转档造成经济损失的诉讼请求,不予支持。

2. 劳动者属于失业情况的,按照人力资源社会保障部办公厅发布的《关于进一步推进失业保险金"畅通领、安全办"通知》规定,用人单位还应当履行告知劳动者申领失业保险金的法定义务。离职时,用人单位应将《失业保险金申领告知书》交给劳动者,并配合办理失业保险登记手续。

3. 用人单位未依法办理社保、档案转移,劳动者可随时提出权利主张,用人单位不得拒绝,且不受一年劳动仲裁时效的限制;确实因此造成劳动者损失的,劳动者有权要求赔偿。赔偿损失范围可能包括劳动者的失业保险金损失、医疗费损失等,具体赔偿数额由劳动者举证或由法院酌定。

案例64 丢失员工档案,用人单位应承担赔偿责任

陈某与北京公共交通控股(集团)有限公司劳动争议一案中[①],陈某于1967年5月经原北京市人民汽车公司集体招工,分配到原公共汽车修理厂工作。1977

---

① 北京市第二中级人民法院(2014)二中民终字第11878号民事判决书。

年 5 月，陈某因刑事犯罪被判服刑 4 年。1978 年，陈某被原北京市人民汽车公司予以开除。由于原公共汽车修理厂已于 1998 年公交体制改革改制，现归属北京公共交通控股（集团）有限公司管理。陈某出狱回京后至公共交通公司查找其人事档案未果，为补缴双险，其共支出 101857.92 元，后陈某提起仲裁及诉讼要求公司赔偿其因未结转个人档案造成的损失及补档缴纳双险造成的经济损失。法院认为，劳动者因其档案丢失而向用人单位主张赔偿损失的，劳动仲裁委或人民法院可根据当事人的过错程度和受损情况酌情确定赔偿数额。本案中，陈某因刑事犯罪被判刑后，原北京市人民汽车公司将其开除，应在规定期限内将陈某的档案转至相关部门，但此后陈某的档案经查找无果，给陈某造成一定的经济损失，公共交通公司作为原北京市人民汽车公司汽车修理厂的归属单位，应对此过错承担责任。鉴于陈某补缴了相应的社会保险，并办理了退休手续，故原审法院判决公共交通公司承担赔偿责任，并综合考虑公共交通公司的过错程度和陈某的受损情况等因素，酌定公共交通公司赔偿陈某档案丢失损失 6 万元。

（六）及时处理离职外籍员工的工作居留手续

外国人来华工作，应取得工作签证，并由用人单位依法办理工作许可和居留许可。用人单位在与外籍员工解除劳动合同或聘用关系时，除需办理常规的离职手续外，还应及时处理离职外籍员工的工作许可和居留许可，否则将可能面临劳动关系解除时间以及工资支付等争议。

案例 65　外籍员工离职，用人单位应及时处理工作许可和居留许可

Jose 与珠海黑豹拉丁足球培训有限公司劳动争议一案中[1]，2016 年 Jose 加入珠海黑豹公司，公司主张员工于 2016 年 9 月底主动辞职，但并未提供相关书面证据。Jose 主张其离职时间为 2016 年 11 月 28 日。法院认为，根据《外国人在中国就业管理规定》规定，"被聘用的外国人与用人单位的劳动合同被解除后，该用人单位应及时报告劳动、公安部门，交还该外国人的就业证和居留证件，并到公安机关办理出境手续"，即劳动合同解除的时间应先于 Jose 向有关部门交还相关就业证及居留证件的时间。案件中因 Jose 一直持有就业证，证件被公司在 2016 年 11 月 28 日注销，且从 Jose 提交的聊天记录来看，公司在 2016 年 11 月 21

---

[1]　广东省珠海市横琴新区人民法院（2017）粤 0491 民初 506 号民事判决书。

日告知其将取消就业证及签证，故法院推定 2016 年 11 月 21 日系双方劳动关系解除日。据此，法院判令公司按该解除日向该外籍员工支付剩余工资。

合规建议

根据上述分析，针对解除劳动合同程序和办理离职手续，我们提出以下合规建议：

1. 用人单位解除劳动合同前，应当事先将解除理由告知工会；未事先通知的，应在向一审法院起诉前，及时补正通知程序。

2. 未建立工会的用人单位，不能简单地认为无须履行通知义务，要注意用人单位所在地和劳动合同履行地的相关劳动法律规范及裁审口径。

3. 劳动者存在《劳动合同法》第三十九条规定情形的，用人单位应在合理期限内做出解除劳动合同决定。

4. 劳动者担任特殊职务的，用人单位在解除劳动合同前，应当按照相关法律规定履行特定程序。需特别注意与工会工作人员解除劳动合同的程序性要求。

5. 解除劳动合同通知书，应当具备解除事实、理由、依据、时间等必要内容，通知书必须以书面形式送达劳动者本人。用人单位应当选择合理的送达方式，留存相关送达证据。

6. 用人单位与劳动者应当依法办理工作交接和离职结算，并按约定支付和处理各项费用，同时妥善留存支付凭证。

7. 劳动者签有竞业限制协议的，用人单位应当在劳动合同解除前，综合评估是否需要劳动者在离职后履行竞业限制义务，合理地行使竞业限制协议的解除权。

8. 用人单位应当在劳动合同解除时为劳动者出具符合法律规定内容的离职证明，并在法定期限内为劳动者办妥社保、公积金和人事档案的转移手续。

9. 用人单位与外籍员工解除劳动合同时，应当及时妥善处理外国人的工作许可及居留许可手续。

第十节　经济补偿及相关补偿性费用的计算及支付

经济补偿是指用人单位在劳动合同解除或终止后，按照法律规定的标准支付给劳动者的、对劳动者为用人单位所作贡献给予的补偿，适用范围和计算标准均具有强制性。

劳动合同解除或终止后，除经济补偿外，基于劳动者自身的客观情况，用人单位可能还需支付其他补偿性或替代性费用，常见的包括：医疗期满员工的医疗补助费、工伤达到伤残等级员工的一次性医疗补助费和一次性就业补助费、代通知金等。

经济补偿以及其他补偿性费用的争议一般都是与劳动合同解除或终止的理由、合法性争议共生，较少单独成诉。此类争议的焦点包括：劳动者主张支付的依据、应当支付的标准和数额、用人单位未支付或少支付的理由是否成立。

一、用人单位应当支付经济补偿的法定情形

根据《劳动合同法》第四十六条，《劳动合同法实施条例》第六条、第二十二条、第三十一条，《劳务派遣暂行规定》第十七条，《最高人民法院关于审理劳动争议案件适用法律若干问题的解释（四）》第十三条等法律规定，有下列情形之一的，用人单位应当向劳动者支付经济补偿金：

1. 用人单位未按照劳动合同约定提供劳动保护或者劳动条件，劳动者提出解除劳动合同的；

2. 用人单位未及时足额支付劳动报酬，劳动者提出解除劳动合同的；

3. 用人单位未依法为劳动者缴纳社会保险费，劳动者提出解除劳动合同的；

4. 用人单位的规章制度违反法律、法规的规定，损害劳动者权益，劳动者提出解除劳动合同的；

5. 用人单位以欺诈、胁迫的手段或者乘人之危，使劳动者在违背真实意思的情况下订立或者变更劳动合同致使劳动合同无效，劳动者提出解除劳动合同的；

6. 法律、行政法规规定劳动者可以解除劳动合同的其他情形；

7. 用人单位向劳动者提出并与劳动者协商一致解除劳动合同的；

8. 劳动者患病或者非因工负伤，在规定的医疗期满后不能从事原工作，也不能从事由用人单位另行安排的工作，用人单位解除劳动合同的；

9. 劳动者不能胜任工作，经过培训或者调整工作岗位，仍不能胜任工作，用人单位解除劳动合同的；

10. 劳动合同订立时所依据的客观情况发生重大变化，致使劳动合同无法履行，经用人单位与劳动者协商，未能就变更劳动合同内容达成协议，用人单位解除劳动合同的；

11. 用人单位依法实施经济性裁员，解除劳动合同的；

12. 除用人单位维持或者提高劳动合同约定条件续订劳动合同，劳动者不同意续订的情形外，终止固定期限劳动合同的；

13. 以完成一定任务为期限的劳动合同因任务完成而终止的；

14. 用人单位被依法宣告破产，劳动合同终止的；

15. 用人单位被吊销营业执照、责令关闭、撤销或者用人单位决定提前解散的；

16. 用人单位经营期限届满不再继续经营导致劳动合同不能继续履行的；

17. 用人单位自用工之日起超过1个月不满1年，劳动者不与用人单位订立书面劳动合同，用人单位书面通知劳动者终止劳动关系的；

18. 被派遣劳动者因存在上述8、9所述情形，被用工单位退回劳务派遣单位，劳务派遣单位解除劳动合同的；

19. 被劳务派遣劳动者因用工单位存在上述10、11、14、15、16所述情形，或者因劳务派遣协议期限届满，被用工单位退回劳务派遣单位，劳务派遣单位重新派遣时维持或者提高劳动合同约定条件，被派遣劳动者不同意，劳务派遣单位解除劳动合同的；

20. 法律法规规定的其他情形。本条为兜底性条款。

尽管有上述列举的应当支付经济补偿金的20种情形，我们仍然应当注意，根据《劳动合同法》第七十一条、《劳动合同法实施条例》第十二条的规定，以下两种特殊的劳动关系，不适用经济补偿的相关规定：

第一，非全日制用工双方当事人任何一方终止用工，用人单位无须向劳动者支付经济补偿。

第二，地方各级人民政府及县级以上地方人民政府有关部门为安置就业困难人员提供的给予岗位补贴和社会保险补贴的公益性岗位，不适用有关支付经济补偿的规定。

另，我们还应当看到《劳动合同法》规定经济补偿的适用范围远超过该法生效实施之前的法律规定。根据《违反和解除劳动合同的经济补偿办法》（劳部发〔1994〕481号,以下简称"481号文",已于2017年11月24日被废止)、《最高人民法院关于审理劳动争议案件适用法律若干问题的解释》(法释〔2001〕14号)的规定,支付经济补偿的情形包括:协商一致解除,医疗期满解除,不胜任工作解除,客观情况发生重大变化解除,经济性裁员,因用人单位存在强迫劳动、未按照约定支付劳动报酬或者提供劳动条件、克扣或者无故拖欠工资、拒不支付加班工资、低于当地最低工资标准支付工资等违法行为导致劳动者被迫解除劳动合同的。此外,关于终止劳动合同经济补偿金的支付,《劳动合同法》实施后发生根本性变化。由于终止劳动合同不在本节讨论范畴,故就终止劳动合同经济补偿金的问题不再展开。

二、经济补偿金计算及支付

经济补偿金由补偿年限和月平均工资相乘得出。

(一)补偿年限

经济补偿按劳动者在本单位工作的年限,每满1年支付1个月工资的标准向劳动者支付。6个月以上不满1年的,按1年计算;不满6个月的,向劳动者支付半个月工资的经济补偿。如劳动者月工资高于用人单位所在直辖市、设区的市级人民政府公布的本地区上年度职工月平均工资3倍的,支付经济补偿的年限最高不超过12年。

(二)经济补偿金基数

《劳动合同法》第四十七条、《劳动合同法实施条例》第二十七条对经济补偿金基数作出了明确规定:

1. 经济补偿的月工资是指劳动者在劳动合同解除或者终止前12个月的平均工资。劳动者工作不满12个月的,按实际工作月数计算平均工资。

2. 月平均工资按照劳动者应得工资计算,包括计时工资或计件工资、奖金、津贴和补贴等货币性收入。未签订书面劳动合同的双倍工资差额不应纳入统计范围。需注意各地规定对于月平均工资的统计口径有不同规定。对于年终奖、加班费、一次性奖励、未休年假工资报酬是否纳入统计范围,各地政策也不同。

案例66 加班工资不属于正常工作时间的劳动报酬，不应计入计算经济补偿的基数

王某与艺田（广州）设计工程有限公司上海分公司劳动争议一案中[1]，王某系艺田设计公司的员工，双方约定的工资构成为固定工资加上固定周末加班工资。后因公司经营状况发生重大变化，公司向王某提出解除劳动关系，公司同意支付经济补偿金。但双方因经济补偿金的计算基数发生纠纷，王某认为经济补偿中的计算基数应当包括固定工资和加班工资在内的劳动合同解除前12个月的平均工资。法院认为，经济补偿系用人单位与劳动者解除劳动关系后弥补劳动者损失或基于用人单位所应承担的社会责任而给予的补偿，故应以劳动者的正常工作时间工资为计算基数，而加班工资系劳动者额外提供劳动所获报酬，不属于正常工作时间内的劳动报酬，故经济补偿不应将加班工资纳入其中，对王某主张周末固定加班应计入解除前12个月工资总额的主张，法院不予采纳。

3. 月平均工资低于最低工资标准的，按最低工资标准计算。用人单位所在地另有规定且不低于前述标准的，按地方规定执行，如天津市规定劳动者月平均工资低于企业平均工资的，按企业平均工资计算，但不得低于上年度本市职工月平均工资的60%[2]。

4. 劳动者月工资高于用人单位所在直辖市、设区的市级人民政府公布的本地区上年度职工月平均工资3倍的，经济补偿的标准按职工月平均工资3倍计算。需要注意的是，自2019年4月起对就业人员平均工资的口径进行了调整，取消了职工月平均工资，代之以城镇非私营单位就业人员平均工资和城镇私营单位就业人员平均工资加权计算的全口径城镇单位就业人员平均工资[3]。但是各地落实的进度不一，导致目前各地经济补偿金基数封顶标准的统计口径比较混乱，有的采取法人单位从业人员平均工资，有的采用城镇非私营单位就业人员平均工资，有的仍然沿用职工平均工资，需要予以特别注意。

---

[1] 上海市第二中级人民法院（2019）沪02民终1440号民事判决书。
[2] 《天津市劳动和社会保障局关于用人单位终止或解除劳动合同支付经济补偿金有关问题的通知》（津劳社局发〔2008〕165号）。
[3] 《国务院办公厅关于印发降低社会保险费率综合方案的通知》（国办发〔2019〕13号）："三、……调整就业人员平均工资计算口径。各省应以本省城镇非私营单位就业人员平均工资和城镇私营单位就业人员平均工资加权计算的全口径城镇单位就业人员平均工资……"

（三）经济补偿金的封顶限制

在计算经济补偿金时，劳动者月工资高于用人单位所在直辖市、设区的市级人民政府公布的本地区上年度职工月平均工资3倍的，向其支付经济补偿的标准按职工月平均工资3倍的数额支付，向其支付经济补偿的年限最高不超过12年，也就是我们通常说的"双封顶"。

（四）工作年限跨2008年的经济补偿金分段计算

根据《劳动合同法》第九十七条的规定，本法施行前已依法订立且在本法施行之日存续的劳动合同，劳动者工作年限应分段计算。因此，经济补偿金的计算年限按照2008年1月1日以前和该时间以后两部分进行计算。但是，由于涉及新旧法律规定的衔接问题，包括经济补偿金的适用情形、补偿年限折算方式均不相同，各种因素相互交叉，叠加一些地方规定和裁判口径的差异，导致自《劳动合同法》实施以来，经济补偿金分段计算一直是一个非常复杂的问题，需要注意以下几点：

1. 2008年前后，用人单位应当支付经济补偿金的情形不同。如用人单位存在未依法缴纳社会保险、用人单位的规章制度违法、用人单位以欺诈、胁迫等手段使劳动者违背真实意思订立或者变更劳动合同等行为，劳动者被迫解除劳动合同，在2008年之前无须支付经济补偿。关于2008年前后经济补偿金支付的适用情形，见前述问题"（一）用人单位应当支付经济补偿的法定情形"，用人单位应当准确分辨，明晰不同解除事由下的经济补偿金支付义务。

2. 2008年前后，经济补偿年限的折算方式不同。2007年12月31日前根据481号文规定，经济补偿按劳动者在本单位工作的年限，每满1年支付1个月工资的经济补偿金，不满1年按1年计算。

3. 2008年前后，补偿年限封顶的依据不同。2007年12月31日之前协商解除劳动合同、不胜任工作解除劳动合同，补偿年限以12年为限。2008年1月1日以后，补偿年限的封顶与解除理由无关，如劳动者月工资高于用人单位所在直辖市、设区的市级人民政府公布的本地区上年度职工月平均工资3倍的，补偿年限最高不超过12年。

4. 应特别注意，各地对于经济补偿金分段计算的问题，地方法规政策、裁审口径差异很大且处于不断调整中，请随时关注用人单位所在地的政策。

（五）经济补偿金的支付时间

用人单位向劳动者支付经济补偿的，应当在办结工作交接时支付，否则用人单位可拒绝给付经济补偿。因此，用人单位要求劳动者办理离职交接的，应以书面方式向劳动者发出通知，明确离职后的工作交接时间、交接程序以及工作交接方式及要求等。

（六）经济补偿金的税收优惠

根据财政部、税务总局《关于个人所得税法修改后有关优惠政策衔接问题的通知》（财税〔2018〕164号）规定，自2019年1月1日起，劳动者与用人单位解除劳动关系取得一次性补偿收入（包括用人单位发放的经济补偿金、生活补助费和其他补助费），在当地上年度职工平均工资3倍数额以内的部分，免征个人所得税；超过3倍数额的部分，不并入当年综合所得，单独适用综合所得税率表，计算纳税。

此处需要注意的是，上述通知的税收优惠仅仅针对的是劳动合同解除时的经济补偿金。劳动合同终止时用人单位支付的经济补偿金是否享有税收优惠政策，当前并无法律明文做出规定，各地的税收口径可能也会存在差异，需要予以注意。

案例67 劳动合同终止经济补偿金不属于免纳个人所得税的范围

胡某与北京市丰台区地方税务局科技园区税务所、北京市丰台区地方税务局行政案件中[1]，胡某于2012年2月29日入职卓望公司，并签订了期限至2017年2月28日的劳动合同。2017年1月25日，胡某与卓望公司签订《终止劳动合同协议书》，约定双方于2017年2月28日合同期限届满，不再续订新的劳动合同；卓望公司一次性给予胡某包括但不限于经济补偿金及其他补偿金，共计人民币88780.64元。胡某2017年3月工资明细表显示：当月基本工资+岗位工资1188.41元，餐补137.93元，综合补贴220.69元，意外险50.59元，当月绩效奖金553.66元，离职补偿金88780.64元，应发合计90931.92元。应纳税所得额87431.92元，根据《个人所得税法》的相关规定，应纳税25839.36元，意外险扣款50.59元，实发工资65041.97元。胡某不服被诉征税行为，向丰台区地税局提出行政复议申请，丰台区地税局于2017年11月27日作出被诉复议决定书，维持了被诉征税行为。胡某仍不服，后提起诉讼。

---

[1] 北京市第二中级人民法院（2018）京02行终770号行政判决书。

法院认为,《税收征收管理法》第十四条规定,本法所称税务机关是指各级税务局、税务分局、税务所和按照国务院规定设立的并向社会公告的税务机构。据此,科技园税务所具有征税的法定职权。根据《行政复议法》的相关规定,丰台区地税局负有对被诉征税行为进行行政复议并作出复议决定的法定职责。《个人所得税法》第二条规定,下列各项个人所得,应当缴纳个人所得税:一、工资、薪金所得……《个人所得税法实施条例》第八条规定,各项个人所得的范围:(一)工资、薪金所得,是指个人因任职或者受雇而取得的工资、薪金、奖金、年终加薪、劳动分红、津贴、补贴以及与任职或者受雇有关的其他所得。本案中,卓望公司依据《劳动合同法》等法律,基于劳动合同终止一次性给予胡某包括但不限于经济补偿金及其他补偿金,共计人民币88780.64元,该补偿金应属于上述法律法规所称的工资、薪金所得,且不属于免纳个人所得税的范围,应当缴纳个人所得税。

三、医疗补助费

医疗补助费是指企业对患病或非因工负伤员工不能继续工作,用人单位解除劳动合同时给予额外扶助的费用。

(一)医疗补助费的支付条件

尽管《违反和解除劳动合同的经济补偿办法》已于2017年11月24日被废止,但是医疗补助费的规定还散见于其他法律规定[①],因此劳动者同时符合以下条件的,用人单位仍应向劳动者支付医疗补助费:

1. 劳动者患病或者非因工负伤,医疗期满后不能从事原工作也不能从事由单位另行安排的工作,用人单位解除劳动合同,或者劳动合同顺延至医疗期满终止的;

[①]《劳动部关于实行劳动合同制度若干问题的通知》(劳部发〔1996〕354号)第二十二条:"劳动者患病或者非因工负伤,合同期满终止劳动合同的,用人单位应当支付不低于六个月工资的医疗补助费;对患重病或绝症的,还应适当增加医疗补助费。"《关于对劳部发〔1996〕354号文件有关问题解释的通知》(劳办发〔1997〕18号):"……二、《通知》第22条'劳动者患病或者非因工负伤,合同期满终止劳动合同的,用人单位应当支付不低于六个月工资的医疗补助费'是指合同期满的劳动者终止劳动合同时,医疗期满或者医疗终结被劳动鉴定委员会鉴定为5—10级的,用人单位应当支付不低于六个月工资的医疗补助费。鉴定为1—4级的,应当办理退休、退职手续,享受退休、退职待遇。"

2. 劳动者经劳动能力鉴定，达到伤残等级的。劳动者拒绝进行劳动能力鉴定，或者经鉴定未达到伤残等级，用人单位不支付医疗补助费。

🎬 案例68　劳动者拒绝进行劳动能力鉴定，用人单位可以不支付医疗补助费

彭某与广州仕邦人力资源有限公司北京分公司、广发银行股份有限公司北京分行劳动争议一案中①，彭某于2014年4月21日入职广州仕邦北京分公司，同日双方签订劳动合同，有效期至2017年4月20日，彭某被派遣至广发银行北京分行担任信用卡营销人员，约定月薪为1560元。2016年12月14日彭某开始病休，进入医疗期，2017年6月13日医疗期届满。2017年10月12日，广州仕邦北京分公司向彭某发出《关于需要彭某配合进行劳动能力鉴定的通知》，记载"鉴于您2016年12月14日开始病休，2017年4月20日劳动合同到期，至2017年6月13日，医疗期已满6个月，故劳动合同顺延至2017年6月13日终止。为确定您是否符合医疗补助费的获得条件，特通知您配合公司进行劳动能力鉴定，请您在2017年10月17日前到公司办公地，配合内容：……"同页附有《回执》。但彭某未在《回执》上签字，亦未按照广州仕邦北京分公司的通知提交材料。后彭某提起仲裁与诉讼，要求广州仕邦北京分公司和广发银行北京分行支付医疗补助费。法院认为，彭某请求广州仕邦北京分公司、广发银行北京分行支付其医疗补助，应该就其符合法律规定的用人单位应该支付医疗补助费的情形承担举证责任。但彭某未提供充分证据证明其符合法律规定用人单位应该支付医疗补助费的情形，故对其要求两公司支付医疗补助费的诉求不予支持。

（二）医疗补助费的支付标准

劳动者具备医疗补助费支付条件的，根据劳动能力鉴定结果，用人单位应当向劳动者支付不低于劳动者6个月工资的医疗补助费：

1. 鉴定为五级至十级伤残的，应支付不低于6个月工资的医疗补助费。

2. 鉴定为一级至四级伤残的，办理退休退职手续，享受退休退职待遇。实践中经常发生的问题是，劳动者不符合办理退休退职的条件（年龄、缴费年限

---

① 北京市第二中级人民法院（2018）京02民终9810号民事判决书。

等),用人单位能否解除或终止劳动关系?我们持支持的观点,但用人单位应支付 6 个月至 12 个月工资的医疗补助费。但也有观点认为法律规定就是办理退休退职,未明确赋予用人单位解除权,如果劳动者不符合退休退职条件,用人单位应继续履行劳动合同。因此,用人单位在遇到这种情况时,稳妥的办法是与劳动者协商一致,防范违法解除风险。

3. 关于医疗补助费的基数,法律未做明确规定。我们建议参照经济补偿金基数执行,以劳动合同解除前 12 个月平均工资为基数,但不低于最低工资标准。如果平均工资超过当地上年度职工月平均工资 3 倍的,按职工月平均工资 3 倍执行。

案例 69　正常工资超过月平均工资 3 倍的员工的医疗补助费基数,应当平衡双方利益

林斯特龙纺织品服务(苏州)有限公司广州分公司与陈某劳动争议一案中[①],2014 年 11 月 3 日,陈某由中智上海经济技术合作公司派遣至林斯特龙分公司工作。2017 年 5 月 5 日,陈某与林斯特龙分公司签订劳动合同,约定合同期限自 2017 年 5 月 1 日起至 2020 年 4 月 30 日止,工作岗位为分公司经理,实行标准工时制,月薪为税前 41500 元。2017 年 12 月 22 日,陈某因身体不适入院治疗,林斯特龙分公司发放病假工资。2018 年 7 月 7 日,该公司通知陈某 2018 年 7 月 10 日解除劳动合同。诉讼中,经法院委托,陈某被鉴定为完全丧失劳动能力。法院认为,陈某属高管人员,月薪较高,如按照双方劳动关系解除前 12 个月的平均月工资计算,因包含病假期间,并不能体现其真实的工资水平,对其明显不公平。但如仍按陈某原工资标准对其发放医疗补助费,对林斯特龙分公司亦存在权利失衡之处。最终法院酌定判决陈某医疗补助费按照双方劳动关系解除时的上一年度广州市在岗职工月平均工资 8218 元的 3 倍予以计算,共计 147924 元(8218 元×3×6 个月)。

(三) 医疗补助费的支付时间

医疗补助费不属于劳动报酬,应在劳动者与用人单位办结离职工作交接手续后,与经济补偿金一并支付。

---

① 广东省广州市中级人民法院(2019)粤 01 民终 20795 号民事判决书。

(四）医疗补助费的个人所得税

根据财政部、税务总局《关于个人所得税法修改后有关优惠政策衔接问题的通知》规定，医疗补助费属于劳动者与用人单位解除劳动关系取得一次性补偿收入中的"其他补助费"，享受规定的税收优惠。

四、一次性工伤医疗补助金和一次性伤残就业补助金

一次性工伤医疗补助金、一次性伤残就业补助金是指劳动者因工致残被工伤鉴定部门鉴定为五级至十级伤残，劳动合同依法解除或者终止时，应当享受的工伤保险待遇。

（一）劳动者享受一次性工伤医疗补助金、一次性伤残就业补助金的情形

根据《工伤保险条例》的规定，以下情形，劳动者有权享受一次性工伤医疗补助金和一次性伤残就业补助金：

1. 劳动者因工致残被鉴定为五级、六级伤残的，劳动者本人提出解除或者终止劳动合同的。

2. 劳动者因工致残被鉴定为七级至十级伤残，劳动合同期满终止，或劳动者本人提出解除劳动合同的。

劳动者领取一次性工伤医疗补助金及一次性伤残就业补助金后，工伤保险关系终止。

（二）支付主体

一次性工伤医疗补助金，用人单位依法为劳动者缴纳了工伤保险的，由工伤保险基金支付；用人单位未依法为劳动者缴纳工伤保险的，用人单位承担支付责任。

一次性伤残就业补助金，由用人单位支付。

（三）支付标准

具体标准由省、自治区、直辖市人民政府规定。用人单位需注意并按所在地的规定执行。

（四）免征个人所得税

根据《财政部、国家税务总局关于工伤职工取得的工伤保险待遇有关个人所得税政策的通知》（财税〔2012〕40号）规定，对工伤职工及其近亲属按照《工伤保险条例》规定取得的一次性工伤医疗补助金、一次性伤残就业补助金等工伤保险待遇，免征个人所得税。

五、代通知金

《劳动法》《劳动合同法》等法律规定中没有关于"代通知金"的定义。代通知金是指免除用人单位依据《劳动合同法》第四十条解除劳动合同提前通知义务的替代性补偿费用。

(一) 代通知金的适用情形

用人单位依据《劳动合同法》第四十条的规定与下列劳动者解除劳动合同时，需提前 30 日书面通知劳动者，或额外支付相当于 1 个月工资的代通知金后立即解除劳动合同：

1. 劳动者患病或者非因工负伤，在规定的医疗期满后不能从事原工作，也不能从事由用人单位另行安排的工作的；

2. 劳动者不能胜任工作，经过培训或者调整工作岗位，仍不能胜任工作的；

3. 劳动合同订立时所依据的客观情况发生重大变化，致使劳动合同无法履行，经用人单位与劳动者协商，未能就变更劳动合同内容达成协议的。

应当注意，代通知金仅适用于上述三种情形，不适用于劳动者辞职的 30 天提前通知期，不能要求劳动者向用人单位支付代通知金来替代提前通知期；在用人单位实施经济性裁员时，能否以支付代通知金的方式替代"提前三十日"的要求实践中存在不同意见。为谨慎起见，我们建议用人单位不通过支付代通知金来替代、免除用人单位提前 30 日向全体职工或工会说明情况、听取意见的义务。

另，用人单位依据《劳动合同法》第四十条解除劳动合同被认定为违法，劳动者诉求用人单位支付违法解除劳动合同赔偿金的，不可同时主张代通知金。

案例70 劳动者主张违法解除劳动合同赔偿金，不可同时主张代通知金

凌某与北京君恒保险公估有限责任公司劳动争议一案中[1]，凌某于 2018 年 2 月 1 日入职君恒公司。2019 年 9 月 17 日，君恒公司以公司亏损、无法履行合同

---

[1] 湖南省长沙市芙蓉区人民法院（2019）湘 0102 民初 18643 号民事判决书。

为由，通知凌某于 2019 年 9 月 20 日解除劳动合同。后凌某提起仲裁及诉讼要求君恒公司支付其解除劳动合同赔偿金及解除劳动关系代通知金。法院认为，代通知金系用人单位在单方合法解除劳动合同的情况下，向劳动者支付额外 1 个月工资作为通知金，与违法解除合同赔偿金的支付条件不同。凌某主张君恒公司违法解除劳动合同一并主张代通知金，不属于法律规定情形，对代通知金部分请求不予支持。

（二）代通知金的性质

在提前通知期内，劳动关系继续履行，用人单位应当依法支付劳动报酬。如免除用人单位这 1 个月的提前通知期、等待期，势必造成劳动者 1 个月工资的预期利益损失，故应给予劳动者预期利益损失赔偿。代通知金具有经济赔偿性质。

（三）代通知金的支付标准

根据《劳动合同法实施条例》第二十条的规定，用人单位支付劳动者的代通知金按照劳动者上 1 个月的工资标准，而非按照解除劳动合同前 12 个月的平均工资确定。关于上 1 个月的工资标准如何确定并未有进一步的阐释，由于每个用人单位的薪酬结构不同，实际操作中有各种观点，用人单位应遵照所在地的规定或裁审口径执行。

应注意，代通知金不执行《劳动合同法》第四十七条规定的上年度职工平均工资 3 倍封顶规定的限制。

（四）代通知金的支付时间

代通知金性质上属于劳动者通知期内预期应得工资收入的赔偿，应与劳动者离职结算的劳动报酬一并支付。

（五）代通知金应依法缴纳个人所得税

如前所述，代通知金是对 30 日通知期内劳动者预期工资损失的赔偿，不属于经济补偿金性质，应当依法计算缴纳个人所得税。

合规建议

综合以上分析，针对用人单位在解除或终止劳动合同时应当支付的经济补偿金、医疗补助费、一次性工伤医疗补助金、一次性伤残就业补助金、代通知金等款项，提出如下合规建议：

1. 用人单位解除劳动合同，劳动者符合经济补偿金、医疗补助费、一次性工伤医疗补助金、一次性伤残就业补助金、代通知金支付情形的，用人单位应依法履行支付义务。

2. 经济补偿金应准确计算。应特别注意经济补偿金的适用情形、补偿年限、补偿金基数、封顶限制等在《劳动合同法》实施前后的分段计算，各地政策存在很大差异。

3. 医疗补助费的支付需以劳动者医疗期满，经劳动能力鉴定达到丧失或部分丧失劳动能力为前提。原则上医疗补助费支付标准按经济补偿金的标准执行。需注意劳动者被鉴定为一级至四级伤残且符合退休退职条件的，应办理退休退职。

4. 工伤伤残职工的一次性工伤医疗补助金和一次性伤残就业补助金的支付主体不同，支付标准根据用人单位所在地规定执行。

5. 代通知金仅适用于用人单位依据《劳动合同法》第四十条规定解除劳动合同，用人单位支付代通知金后无须提前30日通知即可立即解除劳动合同。代通知金的支付标准为解除劳动合同前1个月的工资标准。

6. 用人单位应注意准确计算并履行个人所得税代扣代缴义务。经济补偿金、医疗补助费在规定额度内享受税收优惠；一次性工伤医疗补助金和一次性伤残就业补助金免于缴纳个人所得税；代通知金按照劳动报酬缴纳个人所得税。

7. 用人单位应按照法律规定或双方约定及时、足额支付各项费用，并保留支付各项费用的支付凭证；用人单位支付各项费用的名义应如实记录。

第十一节 违法解除劳动合同的法律责任

用人单位与劳动者解除劳动合同的原因和情形，包括双方协商一致解除、劳动者单方解除、用人单位单方解除等情形。一般情况下，劳动者单方解除或用人单位与劳动者协商一致的，不易引发违法解除劳动合同的问题。违法解除劳动合同，主要发生于用人单位单方解除劳动合同的情形，即过失性解除、非过失性解除、经济性裁员三种情形。对于用人单位单方解除劳动合同，根据不同的解除情形事由，法律对于解除的事实依据、解除程序、适用主体限制都做了相应的规制。用人单位违反相关规定单方解除劳动合同的，属于违法解除劳动合同。违法解除劳动合同又包含实体违法和程序违法。

用人单位违法解除劳动合同，需要承担相应的法律责任。根据《劳动合同法》第四十六条的规定，用人单位违反本法规定解除劳动合同，劳动者要求继续履行劳动合同的，用人单位应当继续履行；劳动者不要求继续履行劳动合同或者劳动合同已经不能继续履行的，用人单位应当依照本法第八十七条的规定支付赔偿金。

一、违法解除劳动合同的情形

用人单位违法解除劳动合同分为实体违法和程序违法。

（一）解除劳动合同实体违法

解除劳动合同实体违法，一般是指用人单位单方解除劳动合同所依据的法律法规、公司规章制度、劳动合同或集体合同约定等依据不足，或者相关事实缺乏证据证明或证据不足，或者违反对特殊员工的解雇保护限制，或者在合理期限内怠于行使解除权等，从而导致解除劳动合同被认定为违法。

1. 解除劳动合同的法律法规、公司制度或合同条款依据不足

法律法规依据不足。我国《劳动合同法》和《劳动合同法实施条例》对于用人单位的单方解除权限定了明确的解除事由，用人单位解除劳动合同的法律依据必须在法定的解除事由列举范围之内。超过法定列举事由范围，解除劳动合同便属于法律依据不足。如在经济性裁员中，《劳动合同法》第四十一条规定了企业可以实施经济性裁员的四种情形，在这四种情形之外，用人单位以其他理由实施经济性裁员的，即属于法律依据不足。

用人单位规章制度依据不足。包括：一是规章制度内容缺失，不能为解除劳动合同提供依据，如用人单位以劳动者严重失职，营私舞弊给用人单位造成重大损失为由解除劳动同，但是用人单位的规章制度对于一般失职与严重失职的认定标准没有规定，重大损失的认定标准没有规定等；二是规章制度内容违法或严重不合理，不能成为审理案件的依据，如《员工手册》规定女员工入职隐瞒婚育状况构成严重违纪，违反法律关于禁止就业歧视的规定而无效；三是规章制度未经法定民主及公示程序或未告知劳动者，无法成为案件

审理依据。

劳动合同或集体合同条款依据不足。比如，用人单位以试用期不符合录用条件为由解除劳动合同，那么用人单位应当在劳动合同或其他文件中与劳动者约定试用期期限和试用期录用条件，并进而举证证明劳动者在约定的试用期内未达到双方约定的录用条件。如果用人单位与劳动者根本未就试用期以及录用条件作出约定，以试用期不符合录用条件解除劳动合同，就因缺乏合同依据而构成违法解除。

2. 解除劳动合同的事实依据不足

事实依据不足，主要是针对解除劳动合同的事由，用人单位无法充分举证证明该事由真实存在，如用人单位以劳动者被追究刑事责任为由解除劳动合同，但不能提供劳动者被人民法院认定有罪、追究刑事责任的生效法律文书。用人单位以员工连续旷工15天为由解除劳动合同，但无法提供真实有效的考勤证据证明员工存在旷工行为。用人单位以劳动者不胜任工作为由解除劳动合同，但无法举证证明对劳动者实施过绩效考核，或者进行过转岗、培训等帮助劳动者绩效提升的行为等。在用人单位单方解除劳动合同争议案件中，事实依据不足是用人单位败诉的主要原因。

3. 违反对特殊员工的解雇保护限制性规定

若用人单位与法律规定的特殊员工解除劳动合同违反了解除事由的限制性规定的，如以不胜任工作为由解除"三期"女职工的劳动合同，属于实体违法。对特殊员工的解雇保护限制性规定详见本章第八节"解雇保护制度"。

4. 解除劳动合同决定超过了合理期限

关于解除权合理期限的要求，在过失性解除和非过失性解除时都会进行考量，但主要体现在过失性解除中。员工出现严重过错行为后，法律赋予用人单位单方立即解除权。但是任何权利的行使都不是绝对的，都有或应当有一定的期限限制。超过合理期限，用人单位将被视为怠于行使权利，可能被认定为违法解除劳动合同。对于用人单位应在合理期限内正当行使解除权的理解请详见第一节"严重过失解除劳动合同"之四。

（二）解除劳动合同程序违法

程序违法一般是指用人单位解除劳动合同未按照《劳动合同法》第四十条、第四十一条、第四十三条等规定，履行相应法定程序。主要包括：

1. 用人单位依据《劳动合同法》第四十条单方解除劳动合同，但未履行提前 1 个月通知劳动者的程序要求，也未支付 1 个月工资的代通知金。

2. 用人单位依据《劳动合同法》第四十一条进行裁员、单方解除劳动合同，但未依法提前 30 日向全体员工或工会说明情况、听取意见，或者未依法将裁员方案向劳动行政管理部门报告。

3. 用人单位依据《劳动合同法》第三十九条至第四十一条的规定单方解除劳动合同，未按照《劳动合同法》第四十三条规定事先将解除的理由通知工会，或者工会对解除劳动合同有异议、要求用人单位纠正，用人单位不予理睬的。

用人单位解除劳动合同必须在实体和程序均合法的情况下才属于合法解除，实体或程序任何一个方面不符合法定要求，均属于违法解除劳动合同。

二、用人单位违法解除劳动合同应承担的法律责任

用人单位违法解除劳动合同应承担的法律责任分两种：一是劳动者要求继续履行劳动合同的，应当继续履行；二是劳动者不要求继续履行劳动合同或者劳动合同已经不能继续履行的，用人单位应当支付赔偿金。上述两种法律责任，劳动者有权选择其中一种提出主张，不能同时主张。

（一）继续履行劳动合同

1. 支持继续履行劳动合同的情形

在实务中，劳动者有权选择是否继续履行劳动合同。如劳动者选择继续履行的，一般应当支持继续履行。一般情况下，对处于三期、工伤、职业病、医疗期、"15 + 5" 等享受解雇保护的特殊员工，如劳动者要求继续履行劳动合同的，应当支持继续履行。但有证据证明劳动合同确实已经无法继续履行或客观上无法继续履行的情况除外。

2. 违法解除劳动合同期间的工资计算

对于违法解除期间的工资支付的问题，存在地方性规定或裁判口径不统一的情形。上海、广东等地按照劳动者解除前 12 个月平均工资作为支付标准，但上海同时规定需要考虑双方的责任确定实际承担数额；山东、江苏等地按照劳动者解除前正常工资标准或原工资标准支付；北京则分情况处理，对于实体问题的违法解除，按照劳动者解除前正常工资标准支付，对于程序问题的违法解除，按照

最低工资标准支付[①]。

3. 判决继续履行劳动合同的执行

对于用人单位拒绝执行裁审机构作出的继续履行劳动合同的生效文书，劳动者如何要求执行的问题，劳动合同法并没有规定。上海规定，如劳动者申请强制执行恢复劳动关系判决的，可以立案[②]。执行部门可采取办法督促用人单位继续履行，难以执行的，只能引导劳动者要求用人单位支付补偿或工资。但实际上，继续履行劳动合同的实际操作难度极大，继续履行劳动合同的执行属于行为执行，且劳动关系具有很强的人身依附性，通过强制执行方式很难解决根本问题。

（二）支付违法解除劳动合同赔偿金

除继续履行劳动合同外，劳动者还可以选择用人单位支付赔偿金。劳动者未要求继续履行劳动合同或劳动合同已经无法继续履行的，可以直接要求用人单位支付赔偿金。

1. 劳动合同无法继续履行的情形

造成劳动合同无法继续履行的原因有很多种，《劳动合同法》《劳动合同法实施条例》以及司法解释等均未列举哪些情形属于无法继续履行。但各地对无法

[①] 《上海市企业工资支付办法》第二十三条："企业解除劳动者的劳动合同，引起劳动争议，劳动人事争议仲裁部门或人民法院裁决撤销企业原决定，并且双方恢复劳动关系的，企业应当支付劳动者在调解、仲裁、诉讼期间的工资。其标准为企业解除劳动合同前12个月劳动者本人的月平均工资乘以停发月数。双方都有责任的，根据责任大小各自承担相应的责任。"《广东省工资支付条例》第二十九条第一款："用人单位解除劳动关系的决定被裁决撤销或者判决无效的，应当支付劳动者在被违法解除劳动关系期间的工资，其工资标准为劳动者本人前十二个月的平均正常工作时间工资；劳动者已领取失业保险金的，应当全部退回社会保险经办机构。"《山东省高级人民法院、山东省劳动争议仲裁委员会、山东省人事争议仲裁委员会关于适用〈中华人民共和国劳动争议调解仲裁法〉和〈中华人民共和国劳动合同法〉若干问题的意见》第三十三条："用人单位违法解除劳动合同的决定被撤销后，劳动者要求支付违法解除劳动合同期间的工资，劳动者在仲裁、诉讼期间的劳动报酬应当按用人单位违法解除劳动合同前劳动者提供正常劳动应得工资计算。"《江苏省高级人民法院关于审理劳动争议案件若干问题的意见》第二十七条："用人单位开除、除名、辞退或解除劳动合同的处理决定被依法撤销后，应当按照劳动者的原工资标准赔偿劳动者的损失……"《北京市高级人民法院、北京市劳动争议仲裁委员会关于劳动争议案件法律适用问题研讨会会议纪要》第二十四条："用人单位作出的与劳动者解除劳动合同的处理决定，被劳动仲裁委或人民法院依法撤销后，如劳动者主张用人单位给付上述处理决定作出后至仲裁或诉讼期间的工资，应按以下准绳把握：（1）用人单位作出的处理决定仅因程序方面存在瑕疵而被依法撤销的，用人单位应按最低工资标准向劳动者支付上述期间的工资；（2）用人单位作出的处理决定因在实体方面存在问题而被依法撤销的，用人单位应按劳动者正常劳动时的工资标准向劳动者支付上述期间的工资。"

[②] 《上海市高级人民法院关于贯彻审执兼顾原则的若干意见》第二条第（三）项："劳动者申请执行恢复劳动关系判决的，立案部门一般可予立案。执行部门通过加强与劳动监察部门的配合、对用人单位的法定代表人实施司法强制措施等方式，促使用人单位主动履行恢复劳动关系的判决；确实难以执行的，可通过释明等方式，引导劳动者另行起诉解除劳动合同并取得补偿，或要求用人单位支付工资报酬等。"

继续履行有规定的，可以参考。北京和上海均列举了无法继续履行劳动合同的情形。① 无法继续履行劳动合同的情形大致有：原岗位不复存在、用人单位拒绝继续履行、劳动者已入职新单位、劳动合同到期终止、原岗位已有人替代、劳动者在合理期间内未主张、劳动者无意愿继续履行、双方丧失信任基础、劳动者达到法定退休年龄等。

案例71 举证证明继续履行劳动合同已无可能，用人单位无须继续履行

吴某因与深圳前海金融资产交易所有限公司劳动争议一案中②，吴某于2014年4月15日入职深圳前海公司，先后三次签订固定期限劳动合同，最后一份劳动合同期限自2015年9月9日至2018年9月8日。2018年9月7日，金融所公司以吴某严重违纪为由向吴某发出了《解除劳动合同通知书》，解除了劳动合同。后吴某提出仲裁及诉讼，要求继续履行劳动合同。法院认为，第一，从《劳动合同法》第四十八条的规定看，即使劳动者选择了继续履行劳动合同，但在劳动合同已经不能继续履行的情况，用人单位可以支付赔偿金，而不必然继续履行劳动合同，故吴某关于如果劳动者选择继续履行劳动，就应当继续履行劳动合同的主张不符合法律的规定。第二，从继续履行劳动合同的条件看，经金融所公司在二审上诉时明确表示，吴某与金融所公司已经丧失基本的人身信赖，不存在继续履行劳动合同的法律基础。上述事实表明，双方当事人已经缺乏彼此之间的信任，即使法院判令恢复劳动关系、继续履行原劳动合同的，在法院可能的强制执

---

① 《北京市高级人民法院、北京市劳动人事争议仲裁委员会关于审理劳动争议案件法律适用问题的解答》第九条："用人单位违法解除或终止劳动合同后，劳动者要求继续履行劳动合同，哪些情形可以认定为"劳动合同确实无法继续履行"？劳动合同确实无法继续履行主要有以下情形：（1）用人单位被依法宣告破产、吊销营业执照、责令关闭、撤销，或者用人单位决定提前解散的；（2）劳动者在仲裁或者诉讼过程中达到法定退休年龄的；（3）劳动合同在仲裁或者诉讼过程中到期终止且不存在《劳动合同法》第十四条规定应当订立无固定期限劳动合同情形的；（4）劳动者原岗位对用人单位的正常业务开展具有较强的不可替代性和唯一性（如总经理、财务负责人等），且劳动者原岗位已被他人替代，双方不能就新岗位达成一致意见的；（5）劳动者已入职新单位的；（6）仲裁或诉讼过程中，用人单位向劳动者送达复工通知，要求劳动者继续工作，但劳动者拒绝的；（7）其他明显不具备继续履行劳动合同条件的。"《上海市高级人民法院关于贯彻审执兼顾原则的若干意见》第二条："劳动者提出恢复劳动关系诉请的，按照以下情况分别处理：（一）经审查发现劳动合同客观上已不能继续履行，如原劳动岗位已不存在等，可直接判决给予补偿，不宜判决恢复劳动关系。（二）劳动合同客观上能履行，但用人单位拒绝履行的，法官可询问劳动者是否愿意变更诉请，以解除劳动合同并取得补偿的方式解决纠纷……"

② 广东省高级人民法院（2019）粤民申12020号民事裁定书。

行过程中难免会引发二次纠纷。从日常生活常理看,在用人单位已经明确表示拒绝的情况下建立的劳动关系,存在较大的不稳定性,这亦不符合《劳动合同法》第一条规定中关于"构建和发展和谐稳定的劳动关系"的立法目的。第三,金融所公司上诉称,吴某的原岗位因公司组织架构调整已被撤销,对此吴某表示异议,但是未能提供相反的证据足以推翻上述事实。综上,二审法院认定双方继续履行劳动合同已无可能,据此判令金融所公司无须与吴某继续履行劳动合同并无明显不当。最终驳回吴某的再审申请。

2. 赔偿金的计算标准

违法解除劳动合同的赔偿金计算标准为经济补偿金的二倍。经济补偿金的具体计算方法,参见本章第十节"经济补偿及相关补偿性费用的计算及支付"。

3. 特殊情况下的赔偿金

根据《工会法》规定,对于职工因参加工会活动而被解除劳动合同,或者工会工作人员因履行职责而被解除劳动合同的,如不恢复履行劳动合同,应责令用人单位给予员工本人年收入二倍的赔偿①,该赔偿金与违法解除劳动合同赔偿金,用人单位需同时支付。

案例72 工会主席因履行职责而被解除劳动合同,用人单位需按照《工会法》承担赔偿责任

刘某与青岛景韩乐器有限公司劳动争议一案中②,刘某于2002年3月20日开始到景韩乐器处工作。在景韩乐器工作期间,刘某任景韩乐器单位的专职工会主席职务。由于景韩乐器拖欠全公司职工2012年11月、12月的工资,2013年1月9日刘某履行工会主席职责代表职工向景韩乐器交涉所拖欠工资时,被景韩乐器违法解除劳动合同。法院认为,景韩乐器对刘某解除劳动合同的行为构成违法解除。因此,刘某要求景韩乐器依照《劳动合同法》的相关规定给付赔偿金合法有据,法院予以支持。景韩乐器对刘某的工会主席身份予以确认,而根据刘某提交的辞退通知书及职工联名信等证据,可以确认景韩乐器是因刘某在协调工人的工资问题中不

---

① 《工会法》第五十二条:"违反本法规定,有下列情形之一的,由劳动行政部门责令恢复其工作,并补发被解除劳动合同期间应得的报酬,或者责令给予本人年收入二倍的赔偿:(一)职工因参加工会活动而被解除劳动合同的;(二)工会工作人员因履行本法规定的职责而被解除劳动合同的。"

② 山东省胶州市(2013)胶民初字第4908号民事判决书。

能很好地处理公司和职工的关系而将刘某辞退,符合《工会法》第五十二条规定的情形,因此,景韩乐器应按照该法律规定发放给刘某本人年收入二倍的赔偿。

🔍 合规建议

综合以上分析,用人单位在单方解除劳动合同时,应特别注意依法依规,谨慎操作,避免因在实体或程序上存在瑕疵导致被裁审机构认定为违法解除劳动合同。为防范违法解除劳动合同的风险,我们提出以下合规建议:

1. 用人单位单方解除劳动合同必须有充分的法律法规依据、公司规章制度依据或合同条款依据。

2. 就解除劳动合同的事由,用人单位应提供充分的事实依据与证据,在日常管理中应注重证据搜集和保存。

3. 用人单位行使单方解除权应在合理期限内;解除劳动合同前,应将解除理由通知工会,未履行该程序的,应注意在一审起诉前予以补正;解除劳动合同应按照不同的解除事由履行法定解除程序,确保解除程序合法。

4. 用人单位解除劳动合同不得违反《劳动合同法》《工会法》《集体合同规定》等对特殊员工的解雇保护规定。

5. 解除劳动合同前应进行风险评估,如存在违法解除风险的,建议尽可能与劳动者协商解除劳动合同;如不能协商一致,用人单位单方作出解除决定的,应做好劳动者主张恢复履行劳动合同的应诉准备。

第十二节 协商解除劳动合同

《劳动合同法》第三十六条规定,用人单位与劳动者协商一致,可以解除劳动合同。协商解除劳动合同对用人单位而言,是员工离职管理中风险最低的一种方式。尽管如此,协商解除劳动合同也会产生争议,主要包括协商解除劳动合同协议效力争议,协商解除后劳动者反悔引发争议,双方对协议条款理解或履行产生争议,协商解除劳动合同协议书未决事项争议等。用人单位与劳动者协商解除劳动合同时,也需要注意防范相关风险。

一、协商解除劳动合同的分类

根据协商提议的主体不同,协商解除劳动合同分为三种情况:

1. 用人单位提议并与劳动者协商解除劳动合同。这种情形下,用人单位需按法定标准向劳动者支付经济补偿金,即使双方协商降低支付标准,也应当在合理范围内。

2. 劳动者提出动议并与用人单位协商解除劳动合同,用人单位是否支付经济补偿金以及支付标准、数额由双方自主协商确定。

3. 实践中还有一种情况,双方对劳动关系已经解除的事实无异议,劳动者主张用人单位单方解除,用人单位则主张劳动者主动辞职,但双方均无法对各自的主张进行有效举证。根据《最高人民法院关于民事诉讼证据的若干规定》及《劳动争议调解仲裁法》规定,就劳动者提出辞职的主张,用人单位应当承担举证责任。用人单位举证不能,应当承担不利后果,即应当作出有利于劳动者的认定。因此,这种情形下,应视为用人单位提出协商一致解除劳动合同。如广东省高院、四川省高院对此均有明确规定[1],北京法院也持同样的观点。

案例73 双方均未能举证证实劳动合同解除原因,应视为协商一致解除劳动合同

北京兆阳光热技术有限公司与杜某劳动争议一案中[2],杜某于2013年6月27日入职兆阳光热公司处工作,双方签订终止日期为2019年6月26日的劳动合同。自2018年11月21日起,杜某未再出勤,兆阳公司亦停止为杜某缴纳社保。后杜某提起仲裁及诉讼要求公司补发11月21日之后的工资。法院认为,根据庭审陈述,杜某主张系兆阳公司口头将其辞退,并在一审庭审中明确表示如不构成违法解除,则要求兆阳公司支付经济补偿金;兆阳公司主张杜某系因个人原因辞职。由于自2018年11月21日起杜某未再提供劳动并已入职案外单位,兆阳光

---

[1] 《广东省高级人民法院、广东省劳动人事争议仲裁委员会关于审理劳动争议案件若干问题的座谈会纪要》第二十九条:"劳动者与用人单位均无法证明劳动者的离职原因,可视为用人单位提出且经双方协商一致解除劳动合同,用人单位应向劳动者支付经济补偿。"四川省高级人民法院民事审判第一庭作出的《关于审理劳动争议案件若干疑难问题的解答》亦采纳上述审判观点。

[2] 北京市第三中级人民法院(2019)京03民终13846号民事判决书。

热公司亦停止为杜某缴纳社保,双方劳动关系已经实际解除。因双方均未能举证证实劳动合同解除原因,应视为协商一致解除劳动合同。

二、解除劳动合同协议书的内容

解除劳动合同协议书是明确解除劳动合同时间以及双方权利义务的依据,应当包括以下内容:

(一)必备条款

1. 双方的基本信息。解除劳动合同协议书中的双方信息无须像签订劳动合同那样详细,一般包括用人单位名称、授权代表、联系方式,劳动者姓名、身份证号码、联系方式等常用和关键信息。需要注意的是,用人单位信息应当与劳动合同一致,如出现名称变更、用人单位合并或分立等情况的,应作出说明。

2. 提出协商解除的动议方。在解除劳动合同协议书中明确动议方的意义在于,如果约定的经济补偿金数额低于法定标准,劳动者诉求补足差额,哪一方提出协商动议对于争议结果将具有决定性的作用。

3. 劳动关系存续期间及解除时间。明确此点可以锁定双方权利义务的时间范围,劳动者的薪酬待遇支付、社保公积金缴纳、年休假结算以及经济补偿金计算等事项均建立在此基础之上。

4. 相关离职费用的科目、数额、支付时间、支付方式、个税承担等。离职费用通常包括离职前的劳动报酬(如工资、奖金、佣金、加班费、津补贴等)、经济补偿金、福利、医疗补助费、社保待遇等,这些费用可以约定一个补偿总额作为一揽子方案而不作具体项目区分,也可以作具体的细分。不同的方案各有利弊,需由双方协商确定。

5. 年休假的处理。对于劳动者离职时剩余的法定年休假天数,可在解除日前安排劳动者休完,也可以依法支付未休年假工资报酬。

6. 工作交接。应明确约定办理工作交接时间、交接人、交接事项、是否已经交接完毕。

7. 社保公积金和档案关系转移。应明确转移时间、档案接收单位以及需要劳动者配合的手续等。

8. 解除劳动合同证明出具时间、领取方式。

9. 保密条款。

10. 无争议、承诺及保证条款。

11. 生效条件。

(二) 可选条款

1. 竞业限制条款。用人单位要求或者免除劳动者履行竞业限制义务的，可就相关事项作出约定。

2. 服务期解除条款。可就劳动者承担违约金及支付方式作出约定。

3. 其他相关事项，如住房、汽车等返还、股权退出等。

三、解除劳动合同协议书的效力

除出现法定情形外，解除劳动合同协议一经签署对双方将产生法律效力。根据《劳动合同法》第二十六条规定，协商解除协议存在以下情形的，应属无效或者部分无效：

1. 存在以欺诈、胁迫的手段或者乘人之危情形的。

2. 用人单位免除自己的法定责任、排除劳动者权利的。

3. 存在重大误解、显失公平情形的[①]。

4. 违反法律、行政法规强制性规定的，比如双方一致同意不缴纳社会保险。

除上述情形外，如果劳动者是精神病人，可能因为在签署协议时处于无民事行为能力状态而导致协议无效。

协商解除协议被认定无效后，劳动者要求继续履行劳动合同的，原则上应当继续履行，用人单位需承担违法解除给劳动者造成的工资损失，并补缴该期间的社保及公积金。

案例74　违反法律、行政法规强制性规定，协商解除协议无效

张某与上海敬豪劳务服务有限公司劳动争议一案中[②]，2010年1月，张某与敬豪公司建立劳动关系后被派遣至中海公司担任电焊工。2014年1月13日，敬

[①] 《最高人民法院关于贯彻执行〈中华人民共和国民法通则〉若干问题的意见》第七十二条规定："一方当事人利用优势或者利用对方没有经验，致使双方的权利与义务明显违反公平、等价有偿原则的，可以认定为显失公平。"

[②] 上海市第二中级人民法院（2015）沪二中民三（民）终字第962号民事判决书。

豪公司与张某签订协商解除劳动合同协议书。双方在签订解除劳动合同协议前，张某曾向敬豪公司提出安排其进行离职体检。敬豪公司法定代表人王某承诺签订协议后安排张某体检，但实际并未安排。张某经有关部门举报投诉后，敬豪公司才安排张某做离职体检。法院认为，虽然《劳动合同法》第四十二条第一款的规定没有排除用人单位与劳动者协商一致解除劳动合同的情形，但根据《职业病防治法》第三十六条，用人单位安排从事接触职业病危害的作业的劳动者进行离岗职业健康检查是其法定义务，该项义务并不因劳动者与用人单位协商一致解除劳动合同而当然免除。敬豪公司在没有为张某进行离职健康检查的前提下，与张某协商解除劳动合同，显然与《职业病防治法》的规定相悖，侵害了劳动者的正当权益，双方协商解除劳动关系的协议应当认定为无效。

四、解除劳动合同协议书的撤销

解除劳动合同协议书签署后，各方均应自觉履行，非经协商一致或法定程序，不得随意反悔、撤销。尽管如此，劳动者诉求撤销协商解除劳动合同的争议也时有发生，主要包括：

（一）劳动者因个人原因反悔，要求撤销解除协议，继续履行劳动合同

这种情况通常发生于劳动者在签署协议之后患病、发现自己怀孕、新用人单位取消录取通知等情形下。基于诚信原则、维护合同稳定性、保护各方当事人利益期待的考量，劳动者的诉求通常不会得到支持。

案例75　签署解除协议后发现已怀孕，主张用人单位违法解除不支持

韦某与合肥天美精密铸造有限责任公司劳动争议一案中[①]，韦某于2011年3月进入天美公司担任普工。2018年3月5日双方签订《解除劳动合同协议书》，约定自2018年3月1日起解除劳动合同，天美公司支付经济补偿金26408.51元，社保缴纳至2018年3月31日止。2018年3月14日，韦某检查确诊2018年1月底已怀孕，遂以公司违法解除劳动合同为由提出赔偿金等请求。法院认为，协议签订后，天美公司已如约履行协议全部内容。从韦某自述及孕检记录看，韦某系

---

① 安徽省肥西县人民法院（2019）皖0123民初399号民事判决书。

在签订协议后才知晓怀孕，天美公司更无法在签订协议之时知晓韦某已怀孕，且韦某也无证据证明天美公司在签订协议之时已知晓或隐瞒其怀孕的情况，依据《最高人民法院关于审理劳动争议案件适用法律若干问题的解释（三）》第十条第一款之规定，上述协议系双方自愿平等协商基础上签订，是双方真实意思表示，应属有效协议，双方均应依法遵守。韦某以签订该协议时处于孕期为由主张违法解除劳动合同经济赔偿金，无事实和法律依据，不予支持。

（二）劳动者认为协议约定给付款项有漏项或差额，显失公平，要求补足差额

对于此类争议，需视具体情况分析：

1. 如劳动者提供证据证明解除劳动合同协议书对于离职结算确实存在漏项，且劳动者未明确放弃该项报酬的，或者虽然劳动者明示放弃但违反法律强制性规定的（如工伤职工的工伤保险待遇），用人单位仍有可能被判令承担支付义务。

2. 对于劳动者主张约定的工资报酬、加班费、经济补偿或者赔偿金存在差额，要求补足差额的问题，根据《最高人民法院关于审理劳动争议案件适用法律若干问题的解释（三）》第十条的规定，通常需要考量以下几个方面的因素：约定数额与法定待遇之间差额是否实质性损害了劳动者利益、劳动者在签订协议时是否知道或应当知道应得款项金额、是否明确表示放弃、是否存在欺诈或胁迫情形。

案例76　终止协议书约定的经济补偿标准低于法定计算标准，不存在可撤销情形仍然合法有效

孙某与北京外航服务公司、荷兰皇家航空公司北京代表处劳动争议一案中[1]，外航公司与荷航北京代表处于2005年8月1日签订《聘用国内基地中国空勤乘务员合同》，约定外航公司按照荷航北京代表处要求为乙方招聘乘务员。自2006年起，孙某与外航公司先后多次签订《劳动合同书》，最后一份《劳动合同书》期限至2015年10月29日。2016年5月，孙某与荷航北京代表处、外航公司签订《协议书》，该协议显示："空乘和FASCO于2006年4月30日建立劳动关系，由FASCO派遣到荷航北京代表处担任空乘工作，空乘派遣期限于2015年10月29日到期，不予续签，劳动合同也于2015年10月29日到期，不予续签。

---

[1] 北京市第三中级人民法院（2019）京03民终16320号。

但因派遣期限和劳动合同到期时，空乘处于哺乳期内，其派遣关系及劳动合同依法顺延至法定情形消失时终止。孙某确认，其哺乳期于 2016 年 5 月 11 日期满结束。各方现就荷航北京代表处终止空乘聘用以及空乘和 FASCO 到期终止劳动合同和其他事项达成一致，具体如下：……荷航北京代表处须通过 FASCO 向空乘支付经济补偿金 151444.50 元人民币……本协议履行完毕后，各方均将不会就 FASCO 派遣空乘到荷航北京代表处工作的任何相关事宜，向另外两方提起法律诉讼或者劳动仲裁……5.3 协议方不存在任何其他争议。"2016 年 7 月 7 日，孙某收到外航公司支付的经济补偿金。法院认为，孙某与外航公司、荷航北京代表处签订的《协议书》中约定了劳动合同终止后经济补偿金的数额以及其他法律后果。尽管该经济补偿金的数额低于法定计算标准，但该协议所涉内容并未违反法律、行政法规的强制性规定，孙某亦未就其系在欺诈、胁迫、乘人之危情形下所签提交充分有效的证据加以佐证，故该《协议书》应属合法有效。

但是，需要注意的是，如果协商解除劳动合同协议存在欺诈、胁迫、重大误解、显失公平等情形，即使双方在协议中约定了"再无其他争议""不再主张任何权利"等兜底性或权利放弃条款，劳动者依然有权申请撤销全部或部分条款、要求用人单位依法承担足额支付相关待遇的义务。

案例77　解除协议内容显失公平，员工有权要求撤销

浙江美洋广告有限公司与杨某劳动争议一案中[1]，2004 年杨某进入美洋公司工作，在工作期间美洋公司未给杨某缴纳社保。2016 年 11 月 13 日，杨某在工作中发生疾病住院治疗，2017 年 5 月 5 日出院。2017 年 5 月 3 日美洋公司提出解除劳动合同，并与杨某签订劳动合同解除协议，约定：2017 年 5 月 3 日双方解除劳动关系，美洋公司向杨某支付各项费用合计 28 万元，包括但不限于病假工资、经济补偿金、医疗补助费等。杨某承诺不再提起与美洋公司之间的任何劳动争议。杨某后主张上述协议内容侵犯其合法权益，提起撤销诉讼。法院认为，在杨某患病期间，美洋公司解除与杨某的劳动关系，且未足额支付病假工资，美洋公司应当向杨某支付经济补偿金、病假工资、医疗补助费共计 469516.68 元，而《劳动合同解除协议》仅约定为 280000 元，明显过低。美洋公司提供的证据不足

---

[1] 浙江省杭州市中级人民法院（2018）浙01民终9510号民事判决书。

以证明在与杨某签订《劳动合同解除协议》时进行了充分的告知和协商，故杨某认为涉案协议存在重大误解和显失公平，要求对涉案协议中补偿部分按法定进行补偿的意见，符合法律规定，法院予以支持。

🔍 合规建议

根据以上分析，就协商解除劳动合同，我们提出以下合规建议：

1. 协商解除劳动合同协议应当以书面形式作出并让劳动者签署。

2. 协商解除劳动合同协议书中需明确提出解除动议的一方。

3. 对接触职业病危害作业的劳动者需在签署协议之前进行职业病危害检查，排除职业病后再签署解除劳动合同协议书。对于工伤伤残员工，应在完成劳动能力鉴定程序后再签订解除劳动合同协议书。

4. 解除劳动合同协商过程中以及协议书签署时，不得有欺诈、胁迫、乘人之危的行为。

5. 协议书的内容应当合法、完整、全面，不得有违反法律禁止性规定或者显失公平的内容。

6. 协商解除劳动合同协议书应由劳动者本人亲自签署，不得由他人代签。但劳动者被人民法院认定为无民事行为能力、限制行为能力的，可有法定监护人代表其签署。

7. 用人单位应严格履行解除协议约定的各项义务。

第二章　加班管理合规实务指引

本章导读

　　法律并没有对劳动者休息日加班时用人单位安排补休的时限作出规定，一般由用人单位自行安排。实践中有些用人单位规章制度规定，加班补休须在一定时限内休完，如加班之日起 6 个月，否则逾期作废，公司不再支付加班费。根据法律规定，用人单位具有安排补休或支付加班工资的义务，上述制度规定剥夺了劳动者依法获得加班工资的权利，属于无效规定，用人单位未安排补休的仍需要支付加班工资。

实践中，大量企业推行加班文化，有些企业甚至采取强推"996工作制"或是采用安排加班但不依法支付加班费等方式来控制成本，违反了相关法律规定，存在引起加班争议和承担法律责任的风险。还有很多员工或为了完成超负荷的任务量，或为了通过绩效考核，或为了获得加班费增加收入，或为了给领导留下好印象等，而被迫"自愿加班"。过度加班不一定会提高工作效率，并且还存在"过劳死"的风险。这些都让劳动者休息休假的权利无法得到落实。用人单位基于生产经营需要，可以依法安排加班，但也应注意保障劳动者的休息权和依法获得加班费的合法权益，并且应依法采取措施来防范加班管理的法律风险。

在加班劳动争议中，裁审机关审查的重点主要包括：劳动者实行的工时制度、是否有证据证明存在加班事实、加班是否经过用人单位安排或履行审批手续、是否足额支付加班工资或依法安排补休等。

第一节 加班的安排与限制

一、劳动者是否可以拒绝用人单位安排的加班

依据《劳动法》和《国务院关于职工工作时间的规定》第六条的规定，国家实行劳动者每日工作时间不超过8小时、平均每周工作时间不超过40小时、每周至少休息1天的工时制度。《国务院关于职工工作时间的规定》第六条规定，任何单位和个人不得擅自延长职工工作时间。因特殊情况和紧急任务确需延长工作时间的，按照国家有关规定执行。

劳动者是否可以拒绝用人单位安排的加班，需要根据加班从事的工作任务进行认定。

（一）需要劳动者同意的加班

根据《劳动法》第四十一条的规定，用人单位安排加班需满足以下条件：

1. 由于用人单位的生产经营需要；

2. 经与工会和劳动者进行协商；

3. 加班时长需遵守法律的限制性规定。

《劳动合同法》第三十一条明确规定，用人单位应当严格执行劳动定额标准，不得强迫或者变相强迫劳动者加班。

因此，一般情况下，对于正常工作时间以外是否可以安排加班并非用人单位单方面可以决定，确因生产经营需要，在与劳动者协商一致的情况下方可延长工作时间。劳动者不同意加班的，用人单位不可以强迫加班，否则属于侵犯劳动者的法定休息权，员工有权拒绝，且不构成不服从工作安排或旷工，用人单位亦不可据此认定员工违纪并根据规章制度进行经济处罚或纪律处分，否则可能面临行政处罚甚至认定违法解除劳动合同的法律风险。

（二）劳动者不得拒绝的加班

依据《劳动法》第四十二条、《劳动部贯彻〈国务院关于职工工作时间的规定〉的实施办法》第六条的规定，有下列情形之一的，延长工作时间不受《劳动法》第四十一条规定的限制：

1. 发生自然灾害、事故或者因其他原因，使人民的健康安全和国家财产遭到严重威胁，需要紧急处理的；

2. 生产设备、交通运输线路、公共设施发生故障，影响生产和公众利益，必须及时抢修的；

3. 必须利用法定节日或公休假日的停产期间进行设备检修、保养的；

4. 为完成国防紧急任务，或者完成上级在国家计划外安排的其他紧急任务，以及商业、供销企业在旺季完成收购、运输、加工农副产品紧急任务的。

因此，在法律规定的特殊情况下，用人单位可不经协商单方面安排劳动者加班，劳动者必须服从加班安排，且可以有条件地突破加班时长的限制，劳动者不得拒绝。

2020年5月28日公布的《民法典》第四百九十四条第一款规定，国家根据抢险救灾、疫情防控或者其他需要下达国家订货任务、指令性任务的，有关民事主体之间应当依照有关法律、行政法规规定的权利和义务订立合同。比如，2020年新冠肺炎疫情蔓延，如果基于疫情防控需要企业接受国家订货任务或指令性任务需要加班的，员工不得拒绝。此外，各地法院疫情期间也相继发布了劳动争议案件的裁审意见，有些地方就明确规定承担疫情防控保障任务的用人单位，要求劳动者加班无正当理由拒绝的，用人单位可以解除劳动合同且无须支付经济补偿金。①

（三）员工拒绝加班是否承担损失赔偿责任

2020年4月29日，扬州市邗江法院发布的2019年劳动争议典型案例中，一起员工拒绝加班判赔1.8万元的案例引发众多网友和专业人士热议。扬州某公司两名员工，被要求加班完成产品检验，否则公司将违约。两人由于公司不愿意续签劳动合同拒绝加班，导致公司赔偿12万元。公司将其告上法庭，两人被判酌情赔偿企业违约损失的15%，即1.8万元。

我们检索案例信息发现，扬州的这个典型案例实际是个串儿案，在扬州某公司诉两名员工拒绝加班赔偿损失之前，双方还曾就解除劳动合同等发生争议，而且是基于同一个事实——员工拒绝加班。

在第一次的解除争议案中②，二审法院认为，公司提供两份《购货合同》及索赔报告，认为公司系因生产任务紧迫才要求劳动者加班，但根据法律规定，公司要求劳动者加班的情形显然不属于《劳动部贯彻〈国务院关于职工工作时间的规定〉的实施办法》第七条规定的特殊情形和紧急任务，而系出于生产经营需要延长职工工作时间，应按《劳动法》第四十一条的规定执行。公司认为员工拒绝加班系违反《人力资源管理制度》，即拒绝主管人员合理调遣、指挥并有严重侮辱或恐吓行为，属于严重违纪。但根据上述劳动法规定，公司在未与劳动者协商的情况下要求员工加班，不属于合理调遣，公司亦无证据证明员工对主管人员有严重侮辱或恐吓行为，公司工会向公司领导所发的函亦认为公司不能以劳动者拒绝加班为由解除劳动合同，故对公司认为员工拒绝加班系严重违反公司管理规定之主张，本院不予采信。公司单方解除劳动合同的行为不符合《劳动合同法》关于用人单位解除或终止劳动合同的相关规定，原审法院认定系违法解除并无不当。

---

① 《广东省高级人民法院、广东省人力资源和社会保障厅关于审理涉新冠肺炎疫情劳动人事争议案件若干问题的解答》第八条："承担疫情防控保障任务的用人单位，通知劳动者在春节延长假或者限制复工期间返岗或者合理延长工作时间，劳动者无正当理由未按时返岗或者未按用人单位要求合理延长工作时间，属于可以解除劳动合同情形的，用人单位根据法律、劳动合同的约定或者本单位的规章制度可解除劳动合同，劳动者要求用人单位支付解除劳动合同经济补偿或者违法解除劳动合同赔偿金的，不予支持。"

② 扬州市中级人民法院（2017）苏10民终1257号民事判决书。

我们通过检索案例信息还找到了扬州典型案例的二审判决[①]，二审法院认为，因劳动者本人原因给用人单位造成经济损失的，用人单位可以按照劳动合同的约定要求其赔偿经济损失，但用人单位应当举证，证明双方存在赔偿损失的约定、劳动者存在故意或重大过失的行为、用人单位实际产生损失、损失与劳动者的过错行为有因果关系。本案中，公司诉请员工赔偿迟延交货损失 12 万元所依据的事实是员工拒绝加班，未配合完成涉案产品的检测工作，过错程度重大，但公司作为用人单位，对劳动者有管理与指挥的职能，其与劳动者的法律地位具有不对等性，应当承担一定的经营风险。案涉产品迟延交货导致的损失属于企业的经营风险，应由公司自行承担。公司主张损失与其经营风险无关，员工需承担惩罚性违约责任的上诉请求，缺乏事实和法律依据，本院依法不予支持。一审法院结合员工的收入水平、用人单位的管理疏漏以及造成损害的程度等因素，酌定员工承担 15% 的赔偿责任，鉴于员工在一审判决后并未对此提出上诉，故本院二审对一审法院的判决结果予以维持。通过上述二审判决可以看出，二审法院从实体上并不支持员工需向公司赔偿损失，但是由于员工并未上诉，所以二审法院从程序上维持了一审的判决结果。也就是说，如果员工上诉了，二审法院很可能会改判并驳回公司的全部请求。

该典型案例发布并通过媒体扩散后，也许有部分企业跃跃欲试，试图效仿典型案例中公司做法——强迫劳动者加班，也可能有部分劳动者开始担心未来企业会滥用生产任务紧迫被逼加班。但是，通过深度挖掘该典型案例的相关判决并结合法律规定可以看出，无论从法律规定还是法院生效判决观点分析，企业基于自身生产经营需要、订单任务紧急等安排劳动者加班，都必须与工会和劳动者协商一致，劳动者不同意加班的，企业不能作出违纪处理，也不能向劳动者索赔，企业应当自行承担经营风险，不得转嫁给劳动者。用人单位应在企业经营自主权与劳动者基本休息权之间找到平衡点，确因生产经营需要安排劳动者加班的，应积极与劳动者就加班事项进行平等协商，并保障劳动者的合法加班待遇。同时，对于拒绝加班的劳动者，用人单位亦应予以理解和尊重，不可因此采取罚款、认定旷工乃至以严重违纪为由解除劳动合同等措施进行处分，避免由此给用人单位带来更大的法律风险。

[①] 扬州市中级人民法院（2019）苏 10 民终 1749 号民事判决书。

二、加班时间的限制与"996 工作制"

(一) 加班时长的限制性规定

为了保障劳动者的休息权,法律规定对加班的时长进行限制性规定,用人单位不得随意延长工作时间。根据《劳动法》第四十一条规定,用人单位由于生产经营需要,经与工会和劳动者协商后可以延长工作时间,一般每日不得超过 1 小时;因特殊原因需要延长工作时间的,在保障劳动者身体健康的条件下延长工作时间每日不得超过 3 小时,但是每月不得超过 36 小时。

由于劳动者实行不同的工时制度,在执行加班时长限制性规定时需要注意:

1. 标准工时制的加班限制

在标准工时制度下,用人单位安排加班劳动者同意的,加班时长不得超过上述法律规定的上限。

2. 综合计算工时工作制的加班限制

根据原劳动部发布的《关于职工工作时间有关问题的复函》规定,实行综合计算工时工作制是从部分企业生产实际出发,允许实行相对集中工作、集中休息的工作制度,以保证生产的正常进行和劳动者的合法权益。执行综合计算工时的劳动者,某个工作日或某个月的延长工作时间的小时数可以超过法律规定的上限,但综合计算周期内平均每月不得超过 36 小时。同时,对于第三级以上(含第三级)体力劳动强度的工作岗位,劳动者每日连续工作时间不得超过 11 小时,而且每周至少休息 1 天。

3. 不定时工作制加班不受限制

根据原劳动部《工资支付暂行规定》和各地工资支付条例的规定,经劳动保障行政部门批准实行不定时工作制度的劳动者,不执行标准工时制度和综合计算工时工作制度有关加班及加班工资支付的规定,即不定时工时制度下劳动者在休息日和法定节假日工作的,也不支付加班工资,当地规定法定节假日工作需支付加班工资的除外。因此,实行不定时工作制的职工不受《劳动法》第四十一条规定的日延长工作时间标准和月延长工作时间标准的限制,应当采用弹性工作时间等适当工作和休息方式。但是,实行不定时工作制的职工平均每周工作时间不得超过 40 小时。名为不定时工作制,实际执行标准工时制度,存在按照标准工时制度适用法律规定的风险。

另外,根据《女职工劳动保护特别规定》规定,对怀孕 7 个月以上及哺乳未满 1 周岁婴儿的女职工,用人单位不得安排加班。

(二)"996 工作制"的法律评价

近几年,随着某些互联网企业的高调宣传和互联网大佬公开发表言论赞同"996 工作制","996 工作制"再次引起社会广泛的关注和讨论。所谓的"996 工作制"是指上午 9 点上班一直工作至晚上 9 点,每周工作 6 天,除去午休和晚饭时间,员工人均工作小时在 10 小时以上的工作制度。该工作制度极大地增加了劳动者的工作强度并占用了大量的休息时间,但为了增加效益、降低成本、提高利润,不少企业争相实行,有些企业则单方面宣布强制实施"996 工作制",甚至不支付加班费。

"996 工作制"违反了我国劳动法对于加班时长等方面的规定和限制。"996 工作制"每周保守工作时长达到 60 小时以上,一周加班时间可以达到 20 小时以上,1 个月至少 80 小时,无论采取标准工时还是综合工时,在加班时长方面均已超过法律允许的限度,明显不符合法律、行政法规中关于工作时长的规定。即使用人单位与劳动者就"996 工作制"达成一致且安排倒休或支付加班费的,亦不会改变该工作制度违反法律强制性规定的认定。

三、加班与值班的区别

实践中,有些用人单位安排劳动者在正常工作时间以外进行值班,有的劳动者据此要求用人单位支付加班工资。

国家法律法规并未就"值班"的含义和待遇进行规定,但北京、上海、山东等在地方裁审意见中规定,下列情形中,劳动者要求用人单位支付加班工资的,一般不予支持:(1)因单位安全、消防、假日等需要担任单位临时安排或制度安排的与劳动者本职工作无关的值班;(2)单位安排劳动者从事与其本职工作有关的值班任务,但值班期间可以休息的;在上述情况下,劳动者可以要求用人单位按照劳动合同、规章制度、集体合同等支付相应待遇。

由于国家层面的法律法规并未就"值班"给予明确定义,结合各地地方裁审意见,我们认为,加班与值班的主要区别在于:

(一)工作内容不同

加班是在法定工作时间之外,用人单位基于生产经营的需要,对劳动者工时间的延长和增加。而实践中，大部分地区认为用人单位因安全、消防、节假日等需要，安排劳动者从事与本职工作无关的任务，或安排劳动者从事与本职工作有关的任务，但值班期间可以休息的，均可认定为"值班"，而不是"加班"[1]。比如，全天24小时吃住在单位的保安、传达室门卫、仓库保管员等特殊岗位劳动者，主张加班费的一般不会得到支持。

案例78　用人单位安排员工值班，无须支付加班工资

在金某与某市档案局劳动争议一案中[2]，2010年2月28日，金某与某市档案局签订劳动合同，合同期为2010年3月1日至2011年2月28日。合同约定：档案局发给金某每月固定工资1050元，另发午餐补贴和福利，不再享受加班费补贴；金某做好全天24小时的值班安全保卫工作、来访接待、公物管理等工作，承担内勤工作，负责邮件收发、卫生、垃圾清运等工作。之后金某一直居住生活在值班室，并利用档案局提供的电饭煲、电磁炉等工具做饭。2010年1月21日，有关部门向档案局发出《整改意见函》，认为该局存在"楼梯下使用明火烧饭、配电房堆放物品较多，未配备灭火器"的安全隐患，要求整改。合同期满后，档案局决定不再与金某续签合同。后金某要求档案局支付加班工资，被拒。

法院认为，金某岗位为值班内勤，其工作内容为24小时的安全保卫工作、并负责邮件收发、卫生、垃圾清运等。双方劳动合同也特别约定金某不享受加班费补贴。劳动合同履行期间，金某对约定内容也从未提出异议。且金某平时居住生活都是在单位值班室，工作场所和住处同一，工作与生活状态不能严格区分。根据其在档案局的实际工作情况，值班期间也有足够的睡眠休息时间，故金某主张加班工资缺乏依据，不予支持。

（二）工作强度不同

加班系劳动者对本职工作的延续，其工作强度与正常工作期间相当。而值班往往是基于安全、消防、节假日值守等特殊和临时性安排，一般还可视情况进行

---

[1] 但是根据《天津法院劳动争议案件审理指南》第三十五条的规定，天津地区强调值班不应与本职工作有直接关系。

[2] 2012年浙江省高级人民法院与浙江省劳动人事争议仲裁委员会发布2008年至2012年浙江省劳动争议仲裁十大典型案例之案例三：岗位要求需值班，加班工资不能算。

休息，故对劳动者工作强度要求不高。基于这种情况，加班时长需要遵守法律的限制性规定，而值班并无时长限制。

（三）劳动待遇不同

根据《劳动法》第四十四条的规定，延时加班的应支付不低于150%的工资；休息日加班又不能安排补休的，应支付不低于200%的工资；法定节假日加班的，应支付不低于300%的工资。而实践中，劳动者就值班事实要求用人单位支付加班费的，裁判机构一般不予支持，但劳动者可以依据劳动合同、规章制度、集体合同等要求用人单位支付相应的值班待遇。

（四）法律适用不同

劳动者加班，需要适用《劳动法》《工资支付暂行规定》等法律法规规定，裁判依据比较明确，各地裁判尺度较为统一。而就劳动者值班而言，由于尚无明确法律法规规定，司法机关主要参考当地裁审意见或者自由裁量，容易引发争议。

实践中，有些用人单位以"值班"名义，变相要求劳动者行"加班"之实。一旦被认定名为"值班"实为"加班"，用人单位需要依法支付加班费。

案例79　以"值班"名义变相安排员工加班，用人单位应支付加班工资

在李某与北京欧瑞仕生物科技有限公司劳动争议一案中[①]，李某于2017年3月27日入职，双方签订的劳动合同中约定李某的岗位为产品经理。双方劳动关系于2017年9月25日解除。双方均认可因北京某整形医院与欧瑞仕公司为共同的管理层，因此统一安排了欧瑞仕公司员工到北京某整形医院值班，在欧瑞仕公司值晚班和值白班的值班费为每班50元，双方对于值班是否为加班存在分歧。李某主张其在职期间存在延时加班和休息日加班，平时值班为17：30至20：00，周末加班为8：00至17：30，白班一般两个人，晚班一个人，值班属于加班，平时周末值一次白班一次晚班支付100元，值一次晚班50元。法院认为，李某主张晚上值班和周末值班均属于加班。通过晚上值班要求可知，晚上值班是到一楼前台值班，且要检查门外车位情况，考虑到值班地点为某整形医院的特殊性，法院对欧瑞仕公司所持的晚上基本没病人的主张予以采信，在李某未能就其在前台

---

① 北京市第一中级人民法院（2019）京01民终656号民事判决书。

值班期间所从事的具体工作提供充分有效的证据，法院对李某所持晚上值班属于加班的主张不予采信。通过周末值班的要求可知，主班人员需要主动做好本职工作外，再做其他工作，因此可以认定周末白天值班属于加班。根据李某提交的微信中的值班表统计其在2017年4月至2017年8月存在4天周末值班的情况，2017年9月存在1天周末值班的情况，恰与欧瑞仕公司提交的2017年4月至2017年8月存在4天存休的情况一致，现欧瑞仕公司亦未就李某已经对存休进行了倒休，故欧瑞仕公司应支付李某在职期间5天的休息日加班工资。

四、周末参加开会、培训、出差是否属于加班

加班是用人单位基于生产经营目的，要求劳动者在法定工作时间外继续从事本职工作，是对正常工作时间的延长与增加，工作强度与正常工作期间基本相同。判断用人单位安排劳动者在周末开会、培训、出差是否属于法律意义上的"加班"，除上述因素外，还需考虑该安排是否体现了用人单位的意志和对劳动者的用工管理权，对劳动者周末休息权的影响，以及劳动者所适用的工时制度。

（一）周末参加开会、培训的认定

若用人单位强制要求劳动者参加周末安排的会议、培训，使劳动者被动丧失周末休息时间的，则应认定属于加班。若相关会议、培训并非强制安排，而是鼓励和推荐劳动者参加，用人单位应向劳动者明示，事前充分赋予劳动者自由选择权，事后不得对未参加人员进行变相处罚；在此情况下，劳动者为提高工作能力和自身素质自愿参加主动放弃周末休息的，则一般不认定为加班，用人单位可不支付加班工资。

案例80　员工周末必须参加的例会属于加班，自愿参加的培训不属于加班

在胡某与成都硅宝科技股份有限公司劳动争议一案中[①]，胡某于2003年4月8日入职硅宝公司工作。胡某主张其每周六参加公司培训，硅宝公司应支付加班费。胡某陈述的加班为每周六上午9点至12点，大约3个小时，其中部分时间为培训，部分时间为部门开例会。若公司进行培训，则部门例会不再召开。例会

---

① 四川省成都市中级人民法院（2018）川01民终9415号民事判决书。

主要讨论本周账单和每个项目，培训属于自愿参加，例会为必须参加。硅宝公司对于胡某在硅宝公司周末存在开例会和培训的事实不持异议。硅宝公司承认，周六上午存在开例会的情况，并认为2016年9月13日至2017年9月有记录显示的培训为11次，但不清楚是否存在未在周六上午安排任何事宜的时间。法院认为，本案中，双方争议的周末培训以及开例会是否应支付加班工资的问题，实质问题系胡某的休息权是否受到影响。硅宝公司开展的培训内容主要是综合素质方面的培训，此系对员工自身能力的提升，而双方均陈述培训系自愿参加，也不影响考核。因此，胡某自愿参加的培训，系其对自身休息权的处分，对于其主张加班工资的上诉意见，本院不予采纳。对于周末召开的例会这一非自愿参加的活动，因其内容主要是对每周工作进行总结，占用了胡某的休息时间，硅宝公司应按照《劳动法》规定向胡某支付加班工资。

（二）周末出差及路途时间的认定

周末出差是否认定为加班，需要结合劳动者周末出差是否为用人单位安排及周末是从事工作还是休息确定，如果劳动者能够举证证明周末出差是用人单位安排且周末从事工作的，一般认定为加班。

另外，出差在途时间是为工作进行准备的时间，一般并不认定为加班时间。但是司法实践中也有观点认为，出差在途时间仍与工作有关，进而认定应当支付加班费。

案例81　员工出差休息日在途时间并无实际工作内容，不作为加班时间

在王某与嘉凯城集团（上海）有限公司劳动合同纠纷案中[1]，王某于2017年5月22日入职嘉凯城公司担任法务一职，2018年8月24日离职。王某主张休息日加班，除2018年2月18日、3月25日两天带客户看房外，其余均为出差申请单中涉及休息日的日期；其中2017年7月30日、12月17日及2018年1月28日、3月18日、6月3日、7月8日均为次日（周一）开庭，周日到达后阅读资料、做相应诉讼准备，2018年2月3日、3月17日直到下午返程前都在项目上工作，2018年5月20日全天在项目上工作，2018年8月5日全天与项目组人员

---

[1] 上海市第一中级人民法院（2020）沪01民终2788号民事判决书。

沟通立案事宜；2018年3月16日因项目紧急，出发车票费用由领导垫付，故未申请报销，2018年8月5日是先上车后补票，只有定额发票，具体上车时间已记不清楚；车票发车时间不能反映实际工作情况，往返车站及安检的在途时间均未计算，而法务工作随时随地都可进行，故应当以出差申请单中的时间作为实际工作时间，其均按照8小时主张。法院认为，关于加班工资的争议，王某主张的加班工资主要涉及出差期间休息日的在途时间是否能认定为加班，对此本院认为，劳动者出差期间休息日的在途时间与平时上下班的在途时间情形相仿，均属于为工作做准备的时间，并无实际工作内容，故不符合加班的情形，在途时间不作为加班时间。

需要注意的是，执行综合工时制的劳动者，因其整个综合计算周期内的实际工作时间并不区分工作日和休息日，只要未超过该周期内法定标准工作时间的，在周末被安排任何工作，都不视为加班。执行不定时工时制的劳动者，因可自主安排工作和休息时间，享受弹性工作制，本身就不存在周末加班的问题。

合规建议

用人单位应当依法安排劳动者的工作时间，保证劳动者的休息权，并注意以下问题：

1. 用人单位确因生产经营需要，在与劳动者协商一致的情况下可以安排加班，劳动者不同意加班的，用人单位不可以强迫加班。除法律规定的特殊情况外，劳动者拒绝加班，用人单位不可据此认定劳动者违纪并根据规章制度进行经济处罚或纪律处分，也无权要求劳动者赔偿经济损失。

2. 用人单位安排劳动者加班的，应当遵守法律关于加班时长的限制性规定，"996工作制"不符合法律规定，用人单位更不应强制推行。

3. 用人单位安排劳动者值班的，可以不支付加班费，但是不得以值班为名行加班之实。

4. 用人单位应合理安排劳动者工作时间，确实需要在周末安排工作性质的开会、培训、出差的，事后又无法安排补休时，应依法支付加班工资。

5. 对怀孕7个月以上及哺乳未满1周岁婴儿的女职工，用人单位不得安排加班。

第二节　加班工资的计算

根据《劳动法》第四十四条规定，有下列情形之一的，用人单位应当按照下列标准支付高于劳动者正常工作时间工资的工资报酬：（1）安排劳动者延长工作时间的，支付不低于工资的150%的工资报酬；（2）休息日安排劳动者工作又不能安排补休的，支付不低于工资的200%的工资报酬；（3）法定休假日安排劳动者工作的，支付不低于工资的300%的工资报酬。因此，用人单位安排劳动者加班的，应当依法支付加班工资。实践中，劳动者实行不同的工时制度，加班工资的计算方法存在不同。

一、标准工时制员工的加班工资

标准工时制度是指劳动者的工作时间实行每天不超过8小时，每周不超过40小时，并且每周至少休息1天的工时制度。用人单位根据实际需要安排实行标准工时制度的劳动者在法定标准工作时间以外工作的，应区分工作日延时加班、休息日加班、法定休假节日加班，依法给予相应的加班待遇。

根据《劳动部对〈工资支付暂行规定〉有关问题的补充规定》规定，在符合法定标准工作时间的制度工时以外延长工作时间及安排休息日和法定休假节日工作应支付的工资，是根据加班加点的多少，以劳动合同确定的正常工作时间工资标准的一定倍数所支付的劳动报酬，即凡是安排劳动者在法定工作日延长工作时间或安排在休息日工作而又不能补休的，均应支付给劳动者不低于劳动合同规定的劳动者本人小时或日工资标准150%、200%的工资；安排在法定休假节日工作的，应另外支付给劳动者不低于劳动合同规定的劳动者本人小时或日工资标准300%的工资。

（一）工作日延时加班工资

根据《劳动和社会保障部关于职工全年月平均工作时间和工资折算问题的通知》规定，折算日工资、小时工资时不剔除国家规定的11天法定节假日，即月计薪天数＝（365天－104天）÷12月＝21.75天。由此可知，工作日延时加班工资＝月工资收入÷21.75天÷8小时×加班小时数×150%。

（二）休息日加班工资

根据《国务院关于职工工作时间的规定》规定，国家机关、事业单位实行统一的工作时间，星期六和星期日为周休息日，企业和不能实行前款规定的统一工作时间的事业单位，可以根据实际情况灵活安排周休息日。休息日加班工资＝月工资收入÷21.75天÷8小时×加班小时数×200%，需要注意的是，若一个休息日加班超过8小时的，超过部分仍需按200%的标准支付加班工资。

（三）法定休假节日加班工资

根据《全国年节及纪念日放假办法》规定，全体公民放假的节日包括新年1天（1月1日）、春节3天（农历正月初一、初二、初三）、清明节1天（农历清明当日）、劳动节1天（5月1日）、端午节1天（农历端午当日）、中秋节1天（农历中秋当日）、国庆节3天（10月1日、2日、3日）。全年法定休假节日共计11天，若用人单位安排劳动者在法定休假节日工作的，法定休假节日加班工资＝月工资收入÷21.75÷8小时×加班小时数×300%。需要说明的是，月计薪天数的21.75天未剔除11天法定节假日，法定休假节日本身就是带薪的，加之用人单位另行支付的300%加班费，法定休假节日加班的劳动者实际可得4倍工资。

我们以春节假期加班为例，春节放假7天由两部分组成，一部分是初一至初三的法定休假节日，另一部分是其余4天的休息日。初一至初三法定休假节日加班的劳动者，用人单位按照不低于劳动者本人日或小时工资标准的300%支付加班工资，且不能安排劳动者补休替代加班工资；其余4天休息日加班的劳动者，用人单位可以首选安排劳动者补休，不能补休的，按照不低于劳动者本人日工资或小时工资的200%支付加班工资。

（四）计件工资制员工的加班工资

计件工资是指以劳动者生产的产品数量来计算工资，是按计件单价支付劳动者的劳动报酬，但这种劳动报酬的计算方式，不能排除劳动者获得加班费的权利。实行计件工资的劳动者，在完成计件定额任务后，由用人单位安排延长工作时间的，应根据上述规定的原则，分别按照不低于本人法定工作时间计件单价的150%、200%、300%支付其工资。

（五）防控新冠疫情延长春节假期及延迟复工期间的加班工资

为了加强新冠肺炎疫情防控、阻断疫情传播，国务院批准将2020年春节假期延长至 2 月 2 日，湖北地区春节假期延长至 2 月 14 日，此后各地又陆续发出通知要求各类企业延迟复工，但是因疫情防控承担保障任务的企业除外。

根据《国务院办公厅关于延长 2020 年春节假期的通知》规定，在 2020 年 1 月 31 日至 2 月 2 日因疫情防控不能休假和需提前结束休假复工的职工，应根据《劳动法》规定安排补休，但是不能补休的如何支付工资未作明确规定。各地陆续发布的政策文件和疫情期间劳动争议案件裁审意见，对延长春节假期及延迟复工期间，因疫情防控员工上班的是否支付加班工资问题进行了明确。一般各地政策文件或官方解答均规定，延长春节假期期间，因疫情防控需要上班的员工不能安排补休的，按照休息日加班标准，应发放二倍工资。但是，对于当地政府要求延迟复工期间员工上班的是否支付加班工资，各地意见存在不一致。大部分地区规定，当地延迟复工期间，属于政府采取的停工紧急措施，应该按照停工停产对待，因疫情防控需要在工作日上班的员工应发放正常工资，休息日加班应安排补休，不能安排补休的应支付二倍工资。比如，苏州、无锡、广东等地就有明确规定或官方解答。上海则认为，延迟复工期间职工提供正常劳动及职工按照企业要求在家办公的，企业应当按照休息日加班的有关规定，安排补休或者支付加班工资。

二、综合计算工时制员工的加班工资

（一）实行综合计算工时工作制的职工范围

根据《劳动部关于企业实行不定时工作制和综合计算工时工作制的审批办法》规定，企业对符合下列条件之一的职工，可实行综合计算工时工作制，即分别以周、月、季、年等为周期，综合计算工作时间，但其平均日工作时间和平均周工作时间应与法定标准工作时间基本相同。（1）交通、铁路、邮电、水运、航空、渔业等行业中因工作性质特殊，需连续作业的职工；（2）地质及资源勘探、建筑、制盐、制糖、旅游等受季节和自然条件限制的行业的部分职工；（3）其他适合实行综合计算工时工作制的职工。

（二）综合计算工时工作制员工加班工资的计算

根据《工资支付暂行规定》规定，经劳动行政部门批准实行综合计算工时工作制的，其综合计算工作时间超过法定标准工作时间的部分，应视为延长工作时间，并应按本规定支付劳动者延长工作时间的工资。

综合计算工时制不再以天为周期计算工作时间，而是以周、月、季、年等为周期计算工作时间。在综合计算周期内，1 天的工作时间可以超过 8 小时，但周期内的总工作时间不能超过总法定标准。例如，用人单位以年为周期计算工作时间，1 年中某天的工作时间可以超过 8 小时，但是 1 年的总工作时间不能超过 2000 小时（8 小时×250 个工作日＝2000 小时）。在此情形下，用人单位无须支付加班工资。

案例82　综合计算工时周期内实际工作时间未超过法定标准，无须支付延时加班工资

在任某与乐购特易购商业（北京）有限公司劳动争议一案中[1]，2009 年 12 月 14 日，任某入职乐购特易购商业（北京）有限公司下属分公司，为蔬果课经理，执行综合计算工时制。公司提交 2017 年度至 2018 年度工时统计表、考勤汇总确认表，证明任某 2017 年实际出勤 1912 小时、2018 年实际出勤 1976.5 小时，并未超过综合工时，不存在延时加班的情况。任某认可考勤汇总确认书系其本人签字，但主张每个月领取工资条时乐购分公司要求其必须签字，不签字就不给工资条。法院认为，任某的岗位执行综合计算工时制，以年为计算周期。结合任某提交的加班申请表、打卡记录、员工沟通确认书及某公司提交的有任某本人签字的考勤汇总确认书等证据，难以认定任某的实际工作时间超过法定标准，存在加班的事实，本院不予支持。

综合计算周期内超过法定工作时间的部分，如按年为周期计算工作时间超过 2000 小时的部分，应视为延长工作时间，并按照不低于劳动合同规定的劳动者本人小时工资标准的 150% 支付劳动者工资。综合计算周期内用人单位安排劳动者在法定休假日工作的，按照不低于劳动合同规定的劳动者本人日或小时工资标准的 300% 支付劳动者工资。

若在综合计算周期内，用人单位与劳动者终止、解除劳动合同的，其综合周期内超过法定标准的工作时间应如何计算加班费？针对该问题，实践中各地的计算方法并不统一，北京地区规定如果企业与职工终止、解除劳动合同时，其综合计算工作时间的计算周期尚未结束的，对职工的实际工作时间超过法定标准工作

---

[1] 北京市第二中级人民法院（2019）京 02 民终 9924 号民事判决书。

时间的部分，企业应按照不低于劳动合同规定的劳动者本人日或小时工资标准的 200% 支付劳动者工资。

三、不定时工作制员工的加班工资

（一）实行不定时工作制的职工范围

根据《劳动部关于企业实行不定时工作制和综合计算工时工作制的审批办法》规定，企业对符合下列条件之一的职工，可以实行不定时工作制。（1）企业中的高级管理人员、外勤人员、推销人员、部分值班人员和其他因工作无法按标准工作时间衡量的职工；（2）企业中的长途运输人员、出租汽车司机和铁路、港口、仓库的部分装卸人员以及因工作性质特殊，需机动作业的职工；（3）其他因生产特点、工作特殊需要或职责范围的关系，适合实行不定时工作制的职工。

（二）不定时工作制员工是否执行加班工资规定

一般情况下，不定时工作制需经劳动行政部门审批，但个别地区存在无须审批的例外情况。如珠海规定不再受理企业实行不定时工作制和综合计算工时工作制的审批申请，企业部分岗位因生产特点或工作性质不能实行标准工时工作制，且符合有关规定的，可以实行不定时工作制和综合计算工时工作制，企业实行不定时工作制和综合计算工时工作制需制定相应的规章制度或实施方案，实行不定时工作制和综合计算工时工作制的规章制度或实施方案必须经过企业职工代表大会或者全体职工讨论通过，并进行公示。部分地区如北京和深圳等地规定，企业中的高级管理人员实行不定时工作制，无须办理审批手续。

《工资支付暂行规定》规定，实行不定时工时制度的劳动者，不执行加班工资的规定。因此，用人单位实行不定时工作制的岗位，劳动者即使存在工作日延时工作或休息日工作的情况，用人单位也无须支付相应的加班工资。但是，如果不定时工作制未经审批，用人单位能否仅凭与劳动者的约定实行不定时工作制，存在支付加班费的风险。

案例 83　经过审批执行不定时工时制，不执行加班工资的规定

在张某与某物业公司劳动争议一案中[①]，2017 年 11 月 1 日，张某与某物业

---

① 《人力资源社会保障部、最高人民法院关于联合发布第一批劳动人事争议典型案例的通知》案例 13：用人单位与劳动者自行约定实行不定时工作制是否有效。

公司签订为期3年的劳动合同，约定张某担任安全员，月工资为3500元，所在岗位实行不定时工作制。物业公司于2018年4月向当地人力资源社会保障部门就安全员岗位申请不定时工作制，获批期间为2018年5月1日至2019年4月30日。2018年9月30日，张某与物业公司经协商解除了劳动合同。双方认可2017年11月至2018年4月、2018年5月至2018年9月，张某分别在休息日工作15天、10天，物业公司既未安排调休，也未支付休息日加班工资。张某要求物业公司支付上述期间休息日加班工资，物业公司以张某实行不定时工作制为由未予支付。2018年10月，张某申请仲裁。法院认为，用人单位对劳动者实行不定时工作制，有严格的适用主体和适用程序要求。只有符合国家规定的特殊岗位劳动者，并经过人力资源社会保障部门审批，用人单位才能实行不定时工作制，否则不能实行。本案中，张某所在的安全员岗位经审批实行不定时工作制的期间为2018年5月1日至2019年4月30日，此期间内根据《工资支付暂行规定》（劳部发〔1994〕489号）第十三条规定，物业公司依法可以不支付张某休息日加班工资。2017年11月至2018年4月，物业公司未经人力资源社会保障部门审批，对张某所在岗位实行不定时工作制，违反相关法律规定。因此，应当认定此期间张某实行标准工时制，物业公司应当按照《劳动法》第四十四条的规定"休息日安排劳动者工作又不能安排补休的，支付不低于工资的百分之二百的工资报酬"支付张某休息日加班工资。物业公司应支付2017年11月至2018年9月的休息日加班工资共计8046元（3500元÷21.75天×25天×200%）。

但是，对于法定节假日工作的不定时工作制员工，是否支付加班工资的问题，实践中各地的规定不同，如北京规定无须支付加班工资，而上海则规定需要支付加班工资[①]。

四、加班工资的计算基数

《工资支付暂行规定》第十三条规定，用人单位在劳动者完成劳动定额或规定的工作任务后，根据实际需要安排劳动者在法定标准工作时间以外工作的，应

[①] 《北京市工资支付规定》规定，用人单位经批准实行不定时工作制度的，不适用本规定加班工资的规定。
《上海市企业工资支付办法》规定，经人力资源社会保障行政部门批准实行不定时工时制的劳动者，在法定休假节日由企业安排工作的，按法定节假日工作的规定支付加班工资。

按以下标准支付工资：（一）用人单位依法安排劳动者在日法定标准工作时间以外延长工作时间的，按照不低于劳动合同规定的劳动者本人小时工资标准的150%支付劳动者工资；（二）用人单位依法安排劳动者在休息日工作，而又不能安排补休的，按照不低于劳动合同规定的劳动者本人日或小时工资标准的200%支付劳动者工资；（三）用人单位依法安排劳动者在法定休假节日工作的，按照不低于劳动合同规定的劳动者本人日或小时工资标准的300%支付劳动者工资。

《劳动部对〈工资支付暂行规定〉有关问题的补充规定》（以下简称《规定》）中规定，第十三条所称"按劳动合同规定的标准"，系指劳动合同规定的劳动者本人所在的岗位（职位）相对应的工资标准。《规定》第十三条第一款、第二款、第三款规定的在符合法定标准工作时间的制度工时以外延长工作时间及安排休息日和法定休假节日工作应支付的工资，是根据加班加点的多少，以劳动合同确定的正常工作时间工资标准的一定倍数所支付的劳动报酬。

一般情况下，计算劳动者加班工资，应当按照劳动合同规定的工资标准确定加班工资计算基数，并且"劳动合同规定的工资标准"应为劳动合同规定的正常工作时间劳动者本人所在的岗位（职位）相对应的工资标准。但是，实践中经常会出现双方并未在劳动合同中明确约定工资标准，或者虽然约定了工资标准但是实际履行与劳动合同不一致的情况，导致对加班工资计算基数产生争议。目前各地在工资支付规定或裁审意见中就加班工资的计算基数作出了不同规定。实务中，加班工资计算基数的确定一般遵循以下原则：

1. 原则上应按照劳动合同约定的劳动者本人工资标准确定加班工资的计算基数；实际履行与劳动合同约定不一致的，按实际履行的劳动者本人正常劳动应得的工资确定，但应当扣除加班费、不固定发放的奖金、伙食补助等。

2. 用人单位与劳动者在劳动合同中约定了加班工资基数，以该约定为准。但是，当地另有规定的除外[①]。

案例84　劳动合同中约定加班工资基数合法有效

在上海宝荣实业公司与龚某劳动争议一案中[②]，龚某系上海新世界时装总公

[①] 《北京市高级人民法院、北京市劳动人事争议仲裁委员会关于审理劳动争议案件法律适用问题的解答》规定，如果约定的加班费计算基数低于劳动合同约定的工资标准，劳动者主张以劳动合同约定的工资标准作为加班工资基数的，应予支持。

[②] 上海市第二中级人民法院（2019）沪02民终2886号民事判决书。

司自 1996 年 3 月下岗的职工，其社会保险由该公司缴纳。龚某于 2017 年 7 月入职宝荣实业公司，任量体师，龚某每周做六休一，基本为周三休息。双方签署的《劳务合同》中约定：基础工资 3000 元，岗位工资 2500 元，住房补贴 1000 元，交通补贴 200 元，餐费补贴 500 元，周六加班费 800 元，法定节假日加班按基础工资计算。2017 年 9 月至 2018 年 4 月 25 日，龚某法定节假日加班 7 天、休息日加班 35 天、享受调休 11 天。2018 年 4 月 25 日，宝荣实业公司解除劳务合同。法院认为，龚某自 2017 年 7 月即入职宝荣实业公司，并与宝荣实业公司建立劳动关系。实业公司应按双方所约定的 3000 元基数向龚某支付节假日加班工资。至于休息日加班工资，2017 年 9 月至 2018 年 4 月，龚某实际存在 24 天加班（已扣除 11 天调休），结合实业公司每月向龚某支付 800 元/月加班工资的事实，某实业公司已足额支付龚某该期间的加班工资。

3. 劳动合同没有约定劳动者本人工资标准的，可以按照集体合同约定的加班工资基数确定。

4. 劳动合同、集体合同均未进行书面约定的，加班工资基数按照劳动者本人正常劳动应得的工资确定。

5. 加班工资基数不得低于本市规定的最低工资标准。

6. 如各地对加班工资的基数确定有特别规定的，按照当地规定执行[①]。

五、包薪制的效力

对于用人单位与劳动者是否可以在劳动合同中约定工资中包含加班工资（即包薪制），法律法规未作禁止规定。对于包薪制的效力问题，天津、深圳等部分地区的裁审意见中作出了规定，一般支持双方关于包薪制的约定。但是，经折算正常工作时间的工资不得低于最低工资标准。即以本市最低工资标准为工资基数，根据劳动者的加班时间核算出的加班工资与最低工资之和应不高于双方概括约定的工资数额。否则，司法机关会认定约定无效，或者需要按照最低工资标准作为基数补足差额[②]。

[①] 比如，上海规定，劳动合同、集体合同（工资专项集体合同）对劳动者月工资均无约定的，按劳动者正常出勤月工资（不包括加班工资）的 70% 确定加班工资计算基数。

[②] 天津地区规定了更加严格的标准，要求核算后的加班费基数标准需按照劳动者正常工作时间工资确定。

案例85　劳动合同中约定工资中包含加班工资合法有效

在张某与佛山市迈雷特数控技术有限公司劳动合同纠纷一案中[①]，双方签订的《劳动合同》约定，张某每周工作6天，工资标准包括基本工资、加班费及绩效工资，实行包薪制，初始工资数额为5000元/月。张某主张该劳动合同中的约定是格式合同条款，限制了张某的权利，主张该条款无效。法院认为，双方签订的劳动合同属于《劳动法》《劳动合同法》的调整范围，从实质上说，该条款并没有排除张某的权利，故本院认定双方劳动合同中约定的工资条款合法有效。由于现有证据表明某技术公司向张某支付的工资中已经包含了加班费的内容。经折算，双方在劳动合同中约定向张某支付的工资远远高于按照张某主张的加班时间与佛山市最低月工资标准折算后的应得工资。故某技术公司无须另行向张某支付在职期间的加班工资。

另外，北京、广东、重庆等部分地区的裁审意见中则规定，用人单位与劳动者虽然未书面约定实际支付的工资是否包含加班工资，但用人单位有证据证明已支付的工资包含正常工作时间工资和加班工资的，可以认定用人单位已支付的工资包含加班工资。但折算后的正常工作时间工资低于当地最低工资标准的除外。

合规建议

劳动者加班的，除依法可安排调休外，用人单位应当依法支付加班工资，并可以采取以下措施合理控制加班成本和防范法律风险：

1. 用人单位安排执行标准工时制的劳动者休息日加班未安排补休的，或安排工作日或法定节假日加班的，应依法支付加班工资并保留支付加班工资的证据。

2. 充分利用特殊工时制度控制加班成本，对于不适合执行标准工时制的工作岗位，应依法申请并获得特殊工时审批。实行综合计算工时工作制的劳动者，综合计算周期内超过法定工作时间的部分及法定节假日工作的，应依法支付劳动者加班工资。安排不定时工作制劳动者在法定节假日工作，当地规定应当支付加班工资，依法支付加班工资。

3. 用人单位可以按照当地规定与劳动者约定加班工资基数并计算加班工资，

---

① 广东省佛山市中级人民法院（2016）粤06民终3078号民事判决书。

合理降低加班成本。

4. 用人单位可以在劳动合同中与劳动者约定实行包薪制或者约定月薪标准包含的加班工资数额，但经折算正常工作时间的工资不得低于最低工资标准，用人单位无须另外支付加班工资。

第三节　加班补休的安排

一、休息日加班安排补休的决定权

根据《劳动法》第四十四条规定，对于执行标准工时制的劳动者，用人单位在休息日安排劳动者工作又不能安排补休的，需支付不低于工资200%的工资报酬。因此，劳动者在休息日加班的，用人单位可以选择安排补休或支付加班工资。实践中，有部分劳动者为了多得加班工资，休息日加班时要求用人单位支付加班工资拒绝补休。根据法律规定，用人单位有权选择是否安排补休而劳动者无权选择，用人单位有证据证明已安排补休而劳动者拒绝的，劳动者无权另行主张加班工资。

二、非休息日加班安排补休替代加班工资的效力

根据《劳动合同法》第三十一条和《劳动法》第四十四条的规定，用人单位安排加班的，应当按照国家有关规定向劳动者支付加班费。其中，用人单位安排劳动者延长工作时间的，支付不低于工资150%的工资报酬；在休息日安排劳动者工作又不能安排补休的，需支付不低于工资200%的工资报酬；法定休假日安排劳动者工作的，支付不低于工资300%的工资报酬。

执行标准工时制的劳动者在休息日加班的，用人单位可以选择为劳动者安排补休或支付加班工资，但用人单位的此种决定权仅限于休息日加班，对于劳动者延时加班和法定休假节日加班的，则必须按照法定标准支付加班费，不能安排补休替代加班费。如延时加班和法定节假日加班劳动者要求安排补休放弃加班费的，应要求劳动者签字确认。单位安排或劳动者申请补休时应列明加班时间以及

对应的补休时间，并注意补休小时数不应少于加班小时数或当地规定的补休倍数。但是，即使劳动者与用人单位就非休息日加班进行调休达成合意，因与相关法律规定不符，也存在被视为无效约定、用人单位依然需要支付加班工资的法律风险。

案例86　法定节假日加班，不能以补休替代加班工资

在前文提到的龚某与上海宝荣实业发展有限公司劳动合同纠纷案中，法院认为，2017年9月至2018年4月25日，龚某法定节假日加班7天、休息日加班35天、享受调休11天。虽然双方均认可节假日加班可换休3天的说法，但此说与法律规定相悖，故一审法院认定，龚某所享受的11天调休，应视为休息日加班的调休，宝荣实业公司应按双方所约定的3000元基数向龚某支付该期间的节假日加班工资。

执行综合工时工作制的劳动者，可以集中工作集中休息，不存在休息日加班，综合计算周期内超过法定工作时间的部分均支付150%加班费。因此，除法定节假日加班需另外支付300%加班费外，用人单位均可以根据生产经营情况适时安排劳动者调休，劳动者不得拒绝。

三、加班补休限期未休完作废的效力

法律并没有对劳动者休息日加班时用人单位安排补休的时限作出规定，一般由用人单位自行安排。实践中有些用人单位规章制度规定，加班补休须在一定时限内休完，如加班之日起6个月，否则逾期作废，公司不再支付加班费。根据法律规定，用人单位具有安排补休或支付加班工资的义务，上述制度规定剥夺了劳动者依法获得加班工资的权利，属于无效规定，用人单位未安排补休的仍需要支付加班工资。

案例87　加班调休逾期作废的规定无效

顾某与上海某有限公司劳动合同纠纷一案中[1]，原告顾某系被告处员工，双方先后签订了有效期限自2006年9月14日起至2009年9月13日止、有效期限自2009年10月1日起至2010年9月30日止的劳动合同。2010年9月30日劳

---

[1] 上海市徐汇区人民法院（2011）徐民一（民）初字第2522号民事判决书。

合同到期终止，原告实际工作至该日，工资结算至该日。盖有被告劳动工资科公章、且有法定代表人陈某签名、落款日期为2010年10月15日的《收到员工调休单凭证》，记载了"顾某18天，另23日、24日加班至晚上8时"的内容，其中"23日、24日"系2010年9月的23日、24日。2010年12月16日，被告法定代表人书写了一张收条，主要内容是"今收到顾某同志调休单共计18天（36张）"。法院认为，根据被告提供的落款日期为2009年7月22日的《关于职工公休单、补休单处理决定的通知》和已查明的事实，可以看出被告对员工加班只在特殊情况下才发放加班工资，其余均以发放调休单为补偿办法，因此调休是劳动者以加班为代价获得的；从被告提供的几个文件记载的内容来看，无论是调休还是公休的休假，都由部门负责人安排，而被告未提供证据证明部门负责人已安排原告调休、但原告拒绝或放弃调休，因此被告单方面做出所有调休、公休必须在2010年9月30日前休完，逾期作废的规定，明显损害了劳动者的利益。被告主张原告上交的18天调休已调休完毕，故其无须支付原告加班工资。然而，原告对被告提供的2010年8月和9月考勤记录不予认可，被告亦未提供原告的考勤信息，故本院对被告所述不予采信。何况原告调休即必须上交调休单，而不应在2010年8月、9月调休时不递交调休单，却迟至离职以后方补充递交，被告的主张不合情理，因此本院认定被告应支付原告36天调休的加班工资，同时支付原告2010年9月23日和24日的休息日加班工资，具体金额由本院核算后确定。

合规建议

劳动者加班后，用人单位安排补休的，应当注意以下问题：

1. 用人单位安排标准工时制的劳动者休息日加班，有权优先选择安排补休而无须支付加班工资，用人单位应当妥善保存已安排补休的相关证据。

2. 对于标准工时制的劳动者工作日延时和法定节假日加班，用人单位安排补休不能免除依法支付加班工资的义务，如果劳动者坚持要求以补休替代加班工资，则应要求劳动者签字确认安排补休后放弃主张加班工资，尽可能降低法律风险。需要注意的是，综合工时制下除法定节假日加班应另外支付300%加班费外，用人单位均可安排调休，综合计算周期内未超过法定工作时间则无须支付加班费。

3. 用人单位可以规定加班补休的周期，但对于周期届满前未补休或员工离职的，用人单位仍需要依法支付加班工资。

第四节　加班管理违规的法律后果

一、超时限安排加班的法律责任

根据《劳动法》规定，用人单位延长工作时间，一般每日不得超过 1 小时；因特殊原因需要延长工作时间的，在保障劳动者身体健康的条件下延长工作时间每日不得超过 3 小时，但是每月不得超过 36 小时。用人单位违反本法规定，延长劳动者工作时间的，由劳动行政部门给予警告，责令改正，并可以处以罚款。

根据《劳动保障监察条例》规定，用人单位违反劳动保障法律、法规或者规章延长劳动者工作时间的，由劳动保障行政部门给予警告，责令限期改正，并可以按照受侵害的劳动者每人 100 元以上 500 元以下的标准计算，处以罚款。

因此，用人单位安排劳动者加班不应超过法律规定的最长时限，否则除了依法支付加班工资之外，还将可能面临行政处罚。

二、未依法支付加班费的法律责任

用人单位未依法及时足额支付加班工资，将可能承担以下法律责任：

（一）足额支付加班工资

根据《劳动合同法》第三十条、第三十一条规定，用人单位应当按照劳动合同约定和国家规定，向劳动者及时足额支付劳动报酬；用人单位安排加班的，应当按照国家有关规定向劳动者支付加班费。用人单位安排加班不支付加班费的，劳动者可以向劳动行政部门投诉，由其责令用人单位限期支付加班费，或者劳动者可以就加班费提出劳动仲裁要求用人单位支付。

（二）劳动行政部门限期支付加班费未支付的，需加付赔偿金

根据《劳动合同法》第八十五条规定，用人单位未按照劳动合同的约定或者国家规定及时足额支付劳动者劳动报酬的，安排加班不支付加班费的，由劳动

行政部门责令限期支付劳动报酬、加班费；逾期不支付的，责令用人单位按应付金额50%以上100%以下的标准向劳动者加付赔偿金。

对于劳动者在劳动争议案件中要求用人单位支付加付赔偿金是否受理，《最高人民法院关于审理劳动争议案件适用法律若干问题的解释（三）》第三条规定，劳动者依据《劳动合同法》第八十五条规定，向人民法院提起诉讼，要求用人单位支付加付赔偿金的，人民法院应予受理。但是，部分地区裁审机关设定了劳动争议中处理加付赔偿金的前提条件，劳动者不能提供劳动行政部门责令支付加班费及用人单位拒不整改的证据的，对加班费赔偿金请求不予支持①。

（三）劳动者被迫解除劳动合同的经济补偿

根据《劳动合同法》第三十八条规定，用人单位未及时足额支付劳动报酬的，劳动者可以解除劳动合同，且用人单位应当支付经济补偿。但对于加班工资是否属于本条款中的劳动报酬，实践中有争议。

有观点认为，根据《工资总额组成的规定》规定，工资总额是指各单位在一定时期内直接支付给本单位全部职工的劳动报酬总额。工资总额的计算应以直接支付给职工的全部劳动报酬为根据。工资总额包括加班加点工资。因此，加班工资属于劳动报酬的组成部分，用人单位未支付加班工资的，符合《劳动合同法》第三十八条规定的情形。

案例88 用人单位未支付加班工资属于未足额支付劳动报酬，员工被迫辞职可以获得经济补偿

在深圳市诗恩纺织品有限公司诉施某劳动合同纠纷一案中②，施某于2008年5月30日进入诗恩公司工作，从事营销类岗位，每月基本工资1450元，2008年5月30日至2012年8月31日施某做一休一，每天实际工作12小时，2012年9月1日起施某做六休一，周一至周四每天实际工作7小时，周五到周日每天实际工作9小时，其中周一至周四休息1天。施某正常工作至2013年4月6日，并于

---

① 《北京市高级人民法院、北京市劳动争议仲裁委员会关于劳动争议案件法律适用问题研讨会会议纪要（二）》规定，劳动者依据《劳动合同法》第八十五条向仲裁委、法院主张加付赔偿金的，应当向仲裁委、法院提供已经依法先经劳动行政部门处理的证据，包括提供劳动行政部门责令用人单位限期支付劳动报酬、加班费的限期整改证据，以及用人单位逾期不履行上述义务的证据。劳动行政部门已经责令用人单位加付赔偿金的，由劳动行政部门处理，仲裁委、法院不再重复处理。

② 上海市第一中级人民法院（2015）沪一中民三（民）终字第571号民事判决书。

2013年10月4日生育一女。2014年4月23日施某向诗恩公司邮寄一份单方解除通知书，表示诗恩公司未支付加班费，并克扣工资，根据《劳动合同法》第三十八条的规定，解除劳动合同，并要求诗恩公司支付经济补偿金。2014年6月18日，施某申请仲裁。诗恩公司主张已足额支付施某在职期间全部的加班工资，并提供了施某2012年6月至2014年2月的工资单予以证明，但该工资单系由诗恩公司单方制作，施某对其中显示的加班工资支付情况不予认可，且该工资单与诗恩公司人事陈某与蔡某于2014年2月26日的谈话录音中，陈某明确表示诗恩公司没有支付过公司员工以前的加班工资，也不会再补付的相关陈述相矛盾，故法院对于上述工资单不予确认，对于诗恩公司已经足额支付施某在职期间延时加班工资及休息日、法定节假日加班工资的主张，法院不予采信。法院认为，因诗恩公司未支付2010年2月至2011年1月的延时加班工资及2012年9月1日至2013年3月31日休息日加班工资，现施某以诗恩公司未足额支付劳动报酬为由提出解除劳动合同，诗恩公司应当向施某支付经济补偿金。

另外也有观点认为，《劳动合同法》第三十八条规定的劳动报酬不包含加班费，因为《劳动合同法》第三十条、第三十一条和第八十五条，《最高人民法院关于审理劳动争议案件适用法律若干问题的解释》第十五条，区分"劳动报酬"和"加班费"分别进行了规定，由此可见，加班工资与劳动报酬并非同一概念，应予区别对待。因此，未支付加班费的解除理由不符合《劳动合同法》第三十八条规定的情形。

案例89　加班工资与劳动报酬并非同一概念，未支付加班工资不符合被迫辞职的情形

在胡某诉上海星力资产经营管理有限公司追索劳动报酬纠纷一案中[1]，胡某于2015年1月27日进入星力公司工作，担任上海××酒店保安员。2015年2月10日起，胡某均为做二（A班和B班）休二。A班为8点至20点，扣除用餐时间1小时，实际工作时间为11小时；B班为20点至8点，没有用餐时间，实际工作时间为12小时。工作期间，胡某存在延时加班66小时。星力公司已支付法定节假日加班工资，但未支付延时加班工资。2016年4月14日，胡某以星力公

---

[1] 上海市第一中级人民法院（2018）沪01民终723号民事判决书。

司未支付加班费等为由提出解除劳动关系。法院认为，根据《劳动合同法》第三十八条、第四十六条的规定，劳动者以用人单位未及时足额支付劳动报酬为由解除劳动关系的，用人单位应当支付经济补偿金。关于未足额支付加班工资的解除理由是否成立。法院认为，加班工资的性质与《劳动合同法》第三十八条规定的劳动报酬的性质有所区别。根据《劳动合同法》第八十五条的规定，用人单位有下列情形之一的，由劳动行政部门责令限期支付劳动报酬、加班费或者经济补偿等，其中第（一）项为未按照劳动合同的约定或者国家规定及时足额支付劳动者劳动报酬的；第（三）项为安排加班不支付加班费的；《最高人民法院关于审理劳动争议案件适用法律若干问题的解释》第十五条规定，用人单位未按照劳动合同约定支付劳动报酬或者提供劳动条件的、拒不支付劳动者延长工作时间工资报酬的迫使劳动者提出解除劳动合同的，用人单位应当支付劳动者的劳动报酬和经济补偿，并可支付赔偿金。由此可见，加班工资与劳动报酬并非同一概念，应予以区别对待。故胡某关于星力公司未支付加班费的解除理由尚不符合《劳动合同法》第三十八条规定的情形；且根据《最高人民法院关于审理劳动争议案件适用法律若干问题的解释》第十五条的规定，胡某亦未提供证据证明其提出辞职以前曾要求星力公司支付加班费而星力公司予以拒绝，故其因星力公司存在未足额支付加班费而要求星力公司支付经济补偿金的理由亦不符合司法解释的相关规定。

劳动者以《劳动合同法》第三十八条规定为由被迫提出解除劳动合同并要求支付经济补偿金的，如果劳动者不能举证证明存在加班事实，则无法得到支持。另外，如果用人单位并非存在故意拒不支付加班费等违法行为，而是双方就加班事实、加班时间、加班费数额等存在争议导致未足额支付时，也有判决不支持经济补偿金。

（四）恶意欠薪追究刑事责任

《刑法》第二百七十六条第一款规定，以转移财产、逃匿等方法逃避支付劳动者的劳动报酬或者有能力支付而不支付劳动者的劳动报酬，数额较大，经政府有关部门责令支付仍不支付的，处3年以下有期徒刑或者拘役，并处或者单处罚金；造成严重后果的，处3年以上7年以下有期徒刑，并处罚金。

《最高人民法院关于审理拒不支付劳动报酬刑事案件适用法律若干问题的解释》第一条规定，劳动者依照《劳动法》和《劳动合同法》等法律的规定应得的劳动报酬，包括工资、奖金、津贴、补贴、延长工作时间的工资报酬及特殊情况下支付的工资等，应当认定为刑法第二百七十六条之一第一款规定的"劳动者的劳动报酬"。

因此，用人单位以转移财产、逃匿等方法逃避支付劳动者的劳动报酬（含加班费）或者有能力支付而不支付劳动者的劳动报酬（含加班费），数额较大，经政府有关部门责令支付仍不支付，构成拒不支付劳动报酬罪的，还将被追究刑事责任。

合规建议

用人单位加班管理不合规，会导致需要承担行政、民事、刑事等法律责任，建议：

1. 用人单位安排劳动者加班的，应当严格遵守法律关于加班时长的限制性规定，不得超时限安排加班。

2. 用人单位应当依法及时足额支付加班工资，并妥善保存支付加班工资的证据。

3. 劳动行政部门责令限期支付加班工资的，用人单位应当在期限届满前支付，不应采取转移财产、逃匿等方法逃避支付。

第五节　加班争议的处理

用人单位未及时足额支付加班工资的，劳动者可以申请劳动仲裁，要求用人单位依法支付加班工资。实践中，经常出现劳动者主张 10 年甚至 20 年加班工资的情形，但是，劳动者的加班工资请求一般也很难得到支持或者得到全部支持。其主要原因，一是加班争议需要劳动者举证存在加班事实或者用人单位掌握存在加班事实的证据，而劳动者通常很难对此进行举证而承担败诉后果；二是一般用人单位仅需对 2 年内的考勤记录和工资支付记录承担举证责任，劳动者追索 2 年前的加班费，原则上由劳动者负举证责任，如超过 2 年部分的加班费数额及支付情况确实无法查证的，对超过 2 年部分的加班费一般不予保护。

一、加班争议的举证责任

（一）加班事实的举证责任

《劳动争议调解仲裁法》第六条规定，发生劳动争议，当事人对自己提出的主张，有责任提供证据。与争议事项有关的证据属于用人单位掌握管理的，用人单位应当提供；用人单位不提供的，应当承担不利后果。《最高人民法院关于审理劳动争议案件适用法律若干问题的解释（三）》第九条规定，劳动者主张加班费的，应当就加班事实的存在承担举证责任。但劳动者有证据证明用人单位掌握加班事实存在的证据，用人单位不提供的，由用人单位承担不利后果。

劳动者主张加班费的，首先需要劳动者就加班事实的存在进行举证，如果劳动者无法举证或提交的证据不足以证明存在加班事实，则需要承担不利后果。劳动者仅凭电子打卡记录要求认定存在加班事实的，一般不予支持。

案例90　员工主张加班工资，应就存在加班事实承担举证责任

在刘某与丰盛机电工程有限公司劳动争议一案中[①]，双方签订的劳动合同约定原告的月基本工资8574元，项目津贴3674元，加班工资2253元，共计应发14501元。原告执行标准工时，每月固定有两个周六在公司加班。被告提交证据1：《员工手册》及员工手册签收页，证明原告加班需要审批及原告对此明确知晓；证据2：国内雇员每月超时工作记录，证明原告如需加班应填写员工加班审批表；证据3：2016年7月至2017年1月员工出勤日报表，证明每月考勤情况均经过原告签字确认及被告审批，不存在其他加班情况；证据4：2016年7月至2017年1月出勤明细表，证明原告出勤打卡时间。法院认为，根据已查明的事实，被告已举证证明对于员工加班实行申报审核制。劳动者称其存在加班，用人单位否认的，应要求劳动者对加班经过批准及加班工作的内容进行举证，劳动者仅提供打卡记录证明其加班的，一般不予支持。本案中，双方在劳动合同中亦明确约定原告的工资构成中包括加班费，该工资数额折算后的正常工作时间工资远高于当地最低工资标准，故上述约定不违反法律规定，合法有效。现原告仅以考

---

① 北京市第一中级人民法院（2018）京0101民初777号民事判决书。

勤记录为据主张延时加班费，证据不足，本院不予支持。

部分地区明确规定用人单位应当保存至少2年的考勤记录①。如果劳动者有证据证明用人单位保存有相应考勤记录的，人民法院可以责令用人单位对2年内的考勤情况进行举证，如其拒绝举证或举证不充分，则应采信劳动者所述存在加班事实的主张。经用人单位和劳动者予以确认的考勤记录可以作为认定是否存在加班事实的依据。用人单位仅凭没有劳动者签字确认的考勤记录否认存在加班事实的，一般不予支持。劳动者主张超过2年之外的加班费的，仍应由劳动者承担举证责任。如果劳动者对超过2年的加班事实可以举证证明且用人单位未支付加班费的，用人单位仍需要支付加班费。如果举证不能，则应由其承担不利的后果。

案例91　用人单位未举证证明综合工时制获得审批，应当支付休息日加班工资

在北京翔达投资管理有限公司与姚某劳动争议一案中②，2012年10月12日，翔达马路饭庄（甲方）、姚某（乙方）签订《劳动合同》，载明"合同期限至2013年10月11日止，乙方担任甲方厨师岗位工作，执行综合计时制，执行标准工时制度的，乙方每天工作时间不超过8小时，每周工作不超过40小时，每周休息一日；甲方安排乙方执行综合计算工时工作制度或者不定时工作制度的，应当事先取得劳动行政部门特殊工时制度的行政许可决定……"后双方续签劳动合同期限至2015年10月11日止。2015年11月6日，姚某因个人原因自翔达马西路饭庄离职。法院认为，双方均认可姚某按照翔达马西路饭庄的安排每周工作6天，但翔达马西路饭庄主张安排姚某每天工作时间6小时，姚某不予认可，而翔达马西路饭庄未能就其该主张提供相应证据证实，且翔达马西路饭庄未能提供执行综合工时制度的行政许可，故一审法院结合双方陈述的工作情况及现有证据，酌情判令翔达公司支付姚某休息日加班工资，并无不当。翔达公司并未提供证据证实姚某离职2年之前是执行不同的工作时间制度，故其主张仅应支持姚某最近2年加班费的主张，缺乏事实依据，本院不予采纳。因此，法院判决北

---

① 《浙江省企业工资支付管理办法》第十二条规定："企业应当建立劳动考勤制度，书面记录劳动者的出勤情况，每月与劳动者核对、确认。企业保存劳动考勤记录时间不得少于2年。"
② 北京市第二中级人民法院（2016）京02民终10962号民事判决书。

京翔达投资管理有限公司支付姚某 2012 年 10 月 12 日至 2015 年 10 月 31 日休息日加班工资 7000 元。

(二) 加班工资足额支付的举证责任

《最高人民法院关于审理劳动争议案件适用法律若干问题的解释》第十三条规定，因用人单位作出的开除、除名、辞退、解除劳动合同、减少劳动报酬、计算劳动者工作年限等决定而发生的劳动争议，用人单位负举证责任。如果劳动者存在加班的事实，但双方对具体的加班时长、加班工资计算基数或加班工资支付情况等有争议，则需要用人单位就加班时长、计算标准及足额支付加班工资的事实具体举证。

《工资支付暂行规定》第六条规定，用人单位必须书面记录支付劳动者工资的数额、时间、领取者的姓名以及签字，并保存 2 年以上备查。部分地区还就工资支付记录表应记载劳动者的加班时间、加班费金额等项目作出了更加详细的规定[1]。因此，用人单位应对足额支付劳动者申请劳动仲裁之日前 2 年的加班工资承担举证责任。经用人单位和劳动者予以确认的工资支付记录可以作为认定是否足额支付加班工资的依据。用人单位仅凭没有劳动者签字确认的工资支付记录主张已经足额支付加班工资的，一般不予支持。

案例 92　用人单位未举证证明已经足额支付加班工资，应承担不利后果

在北京乡居楼餐饮有限公司与于某劳动争议一案中[2]，2007 年 3 月 1 日，于某入职乡居楼酒家，从事收银员组长工作。2019 年 3 月 18 日，乡居楼公司与于某解除劳动合同。于某于 2019 年 3 月 4 日提出仲裁申请，请求支付 2007 年 3 月 1 日至 2019 年 2 月 28 日法定节假日加班费 78408 元、休息日加班费 380160 元、延时加班费 78408 元。法院认为，用人单位应当按照工资支付周期编制工资支付记录表，并至少保存 2 年备查，2 年是指劳动者申请仲裁之日起往前推算 2 年。

---

[1] 《北京市工资支付规定》第十三条规定："用人单位应当按照工资支付周期编制工资支付记录表，并至少保存二年备查。工资支付记录表应当主要包括用人单位名称、劳动者姓名、支付时间以及支付项目和金额、加班工资金额、应发金额、扣除项目和金额、实发金额等事项。"《浙江省企业工资支付管理办法》第十一条第二款规定："工资支付表应当载明发放对象的姓名、工作天数、加班加点时间、应发和减发的项目与金额以及发放单位、发放时间等事项。企业保存工资支付表时间不得少于 2 年。"

[2] 北京市第一中级人民法院（2020）京 01 民终 1999 号民事判决书。

于某未提交2017年3月4日之前乡居楼公司未支付加班费的证据，其要求支付2017年3月4日前加班费的请求，本院不予支持。劳动者主张加班费的，应当就加班事实的存在承担举证责任。经用人单位和劳动者予以确认的考勤记录可以作为认定是否存在加班事实的依据。于某虽称每天延时工作1小时，但其提交的电子考勤打印件不足以证明存在延时加班的事实，于某要求支付延时加班费，法院不予支持。于某要求支付休息日加班费，乡居楼公司陈述已安排轮休或已全额支付加班费，并提交工资表予以证明，该工资表无于某签字确认，于某亦不认可其真实性，法院不予采信。乡居楼公司陈述于某每月休息4天，超过正常工作时间予以调休后进行折现，未提交充足的证据予以佐证，故应支付于某2017年3月4日至2019年2月28日休息日加班费4022元÷21.75天×104天×2＝38463.26元、法定节假日加班费4022元÷21.75天×22天×3＝12204.69元。

二、加班争议的仲裁时效

根据《劳动争议调解仲裁法》第二十七条的规定，劳动争议申请仲裁的时效期间为1年。仲裁时效期间从当事人知道或者应当知道其权利被侵害之日起计算。劳动关系存续期间因拖欠劳动报酬发生争议的，劳动者申请仲裁不受1年仲裁时效期间的限制；但是，劳动关系终止的，应当自劳动关系终止之日起1年内提出。

劳动争议仲裁时效分为一般时效和特殊时效。一般时效为1年，而劳动关系存续期间的劳动报酬争议适用特殊时效，不受1年仲裁时效的限制。司法实践中，关于加班费适用1年时效还是特殊时效存在不同观点，有观点认为加班费不同于劳动报酬，应当适用1年仲裁时效。但是，主流观点认为，根据法律规定，用人单位安排加班的，应当按照国家有关规定向劳动者支付加班费，加班费属于劳动报酬的组成部分，因此也适用特殊时效的规定。劳动者可以主张其在职期间用人单位拖欠的全部加班费，而不受1年仲裁时效的限制。但是，劳动者离职的，应当在离职后1年内申请劳动仲裁或向用人单位主张权利。

合规建议

用人单位可以采取以下措施防范加班争议的法律风险：

1. 建立加班审批制度控制加班时间。用人单位应通过依法制定的规章制度建立加班审批管理制度控制加班情况，并应切实履行加班审批制度，严格管理加班申请流程。劳动者确因工作需要进行加班的，应按照规章制度审批流程经批准后再行加班。

2. 依法制作考勤记录和工资支付记录，并至少保存 2 年以上备查。考勤记录和工资支付记录应当由劳动者签字确认，劳动者无法签字确认的，可以采取电子邮件确认或事先约定的公示方式告知劳动者并保留证据。

3. 定期对加班时间、调休、加班工资支付等情况进行统计汇总，并由劳动者确认、清零。用人单位可以定期要求劳动者签字确认或者通过电子邮件等其他方式确认某段时间内的加班待遇已经结清，预防加班待遇争议。

4. 在劳动关系解除或终止时双方签订结算协议，对用人单位支付工资、加班费等劳动报酬进行约定并确认结清。劳动者与用人单位就工资、加班工费等劳动报酬的计算、支付达成结算协议的，只要不违反法律、行政法规的强制性规定的，一般应认定有效，但有证据证明在协议签订时存在欺诈、胁迫、重大误解、显失公平或乘人之危等违背当事人真实意思表示的情形除外。

第三章　女职工管理合规实务指引

本章导读

随着国家全面二孩政策的实施和对公民生育权的尊重，未来司法实践中将可能更加倾向不支持用人单位因违法生育解除劳动合同。女职工违法生育，用人单位据此解除劳动合同风险很大，应当采取谨慎的态度。用人单位应当注意了解所在地的地方性法规是否规定违法生育可以直接解除劳动合同，如没有规定则不得直接解除。用人单位可以在规章制度和劳动合同中对女职工合法生育需提交的证明、违法生育的纪律处分措施（如违反计划生育政策属于严重违纪可解除劳动合同）进行明确规定，生育前需取得准生证（未婚怀孕的生育前需取得结婚证）的即为合法生育，不得在怀孕期间作出解除决定。

由于国家对女职工特别是孕期、产期、哺乳期女职工的岗位、工资、休假、解雇等实行特殊劳动保护，女职工进入"三期"后会造成企业人力成本、管理成本加大，同时解雇困难并且违法解雇风险很高，导致两性用工成本差异非常明显。自 2016 年 1 月 1 日起国家全面放开二孩政策，很多女职工会两次生育，各地在国家法定产假基础上又增加了生育奖励假，导致女职工用工成本倍增，妇女就业更加困难。而现行生育保险制度支付的项目比较少，不能平衡两性用工成本差异，同时政府对企业聘用女职工的奖励政策缺失导致企业缺乏积极性。

2020 年新冠肺炎疫情蔓延，不仅对人民的生命健康安全造成了严重的威胁，还对众多企业的生产经营造成巨大的冲击，虽然国家和各地政府不断出台各项扶持政策以帮助企业共渡难关，但是降低用工成本仍然是企业采取的主要自救措施。虽然目前国内疫情已经基本得到控制，但是可以预见，后疫情时代就业性别歧视和侵犯女职工合法权益的状况将进一步加剧。

实践中，用人单位以各种理由对女职工进行就业歧视、对"三期"女职工违法调岗降薪、侵犯"三期"女职工休息与休假权利甚至违法解雇的现象时有发生，加大了企业劳动用工合规风险，有些企业为此付出了行政处罚、经济赔偿、声誉受损等沉重代价。在此背景下，用人单位应当如何识别、防范和应对女职工管理合规风险是一个必须要面对的问题。

第一节　性别歧视与平等就业权保护

虽然《劳动法》《就业促进法》《妇女权益保障法》等法律法规对保障妇女平等就业权利、不得实施就业性别歧视有明确规定，但是当前我国妇女就业依然面临一些难题，尤其是招聘中就业性别歧视现象屡禁不止，对妇女就业带来不利影响。为此，近几年国家密集出台多项政策规范用人单位招聘行为、发展婴幼儿照护服务、促进妇女就业，同时也对用人单位提出了更加明确的合规要求。用人单位在劳动用工过程中应当注意识别就业性别歧视行为,防控侵犯女职工平等就业权的法律风险。

一、法律禁止实施的就业性别歧视行为

(一) 国家法律法规的原则性规定

《劳动法》《就业促进法》《妇女权益保障法》《女职工劳动保护特别规定》等法律法规对保障妇女平等就业权利以及不得实施就业性别歧视等进行了明确规定,主要包括:妇女享有与男子平等的就业权利;用人单位招用人员,除国家规定的不适合妇女的工种或者岗位外,不得以性别为由拒绝录用妇女或者提高对妇女的录用标准;用人单位录用女职工,不得在劳动合同中规定限制女职工结婚、生育的内容;用人单位不得因女职工怀孕、生育、哺乳降低其工资、予以辞退、与其解除劳动或者聘用合同等。

🎬 案例93 用人单位招聘时存在性别歧视,侵犯平等就业权应承担侵权赔偿责任

在梁某、惠食佳公司、名豪轩酒楼因人格权纠纷一案中[1],惠食佳公司、名豪轩酒楼招聘厨房学徒,惠食佳公司在发布招聘广告中明确要求求职者性别为男性;名豪轩酒楼在梁某前往面试时未提供平等的面试机会;在梁某前往询问时,该酒楼前台人员表示厨房不招女工,即便有厨师证也不行。法院认为,惠食佳公司、名豪轩酒楼无论在发布招聘广告中抑或实际招聘过程中,均一直未对梁某的能力是否满足岗位要求进行审查,而是直接以梁某的性别为由多次拒绝梁某应聘,拒绝给予梁某平等的面试机会,构成了对女性应聘者的区别及排斥,侵犯了梁某平等就业的权利,均构成了对梁某的性别歧视,属于共同侵权,应该对梁某的损失承担连带责任。惠食佳公司、名豪轩酒楼在招聘过程中仅因招聘者性别而产生的区别、限制以及排斥的行为,损害了梁某的平等就业权,给梁某造成了一定的精神损害。惠食佳公司、名豪轩酒楼应该认识到自身行为的不当,故法院根据法律规定依法判令惠食佳公司、名豪轩酒楼向梁某作出书面赔礼道歉并赔偿2000元的精神损害抚慰金。

---

[1] 广东省广州市中级人民法院(2016)粤01民终10790号民事判决书。

（二）招聘过程中的性别歧视行为

1. 招聘环节含有歧视行为

《人力资源市场暂行条例》规定，用人单位发布或者向人力资源服务机构提供的单位基本情况、招聘人数、招聘条件、工作内容、工作地点、基本劳动报酬等招聘信息，应当真实、合法，不得含有民族、种族、性别、宗教信仰等方面的歧视性内容。因此，用人单位发布的招聘信息不得含有性别歧视的内容。

2019年2月18日，人力资源社会保障部、教育部、司法部、卫生健康委、国资委、医保局、全国总工会、全国妇联、最高人民法院发布《人力资源社会保障部、教育部等九部门关于进一步规范招聘行为促进妇女就业的通知》（以下简称九部门《通知》）。九部门《通知》明确列举了六类招聘环节中禁止的就业性别歧视行为，包括：各类用人单位、人力资源服务机构在拟定招聘计划、发布招聘信息、招用人员过程中，不得限定性别（国家规定的女职工禁忌劳动范围等情况除外）或性别优先，不得以性别为由限制妇女求职就业、拒绝录用妇女，不得询问妇女婚育情况，不得将妊娠测试作为入职体检项目，不得将限制生育作为录用条件，不得差别化地提高对妇女的录用标准。因此，用人单位在招录过程中，不得实施上述六类就业性别歧视行为。

2. 违法收集个人信息侵犯隐私权

根据《劳动合同法》第八条的规定，用人单位招用劳动者时，有权了解劳动者与劳动合同直接相关的基本情况，劳动者应当如实说明。根据《民法典》第一千零三十二条的规定，自然人享有隐私权。任何组织或者个人不得以刺探、侵扰、泄露、公开等方式侵害他人的隐私权。隐私是指自然人的私人生活安宁和不愿为他人知晓的私密空间、私密活动、私密信息。根据《民法典》第一千零三十五条规定，个人信息的收集、存储、使用、加工、传输、提供、公开等，应当遵循合法、正当、必要原则，不得过度处理，并符合下列条件：（一）征得该自然人或者其监护人同意，但是法律、行政法规另有规定的除外；（二）公开处理信息的规则；（三）明示处理信息的目的、方式和范围；（四）不违反法律、行政法规的规定和双方的约定。

因此，用人单位在招录过程中，收集劳动者的个人信息时，应当遵守上述法律规定，可以了解劳动者与劳动合同直接相关的基本情况，如劳动者的健康状况、知识技能、学历学位、职业资格、工作经历等，但是不得刺探劳动者的隐私，处理个人信息时还应当遵循合法、正当、必要原则。

实践中，用人单位招录女职工时，时常要求劳动者提供婚育状况、怀孕计划、怀孕情况等信息，但是根据法律规定上述信息均属于个人隐私，不属于用人单位可以了解的与劳动合同直接相关的基本情况，女职工可以拒绝说明。若如实说明后用人单位据此不予录用的，则构成就业歧视。若女职工隐瞒事实或虚假陈述入职的，也不属于欺诈，用人单位据此解除劳动合同的属于违法解除。

案例94　女职工隐瞒婚育状况不属于欺诈，用人单位解除劳动合同违法

在王某与东方美宝公司劳动争议一案中[1]，东方美宝公司以王某在入职时隐瞒其已婚状况，在职期间又未及时向公司报告其怀孕的事实，违反了其入职时的承诺以及公司的规章制度为由，解除了双方之间的劳动合同。法院认为，劳动者的婚育状况应属劳动者的个人隐私范畴，除非用人单位能证明该隐私信息与履行劳动合同存在直接的关联关系，否则劳动者没有向用人单位报告的义务。在社会现实中，劳动者尤其是普通岗位的劳动者在求职时往往处于相对弱势的地位，故女性劳动者迫于现实功利而选择作出不实的陈述，也不应认定为违反诚实信用民事活动原则的行为，更不应认定为以欺诈手段签订劳动合同的行为。规章制度有关员工应及时报告怀孕计划和怀孕情况，否则视为严重违反公司规章制度行为的规定，既侵犯了女职工的个人隐私权，又变相限制了女职工的就业及劳动权利，违反《就业促进法》第二十七条以及《妇女权益保障法》第二十三条的规定，应认定为无效。法院认定公司违法解除，判决继续履行涉案劳动合同至法定哺乳期届满之日，公司应向王某支付上述期间的工资。

3. 隐性就业歧视行为

实践中，有些用人单位为了规避法律责任，采取一些隐性歧视行为，同样构成对女性的就业歧视。比如，九部门《通知》发布后网上流传出以下三个场景的面试题：

---

[1] 广东省深圳市中级人民法院（2016）粤03民终20674号民事判决书。

场景一：

面试官：你公公婆婆身体还好吧？

求职者：我还没结婚呢！

面试官：下一位……

场景二：

面试官：你们那边幼儿园学费贵吗？

求职者：刚结婚，还没小孩呢！

面试官：下一位……

场景三：

面试官：一个孩子寂寞吗？

求职者：两个孩子不寂寞！

面试官：就你了……

根据全国妇联制定的《妇联组织促进女性公平就业约谈暂行办法》，在招用、录用过程中，用人单位有下列情形之一的，涉嫌歧视：（1）除国家规定的不适合妇女的工种或者岗位外，招聘信息显示限男性或男性优先，或者提高对女性求职者要求的；（2）拒收或者不看女性求职者简历的；（3）同等条件下，限制女性求职者笔试、面试或者复试机会的；（4）直接询问女性求职者婚姻状况、子女状况，或者近期是否有结婚、生育打算的；（5）通过打听配偶工作、孩子入园、孩子们相处情况等，判断女性求职者是否已婚、已育或者子女数量的；（6）其他歧视女性行为的。因此，用人单位在招录过程中通过旁敲侧击的方式，间接了解女性婚育状况也是不允许的。

（三）劳动合同履行过程中的就业歧视

禁止性别歧视、保障妇女平等就业权涵盖了劳动关系存续的全过程，不仅包括在招聘入职阶段禁止实施就业歧视，而且包括在合同履行期间禁止对女性实施就业歧视。比如，在2020年最高人民法院工作报告中提到妥善审理女职工怀孕被解雇案。

🎬 **案例95　因女职工怀孕进行辞退，用人单位侵犯其平等就业权应承担侵权赔偿责任**

2019年11月2日人民法院报刊登的《广东一审宣判一起"平等就业权纠

纷"案》中①，珠海的樊女士入职某物业公司不到 2 个月，却在查出怀孕当天遭到解雇，一个多月后樊女士自然流产，并于 2019 年 4 月 25 日以平等就业权纠纷为由提起诉讼。法院认为，樊女士在怀孕前虽然有迟到行为并提出过辞职，但物业公司未同意其辞职，也未对其迟到行为进行任何处罚，但在知道樊女士怀孕后立即将其辞退，足以认定物业公司辞退樊女士的原因是因其怀孕。平等就业权保护的范围应当包括两个方面，一是招录过程中劳动者被平等录用的权利，二是劳动合同履行过程中劳动者被平等对待的权利。本案中，樊女士虽然不是在入职时遭受歧视性对待，但物业公司在履行劳动合同过程中因为樊女士怀孕而将其辞退，使其失去原本已经获得的工作，属于在履行劳动合同过程中对樊女士的歧视性对待，仍然构成对樊女士平等就业权的侵害。2019 年 11 月一审法院认定物业公司侵害樊女士平等就业权，判令其向樊女士作出书面赔礼道歉，赔偿孕期工资损失 2064 元、未休产假工资损失 1875 元、精神损害抚慰金 1 万元。

二、实施就业性别歧视的法律后果

《劳动法》《就业促进法》《妇女权益保障法》《人力资源市场暂行条例》《女职工劳动保护特别规定》等法律法规对妇女平等就业权遭受侵害后的救济渠道及用人单位的法律责任进行了明确规定。

九部门《通知》也明确了各有关部门规范用人单位招聘行为促进妇女就业的职责分工，即确保履职尽责、协同配合、齐抓共管、综合施策。通过对发布性别歧视招聘信息的用人单位进行罚款，依法实施失信惩戒，多渠道受理就业性别歧视相关举报投诉，对涉嫌就业性别歧视的用人单位开展联合约谈，拒不改正依法查处，通过媒体向社会曝光，依法受理妇女就业性别歧视相关起诉，依法惩处侵害女职工孕期、产期、哺乳期特殊劳动保护权益行为、快速处理女职工与用人单位间发生的劳动人事争议、发布典型案例、指导性案例等多种方式促进妇女平等就业。用人单位违反就业性别歧视规定的，将会受到各部门、全社会多方面的监督，并可能承担民事赔偿、行政处罚、失信惩戒、媒体曝光等多种法律后果。

---

① 来源于《人民法院报》2009 年 11 月 2 日第 3 版，http://rmfyb.chinacourt.org/paper/html/2019-11/02/content_161800.htm，最后访问于 2020 年 11 月 18 日。

（一）劳动者以平等就业权纠纷为由向法院起诉要求用人单位承担侵权责任

根据《就业促进法》第六十二条规定，违反本法规定，实施就业歧视的，劳动者可以向人民法院提起诉讼。2018年12月发布的《最高人民法院关于增加民事案件案由的通知》，增加了平等就业权纠纷新案由。劳动者受到就业性别歧视的，可以向人民法院提起平等就业权纠纷诉讼。

根据前述法律规定，劳动者受到就业歧视的，可以不经过劳动仲裁的前置程序，直接以平等就业权纠纷为由向人民法院提起诉讼，并且适用三年的诉讼时效，而非一年的仲裁时效。用人单位构成就业性别歧视侵犯平等就业权的，需要依法承担侵权责任，劳动者可以要求用人单位赔礼道歉，用人单位造成劳动者财产损失或精神损害的，还需承担赔偿责任。

另外需要提示的是，劳动者在劳动合同履行过程中遭到就业歧视的，可以根据不同的法律依据，分别提出劳动争议和平等就业权纠纷，两者互不影响。

案例96　平等就业权纠纷无须经过劳动仲裁前置程序，可以直接向法院起诉

在前文提到的女职工怀孕被解雇一案中，物业公司辩称，双方之间的纠纷属于劳动争议，珠海市劳动人事争议仲裁院也已受理樊女士提出的劳动争议仲裁申请，与该案属同一法律事实，请求法院依法驳回樊女士起诉。樊女士诉求的前三项赔偿内容均是与物业公司因解除劳动关系而起，属于劳动争议，不是人格权（平等就业权）纠纷。劳动争议应当仲裁前置，樊女士未经仲裁即在本案要求物业公司支付孕期工资损失、未能休产假工资损失和未能享受医疗保险待遇支付的生育医疗费属于程序错误，应予驳回。法院经审理后认为，关于该案是否属应仲裁前置的劳动争议纠纷问题。《就业促进法》第六十二条规定，违反本法规定，实施就业歧视的，劳动者可以向人民法院提起诉讼。樊女士主张其平等就业权遭到物业公司侵害，依据该条规定起诉请求损害赔偿，且其所提诉讼请求与仲裁案提出的仲裁请求并无重合，故法院对物业公司主张该案为劳动争议纠纷，应当仲裁前置的抗辩理由不予采纳。该案为侵权之诉，樊女士主张的孕期、产假期工资损失、生育医疗费，是其平等就业权被侵害后发生的经济损失，可以不经过劳动仲裁程序，在侵权诉讼案件中进行处理。

（二）劳动者向相关部门举报或投诉对用人单位依法进行处理

针对用人单位实施的就业性别歧视行为，除向法院起诉外，劳动者还可以依法向妇联、工会等组织投诉，或向劳动行政部门进行举报并依法处理。

根据《妇女权益保障法》第五十三条规定，妇女的合法权益受到侵害的，可以向妇女组织投诉，妇女组织应当维护被侵害妇女的合法权益，有权要求并协助有关部门或者单位查处。有关部门或者单位应当依法查处，并予以答复。

根据《工会法》《劳动法》《劳动合同法》等相关法律规定，维护职工合法权益是工会的基本职责，工会有权对企业侵犯职工合法权益的问题进行调查，有关单位应当予以协助。

案例97　劳动合同限制生育权，女职工可求助工会维权

在山东省荣成市某企业劳动合同限制生育案中[①]，2018年6月，荣成市总工会接到女职工张某的电话咨询，了解到荣成市某企业在与职工签订的劳动合同中，附加条款规定女职工3年内禁止怀孕。张某2年前来到这家企业做行政秘书，意外怀孕后被企业解雇。经过工会多次交涉，企业最后同意撤销对张某的处理，并接受建议，安排专人对企业规章制度、奖惩规定以及劳动合同进行修订。该案是工会组织有效处置企业在劳动合同中违法设置限制生育条款的典型案例。工会作为职工权益的代表者、维护者，在加强与企业沟通协商、及时协调侵权问题调查处理、促进劳动关系和谐稳定中发挥了重要作用。当地总工会接到职工的热线投诉后，立即与企业负责人接触沟通，反映职工诉求，通过晓之以法、动之以情的思想工作，使企业认识到行为的违法性，采取积极措施纠正，给女职工张某恢复了工作岗位。本案中荣成市总工会和企业工会在女职工权益维护和争议解决过程中发挥了重要作用，多次与企业沟通协调促成双方和解，企业也主动恢复劳动关系，避免进入劳动争议和司法程序，保护了女职工合法权益，节约了司法资源，同时工会指导企业修订规章制度和劳动合同，避免了类似情形的再次发生，具有积极意义。

根据《人力资源市场暂行条例》第四十三条的规定，用人单位发布的招聘信息含有性别歧视内容，人力资源社会保障行政部门责令改正拒不改正的，可以

[①] 参见《劳动合同限生育 工会依法来维权》，载《中国妇女报》2020年2月26日第B1版。

处 1 万元以上 5 万元以下的罚款。根据九部门《通知》，人社部门可以将用人单位行政处罚等情况纳入人力资源市场诚信记录，依法实施失信惩戒。同时，畅通窗口来访接待，12333、12338、12351 热线等渠道，及时受理就业性别歧视相关举报投诉。根据举报投诉，由人力资源社会保障部门、工会组织、妇联组织等部门对涉嫌就业性别歧视的用人单位开展联合约谈。拒不改正的将依法查处，并通过媒体向社会曝光。

合规建议

用人单位在劳动用工过程中不得实施就业性别歧视，并应当采取以下措施防范侵犯女职工平等就业权的法律风险：

1. 用人单位应了解并执行禁止性别歧视、保障男女平等就业机会的法律法规，并通过规章制度加以落实，对规章制度和入职登记表、录用条件、劳动合同等文本表单中存在与法律法规政策规定相冲突的内容，及时进行修订完善。

2. 用人单位应对人力资源管理部门等相关工作人员进行禁止就业歧视和平等就业权保护议题的培训，避免在招聘广告发布、面试约谈、体检项目、通知录用等招聘环节和劳动合同履行中出现涉嫌性别歧视的行为。

3. 用人单位必须对保护女性平等就业权引起足够重视，实施就业性别歧视不仅会付出经济代价，媒体曝光、判决上网等还将对企业声誉造成不良影响，应定期进行自纠、自查和外部合规审查，防控就业性别歧视法律风险。

第二节 "三期"女职工岗位及薪酬管理

根据《劳动合同法》规定，工作内容和劳动报酬是劳动合同的必备条款之一，调岗和降薪实际是变更劳动合同，原则上应当双方协商一致。如果用人单位能够举证证明劳动者不能胜任工作、医疗期满不能从事原工作，或者确实是基于生产经营需要而调岗对劳动者无不利因素等事由，也可以依法单方合理调岗，同时根据规章制度规定的"薪随岗变"原则可以合理降薪。但是，法律对于"三期"女职工给予了特殊保护，用人单位不得因女职工进入"三期"随意调岗或降低工资待遇。

在用人单位单方对"三期"女职工调岗降薪引发的劳动争议中,裁审机关审查的重点包括:用人单位调岗是否有合法的理由、调整后的岗位是否合理、是否调岗的同时进行降薪、降薪是否合法合理等。

一、对"三期"女职工调岗降薪须依法合规

(一)必须调岗的情形

根据《女职工劳动保护特别规定》规定,用人单位应当遵守女职工禁忌从事的劳动范围的规定;女职工在孕期不能适应原劳动的,用人单位应当根据医疗机构的证明,予以减轻劳动量或者安排其他能够适应的劳动。但是,用人单位不得因女职工怀孕、生育、哺乳降低其工资。

因此,在两种情形下,用人单位基于法定义务应当对"三期"女职工进行调岗,第一种情形为"三期"女职工出现身体不适,无法坚持正常工作,持有医疗机构证明,要求用人单位调整工作岗位的,用人单位应当根据医疗机构的证明调整其工作岗位。第二种情形为"三期"女职工原岗属于禁忌工作岗位,用人单位有义务将其调岗到非禁忌工作岗位。对于"三期"女职工禁忌从事的劳动范围,《女职工劳动保护特别规定》进行了详细列举,用人单位可参考判断。

需要提示的是,用人单位不论是基于上述哪种情形的调岗,均不能以此降低"三期"女职工原工资性收入以及福利待遇,该工资性收入不仅限于基本工资,还应包括岗位工资、职位工资、绩效工资等所有工资构成项目。

(二)可以调岗的情形

除前述两种情形外,即使"三期"女职工因孕期、产期、哺乳期使工作受到了一定的影响,法律对此也是有容忍度的,用人单位不宜对"三期"女职工的工作表现提出更加严格的要求,亦不能随意对"三期"女职工进行调岗,更不能降低原工资性收入以及福利待遇。

1. 协商一致调岗

用人单位需要调整"三期"女职工岗位和薪酬的,应当首先与其协商,达成一致的应当签订劳动合同变更书,或女职工签署单方确认文件后予以调岗降薪。

2. 法定单方调岗

基于法律规定用人单位可以单方对"三期"女职工调岗时，如有证据证明其不胜任工作、医疗期满不能从事原工作、存在违纪行为、企业生产经营需要等，应当注意合法性和合理性，调整后的工作岗位"三期"女职工能够胜任，不得加重工作量，在此情况下女职工应当服从调岗安排。

案例98　企业合理调岗未降薪，哺乳期女职工拒绝服从构成严重违纪解除劳动合同合法

在袁某与皇家加勒比游轮船务（中国）有限公司劳动合同纠纷中[1]，法院认为：皇家加勒比游轮公司作为独立的经营主体，依法拥有经营自主权及用工自主权，为维持正常的经营需要，皇家加勒比游轮公司有权根据员工的自身状况，安排其合理的工作岗位。首先，袁某进入公司后不久即怀孕，从袁某孕期病假至产假结束回归皇家加勒比游轮公司工作历时8个多月，皇家加勒比游轮公司安排其他人员接替袁某原工作内容符合经营管理的需要，故袁某返岗后，皇家加勒比游轮公司对其工作岗位、内容重新安排符合常理。其次，袁某原工作岗位为大客户销售经理，袁某返岗后皇家加勒比游轮公司安排其从事中小客户销售经理，虽然面向不同的客户群体，但工作内容仍属销售范围，客户群体的不同并未导致工作内容的实质性变更，不会造成袁某无法胜任该岗位工作，且袁某调换后岗位薪资待遇并未降低，故皇家加勒比游轮公司对袁某的岗位安排具有合理性。最后，根据皇家加勒比游轮公司、袁某陈述和多份电子邮件往来内容所示，皇家加勒比游轮公司数次以口头、邮件的方式通知袁某返岗后从事中小客户销售经理工作，但袁某均未服从公司管理表示拒绝。此时皇家加勒比游轮公司提出若袁某不同意对其的工作安排，皇家加勒比游轮公司考虑其处于哺乳期，双方可协商解除合同，给予袁某一定的经济补偿，袁某考虑后又表示拒绝。在此情况下，皇家加勒比游轮公司再次向袁某表示若不服从公司管理安排只能与其解除劳动合同，但袁某仍坚持要求皇家加勒比游轮公司提供原工作岗位。故袁某的前述行为，对皇家加勒比游轮公司的用工自主权造成严重影响，亦有拒绝正常履行双方劳动合同的意思表示。综上，皇家加勒比游轮公司对袁某的调岗具有合理性，袁某拒绝服从皇家

---

[1]　上海市第二中级人民法院（2019）沪02民终8483号民事判决书。

加勒比游轮公司的合理安排，扰乱公司的经营自主管理。皇家加勒比游轮公司多次提醒告知，袁某仍拒绝服从。因袁某的行为严重违反劳动纪律，所以皇家加勒比游轮公司在此情况下通知袁某解除劳动合同于法有据，故一审法院对于袁某要求皇家加勒比游轮公司继续履行劳动合同，支付2017年10月18日起工资的仲裁请求，难以支持。

二、对"三期"女职工违法调岗降薪的法律后果

根据《劳动合同法》规定，用人单位与劳动者应当按照劳动合同的约定，全面履行各自的义务；用人单位应当按照劳动合同约定和国家规定，向劳动者及时足额支付劳动报酬；用人单位未及时足额支付劳动报酬的，劳动者可以解除劳动合同，并要求用人单位支付经济补偿金。用人单位未按照劳动合同的约定或者国家规定及时足额支付劳动者劳动报酬的，由劳动行政部门责令限期支付劳动报酬，逾期不支付的，责令用人单位按应付金额50%以上100%以下的标准向劳动者加付赔偿金。

因此，用人单位违法对"三期"女职工进行调岗降薪的，需承担以下法律责任：

（一）女职工可以要求恢复原岗位、待遇，补发工资差额

关于补发工资差额，女职工可以向劳动行政部门投诉，由劳动行政部门（劳动监察部门）责令用人单位限期支付，逾期不支付的，可以责令用人单位按应付金额50%—100%加付赔偿金。女职工也可以直接向劳动仲裁机构提出申请，要求补发工资。

案例99　用人单位违法对"三期"女职工进行调岗降薪，应依法补足工资差额

在郭某与金万车（北京）信息技术有限公司劳动争议案中[1]，郭某于2011年3月1日入职金万车信息技术公司，任高级产品经理，根据郭某签字确认的工资变动表，郭某每月工资为8000元，其中基本工资2000元、岗位技能津贴2800元、项目/职位津贴2400元、绩效考核奖800元。该表备注绩效考核奖按实际绩

---

[1] 北京市第二中级人民法（2014）二中民终字第04160号民事判决书。

效考核情况，每个季度发放一次；岗位技能津贴、项目/职位津贴若不做项目则不涉及。双方认可工龄每增长1年，工资增加100元。2012年2月，郭某怀孕，金万车信息技术公司欲调郭某到该公司前台工作，但未得到郭某的认可，金万车信息技术公司便将郭某的电脑收走，此后未安排郭某参与项目。法院认为，在2012年3月至8月郭某怀孕期间，其虽未做项目，但其原因是金万车信息技术公司强行收走了郭某的电脑且未安排郭某参与项目，并不是郭某的原因所导致的，故此期间郭某的工资应当按照工龄工资增长后每月8100元的标准支付，对于不足部分，金万车信息技术公司应予补齐，原审法院核算数额为19800元，准确无误。因郭某在2012年9月至2013年1月23日产假期间的确无法参与相关项目，按照《工资变动表》的规定不应享受项目/职位津贴、岗位技能津贴及绩效工资，因社保部门核定的生育津贴为13408.63元，不低于该期间郭某的应得工资，故金万车信息技术公司应向郭某支付产假期间的工资数额为13408.63元。在郭某休完产假后的工作期间即2013年1月24日至2013年5月31日，金万车信息技术公司仍未安排郭某参与项目，故金万车信息技术公司应按《工资变动表》的规定全额支付郭某工资，工龄工资亦应随郭某工作年限的增长而增长，扣除金万车信息技术公司已按4800元的标准支付2013年1月24日至31日的工资后，金万车信息技术公司应当支付34141.37元。

（二）女职工被迫辞职可以要求支付经济补偿金

用人单位违法调岗降薪，女职工可以根据《劳动合同法》第三十八条规定通知用人单位解除劳动合同，并要求支付解除劳动合同经济补偿金。

案例100　因公司违法调岗降薪怀孕女职工被迫辞职，公司需支付解除劳动合同经济补偿金

在医药公司与陈某劳动争议一案中[①]，法院认为，根据陈某提供的员工内部调动令等证据可以证明医药公司已实际调整陈某的工作岗位，降低了陈某的工资薪酬。医药公司所称调整后的岗位更为轻松，工作内容更少，且因陈某未在《员工内部调动令》上签字，实际未作调整，无相关证据佐证，法院不予采信。根据《女职工劳动保护特别规定》，女职工在孕期应当享受特别的保护和照顾。陈某

---

① 湖南省长沙市中级人民法院（2018）湘01民终3415号民事判决书。

处于孕期，医药公司可根据陈某的身体状况适度减轻其工作量，或调整至更为轻松的工作岗位，但不能降低工资待遇。本案中，医药公司在未能与陈某协商一致的情况下调整陈某工作岗位、降低工资待遇，陈某以此为由解除劳动合同，要求用人单位支付经济补偿金 46068.81 元，于法有据。

合规建议

用人单位不得随意对"三期"女职工进行调岗降薪，需要调岗降薪时应当注意以下问题：

1. "三期"女职工原岗属于禁忌工作岗位，用人单位有义务将其调岗到非禁忌工作岗位。"三期"女职工出现身体不适，无法坚持正常工作的，用人单位应依据医疗机构的证明进行调岗。但是，调岗不能降低原工资性收入以及福利待遇。

2. 用人单位需要调整"三期"女职工岗位和薪酬的，应当首先与其协商，达成一致的应当签订劳动合同变更书或女职工签署单方确认文件。

3. 用人单位对"三期"女职工单方调岗降薪需注意合法性和合理性，违法调岗降薪需要承担法律责任。

第三节 "三期"女职工休息休假管理

国家对"三期"女职工实施特殊劳动保护，国家法律法规和地方规定对"三期"女职工的工作时间、休息休假及相关待遇均作出了特别规定。用人单位应当按照国家和当地规定，进行"三期"女职工休息休假管理，依法保障"三期"女职工的休息休假权利。

在"三期"女职工休息休假劳动争议中，裁审机关审查的重点包括："三期"女职工是否符合休息休假的条件、是否恰当履行了请假手续、用人单位是否依法安排了休息休假、是否依法支付了休息休假期间的待遇等。

一、孕期、哺乳期女职工工作时间的限制

（一）不得违法安排"三期"女职工进行加班和夜班劳动

《女职工劳动保护特别规定》第六条和第九条对孕期和哺乳期女职工的工作

时间作出了具体规定：对怀孕 7 个月以上的女职工，用人单位不得延长劳动时间或者安排夜班劳动，并应当在劳动时间内安排一定的休息时间。对哺乳未满 1 周岁婴儿的女职工，用人单位不得延长劳动时间或者安排夜班劳动。

部分地区将对孕期、哺乳期女职工工作时间的限制进行了扩大保护。比如，上海地区将不得安排夜班的孕期范围扩大到怀孕 6 个月；江苏、河南、陕西、江西等地区将怀孕不满 3 个月且妊娠反应严重的女职工也纳入不得安排加班或夜班的情形。

部分地区就孕期女职工的工间休息时间和次数进行了详细规定，如上海、广东规定，女职工怀孕 7 个月以上的，每天安排 1 小时工间休息；江苏、河南、陕西等地规定，怀孕不满 3 个月且妊娠反应严重和 7 个月以上的，每日安排不少于 1 小时工间休息，有劳动定额的，减少相应的劳动量。

（二）违法安排"三期"女职工工作时间的法律责任

根据《女职工劳动保护特别规定》第十三条的规定，用人单位违反本规定第六条、第九条规定的，由县级以上人民政府人力资源社会保障行政部门责令限期改正，按照受侵害女职工每人 1000 元以上 5000 元以下的标准计算，处以罚款。因此，用人单位应当遵守国家和地方关于孕期和哺乳期女职工工作时间的规定。

二、孕期女职工产检假的时间、次数及待遇

根据《女职工劳动保护特别规定》第六条第三款的规定，怀孕女职工在劳动时间内进行产前检查，所需时间计入劳动时间。因此，用人单位应当依法给予孕期女职工产检假。

（一）产检假待遇

产检时间应当依法计入劳动时间，按正常出勤享受工资待遇。孕期女职工进行产前检查的，用人单位不能按病假、事假、旷工处理，应当准假并发放正常的工资待遇，而不能扣发女职工产检期间的工资。女职工怀孕生育不符合计划生育规定时，可以请产检假，用人单位可以不支付产检期间的工资。

案例 101　符合计划生育的女职工产检期间，用人单位不得扣发工资

在郭某与金万车（北京）信息技术有限公司劳动争议纠纷一案中①，2012年1月至8月郭某共因病假扣款1982.34元（其中因产检扣款1279.74元），法院认为，郭某主张其因产检而请假不应被扣款，因依据我国相关法律规定，女性职工在劳动时间内进行的产前检查应当算作劳动时间，故金万车信息技术公司不应因产检请假而扣发郭某的工资，公司应补发郭某2012年2月至8月因产检发生的病假扣款1279.74元。

（二）产检费用报销

根据各地生育保险规定，用人单位参加生育保险且女职工符合人口和计划生育法律、法规规定生育的，产检费用由生育保险基金支付，未参加生育保险的，则由用人单位支付。女职工生育不符合计划生育规定时，不能享受产检费用报销，比如广州市规定②。部分地区按照限额方式支付产检费用，比如北京市规定自确定妊娠至终止妊娠，发生的产前检查费用按限额标准支付3000元，低于限额标准的按实际发生的费用支付，高于限额标准的，按限额标准支付。

部分地区实行定额补贴办法，比如上海规定符合规定条件生育或者流产的妇女，按照下列标准享受生育医疗费补贴：（一）生育的，生育医疗费补贴按3600元计发；（二）妊娠4个月以上（含4个月）自然流产的，生育医疗费补贴按600元计发；妊娠不满4个月自然流产的，生育医疗费补贴按400元计发。生育医疗费补贴的范围包括：早孕检查与建册、产前检查、住院生产（医疗保险基金承担部分除外）、产后访视、产后42天康复检查及自然流产（包括宫外孕、葡萄胎）。

（三）产检时间和次数

产前检查时间既包括实际检查时间、等待时间，也包括在途时间。考虑到全面二孩政策下孕产妇及高龄产妇的增加趋势和医疗资源紧张的现状，孕期女职工产检所需的时间和频次必然有所增加，用人单位对此应给予一定的理解和支持。实践中，部分用人单位通过规章制度规定限制孕期女职工产检假的时间和次数。但是，

---

① 北京市第二中级人民法院（2014）二中民终字第04160号民事判决书。
② 《广州市人口与计划生育管理办法》第三十六条规定："不符合规定生育的，产检、分娩的住院费和医药费由本人自理，不享受生育保险待遇以及产假期间的工资待遇。"

《女职工劳动保护特别规定》以及国家其他法律规定并没有对产检时间和次数的上限作出限制性规定。2011年原卫生部发布的《孕产期保健工作管理办法》[①]和《孕产期保健工作规范》[②]，也仅是从规范医疗保健机构的孕产期保健工作角度规定了产前检查次数的下限。北京、天津、河北、上海、广东、江苏等绝大部分地区没有对产检次数进行限制，个别地区如深圳市虽规定了一般性产前检查共计12次，但仅为社保机构为统一规范执行地区产检项目而设定。上述卫生部或地方规定并不能作为用人单位限制孕期女职工产检假时间和次数的依据。现实中每个孕妇个体情况也会有差别，进行产前检查的项目、频率应由专业医疗保健机构的医生作出判断，只要女职工提供了产检的相关证明，用人单位均应将产检所需时间计入劳动时间，扣发工资或以旷工为由解除劳动合同的将承担侵犯"三期"女职工合法权益的法律风险。

三、保胎假或病假的条件、待遇

（一）"三期"女职工休保胎假或病假的条件

根据原国家劳动总局保险福利司发布的《关于女职工保胎休息和病假超过六个月后生育时的待遇问题给上海市劳动局的复函》规定，女职工按计划生育怀孕，经过医师开具证明，需要保胎休息的，其保胎休息的时间，按照本单位实行的疾病待遇的规定办理。产假期满后仍需病休的，从产假期满之日起，继续发给疾病救济费。因此，对于女职工怀孕后要求保胎休息或者产假期满后要求病休的情况，用人单位应当根据女职工提交的医疗机构诊断证明，按病假处理给予病假待遇。

🎬 案例102　怀孕女职工提交病假证明，用人单位以非三级医院出具为由不批准病假解除劳动合同违法

在广东中联新材科技有限公司与郑某劳动争议一案中[③]，郑某从2017年9

[①] 《孕产期保健工作管理办法》第十一条第二款规定："在整个妊娠期间至少提供5次产前检查，发现异常者应当酌情增加检查次数……"
[②] 根据《孕产期保健工作规范》的规定，孕期应当至少检查5次。其中孕早期至少进行1次，孕中期至少2次（建议分别在孕16—20周、孕21—24周各进行1次），孕晚期至少2次（其中至少在孕36周后进行1次），发现异常者应当酌情增加检查次数。
[③] 广东省江门市中级人民法院（2018）粤07民终2168号民事判决书。

月 19 日起向中联公司请假，中联公司认为其请假无效，并要求郑某于 2017 年 10 月 11 日回中联公司办理请假手续，郑某在 10 月 11 日当天回中联公司交请假资料时，中联公司以郑某所提交的疾病证明不是三级以上医疗保健机构出具为由不批准其请假。法院认为，根据《广东省实施〈女职工劳动保护特别规定〉办法》第十条第一款第（二）项"在女职工怀孕期间，用人单位应当遵守以下规定：……（二）女职工经医疗机构诊断确需保胎休息的，保胎休息的时间按照病假处理……"的规定，女职工"三期"期间的特别保护规定属法律强制性规定，用人单位的规章制度不得不合理地排除女职工的合法权利，故中联公司以郑某提交的疾病证明不符合其规章制度为由主张郑某旷工的意见不具有合理性。另因至仲裁庭审之日郑某仍处于孕期，其所提交的疾病证明加盖有江门市妇幼保健院门诊部印章，显示郑某从 2017 年 9 月 19 日至同年 12 月 5 日确因妊娠不适、产检等需休息停工，郑某上述期间为病假期。故一审法院认定中联公司于 2017 年 11 月 6 日解除其与郑某的劳动关系属违法解除并无不当，本院予以维持。

（二）保胎休息或病假的待遇

根据原劳动部 1995 年发布的《关于贯彻执行〈中华人民共和国劳动法〉若干问题的意见》第五十九条规定，职工患病或非因工负伤治疗期间，在规定的医疗期内由企业按有关规定支付其病假工资或疾病救济费，病假工资或疾病救济费可以低于当地最低工资标准支付，但不能低于最低工资标准的 80%。

除国家规定外，各地也对病假工资的标准作出了规定[①]，如北京等大部分地区规定，用人单位应当按照劳动合同或集体合同的约定或依法制定的规章制度规定支付病假工资，但是不得低于当地最低工资标准的 80%。而上海等部分

[①]《北京市工资支付规定》第二十一条规定："劳动者患病或者非因工负伤的，在病休期间，用人单位应当根据劳动合同或集体合同的约定支付病假工资。用人单位支付病假工资不得低于本市最低工资标准的 80%。"

《上海市劳动和社会保障局关于病假工资计算的公告》第一条关于病假待遇的规定，职工疾病或非因工负伤连续休假在 6 个月以内的，企业应按下列标准支付疾病休假工资：连续工龄不满 2 年的，按本人工资的 60% 计发；连续工龄满 2 年不满 4 年的，按本人工资 70% 计发；连续工龄满 4 年不满 6 年的，按本人工资的 80% 计发；连续工龄满 6 年不满 8 年的，按本人工资的 90% 计发；连续工龄满 8 年及以上的，按本人工资的 100% 计发。职工疾病或非因工负伤连续休假超过 6 个月的，由企业支付疾病救济费：连续工龄不满 1 年的，按本人工资的 40% 计发；连续工龄满 1 年不满 3 年的，按本人工资的 50% 计发；连续工龄满 3 年及以上的，按本人工资的 60% 计发。

地区则规定，用人单位应当根据劳动者在本单位的工作年限和病假时间，按照本人工资标准的一定比例支付病假工资，且不得低于当地最低工资标准的80%。

部分地区还对保胎假的待遇做出了专门规定[①]，如广东、江苏、青海、陕西等地规定，怀孕女职工需要保胎休息的，根据医疗机构证明，保胎休息的时间和待遇按照病假处理。而江西则规定，女职工有先兆流产症状，根据医疗机构证明，需保胎休息3个月以上的，其休息期间的工资可以按工资的70%至100%发给；有习惯性流产史的，经医疗机构证明，其保胎休息期间的工资按工资的100%计发。

根据《劳动合同法》的规定，"三期"女职工申请病假即使超过法定医疗期，只要其提交了合法有效的病假证明，其就可以继续请病假，用人单位不得适用医疗期满的规定与其解除劳动合同，更不能以旷工为由进行违纪解除。

（三）"三期"女职工"泡病假"的防范措施

由于受到法律规定的特殊解雇保护，实践中"三期"女职工以保胎休息或者哺乳期要求病休等事由长期泡病假的情况时有发生。

为有效防止"三期"女职工泡病假的情况，用人单位可通过依法制定并公示的规章制度对请假程序和病假待遇等进行规定，内容应包括请假程序、需提交的证明材料、病假工资标准、不履行请假手续和病假虚假的后果等。

"三期"女职工请病假符合规章制度规定的，用人单位应当批准病假并按照当地的地方规定和规章制度规定的标准依法支付病假待遇。对于女职工不履行请

---

① 广东省规定，在女职工怀孕期间，女职工经医疗机构诊断确需保胎休息的，保胎休息的时间按照病假处理。

江苏省规定，怀孕不满3个月需要保胎休息或者怀孕7个月以上且上班确有困难的，应当根据医疗机构的证明安排其休息。休息期间的工资按照劳动合同或者集体合同约定计发，但不得低于当地最低工资标准的80%。

青海省规定，有自然流产史现又无子女的职工、怀孕后需保胎休息的，应适当休息。保胎休息期间的待遇按本单位职工患病规定办理。女职工产假期满因身体原因仍不能劳动的，其超过产假期间的待遇，按本单位职工患病的规定办理。

陕西省规定，怀孕的女职工有先兆流产或习惯性流产史的，根据二级以上医疗机构证明，用人单位可以依据本人申请适当安排保胎休息。符合国家生育规定的，保胎休息的时间按照病假处理。

江西省规定，女职工有先兆流产症状或者有习惯性流产史，本人提出保胎休息的，用人单位应当根据医疗机构证明和单位实际情况适当安排。女职工有先兆流产症状，根据医疗机构证明，需保胎休息3个月以上的，其休息期间的工资可以按工资的70%至100%发给；有习惯性流产史的，经医疗机构证明，其保胎休息期间的工资按工资的100%计发。

假手续擅自休假，用人单位通知返岗后，逾期未返岗的，可按照规章制度做违纪处理。针对"三期"女职工涉嫌虚假病假的情况，用人单位应要求女职工提供挂号凭证、病历资料、检查报告、医疗费单据等完整的病假证明材料，并可以通过卫生局网站、医疗机构、执业医生等核实该病假的真实性。若病假材料存在虚假，用人单位可要求医疗机构出具证明或起诉后申请法院调查取证，一旦证明"三期"女职工提交虚假病假材料的，用人单位可依据规章制度与其解除劳动合同。

案例103 怀孕女职工提交虚假病假手续构成严重违反规章制度，用人单位解除劳动合同合法

在郭某与沈阳三洋电梯有限公司劳动争议一案中[1]，2017年6月6日，郭某到三洋电梯公司处应聘。2017年7月4日，双方签订劳动合同，期限为2017年7月4日至2020年12月31日，试用期为2017年7月4日至2017年12月31日。2017年6月30日，郭某去医院检查发现怀孕。2017年7月11日，郭某向三洋电梯公司提供了一份沈煤医院医生马某出具的怀孕诊断书，该诊断书并没有经过挂号，没有病志号，且出具该诊断书的医生马某在询问中自认其在没有看见任何化验单、B超的前提下，仅凭借郭某的婆婆，也是同一医院的工作人员的述说就为郭某开具建议休息1个月的诊断书，也没有为郭某出具治疗方案。法院认为，《员工手册》规定，试用期内连续旷工5个工作日（含5个工作日）或者累计缺勤达10个工作日（含10个工作日）者属于严重违反公司管理规定，公司予以辞退。双方在《劳动合同书》中约定《员工手册》（包含考勤管理和请休假制度）作为双方劳动合同的附件，并有郭某本人签字的"员工手册、企业文化、员工休假管理规定等规章的培训签到表"及"企业文化规章制度考核测试题"在卷佐证，可以认定三洋电梯公司已经告知郭某本单位的关于员工考勤、休假管理及员工奖惩的相关规章制度。郭某于怀孕期间，未按照单位考勤及休假管理的规章制度进行请假，在郭某本人未到医院就诊的情况下，通过其老公的母亲（沈煤集团医院工作人员）取得了并没有经过挂号的诊断书作为请假依据，并于7月11日之后一直未去单位上班，根据公司《员工手册》中的相关规定，属于严重违反

---

[1] 辽宁省沈阳市中级人民法院（2017）辽01民终12997号民事判决书。

公司管理规定，予以辞退。综上，根据《劳动合同法》第三十九条的规定，可以认定本案中三洋电梯公司系因劳动者严重违反用人单位规章制度而与其解除劳动合同，三洋电梯公司无须继续履行劳动合同、发放工资、缴纳社会保险、赔偿工资及保险损失。

四、女职工流产假的条件、天数及待遇

（一）女职工流产假的天数

根据《女职工劳动保护特别规定》第七条第二款规定，女职工怀孕未满4个月流产的，享受15天产假；怀孕满4个月流产的，享受42天产假。

《女职工劳动保护特别规定》出台后，各地对女职工流产后享受产假天数的规定也进行了修订，部分地区还进行了调整和增加①。用人单位应当按照当地规定给予女职工流产假。

（二）流产假的待遇

根据《女职工劳动保护特别规定》第八条规定，女职工产假期间的生育津贴，对已经参加生育保险的，按照用人单位上年度职工月平均工资的标准由生育保险基金支付；对未参加生育保险的，按照女职工产假前工资的标准由用人单位支付。女职工生育或者流产的医疗费用，按照生育保险规定的项目和标准，对已经参加生育保险的，由生育保险基金支付；对未参加生育保险的，由用人单位支付。

（三）流产假的享受条件

根据法律规定，无论女职工是"人工流产"（药物流产、手术流产）还是"自然流产"，"计划内流产"（符合计划生育规定流产）还是"计划外流产"（未婚流产、已婚已育计划外流产），女职工同样可享受法律规定的流产假。从保护女职工身体健康的角度出发，只要女职工有怀孕流产的事实，就有权享受流产假。

---

① 江苏省规定，怀孕不满2个月流产的，享受不少于20天的产假；怀孕满2个月不满3个月流产的，享受不少于30天的产假；怀孕满3个月不满7个月流产、引产的，享受不少于42天的产假；怀孕满7个月引产的，享受不少于98天的产假。

天津市规定，女职工怀孕流产的（含人工流产），其所在单位应根据医务部门的证明，按下列规定给予产假：3个月以下的，产假15天；3个月以上（含3个月）至4个月的，产假30天；4个月以上（含4个月）至7个月的，产假42天；7个月以上（含7个月）的，产假98天。

根据各地的生育保险政策规定，符合人口和计划生育法律、法规规定流产的女职工享受产假期间，按照国家和当地规定享受生育津贴和报销流产的医疗费用。女职工怀孕不符合计划生育法律规定时流产可以休假，但不能按照生育保险有关规定报销相关流产医疗费用及领取生育津贴，用人单位也无须向其发放产假工资。

如果不符合计划生育规定流产的，女职工能够提供医疗机构的病假证明，证明其需要停工休息的，可按照病假待遇处理。女职工也可以按照当地规定申请计划生育手术休假和享受相关待遇，如《上海市计划生育奖励与补助若干规定》第十二条规定，第一次人工流产及因放置宫内节育器、绝育、皮下埋植术后失败的再次人工流产，孕期小于13周且行吸宫术及药物流产的，休息14天；孕期小于13周且行钳刮术的，休息21天；孕期大于13周的，休息30天。假期期间的工资按照本人正常出勤应得的工资发给。未采取绝育、放置宫内节育器或皮下埋植术而再次人工流产，经医生同意需要休息的，其假期按照病假处理。

五、女职工产假的条件、天数及待遇

（一）国家法定产假的天数

《女职工劳动保护特别规定》第七条规定，女职工生育享受98天产假，其中产前可以休假15天；难产的，增加产假15天；生育多胞胎的，每多生育1个婴儿，增加产假15天。因此，女职工生育的可以享受国家法定产假98天，其中产前15天，产后83天。天津等地明确规定，预产期前生育导致产前休假未满15天的，剩余部分与生育后产假合并使用；预产期后生育导致产前休假超过15天的，超出部分按照病假有关规定处理。各地规定产前假的，用人单位还应按当地规定执行，如上海、福建、海南等地都有关于产前假的规定。

（二）女职工违法生育时的产假

国家法律规定的产假没有区分女职工生育是否符合计划生育政策，即无论女职工生育是否合法，其均应享有休产假98天的权利，但不能享受生育医疗报销和生育津贴（产假工资）待遇。法律之所以作出这样的规定，是为了保障怀孕生育的女职工有足够的时间来恢复身体健康。女职工违反计划生育政策生育的，应根据人口与计划生育法律法规的规定接受行政处理，且不能享受合法生育的延长生育假或其他福利待遇，但是用人单位不得因此不批准女职工休产假，或者按旷工作出处理。

案例104　违法生育的女职工有权休产假，用人单位以旷工为由解除劳动合同违法

在李某与槌屋（广州）汽车配件有限公司劳动合同纠纷案中①，槌屋公司于2017年11月7日发出《关于不批准李某产假申请的通知》，载明李某未按照公司规章制度提供相关具备合法生育第三胎完整资料，按照公司规定不批准产假，通知李某于2017年11月8日正常出勤，否则按旷工处理，连续旷工3日，将解除劳动关系。李某确认有收到该通知，李某于2017年11月6日寄送一份彩超检查报告给槌屋公司。2017年11月11日，槌屋公司出具《解除劳动合同通知书》，载明李某严重违反公司《员工手册》第七十条的规定"连续擅自缺勤3日（含）以上或1年累计擅自缺勤5日（含）以上的"，李某于2017年11月8日—2017年11月10日已连续旷工3日，公司决定从2017年11月11日起与李某解除劳动关系。李某于2017年11月22日生育第三胎。法院经审理后认为，双方的争议焦点在于槌屋公司解除与李某的劳动关系是否合法。根据《女职工劳动保护特别规定》第五条的规定，用人单位不得因女职工怀孕、生育、哺乳降低其工资、予以辞退、与其解除劳动或者聘用合同。第七条规定，女职工生育享受98天产假，其中产前可以休假15天。李某作为尚处在孕期的女职工，无论是否违反计划生育政策，其都享有休产假的权利，公司均不能以上述理由不批准产假并在孕期对其予以辞退。故法院认定槌屋公司于2017年11月11日违法解除与李某的劳动关系，应向李某支付违法解除劳动关系经济赔偿金158508.02元（7204.91元/年×11年×2）。

(三) 地方合法生育奖励假

除国家规定的法定产假外，《人口与计划生育法》第二十五条规定，符合法律、法规规定生育子女的夫妻，可以获得延长生育假的奖励或者其他福利待遇。根据各地计生条例，对2016年1月1日后依法生育的女职工，用人单位还应给予相应的延长生育假。比如，北京、上海、天津等地规定生育奖励假为30天，河北、四川、山东等地规定为60天。在执行女职工产假天数时，用人单位除

---

① 广东省广州市黄埔区人民法院（原广东省广州市萝岗区人民法院）（2018）粤0112民初3437、3573号民事判决书。

要掌握国家有关政策外，还需关注所在地区对产假天数的特殊性规定。女职工合法生育的，用人单位给予的产假天数不应低于国家和地方法律规定的标准。

（四）产假天数是否包含公休假日

关于产假天数是按自然日计算、还是工作日计算，法律并未作出明确规定。从立法本意考虑并结合已废止的《国务院关于女工作人员生产假期的通知》第三条的规定，国家98天产假应理解为自然日，包括公休日和法定节假日。部分地方规定对产假是否包含公休日和法定节假日进行了明确①，如重庆、天津、湖南等地规定产假假期中包括公休日和国家法定节假日，少部分地区如上海、江苏等地则明确规定生育奖励假不包含法定节假日。

（五）女职工产假期间的生育津贴

《女职工劳动保护特别规定》第八条规定，女职工产假期间的生育津贴，对已经参加生育保险的，按照用人单位上年度职工月平均工资的标准由生育保险基金支付；对未参加生育保险的，按照女职工产假前工资的标准由用人单位支付。根据法律规定，生育津贴即为女职工产假期间的工资，二者不可兼得。部分地区明确了女职工产假前工资的标准，如广东等地规定，由用人单位按照其产假前12个月平均工资标准来支付产假工资。前12个月的月平均工资按照女职工应得的全部劳动报酬计算，包括计时工资或者计件工资以及奖金、津贴、补贴等货币性收入。前12个月的月平均工资低于女职工正常工作时间工资的，按照正常工作时间工资标准计算。女职工享受假期前在用人单位工作未满12个月的，按照其实际参加工作的月份数计算。

各地均在生育保险等相关规定中细化了生育津贴计算方式，大部分地区规定

---

① 根据《重庆市卫生和计划生育委员会、重庆市人力资源和社会保障局关于请婚假产假护理假有关规定的通知》，按照规定所休的婚假、产假、护理假的假期，原则上应当连续使用（单位同意的除外），假期中包括公休日和国家法定节假日。

根据《天津市人力资源和社会保障局关于女职工产假有关问题的通知》（津人社规字〔2017〕10号）的规定，产假包括公休假日和法定节假日。

根据《〈湖南省人口与计划生育条例（2016版）〉应用解释》（湘卫法制发〔2016〕4号）第十四条的规定，"《条例（2016版）》第二十一条规定的'增加产假六十天'和'男方护理假二十天'，天数连续计算，包括法定节假日和双休日"。

根据《上海市计划生育奖励与补助若干规定》（沪府发〔2016〕46号）的规定，增加的婚假（7天）、生育假（30天）、配偶陪产假（10天），遇法定节假日顺延。

根据《江苏省人口与计划生育条例（2016修正）》第二十七条第三款的规定，"国家法定休假日不计入前两款规定的假期"。

生育津贴按照女职工所在用人单位上年度职工月平均工资（指用人单位月缴费平均工资）除以30天再乘以产假天数计发。北京、上海、天津、重庆、广州、深圳、江苏、杭州、海口等部分地区规定明确了生育津贴高于本人原工资标准的，用人单位不得截留；低于本人原工资标准的，差额部分由用人单位补足。

案例105　生育津贴低于女职工产假前本人工资标准，用人单位应补足差额

在张某与北京日上工贸有限公司劳动争议一案中[①]，张某于2013年2月19日入职日上公司，任职呼叫中心经理。2014年1月6日，张某生育一女。法院认为，关于生育津贴差额问题，根据相关法律规定，女职工生育享有98天产假，其中产前可以休假15天。本案中，结合双方庭审中的陈述和提交的证据可以认定张某在2014年1月1日至2014年3月10日在休产假。《北京市企业职工生育保险规定》第十五条规定，生育津贴为女职工产假期间的工资，生育津贴低于本人工资标准的，差额部分由企业补足。本案中，张某休产假前的月工资为8000元。庭审中，公司与张某均认可张某领取生育津贴金额为15768.13元。经核算，张某领取的生育津贴数额低于2014年1月1日至2014年3月10日其本人工资标准，公司应向其支付差额3033.33元。

此外，各地对生育保险基金支付生育津贴的期限有不同的规定，北京、上海、天津、重庆、四川、云南、宁夏、山西、安徽、河北、陕西等地规定所有产假（包括国家法定产假和地方生育奖励假）均由生育保险基金支付生育津贴，还有部分地区如江苏、浙江、广东、广西、湖南、辽宁、青海等规定享受生育津贴的天数为98天，生育奖励假期间由用人单位支付产假工资。

（六）纯母乳喂养产假

为了支持母乳喂养，四川还规定纯母乳喂养的女职工增加1个月产假[②]。但

[①] 北京市大兴区人民法院（2016）京0115民初16888号民事判决书。
[②] 《四川省〈中华人民共和国母婴保健法〉实施办法》（2018年7月26日修正）第二十四条第一款、第二款规定："推行母乳喂养。医疗保健机构应当为母乳喂养提供技术指导和必要条件，提高婴儿母乳喂养率。实行纯母乳喂养的女职工增加一个月产假，产假视为出勤。"
四川省1997年印发的《关于确保实行纯母乳喂养的女职工增加一个月产假的通知》（川卫妇发〔1997〕第004号），该文件中明确提出："……由爱婴医院负责出具女职工纯母乳喂养产假证明；非爱婴医院不是纯母乳喂养的合格单位不得出具纯母乳喂养产假证明。各单位必须凭爱婴医院出具的纯母乳喂养产假证明才能安排纯母乳喂养的女职工一个月纯母乳喂养产假，享受出勤待遇。"

是，需由爱婴医院出具女职工纯母乳喂养产假证明后方可享受。成都市进一步规定①，女职工在爱婴医院分娩，出院后 3 个月内确属纯母乳喂养的，才能享受增加的 1 个月纯母乳喂养产假，母乳喂养增加的产假及产假期间的工资待遇由所在单位按有关规定执行。

案例 106　符合条件的纯母乳喂养的女职工，可以按当地规定享受额外产假

在四川乡村基餐饮有限公司与王某劳动争议一案中②，法院认为，关于王某产假天数问题。根据《女职工劳动保护特别规定》第七条"女职工生育享受 98 天产假……"《四川省人口与计划生育条例》（2014 年 3 月 20 日修正）③第十三条"……已婚妇女 24 周岁以上生育第一个子女为晚育……"和第三十二条"……已婚妇女晚育的，除国家规定的产假外增加产假 30 天……"及《四川省〈中华人民共和国母婴保健法〉实施办法》第二十四条"……实行纯母乳喂养的女职工增加一个月产假，产假视为出勤……"的规定，王某于 2015 年 12 月 2 日顺产男婴 1 名，生育时已超过 24 周岁，实行纯母乳喂养，故王某产假应为 158 天（98 天 +30 天 +30 天），即从 2015 年 12 月 1 日起至 2016 年 5 月 8 日止。关于王某产假工资及生育津贴问题。根据《女职工劳动保护特别规定》第八条的规定，"女职工产假期间的生育津贴，对已经参加生育保险的，按照用人单位上年度职工月平均工资的标准由生育保险基金支付……"《四川省人口与计划生育条例》（2014 年 3 月 20 日修正）第三十二条规定，"……婚假、产假、护理假视为出勤，工资、奖金照发"，参照《成都市生育保险办法》第七条规定，社保机

---

① 成都市 1998 年发布的《关于认真落实纯母乳喂养婴儿的女职工增加一个月产假的通知》（成卫字〔1998〕第 37 号）规定："必须是获联合国儿童基金会、世界卫生组织、卫生部颁发的爱婴医院奖牌的医疗保健单位，才能出具纯母乳喂养产假证明；非爱婴医院不得出具纯母乳喂养产假证明。凡在爱婴医院分娩，出院后三个月内确属纯母乳喂养产妇，才能享受增加的一个月纯母乳喂养产假。凡纯母乳喂养的产妇，若享受正常产假或剖宫产假，或按国家有关规定又享受晚婚晚育假、计划生育假的产妇，均在累计休假基础上增加一个月纯母乳喂养假。各爱婴医院出具纯母乳喂养产假证明时，必须加盖'爱婴医院纯母乳喂养产假专用章'。各单位必须凭爱婴医院出具的盖有'爱婴医院纯母乳喂养产假专用章'的证明，才能安排女职工一个月纯母乳喂养产假，享受出勤待遇。"
《成都市生育保险办法》第七条规定："……符合国家、省、市规定的晚育或母乳喂养增加的产假及产假期间的工资待遇由所在单位按有关规定执行。"
② 四川省成都市锦江区人民法院（2017）川 0104 民初 4383 号民事判决书。
③ 现为 2016 年 11 月 22 日修正版。

构按规定拨付给用人单位的生育津贴费用,用人单位必须用于女职工生育、产假期间应享受的工资及福利待遇。不足部分,由女职工所在单位补齐。符合国家、省、市规定的晚育或母乳喂养增加的产假及产假期间的工资待遇由所在单位按有关规定执行。故王某产假期间应领工资为16274元(3090元÷30天×158天),乡村基公司已支付王某生育津贴8491.7元,还应支付生育津贴差额部分7782.3元,因王某对乡村基公司支付王某生育津贴差额部分5885元的仲裁结果认可,故本院确认乡村基公司支付王某生育津贴差额部分5885元。

六、女职工生育时男方享受陪产假的条件、天数及待遇

陪产假亦称护理假,一般是指女方在享受产假期间,男方享有一定时间看护、照料对方的权利。现行《劳动法》等相关法律规定并未对陪产假进行明确的规定,《人口与计划生育法》第二十五条规定,符合法律、法规规定生育子女的夫妻,可以获得延长生育假的奖励或者其他福利待遇。陪产假作为对合法生育夫妻的一个奖励措施,主要规定于各地方的计划生育条例中。

(一)男职工享受陪产假的条件、天数

根据各地计划生育条例的规定,符合法律、法规规定生育的女职工产假期间,给予男方一定天数的陪产假。因此,只要是符合法律规定生育子女的夫妻,无论是生一孩还是二孩,男职工都可以享受陪产假。但违法生育的,男职工无权享受陪产假。目前全国各地修订的计划生育条例中明确规定了男职工的陪产假,但期限不一,其中最短的仅为7天(比如天津、山东),最长的则有1个月之久(比如河南、云南、甘肃),而大部分地区规定为15天(比如北京、广东、浙江、江苏等)。

部分地区对陪产假的使用有效期作出了规定,比如上海市规定配偶陪产假应当在产妇产假期间连续使用。大部分地区计划生育条例对何时休陪产假没有作出明确规定,从陪产假设置初衷的角度来说,陪产假应当在女职工产假期间申请和休完,且不得拆分休假。

部分地方规定对陪产假是否包含公休假日和法定休假日进行了明确,比如重庆、湖南等地规定护理假天数连续计算,包括法定节假日和双休日。上海、江苏等地规定国家法定休假日不计入护理假的假期。

(二)男职工享受陪产假的工资待遇

虽然用人单位同样为男职工缴纳生育保险,但是根据大部分地区生育保险政策规定，生育保险基金并不负担陪产假期间男职工的工资待遇。也有少部分地区规定男职工陪产假期间由生育保险基金支付护理假津贴或生育津贴，比如江苏①。多数地区在计划生育条例中明确规定陪产假期间视为出勤或者工资、奖金、福利待遇不变，不影响考勤、考核和晋级、晋职、提薪等。

案例107 男职工休陪产假期间，用人单位应依法支付工资

在北京康诚世纪投资有限公司与王某劳动争议一案中②，王某于2013年7月19日入职康诚公司，担任出租车双班司机，其每月向康诚公司缴纳承包费2852.43元。王某之女于2016年11月2日出生，王某于2016年10月28日至2016年11月16日休假陪产。王某按照正常标准向康诚公司缴纳2016年10月和11月的承包费。法院认为，依据《北京市人口与计划生育条例》第十八条的规定，王某有权享受陪产假15天，康诚公司不得降低其工资。基于出租车行业的特殊性，出租车驾驶员的劳动报酬来源于其实际营运收入。王某依法享受陪产假15天，其在停运期间工资不得降低的待遇意味着其有权享受相应期间承包费用的折抵减免。法院参照康诚公司实际收取的月承包费2852.43元予以核算。

七、哺乳时间和哺乳假的享受条件、期限及待遇

实务中，有些用人单位或女职工常常会混淆哺乳期、哺乳时间、哺乳假的概念：哺乳期是指女职工哺乳婴儿的时期，一般从婴儿出生之日起至一周岁时止，特殊情况可以延长不超过6个月的哺乳期，女职工在哺乳期内受到法律的特殊劳动保护；哺乳时间是指在哺乳期内用人单位应当安排女职工在每天工作时间内哺乳婴儿的时间，不论哺乳方式如何（母乳喂养或人工喂养）均不影响女职工哺乳时间的享有；哺乳假是指女职工在产假期满后因抚育婴儿有特殊困难，经用人单位批准后享受的假期。

哺乳期女职工的哺乳时间和哺乳假在享受条件、期限、待遇等方面存在不同：

---

① 江苏省规定，符合国家和省有关规定享受护理假的，享受15天生育津贴，计发基数为职工所在用人单位上年度职工月平均工资除以30。享受的生育津贴低于其休假前工资标准的，由用人单位予以补足；高于其休假前工资标准的，用人单位不得截留。

② 北京市第三中级人民法院（2018）京03民终5253号民事判决书。

（一）哺乳时间

《女职工劳动保护特别规定》第九条第二款规定，用人单位应当在每天的劳动时间内为哺乳期女职工安排1小时哺乳时间；女职工生育多胞胎的，每多哺乳1个婴儿每天增加1小时哺乳时间。

哺乳时间应算作劳动时间，用人单位不得降低其工资待遇，其中上海、江苏、湖北、广东等地还规定哺乳时间和在本单位内因哺乳而往返于途中的时间均算作劳动时间，应支付正常工作时间的工资。

哺乳期女职工的哺乳时间是法定待遇，任何生育的女员工都享受，包括违法生育和人工喂养的女职工。用人单位给哺乳期女职工安排的哺乳时间不应低于法定标准，女职工哺乳时间应算劳动时间，不得因哺乳而认定旷工或擅自扣减其工资。

案例108　女职工外出哺乳时间不属于擅自离岗，用人单位作出违纪处理违法

在盛时公司与吕某劳动争议一案中[1]，吕某于2004年11月22日进入盛时公司处工作，吕某于2012年6月18日生育儿子。2013年1月4日，盛时公司向吕某发出《员工离职申请表》，以"不遵守厂规，大闹人事部"为由辞退吕某。法院认为，吕某在2013年1月2日的9：35—10：10和1月3日9：45—10：20是外出哺乳时间，所以不属于擅自离开工作岗位，对该两份员工处罚警告信没有事实依据，法院不予认可。根据《女职工劳动保护特别规定》第九条的规定："对哺乳未满1周岁婴儿的女职工，用人单位不得延长劳动时间或者安排夜班劳动。用人单位应当在每天的劳动时间内为哺乳期女职工安排1小时哺乳时间。"所以，吕某的儿子在2012年6月18日出生，盛时公司在1年之内应当安排吕某每天1小时的哺乳时间，保障吕某的哺乳权利，但是，盛时公司要求吕某在工厂的哺乳室哺乳，而不允许吕某出厂回家哺乳，且没有厂规作为依据；盛时公司自2013年1月2日起不同意吕某回家哺乳小孩的请求，认为吕某回家哺乳属于擅自离岗不予放行，是违反上述法律规定的。所以，2013年1月3日吕某要求盛时公司的行政部领导保障其哺乳权利，双方发生争执理论，吕某的行为不属于严重违反用

---

[1] 广东省东莞市中级人民法院（2013）东中法民五终字第1670号民事判决书。

人单位规章制度，并且盛时公司没有保障吕某哺乳的权利，违反法律规定在先，吕某要求盛时公司保障其权利合法有据。综上，2013年1月4日盛时公司以吕某大闹人事部为由将吕某辞退，属于违法解除劳动合同关系。

关于哺乳时间是否可以集中使用，法律没有明确规定，一般认为如果双方协商一致，哺乳期女职工可以集中使用哺乳时间，但是不影响女职工哺乳期的计算。新冠肺炎疫情期间北京等部分地方政策明确规定[①]，允许哺乳期女职工自行选择集中使用哺乳时间。

（二）地方哺乳假

哺乳假并不是全国适用，只有在当地规定中作出明确规定的才执行，如北京就无哺乳假规定。2016年全面二孩政策实施后，多地又陆续在当地的计划生育条例或女职工劳动保护规定中增加了哺乳假的规定，作为对产假期满后抚育婴儿有困难的女职工的特殊照顾。比如，上海、江苏、广东、天津、浙江、江西、陕西、山西、海南、宁夏、广西等地规定，女职工产假期满后抚育婴儿有困难，经本人申请，所在单位批准，可以享受哺乳假。

用人单位对是否给予哺乳假享有决定权，但上海规定如果女职工经二级以上医疗保健机构证明患有产后严重影响母婴身体健康疾病的情形，女员工提出申请享受哺乳假的，用人单位必须批准。

案例109　女职工符合应当批准哺乳假的条件，用人单位不批准休假以其旷工为由解除劳动合同违法

在韩某诉旭贵（上海）贸易有限公司劳动合同纠纷案中[②]，韩某称其因患有某疾病并按照规定向旭贵公司申请了哺乳假，故2017年10月18日之后属于哺乳假期间。旭贵公司则称韩某未能提交符合规定形式的诊疗证明故应属旷工。对此，法院认为，根据《上海市实施〈中华人民共和国妇女权益保障法〉办法》之规定，经二级以上医疗保健机构证明患有产后严重影响母婴身体健康疾病的，本人提出申请，用人

[①] 北京市协调劳动关系三方北京市人力资源和社会保障局、北京市总工会、北京企业联合会/企业家协会、北京市工商业联合会联合下发《关于做好新型冠状病毒肺炎疫情防控期间稳定劳动关系支持企业复工复产的实施意见》规定，鼓励通过协商等方式，安排孕期女职工从事符合条件的工作岗位，允许哺乳期女职工自行选择集中使用哺乳时间。

[②] 上海市第一中级人民法院（2018）沪01民终11637号民事判决书。

单位应当批准其哺乳假。女职工按有关规定享受的产前假、哺乳假期间的工资不得低于其原工资性收入的 80%。另按照市卫生部门的相关规定，某疾病属于上述产后严重影响母婴身体健康疾病之列。韩某于 2017 年 10 月 9 日经二级专科医院上海市 A 中心确诊患有某疾病，该中心于同年 10 月 18 日出具诊疗意见书证明韩某患有上述疾病，旭贵公司亦自述韩某已分别于上述时间两次以患有某疾病为由向旭贵公司申请哺乳假，韩某该申请符合前述相关规定，旭贵公司应当批准其哺乳假。旭贵公司所称韩某自同年 10 月 18 日之后未出勤属旷工的主张不能成立，旭贵公司以韩某旷工为由解除双方劳动合同的行为应属违法解除，韩某要求恢复双方劳动关系的诉请于法有据。

哺乳假的期限各地规定不同，3 个月到 1 年不等，如浙江、天津为 6 个月，江西、广东、山西、海南、宁夏为产假期满至婴儿 1 周岁，广西为产假期满后 6 个月至 12 个月。根据各地关于哺乳假的规定，生育保险基金并不负担哺乳假期间女职工的工资待遇，哺乳假期间的工资完全由用人单位负担。各地对于哺乳假期间女职工的工资待遇也作出了不同的规定，比如上海、浙江、广西等地规定明确了哺乳假的工资标准按本人工资的 80% 发给。有些地方规定待遇标准由双方协商确定，比如广东、江西、山西、宁夏规定，哺乳假期间的工资待遇由双方协商决定。

此外，有些地方规定还对哺乳期满 1 年后经医疗机构确诊为体弱儿的，增加了可以适当延长哺乳期的规定，比如上海、江西、山西、湖北、宁夏等地均有关于延长哺乳期的规定。

按照当地规定女职工符合条件申请哺乳假或延长哺乳期的，用人单位可以决定是否批准，如批准哺乳假或延长哺乳期的应按法律规定和当地规定支付相关工资待遇，不应降低标准或者拒绝支付。

合规建议

用人单位在"三期"女职工休息休假管理中，应当注意以下问题：

1. 用人单位应当根据本单位女职工的实际情况，提前在人力资源规划、人员招聘配备、休息休假安排、员工关系管理等方面做好准备，防控和化解"三期"女职工休息休假带来的不利影响和法律风险。

2. 用人单位应遵守法律关于"三期"女职工工作时间的限制性规定，不得安排孕期（具体限制时间根据国家及各地规定确定）和哺乳期女职工加班和夜班劳动。

3. 用人单位应依法制定规章制度对于"三期"女职工休假的种类、条件、天数、需要提交的证明材料和请假程序进行明确规定，并切实执行规章制度的规定，保障"三期"女职工的休息休假权和企业正常的生产经营秩序。

4. 用人单位应注意各地关于"三期"女职工休息休假种类、天数、待遇规定的差异，给予的休息休假不应低于当地标准，并保留"三期"女职工休息休假的相关证据。

5. 用人单位应当依法足额缴纳生育保险降低用工成本，并及时为符合条件的"三期"女职工办理产检、生育费用报销及生育待遇申领手续。

6. "三期"女职工依法休息休假的，用人单位需正确计算并及时发放工资，不得克扣或拖欠。

第四节　"三期"女职工离职管理

我国劳动法律实行比较严格的解雇制度，用人单位解除和终止劳动合同的理由仅限于《劳动合同法》第三十六条（协商一致解除）、第三十九条（过失性解除）、第四十条（非过失性解除）、第四十一条（经济性裁员）和第四十四条（合同终止）规定，且禁止用人单位与劳动者约定终止条件（包括解除和终止情形）。国家对"三期"女职工实施特殊劳动保护，用人单位解除或终止"三期"女职工的劳动合同时应当遵守法律规定的解雇保护制度，同时对于"三期"女职工符合法律规定的情形时也可以依法解除或终止劳动合同。

在"三期"女职工解除或终止劳动合同争议中，裁审机关审查的重点包括：是否存在解雇保护情形、解除或终止劳动合同的具体理由是否合法、是否有足够充分的事实依据和制度依据、是否履行了通知工会等法定程序等。

一、"三期"女职工的解雇保护情形

（一）用人单位不得解除劳动合同的情形

根据《女职工劳动保护特别规定》第五条的规定，用人单位不得因女职工

怀孕、生育、哺乳予以辞退、与其解除劳动或者聘用合同。

根据《劳动合同法》第四十二条的规定，女职工在孕期、产期、哺乳期的，用人单位不得依照第四十条（非过失性解除）和第四十一条（经济性裁员）的规定解除劳动合同，包括：

1. 劳动者患病或者非因工负伤，在规定的医疗期满后不能从事原工作，也不能从事由用人单位另行安排的工作的；

2. 劳动者不能胜任工作，经过培训或者调整工作岗位，仍不能胜任工作的；

3. 劳动合同订立时所依据的客观情况发生重大变化，致使劳动合同无法履行，经用人单位与劳动者协商，未能就变更劳动合同内容达成协议的；

4. 依照企业破产法规定进行重整的；

5. 生产经营发生严重困难的；

6. 企业转产、重大技术革新或者经营方式调整，经变更劳动合同后，仍需裁减人员的；

7. 其他因劳动合同订立时所依据的客观经济情况发生重大变化，致使劳动合同无法履行的。

（二）用人单位不得终止劳动合同的情形

根据《劳动合同法》第四十五条规定，女职工在孕期、产期、哺乳期劳动合同期满的，劳动合同应当续延至相应情形消失（一般至哺乳期期满）时终止。因此，女职工在孕期、产期、哺乳期劳动合同期满的，用人单位不得终止劳动合同，但无须与"三期"女职工续订一份新的劳动合同，只需将原劳动合同期限进行顺延即可。但是，双方同意劳动合同期满后续签的，或者"三期"女职工符合《劳动合同法》第十四条规定的应当签订无固定期限劳动合同条件的，用人单位应当与"三期"女职工续订新的劳动合同。

（三）劳务派遣员工的退回保护

根据《劳务派遣暂行规定》规定，劳务派遣的女职工在孕期、产期、哺乳期的，也适用解雇保护规定，即在派遣期限届满前，用工单位不得依据非过失性解除和经济性裁员规定退回员工；派遣期限届满的，应当延续至相应情形消失时方可退回。

上述解雇保护规定均属于强制性、禁止性法律规定，用人单位必须遵守。用人单位违反解雇保护规定解雇"三期"女职工的，属于违法解除/终止劳动合同。

案例 110　医疗期满解除不适用于"三期"女职工，用人单位解除劳动合同违法

在上海索尼美实业发展有限公司与施某劳动争议一案中[1]，施某于 2015 年 10 月 28 日进入索尼美公司工作，担任前台。施某提供的疾病证明单上建议施某于 2016 年 3 月 10 日至 31 日、4 月 5 日至 30 日、5 月 3 日至 8 月 7 日休息。2016 年 7 月 5 日，索尼美公司向施某发送了解除劳动合同的通知书，其中记载"……你于 2016 年 3 月 10 日起，至今累计病休时间，已超过医疗期 90 天及产前假 15 天，根据《劳动合同法》和《关于本市劳动者在履行劳动合同期间患病或者非因工负伤的医疗期标准的规定》第二条、第五条、第七条规定，自本通知书签发之日，依法解除 2015 年 10 月 28 日上海索尼美实业发展有限公司与您签订的劳动合同……"2016 年 8 月 31 日，施某生育一女。法院认为，根据劳动合同法第四十二条的相关规定，女职工在孕期、产期、哺乳期的，用人单位不得依照本法第四十条、第四十一条的规定解除劳动合同。因此，"三期"女职工即使超过法定医疗期，只要其持有符合要求的诊断证明或者病假单，则仍可以请病假并按法律规定享受病假工资。本案中，索尼美公司解除双方劳动合同的依据是施某已超过法定的医疗期及产前假 15 天，虽然根据施某在索尼美公司处的工作年限，其法定的医疗期为 3 个月，但施某当时处在怀孕期间，根据医院诊断应予以休养，故索尼美公司不得依据《劳动合同法》第四十二条的相关规定解除劳动合同，索尼美公司在施某怀孕期间解除双方劳动合同的行为违反了法律规定。

用人单位以《劳动合同法》第四十条（非过失性解除）、第四十一条（经济性裁员）或第四十四条劳动合同期满等规定为由作出解雇决定前，应当事先审查女职工是否处于孕期、产期、哺乳期期间。"三期"女职工即使出现无法胜任工作，或长期病休超过医疗期，或劳动合同到期等，用人单位也不得以上述理由单方与"三期"女职工解除/终止劳动合同，而应当继续履行劳动合同并依法支付相关待遇。

---

[1] 上海市第一中级人民法院（2017）沪 01 民终 13384 号民事判决书。

二、"三期"女职工可以适用的解雇情形

实践中,有些"三期"女职工甚至企业 HR 对解雇"三期"女职工存在误区,认为只要女职工处于"三期",则用人单位不可以以任何理由进行解雇。根据《劳动合同法》规定,下述解雇情形同样适用于"三期"女职工:

(一) 协商一致解除劳动合同

根据《劳动合同法》第三十六条规定,用人单位可以与"三期"女职工在协商一致的情况下解除劳动合同,并按照约定支付经济补偿金。鉴于"三期"女职工受到法律的解雇保护,很多解雇理由都不适用,即使可以单方解雇,裁审机关对解雇依据的事实、理由、证据和程序也会进行更加严格的审查,认定违法解雇的风险非常大,因此协商解除对用人单位来说是首选方案。

(二) 过失性解除

依据《劳动合同法》第三十九条的规定,在"三期"女职工存在过错的情况下,用人单位可以单方解除劳动合同且无须支付经济补偿金,包括:

1. 在试用期间被证明不符合录用条件的;
2. 严重违反用人单位的规章制度的;
3. 严重失职,营私舞弊,给用人单位造成重大损害的;
4. 劳动者同时与其他用人单位建立劳动关系,对完成本单位的工作任务造成严重影响,或者经用人单位提出,拒不改正的;
5. 因以欺诈、胁迫的手段或者乘人之危,使对方在违背真实意思的情况下订立或者变更劳动合同致使劳动合同无效的;
6. 被依法追究刑事责任的。

虽然在"三期"女职工存在过错的情况下,用人单位也可以依据《劳动合同法》第三十九条规定单方解除劳动合同且无须支付经济补偿金,但是用人单位需要承担非常严格的举证责任。

案例111 孕期女职工被证明试用期间不符合录用条件,用人单位解除劳动合同合法

在王某与某财产保险公司劳动争议一案中[①],王某在试用期期间内怀孕,试

---

① 湖北省宜昌市中级人民法院(2017)鄂05民终997号民事判决书。

用期期满前公司以其不符合录用条件为由解除劳动合同。法院认为，公司在与王某签订《劳动合同》时，同时给王某出具了《录用条件告知确认书》《员工手册阅知确认函》及《个人目标业绩承诺书》。《劳动合同》中虽未明确约定具体的考核目标，但《录用条件告知确认书》等补充约定中已详细约定了考核制度，王某在上述补充约定上签字，表明王某对公司的录用条件、试用期考核制度等均已知晓，并明确接受。根据《录用条件告知确认书》："在试用期内存在下列情形之一的，视为不符合录用条件，公司有权解除劳动合同……第十一条，新员工培训不合格。"《员工手册阅知确认函》第五条："试用期六个月。须参加新员工培训及在线考试。在试用期内任意一项考核（包括但不限于绩效考核、新员工在线考试等）不合格的，即为不符合录用条件，公司有权解除劳动合同。"而王某的培训记录显示，2015 年 9 月 9 日、10 日的两次"车险出单"培训考核均不达标。2015 年 1 月 1 日至 2015 年 9 月 30 日的直销保费收入为 770 元，与其承诺的每月个人直销保费目标 8.47 万元相差甚远。2015 年 7 月、8 月、9 月的整体情况考核均为不合格。2015 年 9 月 14 日，公司主管因此对王某作出综合考评不合格，不建议转正的意见。同日，公司以"试用期内被证明不符合录用条件"为由向王某发出《解除劳动关系通知书》，上述行为符合《劳动合同法》第三十九条第（一）项的规定及双方约定。本院对王某要求确认公司违法解除劳动合同，双方继续履行劳动合同并支付从 2015 年 9 月起至 2016 年 6 月止的工资 30000 元的诉讼请求不予支持。

（三）依法终止劳动合同

依据《劳动合同法》第四十四条以及《最高人民法院关于审理劳动争议案件适用法律若干问题的解释（四）》第十三条规定，下列情形用人单位可以与"三期"女职工终止劳动合同：

1. 用人单位依法被宣告破产的；
2. 用人单位被吊销营业执照、责令关闭、撤销或者用人单位决定提前解散等；
3. 用人单位经营期限届满不再继续经营的；
4. 劳动者享受养老保险待遇或达到法定退休年龄的。

用人单位主体资格消失的，可以与包括"三期"女职工在内的全部员工终止劳动合同，并需依法支付经济补偿。"三期"女职工享受养老保险待遇或达到法定退休年龄的，用人单位可以终止劳动合同，且无须支付经济补偿。需要注意的是，国家放开二孩政策后，可能出现个别高龄产妇达到法定退休年龄的情况，此时能否终止劳动合同，法律没有明确规定，有可能产生争议。

三、女职工违法生育可否解除劳动合同

《人口与计划生育法》规定，公民有生育的权利，也有依法实行计划生育的义务。国家提倡一对夫妻生育两个子女。不符合规定生育子女的公民，应当依法缴纳社会抚养费。缴纳社会抚养费的人员，是国家工作人员的，还应当依法给予行政处分；其他人员还应当由其所在单位或者组织给予纪律处分。

根据法律规定，女职工违法生育（包括未婚生育和违法生育三孩、四孩等），除需要依法缴纳社会抚养费外，用人单位可以给予纪律处分，但是是否可以以违法生育为由解除劳动合同，在司法实践中存在不同的观点。

第一种观点认为，用人单位可以依据法律法规规定直接解除违法生育女职工的劳动合同，比如广东、云南、江西、海南、福建等地方性法规直接规定对违规生育的女职工，可以直接予以解除劳动合同。但是，广东和福建已经对上述规定作出修改，并且在国家全面放开二孩政策后生育率仍旧很低，预计其他地方法规也会很快作出调整。

第二种观点认为，《劳动合同法》规定的用人单位可以解除劳动合同的法定情形并不包括违法生育，用人单位直接以违反计划生育规定为由与女职工解除劳动合同不应支持。但是，根据《人口与计划生育法》规定，用人单位可以给予纪律处分，根据《劳动法》《劳动合同法》的规定，劳动者严重违纪或严重违反规章制度的用人单位可以解除劳动合同。因此，如果用人单位通过规章制度、劳动合同等规定劳动者违反计划生育规定可以解除劳动合同的应当予以支持。

案例112　规章制度规定女职工违反计划生育政策构成严重违纪，公司解除劳动合同合法

在朱某与上海宝冶公司、上海宝日服务公司劳动争议一案中[1]，朱某于2006年8月14日起被派遣至宝冶公司，2014年9月29日宝冶公司要求朱某在2014

---

[1] 上海市第二中级人民法院（2016）沪02民终5104号民事判决书。

年 10 月 8 日前提供准生证。2014 年 11 月 11 日朱某在未取得准生证的情况下生育二胎。2015 年 3 月 19 日，宝冶公司经工会同意以朱某严重违纪为由退回至宝日公司。后宝日公司以同样理由将朱某辞退。宝冶公司《劳动纪律管理规定》中规定，违反计划生育政策的，属于严重违纪情形，可以解除劳动关系。朱某对该规定进行了学习签收。法院认为，计划生育是我国的一项基本国策，用人单位为确保基本国策的施行、合理安排生产经营计划，要求本单位的劳动者遵守执行生育政策并无不当。核发准生证系有关部门对已婚夫妻是否符合生育条件的行政确认手段，且育龄妇女如要享受国家相关如孕检、分娩、保险生育报销等相关福利待遇，均需要办理准生证。同时，是否具有准生证，也是用人单位判断育龄妇女是否符合生育条件、并决定是否给予其相关生育待遇的唯一凭证。本案中，宝冶公司将违反计划生育政策，列为严重违反规章制度的情形之一，向劳动者公示并无不当。朱某经公司催促之后仍不能提供准生证，难以证明其生育二胎符合当时政策规定。同时宝冶公司作为一家企业，没有义务亦无权对朱某的生育情况是否合法作出判断。故宝冶公司以严重违纪为由将朱某退回宝日公司、宝日公司以相同理由与其解除劳动合同并无不当，无须支付朱某违法解除劳动合同的赔偿金。

第三种观点认为，根据《女职工劳动保护特别规定》的规定，用人单位不得因女职工怀孕、生育、哺乳予以辞退、与其解除劳动或者聘用合同。该规定并未区分生育是否符合计划生育政策，用人单位以女职工违反计划生育政策为由解除劳动合同是违反上述法律规定的。比如，2018 年《广东省高级人民法院广东省劳动人事争议仲裁委员会关于劳动人事争议仲裁与诉讼衔接若干意见》规定，用人单位以劳动者违反计划生育政策为由解除劳动合同的，应承担违法解除劳动合同的法律责任。

随着国家全面二孩政策的实施和对公民生育权的尊重，未来司法实践中将可能更加倾向不支持用人单位因违法生育解除劳动合同。女职工违法生育，用人单位据此解除劳动合同风险很大，应当采取谨慎的态度。用人单位应当注意了解所在地的地方性法规是否规定违法生育可以直接解除劳动合同，如没有规定则不得直接解除。用人单位可以在规章制度和劳动合同中对女职工合法生育需提交的证明、违法生育的纪律处分措施（如违反计划生育政策属于严重违纪可解除劳动合同）进行明确规定，生育前取得准生证（未婚怀孕的生育前需取得结婚证）的即为合法生育，不得在怀孕期间作出解除决定。由于各地执法尺度不一和执法口径变化等原因，用人单位应当谨慎采取解除劳动合同的方式对女职工进行处分，可以采取警告、记过等其他方式。当地规定明确不支持用人单位因女员工违法生育而解除劳动合同的，应及时对规章制度等进行审查和修订，删除违反计划生育政策解除劳动合同的规定，并在规章制度中明确其他的纪律处分。

四、违法解雇"三期"女职工的法律后果

用人单位违反解雇保护的规定，或者虽然没有违反解雇保护规定但是解雇依据的规章制度不合法、证据不充分、未依法履行通知工会程序等，均可能被认定违法解雇"三期"女职工。根据《劳动合同法》第四十八条和第八十七条的规定，用人单位违法与"三期"女职工解除或者终止劳动合同，女职工要求继续履行劳动合同的，用人单位应当继续履行；女职工不要求继续履行劳动合同或者劳动合同已经不能继续履行的，用人单位应当依照经济补偿标准的二倍支付赔偿金。因用人单位解除、终止劳动合同决定违法被司法机关撤销，恢复劳动关系继续履行劳动合同的，用人单位还需赔偿违法解雇后给"三期"女职工造成的工资收入损失，女职工还可以要求补缴社保公积金。

用人单位违法解雇"三期"女职工时，女职工具有选择权，为了利益最大化一般会主张要求继续履行劳动合同，而用人单位则处于被动地位，即使主张劳动合同已经不能继续履行的，不但举证非常困难，而且通常对于"三期"女职工等特殊保护群体，裁审机关一般会支持继续履行劳动合同的要求，因此不是用人单位愿意支付赔偿金就可以达到解雇目的。

🔍 合规建议

"三期"女职工虽然受到法律的解雇保护，但并非任何情况下均不能解雇。用人单位在考虑解雇成本之外，应注意从以下方面防范违法解雇的法律风险：

1. 用人单位拟解雇"三期"女职工时，应根据法律规定、规章制度并结合单位和"三期"女职工的实际情况等，对可以适用的解雇情形、理由、事实、证据、风险等进行全面评估。

2. 裁审机关对用人单位解雇"三期"女职工会进行更加严格的审查，认定违法解雇的风险非常大，因此协商解除对用人单位来说是首选方案，双方协商一

致解除的应签订书面解除协议。

3. 用人单位单方解雇"三期"女职工时，应事先进行解雇保护审查，不得以非过失性解除、经济性裁员、劳动合同期满终止等理由解雇"三期"女职工。

4. 用人单位以过失性解除规定解雇"三期"女职工时，应对适用的解雇理由、依据的规章制度、事实证据、合规风险等进行合规审查。

5. 用人单位单方解雇"三期"女职工之前，需履行事先征求工会意见程序，并依法向"三期"女职工送达解除劳动合同通知，注意保留送达证据。

第五节　防治职场性骚扰

虽然男性也会遇到性骚扰，但是女性是性骚扰的主要对象，而女性中遭受性骚扰的多为职业女性，近几年女员工遭遇职场性骚扰的事件频频曝光，因此防治职场性骚扰尤为必要，用人单位应采取措施预防、制止、调查、处理对女职工的性骚扰。

一、性骚扰的有关规定

根据《民法典》第一千零一十条规定，违背他人意愿，以言语、文字、图像、肢体行为等方式对他人实施性骚扰的，受害人有权依法请求行为人承担民事责任。这是国家法律层面首次对性骚扰进行明确界定。

此前，《妇女权益保障法》仅规定禁止对妇女实施性骚扰，但是法律对性骚扰的定义并无明确规定。部分省市的妇女权益保障法实施办法尝试定义性骚扰，比如《北京市实施〈中华人民共和国妇女权益保障法〉办法》规定，禁止违背妇女意志，以具有性内容或者与性有关的语言、文字、图像、电子信息、肢体行为等形式对妇女实施性骚扰。《民法典》关于性骚扰的规定吸收了地方规定的内容，并且将性骚扰的对象进行了扩大，不再仅限于妇女。

二、职场性骚扰的表现形式及来源

2019 年 2 月，全国总工会编制的《促进工作场所性别平等指导手册》中规定，职场性骚扰是职场暴力的一种主要表现形式，是指侵犯他人尊严的，具有冒犯性和令人不悦的与性有关的行为或其他基于性的行为、语音、图片、文字等。职场性骚扰通常以两种形式出现：一是交换型的性骚扰，指由某个掌握权力的人，比如主管，提出性方面的要求，以此作为对方获得与工作有关的机会或待遇（如录用、晋升、加薪、培训机会、调岗、职业稳定等）的交换条件。受害者被迫接受此要求，否则可能失去这些机会或待遇。二是敌意工作环境的性骚扰，指在工作场所中，任何人以具有性意味的言辞或行为，或基于性别进行侮辱的言辞或行为，而给他人造成敌意性、胁迫性或冒犯性的工作环境。

所有与工作有关的环境均可能发生职场性骚扰，不仅包括日常的工作场所，还包括实施骚扰者因工作关系有机会接触被骚扰者的场合，如下班途中、客户的办公室或家中、公务旅行中、同事聚会、电话和邮件等。具体实施职场性骚扰者包括被骚扰者的领导、普通同事、客户及因工作需要而接触到的第三方工作人员等。

三、实施职场性骚扰需要承担的法律责任及救济渠道

《妇女权益保障法》规定，禁止对妇女实施性骚扰。受害妇女有权向单位和有关机关投诉。违反本法规定，对妇女实施性骚扰，构成违反治安管理行为的，受害人可以提请公安机关对违法行为人依法给予行政处罚，也可以依法向人民法院提起民事诉讼。

（一）行政处罚

《治安管理处罚法》规定，多次发送淫秽、侮辱、恐吓或者其他信息，干扰他人正常生活的，处 5 日以下拘留或者 500 元以下罚款；情节较重的，处 5 日以上 10 日以下拘留，可以并处 500 元以下罚款。猥亵他人的，或者在公共场所故意裸露身体，情节恶劣的，处 5 日以上 10 日以下拘留。如果实施性骚扰的行为违反治安管理处罚法的，受害人可以提请公安机关对违法行为人依法给予行政处罚。

（二）侵权责任

2018 年 12 月 12 日，最高人民法院发布了《关于增加民事案件案由的通知》，将"性骚扰损害责任纠纷"列为新增案由，性骚扰受害人可以依据《侵权责任法》追究侵权人相关的民事责任。《民法典》生效后，受害人有权依法请求行为人承担民事责任。

四、用人单位防治职场性骚扰的措施要求

（一）用人单位预防和制止性骚扰的法律规定

《女职工劳动保护特别规定》规定，在劳动场所，用人单位应当预防和制止对女职工的性骚扰。《民法典》第一千零一十条第二款规定，机关、企业、学校等单位应当采取合理的预防、受理投诉、调查处置等措施，防止和制止利用职权、从属关系等实施性骚扰。《民法典》的规定进一步强调了用人单位预防和制止性骚扰的法定义务。

虽然目前法律并未就用人单位预防和制止女职工遭受职场性骚扰采取的措施提出具体的要求，以及针对所采取措施的有效性的界定，但部分地区已就用人单位防治性骚扰措施提出原则性的规定[1]，主要包括规章制度、教育培训、工作环境、投诉渠道、隐私保护等方面的措施要求。

目前，法律并未明确规定用人单位未积极采取合理措施的法律责任，司法实践中一般受到性骚扰的女职工要求用人单位承担侵权责任也很难得到支持。

案例113　用人单位对预防和制止性骚扰采取积极措施，无须对员工实施的性骚扰行为承担连带责任

在兰某与宏某、某外资公司侵权纠纷案中[2]，兰某、宏某均系某外资公司的员工。2008年12月26日，某外资公司在黄埔区丰乐路的酒店举行晚会，现场照片显示，宏某有从背后勒住兰某脖颈使其贴近身体、从背后抓住兰某手臂揽住兰某的行为。兰某认为受到了屈辱，自晚会结束后未返回某外资公司上班，并于2009年1月4日向某外资公司总经理反映此事，要求宏某给予书面赔礼道歉。2009年1月7日，某外资公司在公司会议室召开了情况反映和协调会，宏某在会上道歉。兰某认为宏某的性骚扰行为已经违反了中国的法律并对其造成严重伤

---

[1]　《江苏省女职工劳动保护特别规定》第十九条规定："用人单位应当采取下列措施预防和制止对女职工的性骚扰：（一）制定禁止劳动场所性骚扰的规章制度；（二）开展预防和制止性骚扰的教育培训活动；（三）提供免受性骚扰的工作环境；（四）畅通投诉渠道，及时处理并保护当事人隐私……"

《湖南省女职工劳动保护特别规定》第十六条规定："在劳动场所，用人单位应当预防和制止对女职工的性骚扰。女职工在劳动场所受到性骚扰，向用人单位反映或者投诉的，用人单位应当及时妥善处理或者移送有关机关处理；向公安机关报案或者向人民法院提起民事诉讼的，用人单位应当给予支持。有关单位在处理对女职工的性骚扰事件时，应当依法保护女职工的个人隐私。"

[2]　广州市中级人民法院发布的女职工权益保护典型案例之二。

害，而某外资公司在接到投诉后扬言要将其开除亦存在严重过错，故请求某外资公司、宏某向其连带赔偿精神损害抚慰金40万元，且宏某就其性骚扰行为向兰某书面赔礼道歉。法院认为，兰某主张宏某在公司晚会上对其的性骚扰行为，有双方确认的晚会照片为证。照片清晰显示宏某有从背后勒住兰某脖颈使其贴近身体、从背后抓住兰某手臂搂住兰某的行为，而兰某表现出强烈的反感和恐慌，表明宏某实施了违背兰某意志的行为，兰某由此受到了精神伤害。再结合宏某在公司情况反映和协调会上道歉的情形，法院认定宏某行为确有不当，侵犯了兰某的人格尊严和精神自由的权利，导致兰某精神上受到损害，甚至使其不能继续正常工作，宏某应当书面赔礼道歉并赔偿精神损害抚慰金。而关于某外资公司是否应承担连带赔偿责任，法院认为用人单位已建立适当的工作环境、制定必要的调查投诉制度预防和制止对女性员工的性骚扰行为，且该公司在收到投诉后，也快速采取措施予以处理，故不需要对其员工实施的性骚扰侵权行为承担连带责任。

(二) 用人单位预防和制止性骚扰的措施建议

随着《民法典》的生效，未来国家和地方出台法规将会对用人单位的相关法律责任进行明确。如果用人单位并未采取措施预防和制止性骚扰，一旦将来女职工因此类问题提起仲裁及诉讼，用人单位恐将因对性骚扰防治的消极不作为承担法律责任，遭受不可避免的损失。因此，结合防治性骚扰的各地规定和国外经验，我们对用人单位提出以下具体措施建议：

1. 创建有利于预防性骚扰的工作环境

建立开放、通透的办公环境，尽量避免设置独立或私密性过强、隔音性过强的办公空间；配备安保人员，对安保人员进行专业培训；在不侵犯员工隐私权的前提下，在工作场所安装监控设备，且尽量不留监控死角。

2. 依法制定禁止职场性骚扰的规章制度

将禁止职场性骚扰明确写入规章制度，明确性骚扰的定义，可采取概括及具体罗列的形式描述性骚扰的行为，如"违反他人意愿，以语言、表情、动作、文字、图像、视频、语音、链接或其他任何形式的信息使他人产生与性有关联想的不适感的行为，无论行为或信息的发出者是否具有骚扰或其他任何不当目的或意图"，并在定义之外对未经接收者允许发送性信息、进行性暗示、讲色情笑话、提出性要求、发生肢体接触等行为进行列举。

用人单位还应在规章制度中明确规定性骚扰行为的处罚措施，比如根据具体性骚扰行为的严重程度分别归属一般违纪、较重违纪或严重违纪，并规定不同程度违纪行为具体对应的处罚措施，如警告、调岗、降级、撤职、降薪或解除劳动合同等。

案例114　员工对同事实施性骚扰严重违反公司规章制度，公司解除劳动合同合法

在广东邦达公司与林某劳动争议一案中[①]，林某于2006年10月10日入职邦达公司，最后一份劳动合同的期限为2009年8月1日至2014年7月31日。2014年5月30日，林某利用电脑软件将两张公司集体活动照片添加上粗俗的对白文字与主题，并通过公司内部电子邮件发送给照片当事人和另几位同事。当日，照片上的女员工肖某、许某、梁某等人向邦达公司总裁办和行政部投诉。2014年6月6日，依当事人女员工的申请，邦达公司就此事展开调查。2014年6月10日，林某因再次将上述照片向他人传阅遭到投诉。2014年6月19日，邦达公司又发出内部公文《关于对品质部原检验领班林某不续签劳动合同的通告》，根据《劳动合同法》第三十九条第（二）项、第四十四条第（一）项之规定，不续签劳动合同。法院认为，劳动场所的性骚扰行为一般包含三个方面：一是此行为带有性色彩；二是此行为对承受方而言是不受欢迎的，是有损于其人格和尊严的；三是这种行为可导致承受人在工作场所中产生一种胁迫、敌视、羞辱性的工作环境。本案中，林某利用电脑软件在照片上添加对白文字和主题，该文字和主题以公司女同事为对象，带有明显的与性有关的文字故意对照片中的女同事实施上述行为，且从女同事向公司领导投诉和哭诉的事实中能够确认林某的行为造成行为对象的羞辱和不适，明显违背了女同事的意志，造成女同事精神上的压力，上述行为应认定为性骚扰行为。邦达公司《奖惩管理制度》规定"对同事有性骚扰行为者，予以扣分处罚，视情况予以解雇，且公司不给予任何补偿"。如前所述，林某的行为已构成性骚扰。且在三名女受害人向邦达公司投诉后调查期间，林某再次将照片在同事中传播，再次实施性骚扰行为，情节较为恶劣，严重违反了公司的规章制度，邦达公司可根据该公司上述规定解除双方劳动合同。

[①] 广东省中山市中级人民法院（2015）中中法民六终字第235号民事判决书。

3. 建立明确的处理机制畅通投诉渠道

建立专门受理职场性骚扰投诉或举报的机构或专门委员会。该机构可设在人力资源、工会等有关部门，其成员的性别应相对均衡，以免投诉人或举报人对异性难以启齿，同时强调并要求负责处理投诉或举报工作人员额外签署保密协议。

在规章制度中要明确该机构的具体职责及处理程序，对投诉或举报事件及时进行调查核实，并规定处理的期限。为便于职工投诉和举报，应设置热线电话、传真、专用信箱（包括电子信箱）等。对于具体的处理程序，可以画出流程图，并列举详尽的注意事项（比如投诉的同时需要提交初步证据）。

应规定投诉的时效性，比如仅受理5个月内发生的性骚扰行为，以此鼓励既有利于受害人积极、及时维护自身权利，也有利于用人单位及时调查事实、固定证据并及时作出处理，将不良影响尽快消除，同时起到警示作用。

4. 开展防治职场性骚扰的内部教育宣传培训

可以通过现场宣讲、电话会议、电子信息传输、OA系统公示以及在宣传栏张贴等多样化的持续性宣传、教育和培训，让所有职工都知悉本单位禁止性骚扰的规章制度。对于新入职员工要单独进行培训宣讲，不定期对在职员工进行培训宣讲，强化禁止性骚扰的意识。

5. 及时对性骚扰的投诉进行调查和处理

一旦发生或有女职工投诉被性骚扰，用人单位应尽快启动调查程序，积极调查了解具体情况并固定证据。结合投诉者提交的初步证据，相关工作人员与被投诉者谈话了解投诉事宜，同时注重留存证据，如对谈话进行录音、要求被投诉者提交书面抗辩及证明材料、要求被投诉者向投诉者道歉等，被投诉者否认性骚扰的还可采取调取监控视频等调查事实。

根据调查取证可以证明存在性骚扰行为的，依据用人单位的规章制度，对被投诉者具体进行处罚，并向其下发具体的处罚通知。无论是对投诉者还是被投诉者，用人单位都应当要求处理相关事项的工作人员做好隐私保护工作。如果涉及解除劳动合同，应在解除通知上具体写明解除原因及依据，但是用人单位送达解除通知时应当注意不应扩大范围，避免采取通报、公示、张贴或报纸公告等方式进行公开。

🔍 合规建议

1. 用人单位应当采取措施预防和制止对职工的性骚扰，在此情况下，即使发生职场性骚扰对女职工造成了损害，用人单位也可以抗辩已经履行法律义务，从而避免和减少承担赔偿责任的法律风险。

2. 用人单位调查处理性骚扰时，应当防范违法解除劳动合同的法律风险，还应注意对投诉者及相关人员的个人信息及隐私保护，避免在投诉查处过程中引发名誉权、隐私权、个人信息泄露纠纷，造成额外损失。

第四章 竞业限制合规实务指引

本章导读

　　劳动合同解除或终止后,用人单位此前对劳动者所享有的管理权随之丧失,故用人单位很难掌握劳动者对竞业限制义务的履行情况,但是其又负有依约支付相关经济补偿金的义务。为了平衡双方利益,用人单位可以通过事先设定离职后劳动者的就业汇报制度,要求劳动者定期汇报并更新就业情况,以审查劳动者竞业限制义务的履行情况,但要注意相关条款设计。就业汇报制度只能是用人单位监督劳动者履行竞业限制义务的一种手段,其不能免除用人单位在追究劳动者竞业限制违约责任时的举证义务,亦不能据此加重劳动者的义务,或直接要求劳动者承担竞业限制的违约责任。

人才流动是劳动力市场的常态，员工通过跳槽获得更适合的岗位和更高的工资报酬，优化劳动力市场资源配置。但是人才流动必须遵循市场规则和法律规定，不得损害原用人单位利益，包括用人单位的商业秘密。

《劳动合同法》第二十三条、第二十四条、第九十条对竞业限制及法律责任作出了原则性规定。竞业限制是指用人单位为了保护商业秘密和竞争优势，与本单位的高级管理人员、高级技术人员和其他负有保密义务的人员约定，在劳动合同解除或终止后两年内，不得到与本单位生产同类产品、经营同类业务的有竞争关系的其他用人单位任职，也不得自己开业生产同类产品或经营同类业务。用人单位应当支付竞业限制经济补偿作为劳动者履行竞业限制义务的补偿，如果劳动者违反竞业限制义务的，用人单位可以要求其按照约定支付违约金，造成损失的还可以要求其承担赔偿责任。

近年来，竞业限制纠纷案件呈递增趋势，成为劳动法领域的热点和难点问题之一。由于《劳动合同法》对于竞业限制涉及的很多问题没有作出明确规定，司法实践中各地裁判口径不统一，各地同案不同判的现象非常普遍。自2013年2月1日起施行的《最高人民法院关于审理劳动争议案件适用法律若干问题的解释四》（以下简称《司法解释四》）第六条至第十条对竞业限制协议未约定经济补偿时的支付标准、竞业限制协议如何解除、劳动者支付违约金后是否还需继续履行竞业限制义务等法律适用问题进行了明确。但是，实践中仍有很多问题尚未明确。部分地区法院总结梳理了当地审理竞业限制案件时的审判思路和观点，为裁审机关和争议案件当事人提供了参考。比如2019年6月，上海市第一中级人民法院发布了《竞业限制纠纷案件的审理思路和裁判要点》，2020年6月4日，北京市第一中级人民法院发布了《涉竞业限制劳动争议案件疑难问题的调研报告》。

竞业限制纠纷主要包括三类案件：

第一类是用人单位主张劳动者违反竞业限制义务要求承担违约责任，裁审机关审查的重点包括：双方是否约定了竞业限制条款、劳动者是否属于法律规定的竞业限制人员、用人单位是否支付竞业限制经济补偿、劳动者是否存在违反竞业限制义务的行为、劳动者如何承担违约责任（违约金标准是否需要调整、是否需要返还竞业限制经济补偿、是否需要继续履行竞业限制义务）等。

第二类是劳动者主张已经履行竞业限制义务要求用人单位支付经济补偿，裁审机关审查的重点包括：双方是否约定竞业限制条款、劳动者是否履行竞业限制义务、双方是否约定竞业限制经济补偿及其标准、用人单位是否足额支付竞业限制经济补偿等。

第三类是劳动者或用人单位要求确认竞业限制协议解除，裁审机关审查的重点包括：劳动者或用人单位解除竞业限制协议的时间、原因和方式等是否符合法律规定。

第一节　竞业限制协议的签订与效力

竞业限制义务属于约定义务，用人单位可以与符合法律规定的竞业限制人员，通过在劳动合同或者保密协议中与劳动者约定竞业限制条款或签订竞业限制协议的方式，约定竞业限制的范围、地域、期限、经济补偿、违约金等内容。

一、竞业限制的主体范围

（一）法律规定的三类竞业限制人员

根据《劳动合同法》第二十四条的规定，竞业限制的人员限于用人单位的高级管理人员、高级技术人员和其他负有保密义务的人员。约定竞业限制的目的，是保护单位的商业秘密和竞争优势。所以，法律规定竞业限制的对象是负有保密义务的劳动者，包括用人单位的高级管理人员、高级技术人员和其他负有保密义务的人员。

《劳动合同法》对高级管理人员、高级技术人员、其他负有保密义务的人员，没有做明确的界定。对于高级管理人员的界定，一般适用《公司法》规定，即指公司的经理、副经理、财务负责人，上市公司董事会秘书和公司章程规定的其他人员。高级技术人员一般是指具有一定的专业知识，在企业中从事某项专门技术的劳动者，实践中一般包括技术管理人员、从事重要技术研发设计的人员及掌握总体技术的人员等。而"其他负有保密义务的人员"一般是指除了高级管理人员、高级技术人员之外，基于工作原因接触、知晓公司商业秘密并负有保密义务的相关人员。用人单位对商业秘密的内容和劳动者接触、知悉上述商业秘密承担举证责任,但劳动争议中对商业秘密的认定条件没有侵犯商业秘密纠纷案件那样严格①。

(二) 普通员工签订竞业限制协议的效力

考虑到劳动合同履行过程中员工岗位可能发生变化,员工普遍都具有接触商业秘密的机会和可能,有些企业会要求全员签署竞业限制协议。对于不负有保密义务的普通劳动者,这种做法明显影响了劳动者的就业权和择业权,且用人单位需支付竞业限制的经济补偿金增加了额外成本,对于保护商业秘密却无任何益处。目前,越来越多的竞业限制纠纷案件中,双方当事人会就劳动者是否属于知悉商业秘密的人员产生争议,仲裁和法院也对此进行审查。需要注意的是,签订了保密协议的劳动者,不一定是适格的竞业限制人员。裁审机关还会结合劳动者的岗位类型、工作内容、职位级别、薪资待遇、工作时间、所从事业务是否为单位核心业务等因素进行判定②。如果查明签订竞业限制协议的人员是不负有保密义务的普通员工,则会认定并非竞业限制义务主体,竞业限制协议对其不具有约束力。

案例115 用人单位与不负有保密义务的普通员工签订的竞业限制协议,员工可以主张对其不具有拘束力

在苏州格优碳素新材料有限公司与郁某劳动合同纠纷案中③,郁某于2014年3月进入格优公司工作,双方于2014年6月签订了《员工商业机密保密协议》,约定郁某在劳动合同终止后2年内,不得组建、参与或就业与格优公司有竞争关系的公司或单位,如郁某不履行该协议规定的保密义务,应向格优公司支付违约

---

① 2019年6月上海市第一中级人民法院发布的《竞业限制纠纷案件的审理思路和裁判要点》认为,因竞业限制纠纷系劳动争议项下的二级案由,竞业限制纠纷案件的审理过程中应注意该类案件的审理方法及证明标准与知识产权案件的差别。就用人单位是否客观上具有商业秘密,仅需用人单位提供初步证据予以证明。

② 2020年6月4日北京市第一中级人民法院发布的《涉竞业限制劳动争议案件疑难问题的调研报告》认为,对于劳动者是否属于"其他负有保密义务的人员",用人单位应承担严格的证明责任,其未能提供证据或者证据不足以证明该事项的,不能认定劳动者属于第三类人员,司法机关在实质审查时可以考虑岗位、工作内容、收入、工作年限4个因素进行判定。

2019年6月上海市第一中级人民法院发布的《竞业限制纠纷案件的审理思路和裁判要点》认为,如劳动者职务属于技术研发、销售、财务等敏感岗位,则可推定其具有接触用人单位技术秘密或经营秘密的便利,进而属于"其他负有保密义务的人员";如劳动者职务并不涉及敏感岗位,则需用人单位承担相应的举证责任。

③ 2017年苏州市中级人民法院发布的劳动争议典型案例之五,江苏省苏州市中级人民法院(2016)苏05民终9139、9140号民事判决书。

金 10 万元，并赔偿格优公司损失。2015 年 9 月 23 日，郁某以个人原因为由向格优公司提出辞职，2015 年 9 月 30 日，郁某与格优公司签订《保密竞业补贴协议》，约定郁某在离职后 2 年内不得从事与石墨行业相关的工作，也不能将知悉的公司商业秘密泄露给任何第三方，否则格优公司将按照《员工商业机密保密协议》提起诉讼，故格优公司给付郁某竞业补贴 5000 元。2015 年 10 月 15 日，郁某入职中易公司，中易公司营业执照上的经营范围与格优公司一致。2015 年 12 月 11 日，郁某从中易公司离职。2016 年 2 月 29 日，格优公司申请仲裁，要求郁某返还竞业补贴 5000 元，并支付违约金 10 万元及赔偿损失 1500 万元。法院认为，竞业限制的主体范围限定于用人单位的高级管理人员、高级技术人员和其他负有保密义务的人员。郁某作为格优公司的普通员工，其如需负担竞业限制义务，必须以其知悉、掌握公司商业秘密为前提条件。格优公司主张郁某作为生产技术副领班，其日常工作中接触、掌握了公司石墨片温控技术，属于竞业限制的主体范围，并为此提供了发明专利证书等证据证明。依据专利制度公开原则，即使郁某日常工作中可能接触、掌握该温控技术，该技术也是属于公开范围，并非涉及公司商业秘密，故格优公司的上述举证不足以证实郁某系负有保密义务的人员，因此，郁某不符合竞业限制的特定主体身份，双方签订的《保密竞业补贴协议》对其不具有拘束力。

用人单位应当只选择那些接触、了解或掌握企业商业秘密的高级管理人员、高级技术人员以及其他负有保密义务的人员，与其签订竞业限制协议。用人单位与劳动者签订竞业限制协议时，应当就商业秘密的内容、劳动者知悉或能够接触到上述商业秘密并负有保密义务等进行明确约定。双方发生竞业限制纠纷，劳动者就其不属于负有保密义务的人员、主体不适格提出抗辩的，用人单位应围绕以下几个方面举证：用人单位存在商业秘密、用人单位对商业秘密采取了保密措施、劳动者实际掌握用人单位商业秘密或者其工作岗位有机会能够接触到商业秘密。

另外，在一些案件中，劳动者实际履行竞业限制协议后向用人单位主张经济补偿，用人单位却以劳动者不属于知悉商业秘密人员为由主张竞业限制协议无效，以此规避支付经济补偿金的义务。对此主张，我们认为，如果用人单位认为劳动者不属于负有保密义务人员范围，无须履行竞业限制义务，应当在劳动者离职前书面告知劳动者解除竞业限制义务，保障劳动者正常的择业权。如果用人单位未向劳动者告知，劳动者基于诚实信用实际履行竞业限制协议的，其对于竞业限制经济补偿的合理利益期待，应当受到法律的保护，劳动者是否属于知悉商业秘密人员，在所不问。部分法院也认为，此种情况下用人单位以劳动者不属于负有保密义务的人员，主张协议无效不支付竞业限制经济补偿的，仍应按照约定的经济补偿标准赔偿损失①。

（三）约定员工的近亲属负有竞业限制义务是否有效

实践中，有些用人单位还将竞业限制人员的范围扩大到员工的近亲属等。由于员工的近亲属并不属于签订竞业限制协议的当事人，属于约定由第三人履行竞业限制义务，不具有法律效力。但是，如果用人单位有证据证明员工通过其近亲属从事竞争行为，用人单位可以追究员工本人的违约责任②。

二、竞业限制的范围、地域、期限

根据《劳动合同法》第二十四条的规定，竞业限制的范围、地域、期限由用人单位与劳动者约定，竞业限制的约定不得违反法律、法规的规定。约定超出合理的地域、范围或2年竞业限制期限的，对劳动者没有法律约束力。

（一）竞业限制的范围

根据《劳动合同法》第二十四条的规定，竞业限制的范围包括竞业限制人员不得到与本单位生产或者经营同类产品、从事同类业务的有竞争关系的其他用人单位，或者自己开业生产或者经营同类产品、从事同类业务。因此，在确定竞业限制的范围时，用人单位与劳动者应当对"与本单位生产或者经营同类产品、从事同类业务"和"有竞争关系的其他用人单位"作出明确具体约定。可以同时采取概括式和列举式，其中列举竞争对手名单，易于劳动者履行义务，一旦产生争议也容易举证和认定。

实践中，越来越多的劳动者为了规避承担违反竞业限制义务的法律责任，采

---

① 2020年6月4日北京市第一中级人民法院发布的《涉竞业限制劳动争议案件疑难问题的调研报告》认为，用人单位与非负有保密义务的劳动者签订竞业限制协议，因该协议违反了法律的强制性规定，故而无效。但是劳动者因该协议没有从事竞业行为，请求按照约定的经济补偿标准赔偿损失的，应当支持。

② 2020年6月4日北京市第一中级人民法院发布的《涉竞业限制劳动争议案件疑难问题的调研报告》认为，竞业限制的义务主体应该仅限劳动者本人。现实中将义务主体扩张到劳动者近亲属等第三人的情况，属于由第三人履行竞业限制协议，第三人未接触或知悉用人单位的商业秘密和与知识产权相关的保密事项，由第三人履行竞业限制义务无法律和法理依据。同时用人单位要求劳动者对近亲属的竞业行为承担违约责任，也有违该制度的目的，不应支持。但是当劳动者借近亲属等第三人之名从事竞争性行为时，用人单位可以要求劳动者承担违约责任。

取与竞争对手的关联公司签订劳动合同、缴纳社会保险等隐蔽方式实际为竞争对手服务。为此，有些用人单位在竞业限制条款中将竞业限制的范围扩大到与本单位和关联公司有竞争关系的其他单位及其关联公司。如果用人单位所在集团与竞争对手所在集团经营范围十分广泛，涉及行业众多，则该约定不但限制了劳动者的择业权，甚至可能严重影响劳动者的就业权和生存权，因此该约定是否有效司法实践中存有争议，需要结合具体案情具体分析。

案例116 双方明确约定了竞业限制的范围，员工入职竞争对手的关联公司构成违反竞业限制义务

在魏某与百度在线网络技术（北京）有限公司劳动争议一案中[1]，双方签订的《竞业限制协议》载明：甲方百度在线公司，乙方魏某。竞争对手，指与甲方和/或其关联公司从事竞争业务的经营组织。包括但不限于运营或控制或参股Google、雅虎、腾讯、阿里巴巴等和/或其他从事互联网领域（包括但不限于：搜索、门户网站、C2C业务、即时通讯等）、IT和通讯类业务的经营组织及其分公司、子公司、关联公司，甲方及其关联公司中的员工离职后直接或间接以持股或其他方式设立或控制的从事互联网领域（包括但不限于：搜索、门户网站、C2C业务、即时通讯等）、IT和通讯类业务的公司也视为甲方的"竞争对手"。甲方的关联公司，指Baidu.com,Inc、Baidu Holdings Ltd、百度在线公司、百度时代网络技术（北京）有限公司、百度（中国）有限公司、百度株式会社（日本公司）、北京百度网讯科技有限公司、北京百付宝科技有限公司及前述公司的所有分公司及子公司和其他关联公司等。具体到竞争对手的关联公司，还应包括该竞争对手的任何一位股东、董事、法定代表人、正副总经理、监事以股东或董事或监事或法定代表人身份任职或被以专兼职方式聘用的其他经营组织。乙方未经甲方书面同意，在其任职于甲方期间及离职后1年内，不得在从事与甲方及其关联公司业务的任何竞争对手或该竞争对手的关联公司处，接受或取得任何权益和/或职位，或向任何甲方及甲方关联公司的竞争对手或该竞争对手的关联公司提供任何咨询服务或其他协助。法院认为，鉴于百度在线公司所从事产业的特殊性，百度在线公司与魏某在《竞业限制协议》中所约定的竞业限制义务，亦不

---

[1] 北京市海淀区人民法院（2014）海民初字第15117号民事判决书。

违反法律的相关规定。百度在线公司的关联公司北京百度网讯科技有限公司经营百度地图业务，而魏某入职的北京协进科技发展有限公司的关联公司高德软件有限公司经营高德地图，魏某入职北京协进科技发展有限公司的行为，显然违反了《竞业限制协议》约定的竞业限制义务。

（二）竞业限制的地域

竞业限制的地域可以根据本单位的实际经营区域来确定，如果用人单位属于区域性经营的企业，则将竞业限制的地域范围约定在本经营区域内即可，不宜一刀切地约定为全国范围甚至全球范围，否则司法机关有可能认定该条款因排除劳动者的权利而无效。而对于互联网信息类企业，因为开展经营的区域性不明显，可以不约定竞业限制的具体地域区域，劳动者应当在同行业竞争对手所覆盖的区域范围内履行竞业限制义务。

（三）竞业限制的期限

1. 竞业限制的期限从劳动合同解除或者终止的次日开始计算

用人单位需要劳动者履行竞业限制义务的，应当最迟于离职时告知劳动者并开始计算竞业限制期限。实践中，有些用人单位通过对竞业限制协议附生效条件的方式，变相延长竞业限制的起算时间。比如，规定员工离职后如果收到公司支付的竞业限制经济补偿金，则员工需要履行竞业限制义务；如员工未收到的，则员工无须履行竞业限制义务。一般情况下竞业限制经济补偿金执行下发制，还有些用人单位不采取按月发放而是季度发放，更有甚者选择在劳动者入职竞争单位后才开始发放。这种做法使员工离职后是否需要遵守竞业限制义务处于不确定状态，限制了员工的就业权和择业权，免除了用人单位的责任，应属无效。

2. 劳动者的竞业限制期限最长不能超过 2 年

在司法实践中，通常认为超过 2 年的竞业限制期限，超过部分无效[1]。对于没有明确约定竞业限制期限的，有些地区认定为 2 年[2]，有些地区则认定为无固

---

[1] 《江苏省劳动合同条例》（2013 修订）第二十八条规定："……竞业限制约定中的同类产品、同类业务仅限于劳动者离职前用人单位实际生产或者经营的相关产品和业务。竞业限制的期限由当事人约定，最长不得超过二年。"

[2] 《浙江省技术秘密保护办法》（2008 修订）第十四条规定："竞业限制协议约定的竞业限制期限最长不得超过 2 年；没有约定期限的，竞业限制期限为 2 年。"

定期限可以随时解除①。

3. 竞业限制期限是一个不变期间

竞业限制期限是否适用中止、中断，法律没有作出规定，有些用人单位在规章制度或竞业限制条款中规定，员工违约期间、裁审机关审理期间等不计算在竞业限制期限内。我们认为，无论从立法目的和本意来看，还是从竞业限制作为商业秘密的保护手段来看，竞业限制的期限应是一个连续计算、不发生中止或者中断的不变期间。上述规定变相延长了法律规定的竞业限制期限，损害了劳动者的就业权和择业权，应属无效。

三、竞业限制经济补偿的支付标准、时间、形式

《劳动合同法》第二十三条第二款规定，对负有保密义务的劳动者，用人单位可以在劳动合同或者保密协议中与劳动者约定竞业限制条款，并约定在解除或者终止劳动合同后，在竞业限制期限内按月给予劳动者经济补偿。根据上述法律规定，用人单位可以与劳动者在竞业限制协议或条款中，对竞业限制的经济补偿进行约定。

（一）竞业限制经济补偿的支付标准

1. 经济补偿的最低标准

法律对于竞业限制经济补偿的支付标准并未明确规定，实践中约定的经济补偿标准不一，有按离职前月平均工资一定比例确定的，有约定具体月补偿金数额的，有约定竞业限制期内总补偿金额的，也有约定按最低工资标准确定甚至低于最低工资标准的。

实务中各地方根据实际情况，陆续出台了竞业限制经济补偿的最低支付标准，但存在差异。比如，深圳规定月经济补偿不得低于离职前12个月平均工资的二分之一②，江苏则规定月经济补偿不得低于离职前12个月平均工资的三分之一③。

---

① 《深圳经济特区企业技术秘密保护条例》（2019年修正）第二十三条规定："竞业限制的期限最长不得超过解除或者终止劳动合同后两年，超过两年的，超过部分无效。竞业限制协议中没有约定期限或者约定不明确的，视为无固定期限协议，可以随时解除协议，但是应当提前至少一个月通知对方。"

② 《深圳经济特区企业技术秘密保护条例》第二十四条。

③ 《江苏省劳动合同条例》第二十八条规定："用人单位对处于竞业限制期限内的离职劳动者应当按月给予经济补偿，月经济补偿额不得低于该劳动者离开用人单位前十二个月的月平均工资的三分之一……"

2. 经济补偿过低时协议的效力

在竞业限制纠纷审理过程中，双方经常对于约定的竞业限制经济补偿是否过低及竞业限制协议或条款的效力产生争议。我们认为，如果双方约定了经济补偿，只是标准低于当地规定的支付标准或最低工资标准，不应影响协议的效力。部分地区出台的指导意见也认为，此种情况下劳动者可以要求用人单位补足经济补偿，一般不会支持协议无效。比如，深圳规定约定补偿费少于离职前12个月工资二分之一标准或者没有约定补偿费的，补偿费按照该员工离职前12个月月平均工资的二分之一计算[1]。浙江省则规定约定的经济补偿过低的，不影响竞业限制条款或协议的效力，用人单位可按照离职前12个月平均工资的30%按月补足经济补偿且不得低于劳动合同履行地最低工资标准[2]。北京地区虽然没有明确规定，但是法院处理此类情况时持有与浙江规定相同观点[3]。

案例117　竞业限制补偿金过低不影响竞业限制协议的效力，员工可以要求补差

在窦某与北京荣大伟业商贸有限公司竞业限制纠纷一案中[4]，窦某于2009年8月20日入职荣大商贸公司，2012年3月11日，双方签订《竞业限制协议》，约定竞业限制的期限为合同终止后2年内；限制行业为与荣大商贸公司相同和相似的经营领域，包括数码快印行业；窦某履行竞业限制义务期间，荣大商贸公司给予窦某补偿，补偿标准为每年1500元；在违约期间所得利益，或者在违约期间所受损失难以确定的，根据违约行为的情节给予1万元以上10万元以下的赔

---

[1] 《深圳经济特区企业技术秘密保护条例》第二十四条规定："竞业限制协议约定的补偿费，按月计算不得少于该员工离开企业前最后十二个月月平均工资的二分之一。约定补偿费少于上述标准或者没有约定补偿费的，补偿费按照该员工离开企业前最后十二个月月平均工资的二分之一计算。"

[2] 《浙江省高级人民法院民事审判第一庭、浙江省劳动人事争议仲裁院关于审理劳动争议案件若干问题的解答（三）》第二条规定："用人单位与劳动者约定了竞业限制，但未约定经济补偿或约定的经济补偿过低的，不影响竞业限制条款或协议的效力。用人单位可按照劳动者在劳动合同解除或者终止前十二个月平均工资的30%按月支付或补足经济补偿。该标准低于劳动合同履行地最低工资标准的，按照劳动合同履行地最低工资标准支付……"

[3] 2020年6月4日北京市第一中级人民法院发布的《涉竞业限制劳动争议案件疑难问题的调研报告》认为，对于约定的竞业限制经济补偿过低的，法院可以根据劳动者的请求直接予以调整。调整的数额可以参照《劳动争议司法解释（四）》第六条的规定，即竞业限制的经济补偿不低于劳动者月平均工资的30%，且不得低于当地最低工资标准。

[4] 北京市西城区人民法院（2014）西民初字第10350号民事判决书。

偿。2013年9月30日，窦某离职。2013年12月19日，荣大商贸公司支付窦某竞业限制补偿金1500元。窦某以竞业限制补偿金过低、违约金过高为由，认为双方签订的协议显失公平并据此认为公司免除自己的法定责任，排除劳动者权利导致协议无效。法院认为，本案中，竞业限制协议约定每年补偿标准为1500元，虽然低于北京市最低工资标准，低于相关规定，但亦不应认定协议无效。补偿标准、违约金约定的高低及竞业限制补偿金未按月支付的问题属于竞业限制协议的具体履行问题，并非窦某所述公司免除自己的法定责任、排除劳动者权利，不影响合同的效力，双方可以通过其他合法途径解决。

3. 未约定经济补偿的竞业限制协议效力

用人单位要求劳动者承担竞业限制义务，使劳动者的就业自由权受到限制，根据权利义务对等原则，用人单位应当支付竞业限制的经济补偿金。但是，有些用人单位在与劳动者签订竞业限制协议时，没有约定向劳动者支付经济补偿金的标准、期限等。

根据《劳动争议司法解释（四）》第六条规定[①]，双方约定竞业限制义务但没有约定给予经济补偿时，如果劳动者选择履行竞业限制义务的，可以要求用人单位按照离职前12个月平均工资的30%支付经济补偿。

《劳动合同法》没有明确缺少经济补偿条款的竞业限制协议效力问题，《劳动争议司法解释（四）》的规定也没有解决当劳动者以竞业限制协议未约定经济补偿为由，主张竞业限制协议无效，拒绝履行竞业限制义务的，是否应当予以支持的问题，由此导致各地司法实践中裁判标准不一。大部分地区出台的裁审意见认为，经济补偿条款并非竞业限制协议的生效要件，未约定经济补偿的竞业限制协议有效，对双方具有拘束力，双方可以通过协商方式确定经济补偿标准，无法协商一致的可以按照当地规定或参照《劳动争议司法解释（四）》的标准确定支

[①] 《最高人民法院关于审理劳动争议案件适用法律若干问题的解释（四）》第六条规定："当事人在劳动合同或者保密协议中约定了竞业限制，但未约定解除或者终止劳动合同后给予劳动者经济补偿，劳动者履行了竞业限制义务，要求用人单位按照劳动者在劳动合同解除或者终止前十二个月平均工资的30%按月支付经济补偿的，人民法院应予支持。前款规定的月平均工资的30%低于劳动合同履行地最低工资标准的，按照劳动合同履行地最低工资标准支付。"

付。比如北京①、上海②、浙江③等地。有少部分地区则认为：未依法约定经济补偿的竞业限制协议对劳动者单方无效，劳动者有权选择是否履行协议，用人单位则不得依据协议主张任何权利，如江苏省④和广东省⑤等地。

案例118　未约定经济补偿并不当然导致竞业限制条款无效，双方可以就补偿标准进行协商

在宁波远大检测技术有限公司与吕某竞业限制纠纷一案中⑥，吕某于2011年11月29日进入宁波远大检测技术有限公司（以下简称远大检测公司）工作。双方签订了《保守商业秘密和竞业禁止协议书》。2014年11月14日，双方正式解除劳动合同。后吕某即入职浙江中通检测科技有限公司从事检测工作。吕某关于双方签订的竞业限制协议未约定经济补偿，该竞业限制条款无效的主张，法院经审理后认为，双方对于离职后竞业限制的约定，是双方当事人意思自治的体现，

---

① 《北京市高级人民法院、北京市劳动争议仲裁委员会关于劳动争议案件法律适用问题研讨会会议纪要》第三十八条规定："用人单位与劳动者在劳动合同或保密协议中约定了竞业限制条款，但未就补偿费的给付或具体给付标准进行约定，不应据此认定竞业限制条款无效，双方在劳动关系存续期间或在解除、终止劳动合同时，可以通过协商予以补救，经协商不能达成一致的，可按照双方劳动关系终止前最后一个年度劳动者工资的20%—60%确定补偿费数额……"

② 《上海市高级人民法院关于印发〈关于适用《劳动合同法》若干问题的意见〉的通知》（沪高法〔2009〕73号）第十三条规定："劳动合同当事人仅约定劳动者应当履行竞业限制义务，但未约定是否向劳动者支付补偿金，或者虽约定向劳动者支付补偿金但未明确约定具体支付标准的，基于当事人就竞业限制有一致的意思表示，可以认为竞业限制条款对双方仍有约束力。补偿金数额不明的，双方可以继续就补偿金的标准进行协商；协商不能达成一致的，用人单位应当按照劳动者此前正常工资的20%—50%支付……"

③ 《浙江省高级人民法院民事审判第一庭、浙江省劳动人事争议仲裁院关于审理劳动争议案件若干问题的解答（三）》第二条规定："用人单位与劳动者约定了竞业限制，但未约定经济补偿或约定的经济补偿过低的，不影响竞业限制条款或协议的效力。用人单位可按照劳动者在劳动合同解除或者终止前十二个月平均工资的30%按月支付或补足经济补偿。该标准低于劳动合同履行地最低工资标准的，按照劳动合同履行地最低工资标准支付……"

④ 《江苏省高级人民法院劳动争议案件审理指南（2012）》规定："四、保密义务和竞业限制的法律适用……3.竞业限制条款约定不清的处理。支付竞业限制补偿金是竞业限制条款发生效力的要件之一。如果用人单位与劳动者约定了竞业限制条款但未约定经济补偿，或者约定了经济补偿但未按约定支付的，该竞业限制条款对劳动者不具有法律约束力。"

⑤ 《广东省高级人民法院、广东省劳动争议仲裁委员会关于适用〈劳动争议调解仲裁法〉〈劳动合同法〉若干问题的指导意见》第二十六条第一款规定："用人单位与劳动者约定竞业限制的，应当在竞业限制期限内依法给予劳动者经济补偿，用人单位未约定支付经济补偿的，劳动者可要求用人单位履行竞业限制协议。至工作交接完成时，用人单位尚未承诺给予劳动者经济补偿的，竞业限制条款对劳动者不具有约束力。"

⑥ 浙江省宁波市中级人民法院（2016）浙02民终1259号民事判决书。

吕某依法应当履行竞业限制义务，远大检测公司则负有支付竞业限制经济补偿的义务，虽双方当事人签订的《保守商业秘密和竞业禁止协议书》未明确约定经济补偿，但双方可以就经济补偿进行补充约定，或依据《最高人民法院关于审理劳动争议案件适用法律若干问题的解释（四）》第六条的规定向远大检测公司主张要求支付经济补偿。因此，未约定竞业限制经济补偿并不当然导致竞业限制条款无效，故对吕某以此为由主张双方签订的竞业限制条款无效的主张，法院亦不予采信。

（二）竞业限制经济补偿的支付时间

根据《劳动合同法》第二十三条第二款的规定，双方可以签订竞业限制协议约定，在劳动者离职后的竞业限制期限内，由用人单位按月支付经济补偿。但是，《劳动合同法》关于竞业限制经济补偿支付时间的规定，是否属于效力性强制规定，实践中存在不同理解。

1. 竞业限制经济补偿是否可以在劳动者在职期间随每月工资支付

有些用人单位利用强势地位，在签订竞业限制条款时约定将竞业限制经济补偿与工资一同发放，涉嫌恶意逃避支付竞业限制经济补偿的义务。对于此种做法是否有效，国家法律法规没有明确规定。但是《劳动合同法》第二十六条规定，用人单位免除自己的法定责任、排除劳动者权利的，劳动合同无效或者部分无效。双方约定劳动者在职期间的工资中包含竞业限制经济补偿的，应当认定该约定无效。最高人民法院民一庭负责人就《劳动争议司法解释（四）》回答记者问题时表示，竞业限制经济补偿金不能包含在工资中，只能在劳动关系结束后，在竞业限制期限内按月给予劳动者。大部分地区的裁审意见中也不支持竞业限制经济补偿在劳动关系存续期间随劳动报酬一起发放，如广东[1]、新疆[2]、天津[3]、

---

[1] 《广东省高级人民法院、广东省劳动人事争议仲裁委员会关于审理劳动人事争议案件若干问题的座谈会纪要》（2012年6月21日）第二十一条规定："劳动合同解除或者终止后，劳动者请求用人单位支付竞业限制经济补偿或以用人单位未按约定支付竞业限制经济补偿为由要求不履行竞业限制义务，对用人单位以其劳动关系存续期间向劳动者支付的劳动报酬已包含竞业限制经济补偿提出抗辩的，不予支持。"

[2] 《新疆维吾尔自治区人力资源和社会保障厅关于印发〈关于进一步规范劳动合同管理有关问题的指导意见〉的通知》第七条规定："……竞业限制经济补偿不能包含在劳动关系存续期间用人单位支付劳动者的劳动报酬中。"

[3] 《天津市贯彻落实〈劳动合同法〉若干问题实施细则》第九条规定："……用人单位向劳动者支付竞业限制经济补偿的，应当在劳动合同解除或者终止后支付。"

深圳①等地就明确规定不支持此种做法，北京虽然没有明文规定但司法实践中也不支持。而上海②、江苏③等个别地区有条件的支持劳动关系存续期间随劳动报酬一起发放竞业限制经济补偿。

案例119　竞业限制经济补偿金随工资发放的约定无效，用人单位需要另行支付

在福州新概念培训学校与杨某劳动争议一案中④，福州新概念培训学校与厦门市湖里区新概念培训中心系总校与分校的关系。2012年4月15日，杨某与福州新概念培训学校签订一份《劳动合同》，约定杨某任校长职位，转正后支付1000元/月同业竞止补助，在本合同有效期间或离职后的2年负有竞业限制义务，双方同意将同业竞止补贴在在职期间领用，但不影响本合同同业竞止的相关规定。杨某与厦门市湖里区新概念培训中心签订一份《合同附件一》，约定薪资构成为年薪（工资）150000元，每月20日前支付8000元，剩余54000元在第12个月月底前一次性支付。2013年3月22日双方解除劳动合同。福州新概念培训学校、厦门市湖里区新概念培训中心于2013年5月3日提出仲裁反请求时要求解除竞业限制约定，杨某表示同意解除。法院认为，根据双方的约定，同业竞止补助每月1000元包含于杨某的年薪150000元之中，属于杨某的工资组成部分；而且根据《劳动合同法》第二十三条第二款之规定，竞业限制补偿金应在解除或终止劳动合同后支付。可见该同业竞止补助名为竞业限制补偿金，实为杨某的工资组成部分。培训学校主张每月1000元的同业竞止补助系竞业限制补偿金并应返还，没有依据，本院不予支持。双方的竞业限制约定于2013年5月3日解

---

① 《深圳市中级人民法院关于审理劳动争议案件的裁判指引》第一百零八条规定："双方约定劳动者在职期间的工资中包含竞业限制经济补偿的，该约定无效。用人单位在劳动者离职后的竞业限制期内仍负有支付竞业限制经济补偿的义务。"

② 2019年6月上海市第一中级人民法院发布的《竞业限制纠纷案件的审理思路和裁判要点》认为，关于补偿金的支付方式，虽然《劳动合同法》第二十三条第二款仅明确离职后按月给付的方式，但只要能将补偿金与其他待遇显著区分，用人单位可以与劳动者约定在职期间发放等其他给付方式。

③ 《江苏省高级人民法院、江苏省劳动人事争议仲裁委员会关于审理劳动人事争议案件的指导意见（二）》（2011年11月8日苏高法审委〔2011〕14号）第十一条规定："用人单位与负有保密义务的劳动者约定了竞业限制条款，并在劳动关系存续期间先行给付了合同约定且不低于法定标准的经济补偿，劳动合同解除或终止后，劳动者请求确认该竞业限制条款无效的，不予支持……"

④ 福建省厦门市中级人民法院2015年发布劳动争议典型案例六，福建省厦门市中级人民法院（2014）厦民终字第375号民事判决书。

除，法院判决福州新概念培训学校、厦门市湖里区新概念培训中心支付劳动合同解除后的竞业限制期间的经济补偿金以及竞业限制条款解除后的额外3个月竞业限制补偿金 $1000×(1+11÷30)+1000×3≈4366.67$ 元。

通常情况下，在职期间用人单位支付的竞业限制经济补偿一般会被认定为工资，劳动者履行竞业限制义务的可以要求用人单位另行支付经济补偿，如果用人单位超过3个月未支付经济补偿的劳动者可以要求解除竞业限制协议不再履行竞业限制义务。因此，用人单位应当在劳动者离职后，在竞业限制期限内按月发放经济补偿，除非劳动争议仲裁或诉讼受理机构所在地有明确规定在劳动关系存续期间可以先行给付经济补偿。即使当地规定或司法实践支持用人单位与劳动者约定在职期间提前发放竞业限制经济补偿，用人单位也要注意竞业限制条款中应明确约定工资中包含的竞业限制经济补偿金具体数额且金额不应低于当地规定的最低标准，且实际发放时不能按照员工缺勤情况进行扣减。

2. 竞业限制经济补偿是否可以离职后按季度支付或提前一次性支付完毕

对于双方约定劳动者离职后用人单位提前一次性发放竞业限制经济补偿，由于没有损害劳动者利益，对劳动者并无不利影响，一般对此约定的效力予以认可。双方约定劳动者离职后用人单位不按月而是按季度发放竞业限制经济补偿，应注意发放间隔时间不可超过3个月，否则劳动者可以要求解除竞业限制协议不再履行竞业限制义务[1]。

（三）竞业限制经济补偿是否可以以股权激励形式支付

《劳动合同法》第二十三条规定，在负有竞业限制义务的劳动者离职后的竞业限制期限内，用人单位应当按月支付经济补偿，但是并没有规定必须以货币形式支付。

为了吸引和留住人才，越来越多的公司以授予员工股票期权或限制性股票的方式对员工进行股权激励，有些还在股权激励文件中附加了竞业限制义务，将股权激励作为员工履行竞业限制义务的对价，并在员工违反竞业限制义务时将返还

---

[1] 2020年6月4日北京市第一中级人民法院发布的《涉竞业限制劳动争议案件疑难问题的调研报告》认为，对于用人单位提前给予的，如在离职之后就一次性给予全部经济补偿，属于用人单位提前履行给付义务，劳动者已经受领该给予，并且这种履行方式对劳动者并无不利影响，在此情况下劳动者违反竞业限制约定的，应承担违约责任。对于用人单位延后给予的，根据相关司法解释的规定，三个月未支付经济补偿的，劳动者才可以解除竞业限制协议，但在解除之前仍应履行竞业限制义务。

股权激励收益作为承担违约责任的方式。但是由于对股权激励的性质、竞业限制经济补偿的形式及支付时间等问题存在不同的认识，导致目前司法实践中对于股权激励是否可以认定为竞业限制的经济补偿存有争议。

反对观点认为，股权激励属于劳动报酬的一种，是对员工工作业绩的奖励，不属于竞业限制对价。股权激励不是货币形式，且通常都是在职期间授予过户而非离职后按月支付。关于股权激励作为竞业限制经济补偿的约定应属无效，因此即使员工存在违约行为，也没有义务返还在职期间的劳动报酬。

支持观点认为，股权激励不属于劳动报酬，属于附条件的福利待遇，可以作为竞业限制的对价。根据"法无禁止即自由"的原则，当事人经平等协商确定的补偿形式可以是多种多样的，不局限于金钱形式。法律规定经济补偿可以在员工离职后按月支付，但是该规定并非强制性规定，也并未禁止在职期间提前支付。股权激励作为竞业限制经济补偿的约定应属有效，因此员工存在违约行为，应当按照约定承担返还股权激励收益的义务。

案例 120 股权激励作为竞业限制经济补偿的约定有效，员工违约应当返还股权激励收益

在腾讯上海公司与徐某竞业限制纠纷一案中[1]，自 2009 年 4 月 1 日起，腾讯上海公司与徐某建立劳动关系，徐某从事网络游戏开发运营工作。2012 年 10 月 25 日双方签订《保密与不竞争承诺协议书》（以下简称《协议书》）。约定徐某作出保密与不竞争承诺，母公司腾讯控股有限公司在徐某任职期间发放股票期权或限制性股票若干作为承诺保密与不竞争的对价。2014 年 6 月 24 日，腾讯上海公司为徐某办理了退工日期为 2014 年 5 月 28 日的网上退工手续。之后，案外人 a 公司为徐某办理了招工日期为 2014 年 6 月 1 日的用工手续。二审法院认为，《协议书》系当事人的真实意思表示，双方均应履行约定的义务。徐某认为《协议书》关于竞业限制相关约定无效的理由不成立。徐某在职期间设立 a 公司，担任法定代表人，为该公司股东，并于 2014 年 11 月至 2015 年 1 月设立 b 公司、d 公司、f 公司，担任法定代表人，a 公司为三公司股东，且经营范围与腾讯上海公司及关联公司存在重合，徐某明显违反了竞业限制义务。《协议书》明确约

---

[1] 上海市第一中级人民法院（2018）沪 01 民终 1422 号民事判决书。

定，由腾讯上海公司的母公司腾讯控股有限公司授予徐某限制性股票作为对价。徐某系与腾讯上海公司建立劳动关系，现又称腾讯控股有限公司授予的限制性股票系工资薪金，相互矛盾。徐某虽坚持认为腾讯上海公司没有支付竞业限制的经济补偿，但其并未请求解除竞业限制约定。因此，二审中徐某提出的腾讯上海公司无权主张违约金的理由均不成立。双方于 2012 年 10 月 25 日签订《协议书》约定授予限制性股票及违约责任，徐某也根据《协议书》取得了限制性股票，其应根据《协议书》的约定承担违约责任。根据《协议书》的约定，腾讯上海公司有权向徐某追索所有任职期间行使限制性股票所生之收益。鉴于股票价格一直在变动，股票所生之收益，应当包括股票价格变动的部分。由于徐某不提供交易记录，导致收益数额难以确定，因此应以腾讯上海公司采取法律行动当日股票市值计算。二审法院判决徐某支付腾讯上海公司人民币 19403333 元。

腾讯公司竞业限制 1940 万元天价赔偿案被新闻媒体争相报道，并被上海第一中级人民法院列为 2018 年"竞业限制纠纷案件审判白皮书"第一案，在业内引起了巨大的轰动，获得了社会的广泛关注，大量公司也纷纷开始效仿。但是，目前公开的支持判决数量毕竟很少，司法实践中对于股权激励是否可以作为竞业限制的对价及员工违约时是否可以要求返还全部股权激励收益仍存有很大争议，用人单位采取此种方式仍然需要承担一定的风险。

通常激励对象获得股权激励需要满足一定的授予条件，是否能够行权和获得收益也要受到一定的限制具有不确定性，股权激励不一定具有竞业限制经济补偿的特征并进而成为劳动者履行竞业限制义务的对价。比如，双方约定实施股权激励并作为竞业限制的对价，但是公司实际并未实施股权激励，或者实际实施了股权激励但员工未达到行权条件，其在职期间没有获得任何收益，离职后也没有获得竞业限制的经济补偿，在此情况下员工离职如果公司要求其按照约定履行竞业限制义务，不符合法律规定，且对于员工也是极不公平的。同时，超过 3 个月未支付经济补偿的，员工还获得了竞业限制协议的解除权，对于用人单位商业秘密保护也是不利的。因此，双方约定采取股权激励作为竞业限制的对价，在实际履行过程中，应注意公司是否实际实施了股权激励及员工是否实际获得股权激励收益。

即使员工获得了股权激励收益具备竞业限制经济补偿的属性，实际上股权激励所获收益也并非全部为竞业限制义务的对价。用人单位授予股权激励的考量因素绝不可能与员工在职期间付出的劳动无关，往往会考量行业惯例、员工的历史贡献、员工工作需达成的业绩指标、降低当期企业现金支付成本需要等。员工违反竞业限制义务用人单位要求退还全部股权激励收益，显然不符合公平原则。虽然案例中法院支持了用人单位返还全部收益的请求，但是司法实践中裁判机关仍有可能不会支持返还全部收益。

除约定返还全部股权激励收益外，公司有时还会与员工约定违反竞业限制义务时另外支付一定数额的违约金，并将违约金的数额与股权激励收益挂钩，进一步加重了员工的违约责任。当约定的违约金过分高于造成的实际损失，裁判机关也会予以适当调整。

四、竞业限制违约金的标准

根据《劳动合同法》第二十三条的规定，劳动者违反竞业限制约定的，应当按照约定向用人单位支付违约金。因此，双方可以通过签署竞业限制协议或条款的方式约定违反竞业限制义务的违约金。如果双方未事先约定违约金，劳动者违反竞业限制义务后用人单位无权要求劳动者支付违约金。

（一）违约金的约定方式

虽然根据《劳动合同法》第二十三条的规定，劳资双方可以约定劳动者违反竞业限制义务的违约金，但是《劳动合同法》及其相关法律规定并未明确规定违约金的标准。

实践中，常见的违约金约定方式主要有以下3种：

1. 直接约定具体金额，比如约定违反竞业限制义务应支付违约金20万元；

2. 约定违约金的计算方式，比如约定违反竞业限制义务应按竞业限制协议约定全部经济补偿金总额的3倍支付违约金，或者应按劳动者离职前12个月总收入的2倍支付违约金；

3. 未约定违约金而是约定一定数额的赔偿金，比如约定违反竞业限制义务应当按照实际损失承担赔偿责任，实际损失难以确定时应当根据违约情况支付10万—30万元的赔偿金。

（二）违约金约定过高时的调整

需要注意的是，约定的违约金并不一定会获得全额支持，尤其是有些用人单位出于威慑劳动者的目的，约定了"天价"违约金，远远超过劳动者离职前年收入总额或用人单位支付的竞业限制经济补偿总额的数十倍，导致劳动者根本无力承担。因此，双方发生竞业限制纠纷用人单位要求劳动者支付违约金时，劳动者通常会主张约定的违约金数额过高，请求司法机关予以调整。目前，用人单位主张竞业限制违约金的案件，裁审机关调低违约金数额成为常态，按照约定支持违约金的数量极少，并且大幅调低违约金的案件占比很高①。

实践中，司法机关会就双方约定违约金是否合理进行审查，并参照《合同法》关于违约金畸高时的处理规则予以调整②。根据《第八次全国法院民事商事审判工作会议纪要》的相关内容，一般情况下，劳动者违反竞业限制义务，约定的违约金超过造成损失的30%，法院将予以调整③。司法机关在调整时一般会综合考虑用人单位因劳动者违约造成的实际损失、用人单位支付给劳动者的竞业限制经济补偿情况、劳动者离职前担任的职务、劳动者的经济收入水平、违反竞业限制义务的持续时间、劳动者过错程度及因违法义务所获得的利益等因素，最终根据公平、诚信原则，酌定裁判符合平衡双方利益的违约金数额。

案例121　竞业限制违约金约定过高，法院酌情调整违约金数额

在王某与天津某国际货运代理公司劳动争议一案中④，王某于2006年11月6日入职货代公司，工作岗位为作业员。2016年2月25日双方签订《员工保密

---

① 2020年6月4日北京市第一中级人民法院发布的《涉竞业限制劳动争议案件疑难问题的调研报告》显示，在劳动者违反竞业限制义务，用人单位诉请支付违约金的71件案件中，获得法院支持的有57件。这些案件中，法院调低幅度在20%以下的为0，调低幅度在20%—50%的21件，调低幅度在50%以上的27件，还有个别案件调整幅度在90%以上，按照约定的违约金数额支持的仅9件。调整之后的违约金数额平均为25.3万元，其中最低的是4000元，最高的是121万元。

② 《天津市贯彻落实劳动合同法若干问题的规定》第十一条规定："用人单位可以在劳动合同或者保密协议中与劳动者约定竞业限制条款，竞业限制的范围、地域、期限、违约金和按月给予劳动者的经济补偿由用人单位与劳动者协商约定，在约定违约金和经济补偿时应遵循公平、公正、适量、对等的原则。竞业限制经济补偿不能包含在劳动关系存续期间用人单位支付劳动者的劳动报酬中。"
四川省高级人民法院民事审判第一庭关于印发《关于审理劳动争议案件若干疑难问题的解答》的通知第三十三条规定："竞业限制违约责任与侵权损害赔偿责任发生竞合时，如果双方约定有违约金的，应首先适用违约金条款，如该违约金低于或高于实际损失30%的，可适当予以调整。双方未约定违约金的，按实际损失确定赔偿责任。"

③ 2016年11月30日最高人民法院发布的《第八次全国法院民事商事审判工作会议（民事部分）纪要》第二十八条规定："用人单位和劳动者在竞业限制协议中约定的违约金过分高于或者低于实际损失，当事人请求调整违约金数额的，人民法院可以参照《最高人民法院关于适用〈中华人民共和国合同法〉若干问题的解释（二）》第二十九条的规定予以处理。"

④ 天津市第二中级人民法院（2018）津02民终7742号民事判决书。

协议》约定了任职期间的竞业限制义务及违约金10万元。王某于2018年2月5日提出解除劳动合同。案外人天津众达国际货运代理有限公司于2017年11月2日申请设立登记，该公司注册资本500万元，设立时股东（发起人）有4人，王某作为股东之一出资比例为26%，公司法定代表人陈某，出资比例为34%。该公司营业范围为国际货运代理服务（海运、陆运、空运）；国内货运代理道路货物运输等。法院认为，王某在职期间，和他人共同投资设立了天津众达国际货运代理有限公司，两公司生产经营范围属同一类，王某的行为明显违反了员工保密协议当中的竞业限制条款，构成违约，依法应当承担违约责任。因王某作为股东设立众达公司时仍处于劳动关系存续期间，王某抗辩该保密协议因无竞业限制补偿金或保密费的约定当属无效，无须承担违约责任的主张，并无法律依据，本院不予采信。双方虽然在保密与竞业限制协议中约定了10万元违约金，但考虑到公司并未提供充分证据证明王某的违约行为给公司所造成的实际损失，亦未能证明王某的违约行为实际所获取了多少利润。综合王某的过错程度、在公司担任的职务、工作年限、工资水平及其掌握的客户信息深度等因素，可以认为双方约定的违约金10万元明显过高，根据公平和诚实信用原则，对王某应承担的违约金酌定为5万元。

合规建议

用人单位与劳动者签订竞业限制协议时，应当注意以下问题：

1. 用人单位在采用竞业限制方式保持竞争优势时，既要保护用人单位的商业秘密等合法权益，又要防止因不适当扩大竞业限制的主体、范围、地域、期限而妨碍劳动者的择业自由，导致竞业限制协议的无效或者部分条款无效。用人单位在起草竞业限制协议时，应当根据实际情况和需要，尽量详细约定具体竞争业务范围、竞争对手名称、地域范围、竞业期限等，而非简单地照搬法律原文或通用格式条款。

2. 竞业限制经济补偿金作为劳动者履行竞业限制义务的对价，系用人单位的法定义务，具有法律强制性。用人单位应结合地方法规规定或参照《劳动争议司法解释（四）》规定，约定合理的竞业限制补偿金支付标准和支付时间，并依法履行支付义务。避免因竞业限制补偿金不明确、标准过低或未及时支付等原因导致竞业限制协议效力产生争议，导致劳动者没有履行竞业限制义务的意愿而发生违约行为，从而无法达到通过竞业限制制度保护用人单位商业秘密的法律效果。

3. 用人单位与劳动者签订竞业限制协议但未约定经济补偿的，竞业限制协议并不会当然无效，应当在劳动者离职前对其是否需要履行竞业限制义务进行评估。如果需要劳动者履行竞业限制义务的，应在劳动者离职前依法协商确定经济补偿的标准，无法协商一致的应按照当地规定的标准支付经济补偿。如果不需要劳动者履行竞业限制义务，应当在劳动者离职前明确通知劳动者解除竞业限制协议并取得通知有效送达的证据，避免劳动者主动履行后主张经济补偿给企业造成不必要的成本支出。

4. 在竞业限制协议中，用人单位应与劳动者对违约金的标准和数额进行明确约定。用人单位可在劳动者违约时，据此向劳动者主张违约金。但是，用人单位在约定时应充分考虑违约金的合理性，不宜过低或过高，建议综合劳动者的工作岗位、工资收入、竞业限制补偿金等因素确定。在劳动者提出违约金过高的抗辩时，用人单位应当从劳动者违约给用人单位造成的实际损失、竞业限制经济补偿金额、劳动者离职前担任职务的重要性、年度工资总额、劳动者的主观恶意程度等方面，积极举证违约金的合理性。

第二节　违反竞业限制义务的行为认定

一、在职期间劳动者是否负有竞业限制义务

《公司法》第一百四十八条规定，董事、高管人员未经股东会或者股东大会同意，不得利用职务便利为自己或者他人谋取属于公司的商业机会，自营或者为他人经营与所任职公司同类的业务。

根据《劳动合同法》第二十四条的规定，用人单位可以与竞业限制人员约定离职后的竞业限制义务及违约金，但对于高管以外的普通员工在职期间是否负有竞业限制义务，则没有明确的法律规定，在实践中亦存在较大的争议。

一种观点认为，劳动者在职期间的竞业限制义务属于劳动合同的附随义务，

即使没有约定，基于职业道德和对用人单位的忠诚义务，劳动者也不得未经用人单位许可就生产经营与用人单位有竞争性的同类产品或业务。劳动者在职期间违反竞业限制义务的，用人单位可以要求劳动者进行损害赔偿。

另一种观点则认为，除高管人员在职期间的竞业限制义务法律有明确规定外，其他普通劳动者在职期间负有竞业限制义务系根据法理推断，没有任何成文法规定作为支持。但是《劳动合同法》并未对用人单位与劳动者约定在职期间的竞业限制作出禁止性规定，因此应尊重当事人的意思自治，即有约定从其约定。如果双方事先约定了在职期间的竞业限制义务及违约金，劳动者违约的应支付违约金。目前各地司法实践中，对于是否可约定员工在职期间的竞业限制义务及违约金问题，部分地方的司法机关对此持肯定态度①。

案例122 竞业限制协议约定员工在职期间负有竞业限制义务，未违反禁止性规定应属有效

在马某与北京旷视科技有限公司劳动争议一案中②，马某与旷视公司均确认自2015年12月1日起建立劳动关系，因马某向旷视公司提出辞职，双方劳动关系于2017年6月22日解除。2015年11月26日旷视公司（甲方）与马某（乙方）签订了《保密和知识产权保护协议》和《竞业限制协议》，约定乙方在职期间及离职后负有竞业限制义务，违反竞业限制义务时需支付甲方人民币100万元

---

① 《浙江省高级人民法院民事审判第一庭、浙江省劳动人事争议仲裁院关于审理劳动争议案件若干问题的解答（三）》五、用人单位与劳动者约定在劳动者任职期间及离职后一定期间内不能到其他单位从事或自行从事与本单位相竞争的工作，并约定了违约责任。劳动者在职期间违反前述约定，用人单位以竞业限制为由要求劳动者承担责任的，能否支持？

答：竞业限制期间包括但不限于劳动合同解除或者终止后，用人单位与劳动者就劳动者在职期间的竞业限制义务作出约定的，应属有效。用人单位要求劳动者就其在职期间违反竞业限制约定的行为承担责任的，可予支持。

劳动者要求用人单位就其在职期间履行竞业限制义务支付经济补偿，或者以用人单位未支付经济补偿为由主张在职期间竞业限制约定无效的，不予支持。

《深圳市中级人民法院关于审理劳动争议案件的裁判指引》第一百零六条第二款规定："劳动者在职期间违反竞业限制义务，用人单位依据双方约定要求劳动者支付违约金的，应予支持。"

《江苏省高级人民法院劳动争议案件审理指南（2010年）》第四条规定："保密义务和竞业限制的法律适用。1、保密协议和竞业禁止协议的区别……（4）二者的期限不同。竞业禁止为劳动合同存续期间和劳动者离职双方约定的期间，最长不超过二年。而保密义务的存在没有期限的限制，只要作为保密协议对象的商业秘密存在，保密义务就一直存在……"

② 北京市第一中级人民法院（2018）京01民终4126号民事判决书。

的违约金。旷视公司与致庸公司系从事同类业务的有竞争关系的企业，马某在职期间同时为致庸公司提供服务。创视赛维公司与旷视公司系从事同类业务的有竞争关系的企业，马某与旷视公司的劳动关系存续期间，马某与创视赛维公司存在密切关联且任职。二审法院认为争议的焦点问题有两个，一是关于马某是否存在违反竞业限制行为。公司与马某签订的《竞业限制协议》约定马某在职期间及劳动合同终止或解除后12个月内负有竞业禁止义务，《劳动合同法》并未对劳动者在职期间负有竞业禁止义务作出禁止性规定，故根据当事人意思自治原则和诚实信用原则，一审法院认定马某在职期间应当负有竞业禁止义务，并无不当。二是关于违约金数额。马某在与公司劳动关系存续期间，为与公司具有竞争关系的两家企业提供服务，且在两家竞争企业中均起到主导性作用，其行为严重违反了《竞业限制协议》的约定。且该违反《竞业限制协议》约定的行为贯穿于其劳动合同履行期间，势必给公司造成损失。故以公司损失为基础，兼顾合同的履行情况、马某的过错程度等综合因素，根据公平原则和诚实信用原则，本院对于马某关于违约金数额畸高请求予以适当减少的主张不予支持。最终法院判决马某支付公司违反《竞业限制协议》的违约金100万元。

不过，也有部分地区的司法机关认为，根据《劳动合同法》第二十四条的规定，竞业限制应当指负有保密义务的劳动者在解除或者终止劳动合同后不得在一定期限内到与原单位生产或者经营同类产品、从事同类业务的有竞争关系的其他用人单位工作，或者自己开业生产或者经营同类产品、从事同类业务，属于用人单位与劳动者约定的劳动者离职后应遵守的义务。劳动者在职期间违反竞业限制协议，并不属于竞业限制的法定范畴，即使约定违约金也是无效的。

二、违反就业汇报义务是否等同于违反竞业限制义务

实践中，由于用人单位缺乏积极有效的手段监督劳动者是否履行了竞业限制义务，劳资双方在竞业限制协议中除了就竞业限制的行业范围、地域、期限、经济补偿金、违约金等事项进行约定之外，一些用人单位还会在协议中进一步约定要求劳动者必须在离职后向原单位定期汇报就业情况，劳动者如未汇报，用人单位将视为违反竞业限制义务，停止支付经济补偿金并向其主张相关违约金。对此，法律并未明确违反就业汇报义务是否等同于违反竞业限制义务。

我们认为，虽然双方可以在竞业限制协议中约定负有保密义务的劳动者离职后对原用人单位承担竞业限制义务，但这是一种不作为义务（消极义务）。而就业汇报义务通常要求劳动者离职后定期汇报就业情况、提供新就业单位的劳动合同、工资发放、社会保险缴纳证明或者提供有关部门出具的失业证明等，来证明自己未违反竞业限制义务，这是一种作为义务（积极义务）。就业汇报义务实际上是要求劳动者"自证清白"，如果劳动者未履行就业汇报义务就视同违反竞业限制义务则属于用人单位转嫁举证责任。由于竞业限制协议为用人单位提供的格式条款，根据《合同法》和《劳动合同法》相关规定，若格式条款的约定免除用人单位的责任、排除劳动者权利、加重劳动者义务的，则该条款无效。因此，未履行就业汇报义务不能视同违反了竞业限制义务，用人单位只有切实证明劳动者出现竞业限制协议的禁止性行为时，如入职具有业务竞争关系的相关企业工作等，方可向其主张违约责任。

案例123　未履行就业汇报义务不能视同于违反竞业限制义务，用人单位主张违约金不应支持

在陈某与南京沪安物资有限公司劳动争议一案中[①]，陈某在公司任总经理，双方签订《保密与竞业禁止协议》约定，离职后2年内陈某需要在每月30日前以书面形式主动汇报竞业禁止约定的履行情况，第一份竞业报告须在离职后15日内提交，否则视为违约；陈某不履行竞业禁止义务属于严重违约需支付违约金100万元；陈某未提交竞业报告的还需每次支付违约金2万元，拒绝提供书面的月度《竞业报告》经两次书面告知后仍未提供的视为严重违约。2012年8月20日，公司以陈某旷工为由解除了劳动关系。2012年8月至11月，公司每月向陈某的工资卡上打款3000元，合计打款12000元。公司主张陈某离职后即开始从事钢材贸易相关工作，严重违反竞业禁止义务，未按《保密与竞业禁止协议》中的约定提交《竞业报告》故构成违约，应向公司支付因违反竞业禁止义务的违约金100万元及连续三次未提供竞业报告的违约金6万元等，但未能提交任何证据证明被告违反了竞业禁止义务。法院认为，所谓"竞业限制"系指用人单位与负有保密义务的劳动者签订协议，约定劳动合同终止后或解除后一定期限

---

① 江苏省南京市鼓楼区人民法院（2013）鼓民初字第277号民事判决书。

内,劳动者不得自营、为他人经营与用人单位相同、相关业务或到经营同类、相关业务的其他用人单位任职。故竞业限制义务是为劳动者设定的一种"消极义务",劳动者应当以不作为的形式来履行竞业限制义务。只有当劳动者违反了竞业限制条款所约定的禁止性或限制性规定时,用人单位才可向劳动者主张违约金。但公司在《保密与竞业禁止协议》为陈某设定了每月提交《竞业报告》积极义务,如未提交即视为违约,且约定了高额的违约金,该条款应属无效条款,对陈某不产生约束力。同时公司既未能证明陈某离职后违反了《保密与竞业禁止协议》中约定的竞业禁止义务,也无证据证明陈某违反竞业禁止义务获何收益,故用人单位要求陈某承担相关违约责任的主张,不予支持。

尽管依据法律规定,用人单位主张劳动者违反竞业限制义务应当承担举证责任,但我们认为这并不是绝对排除劳动者的举证责任。竞业限制协议约定劳动者承担就业汇报义务也不违反法律规定,劳动者如果抗辩自己没有违反竞业限制义务,则应当在案件审理过程中如实陈述自己的就业或失业情况,否则司法机关产生合理怀疑而劳动者又不能作出合理解释的,依然可能认定劳动者违反了竞业限制义务[1]。

劳动合同解除或终止后,用人单位此前对劳动者所享有的管理权随之丧失,故用人单位很难掌握劳动者对竞业限制义务的履行情况,但是其又负有依约支付相关经济补偿金的义务。为了平衡双方利益,用人单位可以通过事先设定离职后劳动者的就业汇报制度,要求劳动者定期汇报并更新就业情况,以审查劳动者竞业限制义务的履行情况,但要注意相关条款设计。就业汇报制度只能是用人单位监督劳动者履行竞业限制义务的一种手段,其不能免除用人单位在追究劳动者竞业限制违约责任时的举证义务,亦不能据此加重劳动者的义务,或直接要求劳动者承担竞业限制的违约责任。

劳动者未按约定履行就业汇报义务的,用人单位可向其发出通知,要求其继续履行。同时,若用人单位在竞业限制协议中提前约定不汇报暂停支付经济补偿的,也可适用。但是在无事先约定的情况下,用人单位若直接停止支付竞业限制经济补偿金的,则可能引发劳动者对竞业限制协议的被动解除权。用人单位届时

---

[1] 2019年6月上海市第一中级人民法院发布的《竞业限制纠纷案件的审理思路和裁判要点》认为,由于劳动者所承担的系不从事竞业行为的消极义务,劳动者从事竞业限制行为的举证责任应由用人单位承担。根据审理需要,法院也可酌情要求劳动者提供离职后的就业或失业登记等材料。

不但会面临竞业限制协议被解除的结果，还需向劳动者补足此前未支付的竞业限制经济补偿金。

三、违反"禁止招揽"义务是否等同于违反竞业限制义务

"禁止招揽"义务是指劳动者离职后，不得"引诱""教唆"原用人单位的其他员工离职或入职其他用人单位。实践中，普遍存在将"禁止招揽"义务作为竞业限制义务或保密义务附随义务，甚至约定违反"禁止招揽"义务的劳动者视为违反竞业限制义务需要支付违约金的现象。

（一）"禁止招揽"条款的效力

我们认为除非劳动者能举证证明存在欺诈、胁迫等情形，"禁止招揽"条款应当具有法律效力。理由：

1. 《劳动法》《劳动合同法》对于"禁止招揽"义务并未作出授权性或禁止性规定，因此"禁止招揽"条款未违反法律禁止性规定。

2. 学理上和实践中普遍认为用人单位与劳动者约定"禁止招揽"义务并不是依据《劳动合同法》，而是依据《反不正当竞争法》。法院审查的重点集中在员工是否构成"引诱""教唆"行为、是否应当支付违约金或进行赔偿等方面，员工方面对"禁止招揽"条款效力基本不会提出抗辩，法院也不会直接对条款效力作出认定或否认的裁判。由此可以推断，"禁止招揽"条款的效力在司法实践中普遍是得到认可的。

（二）违反"禁止招揽"义务的责任

一般情况下，用人单位与员工在劳动合同、保密协议、竞业限制协议中约定"禁止招揽"义务的同时，会约定员工离职后违反"禁止招揽"义务的违约责任，包括承担违约金、赔偿损失等。

但是在司法实践中，用人单位主张离职员工违反"禁止招揽"义务，要求离职员工承担违约责任或赔偿责任的，很难得到法院支持。原因包括：

1. "禁止招揽"条款作为保密义务和竞业限制义务的附随义务，但由于员工离职时原用人单位未启动竞业限制或者虽启动了竞业限制义务但用人单位违约在先，员工的竞业限制义务被免除，"禁止招揽"义务作为附随义务当然无须履行。

2. 原用人单位未举证证明离职员工存在"禁止招揽"的违约行为。一方面，

"引诱""教唆"的语言或行为的发生时间、地点和表达方式一般较为隐蔽、私密，不具有公开性，取证难度极大。另一方面，其他员工离职是否被"引诱""教唆"、还是基于其自己的意愿，这是一个非常主观的问题，缺乏准确裁量的客观标准和依据，基本是依赖于当事人陈述和法官的内心认证和自由裁量。

3. 原用人单位很难举证证明其他员工离职给其造成了实际损失。

即使原用人单位可以证明离职员工违反"禁止招揽"义务，但是由于不属于违反竞业限制义务，因此也无法按照《劳动合同法》规定要求员工支付违约金。需要注意的是，《反不正当竞争法》虽未就"禁止招揽"进行明确规定，但部分地区在反不正当竞争的相关规定中就"禁止招揽"及类似行为进行了规定[1]。因此，新用人单位招聘同行业竞争对手单位员工，该员工入职后，又引诱、教唆原单位的其他员工离职，存在构成不正当竞争的可能性。如不正当竞争行为成立，则新用人单位可能承担的法律责任包括：对原单位的经济损失承担连带赔偿责任、停止不正当竞争行为、没收违法所得、罚款等。但是，如原用人单位以不正当竞争为由追究离职员工、新用人单位的上述法律责任，则需要较重的举证责任。

案例124　未能证明离职员工唆使其他员工离职及给公司造成损失，用人单位主张不正当竞争及赔偿损失未获支持

在邦信（北京）知识产权代理有限公司与中北联创（北京）知识产权代理有限公司等、广东互易科技有限公司北京分公司与中北联创（北京）知识产权代理有限公司等不正当竞争纠纷案中[2]，邦信公司和互易公司主张离职员工创立联创公司抢占公司客户、唆使员工离职，进行不正当竞争，邦信公司和互易公司起诉要求离职员工及联创公司停止不正当竞争行为并赔偿损失，离职员工及联创公司抗辩没有证据证明从事不正当竞争行为且员工离职、客户流失是由于薪酬制度的改变、虚假宣传等违法行为导致。法院认为，邦信公司和互易公司主张联创公司和离职员工存在以下不正当竞争行为：一是让别人误以为联创公司是邦信/互

---

[1] 《深圳经济特区实施〈中华人民共和国反不正当竞争法〉规定》第十条规定："经营者不得以排挤竞争对手为目的，采取下列不正当竞争行为：……（二）干扰竞争对手的经营管理人员、技术人员或者其他人员的正常工作，扰乱或者妨碍竞争对手的正常经营活动。"

[2] 北京市海淀区人民法院（2014）海民初字第5515号民事判决书、（2014）海民初字第05753号民事判决书。

易的子公司或关联公司；二是对外捏造散布该公司倒闭的事实，损害公司商誉；三是挖员工离职……但是邦信公司和互易公司未提供充分有效的证据证明相关行为是联创公司、离职员工所为或指使或教唆他人所为，未举证证明离职员工存在诱使员工集体离职的行为。由于原用人单位无法证明离职员工和新用人单位"诱使"行为存在，诉讼请求未得到法院支持。从法院驳回原用人单位诉求的理由进行延伸思考，如果本案中原用人单位举证证明了"诱使"行为和经济损失，那么离职员工和新用人单位存在被认定构成不正当竞争并承担损失赔偿责任的法律风险。

四、如何认定员工存在违反竞业限制义务的行为

遵循"谁主张，谁举证"的举证规则，用人单位主张劳动者违反竞业限制义务的应承担举证责任，没有证据或者证据不足以证明劳动者违反竞业限制义务的，由用人单位承担不利后果。

司法实践中，原雇主向劳动者主张违约责任的竞业限制纠纷案件中，原雇主的维权难度非常大，很重要的原因是原雇主很难提供劳动者到具有竞争关系的新雇主处工作（或自营）的证据。通常情况下，认定员工存在违反竞业限制义务的行为需要提供两个方面的证据：

（一）劳动者到新雇主处工作（或自营）的证据

1. 新雇主与劳动者签订的劳动合同；

2. 新雇主向劳动者支付工资的记录；

3. 新雇主为劳动者缴纳社保的缴费记录、新雇主代扣代缴的个人所得税记录；

4. 通过EMS向劳动者在新雇主的地址邮寄书籍物品的签收回执；

5. 拨打新雇主前台电话或实地访谈调查劳动者在新雇主处工作的录音；

6. 劳动者代表新雇主对外签订的合同以及在新雇主处从事相关业务方面的宣传文章、新闻报道、投标文件等；

7. 劳动者自营企业的工商登记信息等。

原雇主可以委托专业机构就相关事实进行调查，对一些由相关部门保存当事人无法取得的证据，也可以根据民事诉讼法规定申请法院调查。

（二）原雇主与新雇主（或自营）业务相竞争的证据

根据《劳动合同法》的规定，只有劳动者到与原雇主的业务有竞争关系的新雇主处进行工作（或自营）的，才构成违反竞业限制义务的行为。因此，新雇主与原雇主（或自营）的业务存在竞争关系也是原雇主的举证责任。证据通常有如下几类：

1. 劳动者与原雇主签订的竞业限制协议，明确列举与原雇主存在竞争关系的企业名单；

2. 原雇主和新雇主（或自营）的工商登记信息，比照两个单位的经营范围存在重合；

3. 原雇主、新雇主（或自营）的共同主管机关或两单位所在的行业机构发布的涉及的两个单位业务比较、行业地位分析报告等信息资料；

4. 两个单位官方网站的介绍，实际经营的业务存在重合；

5. 根据行业惯例或已经被公众或行业公认的事实，认可两个单位之间具有竞争关系。

司法实践中，竞争关系的认定不仅限于营业执照登记的经营范围是否存在交叉重叠，裁审机关还会结合实际生产经营的产品或业务是否相同或类似进行判断①。

在竞业限制纠纷案件中，若用人单位已就劳动者违反竞业限制义务的主张完成了基本举证，那么解释证明不存在违约行为的责任就转由劳动者承担。当劳动者未对其存疑行为作出合理解释，亦未提交反证，应承担举证不能的法律后果，司法机关即对劳动者违反竞业限制义务的主张予以采信②。

案例125　用人单位初步证明员工违反竞业限制义务，员工未作出合理解释可以认定违约事实

在百度在线公司与蒋某劳动争议一案中③，蒋某于2006年6月28日入职百

---

① 2019年6月上海市第一中级人民法院发布的《竞业限制纠纷案件的审理思路和裁判要点》认为，同业的竞争关系应由用人单位承担举证责任。法院可参考但不应拘泥于营业执照登记内容，还可以通过实际产品与服务的调查、企业官网宣传或其他登记资料、共同供应商或客户的证言来综合考量。
2019年10月北京市第一中级人民法院发布涉竞业限制劳动争议十大典型案例四，认定是否存在竞争关系除双方经营范围外，还应综合考虑用人单位的实际经营业务、劳动者从事的业务、是否构成横向和纵向竞争、直接与间接竞争等多个因素。

② 2019年6月上海市第一中级人民法院发布的《竞业限制纠纷案件的审理思路和裁判要点》认为，在用人单位已提供初步证据的情况下，法官宜适时公开新证，要求用人单位进一步举证证明劳动者存在竞业行为的事实，抑或要求劳动者就其存疑行为进行合理解释并提供证据予以证明，继而根据盖然性的标准对法律事实进行综合认定。

③ 北京市海淀区人民法院（2017）京0108民初32296号民事判决书。

度在线公司，工作岗位为商务搜索架构部主任研发架构师。劳动合同约定蒋某任职期间及离职后 1 年内负有竞业限制义务。双方劳动关系于 2016 年 7 月 8 日解除，百度在线公司向蒋某送达《保密、竞业限制义务告知书》，告知蒋某不得加入蚂蚁金服（蚂蚁金融服务集团）及其关联企业从事深度学习研究及其在金融如风控、支付等领域的应用。百度在线公司称蒋某离职后入职北京蚂蚁云金融信息服务有限公司（以下简称蚂蚁云公司），违反了竞业限制义务，并就其主张提交以下证据：1. EMS 快递单及公证书。快递单显示寄件日期为 2016 年 9 月 8 日，收件人为蒋某，手机号为 186×××××××，公司名称为蚂蚁云公司，地址为北京市海淀区海淀东三街 2 号 4 层 401-16。公证书显示邮件妥投，签收人为同事。2. 企业信息查询。蚂蚁云公司企业信息显示：其经营地址与前述 EMS 快递单显示的收件人地址相同，投资人信息显示为浙江蚂蚁小微金融服务集团有限公司。3. 蚂蚁金服官网内容截图。蚂蚁金服集团旗下及相关业务包括生活服务平台支付宝、智慧理财平台蚂蚁聚宝、云计算服务平台蚂蚁金融云。4. 工业和信息化部 ICP/IP 地址/域名信息备案管理系统截图。其上显示浙江蚂蚁小微金融服务集团股份有限公司的网站名称为蚂蚁金服。5. 社会保险个人权益记录查询显示蒋某的社会保险于 2016 年 7 月 1 日本区转入蚂蚁云公司，2016 年 9 月 1 日转往他区，2016 年 10 月 1 日外区转入上海市对外服务有限公司北京人力资源分公司。法院向税务局查询 2016 年 7 月至 2017 年 8 月蒋某的个人所得税代扣代缴情况，上述期间蚂蚁云公司均通过"单位代扣代缴"方式为蒋某代扣代缴个人所得税，所得项目为"正常工资薪金"。

　　法院认为，本案争议焦点在于蒋某是否存在违反竞业限制义务的行为。首先，蒋某与百度在线公司签订的《保密、竞业限制义务告知书》中明确载明蒋某在竞业限制期限内不得加入蚂蚁金服及其关联公司从事深度研究及其在金融如风控、支付等领域的应用，因此蒋某应当依约遵守竞业限制义务。其次，百度在线公司提交的蚂蚁云公司工商登记信息及蚂蚁金服工商登记信息显示蚂蚁金服系蚂蚁云公司的法人股东，两公司具有关联关系，因此，蚂蚁云公司应当构成本案《保密、竞业限制义务告知书》中约定的与百度在线公司存在同业竞争的单位。再次，蒋某虽抗辩称其未入职蚂蚁云公司，未违反竞业限制义务，但根据查明事实可见，蚂蚁云公司为蒋某缴纳了 2016 年 7 月之后部分月份社会保险，为蒋某代扣代缴个人所得税，且至本院调查取证之时，蚂蚁云公司仍为蒋某申报个人所得税。蒋某未就上述情况作出合理的解释，其认可 2016 年 7 月至 9 月在蚂蚁云公司工作，但未举证证明此后业已从蚂蚁云公司离职。综上，本院对蒋某的抗辩意见不予采信，对百度在线公司所持的蒋某自该公司离职后即入职蚂蚁云公司、已违反双方约定的竞业限制义务的主张予以采信。蒋某应当按照约定向百度在线公司支付违反竞业限制义务的违约金 959073.6 元。

合规建议

用人单位主张劳动者违反竞业限制义务时，应当注意以下问题：

1. 对于劳动者在职期间是否负有竞业限制义务问题，在司法实践中仍存在一定争议，但是双方事先约定员工在职期间的竞业限制义务，用人单位按照约定追究其违约责任，获得支持的案例不在少数。为了最大限度地保护用人单位的商业秘密和竞争优势，我们建议用人单位在竞业限制协议或条款中增加关于竞业限制人员在职期间的竞业限制义务及违约金的内容。

2. 违反就业汇报义务并不能等同于违反竞业限制义务，用人单位仍需要就员工违反竞业限制义务承担举证责任。但是为了监督离职员工履行竞业限制义务的情况，我们建议用人单位在竞业限制协议或条款中增加就业汇报义务及违反就业汇报义务后经济补偿暂停发放的内容。离职员工违反就业汇报义务时，用人单位应当要求其说明情况并暂停发放经济补偿，存在违反竞业限制义务嫌疑时可启动调查取证。

3. 违反"禁止招揽"义务并不属于违反竞业限制义务，用人单位不能据此不支付竞业限制经济补偿或要求员工支付违约金。如果用人单位有证据证明员工违反"禁止招揽"义务构成不正当竞争造成经济损失的，可以要求其承担赔偿责任。

4. 负有竞业限制义务的劳动者离职后，原用人单位应对劳动者履行竞业限制义务的情况进行监督。如果发现劳动者离职后存在违反竞业限制义务的行为，应注意收集及保存劳动者到新用人单位工作（或自营）以及原用人单位与新用人单位（或自营）业务相竞争的证据，形成完整证据链，达到高度盖然性，及时启动法律程序追究员工违约责任。

第三节　员工违反竞业限制义务的法律责任

一、违反竞业限制义务的违约金及赔偿责任可否同时主张

根据《劳动合同法》第二十三条的规定，劳动者违反竞业限制义务，应当按照约定向用人单位支付违约金。另外，根据《劳动合同法》第九十条的规定，劳动者违反劳动合同中约定的竞业限制，给用人单位造成损失的，应当承担赔偿责任。但是，用人单位是否可以同时向劳动者主张支付违约金及赔偿损失，法律没有作出规定。司法实践中，主流观点认为，竞业限制违约金是对劳动者违反竞业限制义务可能产生的损失进行填补，并且调整违约金时已经考虑违约行为造成的实际损失，因此损失赔偿与违约金只能择一主张[①]。

但是，违约金不足以弥补用人单位因劳动者违反竞业限制义务所遭受的损失时，用人单位对其实际损失能够提供证据予以证明的，可以要求劳动者做出进一步赔偿，使用人单位获得完全、充分的补偿并免受该等损失。这实际上属于约定违约金数额过低的情形，可以参照《合同法》的相关规定予以调整。

实践中，有些竞业限制协议中还约定，用人单位通过法律途径要求制止劳动者的违约行为，因此产生的相应费用（包括但不限于公证费用、调查费用、律师费用）应由劳动者承担。但是司法实践中，对于该条款的效力存在不同的认识。有观点认为，双方约定不违反法律规定，对有证据支持的费用予以支持。也有观点认为，用人单位主张上述费用应由劳动者承担，由于缺乏法律依据，不予支持赔偿，但可以作为考量违约行为给用人单位造成实际损失的因素。

[①] 2019年6月，上海市第一中级人民法院发布的《竞业限制纠纷案件的审理思路和裁判要点》认为，用人单位的商业秘密可能因劳动者的竞业行为遭受侵害进而造成利益损失，违约金则是对可能产生的损失进行填补。一般情形下，损失赔偿与违约金的诉讼请求只能择一主张。对于实际损失的认定，应由用人单位承担举证责任。

案例126 调查、制止竞业限制违约行为的合理费用已在调整违约金时予以考量,法院不再另行支持

在马某与北京旷视科技有限公司一案中[①],2015年11月26日旷视公司(甲方)与马某(乙方)签订《竞业限制协议》约定乙方在职期间和离职后的竞业限制,乙方同意,若乙方违反本协议项下的任何规定,则甲方有权要求乙方返还已支付的全部补偿金并支付人民币100万元的违约金。若上述违约金不足以弥补甲方因乙方违反竞业限制义务所遭受的损失的,乙方应对甲方做出进一步赔偿,以使甲方获得完全、充分的补偿并免受该等损失。甲方并可通过其他一切法律途径要求制止乙方的违约行为,因此产生的相应费用(包括但不限于调查费用、律师费用)应由乙方承担。马某在职期间违反竞业限制义务。法院认为,马某行为严重违反了与旷视公司之间《竞业限制协议》的约定,主观恶意较大,势必给旷视公司造成经济损失,且违约行为持续时间贯穿于在职期间,综合考虑上述情形,根据公平原则和诚实信用原则予以衡量,一审法院认定双方于《竞业限制协议》中约定的违约金数额并不存在畸高情形。马某在职期间未履行竞业限制义务,违反了与旷视公司所签《竞业限制协议》的约定,故应向旷视公司支付违约金100万元。关于旷视公司主张的调查、制止马某违约行为而产生的公证费与律师费,因与本案诉请具备不可分性,一审法院于本案中一并处理,鉴于在确立本案违约金的数额时,已将上述费用中的合理损失部分一并考量在内,故对于旷视公司要求马某支付上述维权费用298890.8元的请求,一审法院不再另行予以支持。

二、员工违反竞业限制义务是否需要返还已经领取的经济补偿

劳动者违反竞业限制义务除需要承担违约金外,是否需要同时返还竞业限制补偿金,法律并无明确规定。

从法理上讲,竞业限制协议是双务合同,劳动者需要遵守竞业限制义务,用人单位需要支付经济补偿作为对价。如果劳动者未遵守竞业限制义务,则不应获得经济补偿,不能从违约行为中获利。实践中,如果双方在竞业限制协议中约定

[①] 北京市第一中级人民法院(2018)京01民终4126号民事判决书。

劳动者违反竞业限制义务，需要返还用人单位已经支付的竞业限制经济补偿的，司法机关一般予以支持。

案例127　员工违反竞业限制义务，按约定需返还已领取的竞业限制补偿金

在赵某与江苏传智播客教育科技股份有限公司劳动争议一案中[1]，赵某于2013年12月6日入职传智教育科技公司，2016年1月岗位调整至北京研究院课程研究员，负责大数据课程的研发工作。2015年12月28日，传智教育科技公司（甲方）与赵某（乙方）签订了《保密与竞业限制协议书》，约定乙方不履行本协议规定的义务，除退还已取得的补偿金外，还应一次性向甲方支付违约金100万元。2016年9月30日，赵某因个人原因提出离职。2016年10月1日至2017年8月31日竞业限制义务期间传智教育科技公司已向赵某支付竞业限制补偿金142863.1元。传智教育科技公司主张赵某离职后受聘于某（北京）教育科技有限公司旗下"小牛学堂"担任"大数据"培训授课讲师。法院认为，赵某违反了双方约定的竞业限制义务。双方签订的《保密与竞业限制协议书》明确约定不履行协议约定应退还已取得的补偿金和支付违约金，故判决赵某应返还传智教育科技公司竞业限制经济补偿金142863.1元及支付违反竞业限制义务的违约金50万元。

但是，双方未在竞业限制协议中对此作出明确约定的，是否应当支持返还，司法实践中存在争议。一种观点认为不应当返还，违约金已经涵盖劳动者违约行为所应承担的法律责任。该观点为主流观点。另一种观点认为应当返还，补偿金系填平劳动者不履行竞业行为的收入损失，违约劳动者在竞业期间收入未因此受到损失。

另外，如果劳动者违反竞业限制义务的同时，通过提供虚假就业证明骗取竞业限制经济补偿的，也可能涉嫌诈骗罪被追究刑事责任。

案例128　虚构就业证明骗取竞业限制补偿金，员工构成诈骗罪被追究刑事责任

在肖某诈骗一案中[2]，被告人肖某在迈得医疗工业设备股份有限公司（以下

---

[1] 北京市第一中级人民法院（2018）京01民终4842号民事判决书。
[2] 浙江省台州市玉环县（2017）浙1021刑初5号一审刑事判决书。

简称迈得公司）担任机械工程师，并与迈得公司签订保密协议，约定离职2年内承担竞业禁止义务。2013年3月15日，被告人肖某从迈得公司离职，按约定被告人肖某需提交任职情况证明，每3个月领取经济补偿金14100元。2013年6月25日，被告人肖某从广东省东莞市订购配件生产导管连线自动组装机，同年7月南昌铭富自动化设备有限公司（以下简称铭富公司）设立，被告人肖某遂以铭富公司名义生产销售导管连线自动组装机。同年9月12日，被告人肖某在违反竞业禁止规定的情况下仍虚构就业证明，向迈得公司骗取2013年6月25日至2013年9月14日的竞业禁止补偿金12000余元。经浙江省科技咨询中心鉴定，铭富公司和迈得公司从事同种行业。

法院认为，被告人肖某法制观念淡薄，以非法占有为目的，采用虚构事实、隐瞒真相的手段，诈骗公私财物，数额较大，其行为已构成诈骗罪。公诉机关指控的罪名成立，应予以惩处。被告人肖某的行为符合诈骗罪的犯罪构成要件，已经超出了民事欺诈的范畴，应当归入刑事犯罪规制打击。辩护人认为被害单位并未遭受欺骗的辩解意见，与本案查明的事实相违背，故不予采纳。被告人肖某当庭认罪，可酌情从轻处罚。视本案具体情况，决定对被告人肖某适用缓刑。

三、员工支付违约金后是否需要继续履行竞业限制义务

劳动者违反竞业限制义务的，应按照协议约定承担支付违约金等违约责任。但是，对劳动者支付竞业限制违约金后是否需要继续履行竞业限制义务，法律并未作出明确规定。

《最高人民法院关于审理劳动争议案件适用法律若干问题的解释（四）》第十条规定："劳动者违反竞业限制约定，向用人单位支付违约金后，用人单位要求劳动者按照约定继续履行竞业限制义务的，人民法院应予支持。"根据上述司法解释的规定，员工花钱买"自由"的想法是不可行的，不能以支付竞业限制违约金作为免除竞业限制义务的对价。员工支付竞业限制违约金后，仍需要继续履行竞业限制义务。如果在竞业限制期限内员工再次违反竞业限制义务，用人单位能否再次主张劳动者承担违约责任，支付违约金？对此问题，法律并没有明确规定，司法实践中也存在不同的认识。支持的观点认为，由于员工在被判令继续履行竞业限制义务后再次发生违约行为，主观恶意明显，应当承担违约责任，且司法机关可能会判处相较于第一次违约行为更高的违约金。

案例129　员工支付违约金后，再次违反竞业限制义务仍需承担违约责任

在钟某与上海都为电子有限公司劳动合同纠纷一案中①，钟某于2011年8月22日进入都为公司工作，担任销售一职。双方签订保密及竞业限制合同约定，钟某需履行竞业限制义务，竞业限制补偿金为每月1000元，在职期间全额支付补偿金，离职后无须支付。2012年1月17日和2013年2月5日，钟某签名确认收到竞业限制补偿金13000元和7000元。2013年5月23日，钟某向都为公司递交辞职报告。2013年5月23日以前，钟某在山东省济南市设立甲公司，并担任该公司的法定代表人。2013年11月6日，都为公司申请仲裁，要求钟某继续履行竞业限制义务，并向都为公司支付竞业限制违约金50万元。2014年2月28日仲裁裁决钟某继续履行双方所签订的竞业限制合同至2015年1月23日止，并支付都为公司违反竞业限制协议违约金10万元。该裁决已经生效。2014年3月29日，钟某经工商登记注册成立了乙公司，并担任该公司的法定代表人。截至2015年4月5日钟某仍然系乙公司的股东。2014年7月10日，都为公司再次申请仲裁。法院认为，钟某与公司签订了保密及竞业限制合同，应按该保密及竞业限制合同履行竞业限制义务。然而钟某在递交辞职报告之前，即已在外地注册设立与公司属于同业竞争的公司并担任法定代表人。公司发现上述情况并申请仲裁，已生效的仲裁裁决钟某支付公司违约金10万元。2014年3月29日，钟某又注册成立了与公司具有同业竞争关系的公司，并担任该公司的法定代表人。钟某再次违反竞业限制合同，该行为非常恶劣，公司主张钟某支付竞业限制违约金，于法有据，至于违约金的数额，法院酌定为20万元。

员工违反竞业限制义务的，原用人单位可以同时要求员工支付竞业限制违约金并在竞业限制期限内继续履行竞业限制义务。但是，由于竞业限制期限最长不得超过2年，有些竞业限制协议甚至只约定6个月或1年期限，而劳动争议"一裁两审"审理期限较长，往往法院终审判决后，双方所约定的竞业限制期限已届满，已无继续履行的可能和必要。因此，原用人单位一旦发现员工违反竞业限制义务的，应尽快搜集证据提起仲裁。

---

① 上海市第一中级人民法院（2015）沪一中民三（民）终字第523号民事判决书。

合规建议

用人单位要求员工承担违反竞业限制义务的法律责任时，应当注意以下问题：

1. 用人单位同时主张违约金和赔偿损失的，一般不予支持，但如果用人单位有证据证明违约金不足以弥补实际损失的，可以要求赔偿损失。用人单位可以在竞业限制协议中约定损失赔偿的计算方法，并约定损失包含用人单位调查、制止违约行为而产生的公证费与律师费等。

2. 未约定违反竞业限制义务需返还竞业限制经济补偿时，用人单位要求劳动者返还的，很难得到支持。用人单位应对员工违约需返还竞业限制补偿金进行明确约定，作为主张返还的依据。同时建议用人单位在支付竞业限制经济补偿金时一定要明确支付项目，在支付单据中注明支付款项性质，以免要求返还时产生争议。

3. 对于员工提供虚假证明骗取竞业限制经济补偿且达到一定数额的，用人单位可依法向公安机关报案，追究其刑事责任。

4. 员工违反竞业限制义务时用人单位可以同时要求支付违约金和继续履行竞业限制义务，用人单位应当监督剩余竞业限制期限内员工是否再次违约，如果员工发生新的违约行为时用人单位要求员工再次支付违约金的，能否得到支持存在不确定性，建议在竞业限制协议中作出约定。

第四节　竞业限制协议的解除

《劳动合同法》对竞业限制协议如何解除，并未作明确规定。根据《最高人民法院关于审理劳动争议案件适用法律若干问题的解释（四）》第八条和第九条的规定，劳动者离职后因用人单位的原因导致 3 个月未支付经济补偿，劳动者可以请求解除竞业限制约定；在竞业限制期限内，用人单位可以解除竞业限制协议，劳动者有权请求用人单位额外支付 3 个月的竞业限制经济补偿。除此之外，对竞业限制协议解除的其他情形和行使解除权的方式没有作出明确规定。

根据法律规定，劳动关系双方签订的竞业限制协议或条款可以依法解除，用人单位、劳动者分别拥有竞业限制协议的解除权。

一、用人单位主动提出解除

根据《合同法》的规定，一般当事人解除合同需要满足一定条件，或者双方协商一致解除，或者由于一方根本违约解除，或者双方事先约定解除条件解除。但是竞业限制协议不同于一般的合同，其实质是法律为保护用人单位的商业秘密而赋予其的一项权利，因此是否需要劳动者继续履行建立在保密义务基础上的竞业限制义务，由用人单位单方意愿决定，无须理由且可以随时解除。

（一）解除的时间及后果

用人单位在不同时点行使解除权，其法律后果不同。

1. 在劳动者签订竞业限制协议后至其离职之前，用人单位解除竞业限制协议的，因劳动者还未离职并履行竞业限制义务，用人单位无须向劳动者支付任何补偿。

2. 在劳动者离职时，用人单位根据竞业限制协议约定的方式，以明示告知或默示的方式确认劳动者无须履行竞业限制义务的，竞业限制协议解除，用人单位无须在劳动者离职后向劳动者支付竞业限制经济补偿金。

3. 在劳动者离职后履行竞业限制义务期间，用人单位可以随时通知劳动者解除竞业限制协议，劳动者随即无须继续履行。但考虑到这种情况下，劳动者已处于履行义务中，上述解除对其利益期待必然造成一定的损失，包括经济补偿金停止支付、同行业就业的机会成本等。因此，法律赋予劳动者对于利益期待损失的救济权利，即劳动者有权要求用人单位额外支付3个月竞业限制经济补偿。就此，广东地区还进一步明确[①]：在劳动关系终结后，即使用人单位立即主张解除竞业限制协议的，依照规定，也应支付3个月的经济补偿。

（二）行使解除权的方式

用人单位解除竞业限制协议的方式，实践中有两种：第一种是用人单位书面

[①] 《广州市劳动人事争议仲裁委员会、广州市中级人民法院民事审判庭关于劳动争议案件座谈会的意见综述》第十九条第二款规定："劳动关系存续期内，用人单位主张解除竞业限制协议的，予以支持，因劳动者还未离职并履行竞业禁止义务，用人单位可以不支付经济补偿金。在劳动关系终结后、即使用人单位立即主张解除竞业限制协议的，依照规定，也应支付3个月的经济补偿。"

通知劳动者①，这是比较常见且规范的方式；第二种是用人单位采用停止支付经济补偿的方式，以行为告知劳动者解除竞业限制协议，这种方式通常需要双方在上述协议中事先明确约定，而且效力在司法实践中存在争议。不论采用哪种方式，均不影响劳动者向用人单位主张额外 3 个月的经济补偿。

案例 130　约定停发竞业限制补偿金作为解除方式，仍须额外支付 3 个月经济补偿

在佟某与尼尔森数据公司劳动争议一案中②，2010 年 11 月 30 日，佟某入职尼尔森北分公司，入职岗位为运维工程师，后升为运维主管。双方签订《保密协议》约定竞业限制义务，佟某应主动出示书面证明材料，未有竞业行为发生，公司连续 2 个月未支付补偿金的，视为公司已经解除本协议中的竞业禁止条款，佟某将不受本协议中有关竞业限制条款的约定。2016 年 12 月 9 日，公司单方解除劳动合同。佟某离职后未向公司提交书面证明材料、公司亦未向佟某支付竞业限制补偿费。佟某曾于 2016 年 4 月 25 日提起仲裁，仲裁裁决认定《保密协议》中的竞业限制条款已于 2017 年 2 月 10 日解除，公司支付佟某竞业限制补偿金 38978.75 元，该裁决已经生效。佟某再次仲裁要求公司向其支付竞业限制解除时额外 3 个月竞业限制补偿金 58468.13 元。法院认为，由于用人单位和劳动者约定竞业限制的目的既是保护用人单位的商业秘密，也是防止因不适当扩大竞业限制的范围而妨碍劳动者的择业自由。竞业限制对于用人单位而言是一项权利，用人单位作为权利的享有者，有权行使该权利，也可以放弃该权利，在劳动者履行了竞业限制的义务后，用人单位则负有当然支付竞业限制补偿金的义务。在通常情况下，用人单位单方解除或放弃竞业限制条款，应在合理期限内以适当方式提前通知劳动者，给予劳动者自由择业和创业的准备期。否则，竞业限制协议一旦解除，就意味着用人单位不再负有向劳动者支付竞业限制经济补偿的义务，而劳动者又不能立即摆脱竞业限制协议带来的就业不利，这必然使劳动者因竞业限制协议的解除遭受额外的经济损失。本案中，双方通过约定以用人单位不履行支

---

① 《深圳经济特区企业技术秘密保护条例》第二十六条规定："技术秘密已经公开的，当事人可以解除竞业限制协议。法律、法规另有规定的除外。行使竞业限制协议解除权的，应当书面通知对方，竞业限制协议的解除自通知到达对方时生效，但双方另有约定的除外。"

② 北京市第二中级人民法院（2018）京 02 民终 4996 号民事判决书。

付经济补偿的不作为方式来表达用人单位的解除竞业限制意愿，本质上系用人单位以排除劳动者获得已经遵守、履行竞业限制期而当然获得竞业限制补偿金的权利、而免除己方额外支付 3 个月的竞业限制经济补偿的义务，该条款的约定因违法而应属无效。现公司认可《保密协议》中的竞业限制条款已于 2017 年 2 月 10 日解除，故佟某请求公司额外支付 3 个月的竞业限制经济补偿，于法有据，法院予以支持。在双方对竞业限制补偿的标准约定不明的情况下，法院按照佟某劳动合同解除前 12 个月的月平均工资的 30%，计算的额外 3 个月竞业限制补偿。

二、劳动者的被动解除权

（一）劳动者的解除条件

1. 在任何时候劳动者均不享有随时、无理由地解除竞业限制协议的权利。
2. 在劳动者履行竞业限制义务期间，因用人单位原因导致 3 个月未向劳动者支付竞业限制经济补偿的，劳动者有权解除竞业限制协议，用人单位需补足此前未支付的竞业限制经济补偿金。

（二）行使解除权的方式

劳动者行使解除权的形式，在实践中有不同观点：一种观点认为，劳动者必须采取书面形式通知到用人单位[1]；另一种观点认为，特别是在浙江地区[2]，劳动者不是必须采用书面形式通知，也可以采取实际行为即到竞争对手单位工作的方式表明自己行使解除权。

案例 131　用人单位超 3 个月未支付经济补偿，员工到竞争对手单位工作视为以实际行为行使解除权

在乐某与某银行劳动争议一案中[3]，2013 年 7 月，乐某入职某银行，在贸易

---

[1] 2019 年 6 月上海市第一中级人民法院发布的《竞业限制纠纷案件的审理思路和裁判要点》认为，竞业限制协议可依法通过用人单位以及劳动者的要式行为予以解除。在劳动者行使解除权之前，即便用人单位超过 3 个月未支付补偿金，劳动者并不当然免除竞业限制义务。

[2]《浙江省高级人民法院民事审判第一庭、浙江省劳动人事争议仲裁院关于审理劳动争议案件若干问题的解答（三）》第二条规定："……劳动合同解除或者终止后，因用人单位原因未支付经济补偿达三个月，劳动者此后实施了竞业限制行为，视为劳动者已以其行为提出解除竞业限制约定，用人单位要求劳动者承担违反竞业限制违约责任的，不予支持。"

[3]《人力资源社会保障部、最高人民法院关于联合发布第一批劳动人事争议典型案例的通知》（人社部函〔2020〕62 号）典型案例十二。

金融事业部担任客户经理。该银行与乐某签订了为期 8 年的劳动合同，明确其年薪为 100 万元。该劳动合同约定了保密与竞业限制条款，约定乐某须遵守竞业限制协议约定，即离职后不能在诸如银行、保险、证券等金融行业从事相关工作，竞业限制期限为 2 年。同时，双方还约定了乐某如违反竞业限制义务应赔偿银行违约金 200 万元。2018 年 3 月 1 日，银行因乐某严重违反规章制度而与乐某解除了劳动合同，但一直未支付乐某竞业限制经济补偿。2019 年 2 月，乐某入职当地另一家银行从事客户经理工作。2019 年 9 月，银行申请仲裁。申请人请求裁决乐某支付违反竞业限制义务违约金 200 万元并继续履行竞业限制协议。本案的争议焦点是银行未支付竞业限制经济补偿，乐某是否需承担竞业限制违约责任。

仲裁委认为，《最高人民法院关于审理劳动争议案件适用法律若干问题的解释（四）》（法释〔2013〕4 号）第八条规定："当事人在劳动合同或者保密协议中约定了竞业限制和经济补偿，劳动合同解除或者终止后，因用人单位的原因导致三个月未支付经济补偿，劳动者请求解除竞业限制约定的，人民法院应予支持。"用人单位未履行竞业限制期间经济补偿支付义务并不意味着劳动者可以"有约不守"，但劳动者的竞业限制义务与用人单位的经济补偿义务是对等给付关系，用人单位未按约定支付经济补偿已构成违反其在竞业限制约定中承诺的主要义务。具体到本案中，银行在竞业限制协议履行期间长达 11 个月未向乐某支付经济补偿，造成乐某遵守竞业限制约定却得不到相应补偿的后果。根据公平原则，劳动合同解除或终止后，因用人单位原因未支付经济补偿达 3 个月，劳动者此后实施了竞业限制行为，应视为劳动者以其行为提出解除竞业限制约定，用人单位要求劳动者承担违反竞业限制违约责任的不予支持，故依法驳回银行的仲裁请求。

（三）劳动者不得解除的情形

在下列情况下，劳动者不享有解除权：

1. 虽然由于用人单位的原因 3 个月未支付经济补偿，但是之后用人单位补足的，此后劳动者再以用人单位曾经 3 个月未支付经济补偿提出解除竞业限制协议的，不应支持。

2. 劳动者若违反竞业限制义务在先，导致用人单位停止向其支付竞业限制经济补偿的，劳动者不享有解除权。

3. 用人单位违法解除或终止劳动合同，劳动者可以主张相当于经济补偿金双倍的赔偿金，但劳动者不能据此主张解除竞业限制协议[①]。

三、协商解除

在竞业限制协议签署后的任何时间，包括在职期间、离职后竞业限制义务履行期间，双方均可协商解除竞业限制协议，解除是否支付补偿及补偿标准也按照双方协商确定，法律不予干涉。

合规建议

1. 用人单位可以随时解除竞业限制协议，但是在不同时间行使解除权的法律后果不同，在劳动者离职前应当进行评估，确定是否需要劳动者在离职后履行竞业限制义务。如不需要履行的，务必在劳动者离职之前书面告知。

2. 劳动者虽然无权主动解除竞业限制协议，但是因用人单位原因3个月未支付经济补偿的，劳动者可以行使解除权。如果因用人单位需要劳动者履行竞业限制义务的，应当及时足额支付竞业限制经济补偿金。

3. 如在竞业限制期限内无须继续履行竞业限制义务的，应尽量与劳动者协商解除竞业限制协议，以避免或减少支付额外的经济补偿。

第五节 竞业限制与保密义务的联系与区别

根据《反不正当竞争法》第九条的规定，"商业秘密"系指不为公众所知悉、具有商业价值并经权利人采取相应保密措施的技术信息、经营信息等商业信息。第三人明知或者应知商业秘密权利人的员工、前员工实施侵犯商业秘密的违法行为，仍获取、披露、使用或者允许他人使用该商业秘密的，视为侵犯商业秘密。

根据《劳动合同法》第二十三条和第九十条的规定，用人单位与劳动者可

---

① 2019年6月上海市第一中级人民法院发布的《竞业限制纠纷案件的审理思路和裁判要点》认为，劳动合同终止或解除并不影响竞业限制协议的效力。即使用人单位违法解除劳动合同，劳动者也不因此免除竞业限制义务。

以在劳动合同中约定保守用人单位的商业秘密和与知识产权相关的保密事项。对负有保密义务的劳动者，用人单位可以在劳动合同或者保密协议中与劳动者约定竞业限制条款，劳动者违反竞业限制约定的，应当按照约定向用人单位支付违约金。劳动者违反劳动合同中约定的保密义务或者竞业限制，给用人单位造成损失的，还应当承担赔偿责任。因此，用人单位可以采取与劳动者约定竞业限制或保密义务的方式作为保护商业秘密的不同手段。

竞业限制和保密义务均与保守用人单位的商业秘密有关。实践中，经常有劳动者或用人单位把竞业限制与保密义务相混淆。竞业限制与保密义务二者既有联系又有区别。

一、竞业限制与保密义务的联系

（一）负有保密义务是竞业限制的前提和基础

《劳动合同法》第二十四条就竞业限制人员列举了三类——高级管理人员、高级技术人员和其他负有保密义务的人员，其核心特征就是知晓用人单位商业秘密并负有保密义务的劳动者。故负有保密义务是衡量劳动者需承担竞业限制义务的前提和基础。

（二）竞业限制是实现保密义务的有效手段

为保障劳动者履行保密义务，用人单位可以采取各种保密措施，其中与劳动者约定竞业限制义务就是一种方式。用人单位虽可与劳动者事先订立保密协议，在劳动者违约泄密后追究其赔偿责任，但是竞业限制可以从限制相关人员在解除或终止劳动合同后到同行业竞争对手的就业机会入手，防范泄密风险，更为主动和有效。

（三）保护商业秘密是竞业限制和保密义务的共同目标

用人单位要求劳动者履行保密义务，是为了保护企业的商业秘密不被侵犯。用人单位以向竞业限制人员支付经济补偿金的方式，限制此类劳动者的就业机会，实际是在限制劳动者在原单位积累和掌握的技术秘密和商业资源的流动，其最终目标也是为保护本企业商业秘密，维持市场竞争优势地位。二者的终极目标是一致的。

二、竞业限制与保密义务的区别

（一）所适用的劳动者范围不同

竞业限制的人员仅限于高级管理人员、高级技术人员和其他负有保密义务的人员。竞业限制义务只可锁定在特定的劳动者范围内，这些主体的特征都是负有保密责任。在实践中，此类劳动者应当是确定（不是可能）能够频繁、密集地或因职责而接触到用人单位的商业秘密或知识产权所涉保密事项。用人单位超人员范围约定竞业限制义务的，将可能导致竞业限制协议被认定无效。而就保密义务而言，其所适用的劳动者范围则无特殊要求，用人单位可与其雇用的任一劳动者约定遵守，即劳动者可能接触或知晓用人单位商业秘密的，用人单位也有权要求劳动者承担保密义务。

（二）劳动者承担义务的性质不同

除《公司法》规定的人员外，竞业限制义务以双方签订有竞业限制协议或条款为前提，未签订相关协议的不得要求其履行竞业限制义务。即通常情况下，竞业限制义务为约定义务，并且不可通过规章制度规定劳动者的竞业限制义务[①]。而劳动者履行保守用人单位商业秘密的义务，不仅来源于双方的约定或规章制度的规定，也来源于劳动者基于劳动关系而产生的忠诚义务。即使用人单位未与劳动者签订保密协议或制定保密制度，劳动者仍应承担保守商业秘密的义务。即保密义务是一项法定义务。

（三）履行义务的起始时间和期限不同

竞业限制义务的履行一般是从劳动合同解除或终止后开始，且约定的履行期限不得超过2年，具体可根据双方约定确定。而保密义务的履行则可在含有保密条款的劳动合同或保密协议签订后就开始，未签订保密协议的从劳动者知悉相关保密事项时开始，且保密义务的期限可以由双方自由约定，即使未约定保密期限的劳动者在保密事项公开前（包括劳动者离职后）或者原用人单位明确豁免前均负有保密义务。

（四）用人单位是否必须支付对价不同

用人单位在与劳动者约定竞业限制义务后，限制了劳动者的就业权和择业权，需在离职后的竞业限制期内向劳动者支付经济补偿作为劳动者履行竞业限制义务的对价，如果因用人单位的原因未支付经济补偿超过3个月，则劳动者可以

---

① 2020年6月4日北京市第一中级人民法院发布的《涉竞业限制劳动争议案件疑难问题的调研报告》认为，规章制度中的竞业限制义务对劳动者不具有约束力。
2019年6月上海市第一中级人民法院发布的《竞业限制纠纷案件的审理思路和裁判要点》认为，如果用人单位未与劳动者签订竞业限制协议，或未在劳动合同或者保密协议中与劳动者约定竞业限制条款，则劳动者不负有竞业限制义务。

解除竞业限制协议。而保密义务则不需要用人单位支付对价，即可要求劳动者遵守。虽然支付保密费并非用人单位的法定义务，但是可以作为一种保密手段。即使用人单位未支付保密费，劳动者也不得以此为由主张不履行保密义务。

（五）是否可以要求劳动者承担违反义务时的违约金不同

劳动者违反竞业限制义务的，应按约定向用人单位支付违约金。根据《劳动合同法》第二十五条的规定，除劳动者违反竞业限制义务和培训服务期外，不得约定劳动者承担违约金。因此，用人单位不可与劳动者就违反保密义务约定违约金，据此约定要求支付违约金一般不会得到支持。但是，用人单位可以根据《反不正当竞争法》第十七条的规定要求劳动者和新用人单位赔偿违反保密义务造成的实际损失；实际损失难以计算的，按照侵权人因侵权所获得的利益确定。劳动者和新用人单位恶意实施侵犯商业秘密行为，情节严重的，可以在按照上述方法确定数额的一倍以上五倍以下确定赔偿数额。赔偿数额还应当包括原用人单位为制止侵权行为所支付的合理开支。原用人单位因被侵权所受到的实际损失、侵权人因侵权所获得的利益难以确定的，由人民法院根据侵权行为的情节判决给予权利人500万元以下的赔偿。

（六）违反义务是否以侵犯商业秘密为前提不同

劳动者违反约定到同行业的竞争对手处工作或自营相同业务，即可认定违反竞业限制义务，用人单位追究劳动者的违约责任不以泄密或违法使用商业秘密为前提条件。而劳动者违反保密义务，用人单位追究其法律责任时，通常需要用人单位举证证明劳动者存在泄密或违法使用商业秘密等侵犯商业秘密的行为。

（七）违反义务的救济方式不同

劳动者违反竞业限制义务的，用人单位可以以竞业限制纠纷为案由申请劳动仲裁，追究劳动者的违约责任但不能追究新用人单位的连带责任。而劳动者违反保密义务，用人单位通常可以采取两种救济方式，一是在劳动争议中向员工主张违反保密义务的违约责任，二是通过商业秘密侵权诉讼主张侵权责任，且有权选择任何一种方式，这在法律上称为请求权竞合。前者需要履行劳动争议前置程序，适用1年仲裁时效，且只能追究员工责任不能追究第三方责任，但是诉讼费用低廉。后者可以直接起诉至法院，适用3年诉讼时效，可以同时将员工和第三方列为共同被告追究连带责任，但是诉讼费用按标的额计算，且举证困难败诉风险很高。除采取民事诉讼的救济方式外，劳动者违反保密义务涉嫌构成侵犯商业秘密罪的，用人单位还可以向公安机关报案追究劳动者的刑事责任。

案例 132　多名员工携原单位经营信息集体跳槽，法院认定员工和新单位侵犯商业秘密应赔偿

在北京知识产权法院审结的一起多名员工携商业秘密跳槽案中[1]，原告诉称，原告系国内知名高尔夫球服务经营商，凭借多年积累资源，为国内多家金融机构的 VIP 客户提供高尔夫增值服务，拥有大量不为公众所知的经营信息。被告金某等 5 人原系原告公司员工，分别担任公司球场部经理、大客户部经理、财务部球场对账助理、客服组长等职务，于 2012 年至 2013 年 7 月先后从原告公司辞职后入职被告新赛点公司，并未经许可将原告的商业秘密披露给被告公司使用。被告公司使用这些商业秘密与相关高尔夫球场和银行进行合作，获得巨额经济利益。被告公司和被告金某等 5 人的行为侵犯了原告的商业秘密，给其造成巨大经济损失和不良影响，故诉至法院。

被告答辩认为，原告主张的经营信息不属于商业秘密，被告公司中标时间早于金某等 5 人入职该公司的时间，被告公司与相关高尔夫球场和银行合作的信息源自自身长期经营积累，并非源自金某等 5 人披露的原告经营信息。

法院认为，原告与相关银行合作的信息构成商业秘密；被告公司在 2013 年之前与银行等金融机构在高尔夫服务方面的合作很少，金某等 3 人入职公司后不久，被告公司即参与多家银行高尔夫服务项目投标并顺利中标，其高尔夫服务业务收入获得突飞猛进的增长，侵权获利数额巨大；被告公司和金某等 3 人实施的涉案行为侵害了原告公司的商业秘密。法院判令其停止侵权，被告公司、金某等 3 人分别赔偿原告经济损失 704 万元、50 万元、30 万元、10 万元，被告公司对前述经济损失承担连带责任；被告公司和金某等 3 人共同赔偿原告合理开支 5 万元。

合规建议

用人单位在选择保护商业秘密的方式和追究法律责任的救济途径时，应当注

---

[1] 2020 年 7 月 31 日北京高级人民法院官方公众号京法网事发布《员工携商业秘密跳槽，与新公司共同承担侵权责任》一文，通报北京知识产权法院二审审结一起多名员工携商业秘密跳槽案。

意以下问题：

1. 现实中，确实存在某些劳动者为谋求私利，将其掌握的用人单位商业秘密向外泄露，或者在离职后违法使用原单位商业秘密的情况。同时，也存在部分用人单位为提高竞争力，有意招揽从竞争对手离职的劳动者，以获取他们掌握的商业秘密。对此，用人单位可通过竞业限制和保密义务两种手段来保护自己的合法权益免受侵犯。

2. 竞业限制和保密义务在适用的劳动者范围、义务的性质、履行义务的起始时间和期限、是否必须支付对价、是否支持约定违约金、违反义务的认定、救济方式等方面存在不同。用人单位应根据自身和劳动者情况及掌握证据情况，结合两种手段，合理选择保护商业秘密的方式和追究法律责任的救济途径，以最经济的成本和最有效的方式实现保护企业商业秘密的终极目标。

第五章　年休假管理合规实务指引

本章导读

根据《职工带薪年休假条例》《企业职工带薪年休假实施办法》的规定，用人单位负有安排年休假的责任。法定年休假是基于法律规定产生的，其具有强制性，用人单位不但要保障劳动者的法定年休假，还要主动安排劳动者进行休假。即使劳动者未主动申请法定年休假，用人单位也应当主动安排，而不能直接视为劳动者放弃其应享受的法定年休假，规章制度中法定年休假过期作废的规定排除了劳动者的合法权利、免除了用人单位的法律责任，应属无效条款。

休息休假权是我国宪法规定的公民权利。1995 年 1 月 1 日起实施的《劳动法》第四十五条明确规定，国家实行带薪年休假制度，劳动者连续工作一年以上即可享受带薪年休假，并授权国务院规定具体办法。2007 年 12 月 7 日国务院颁布了《职工带薪年休假条例》（2008 年 1 月 1 日起施行），随后原人事部发布了《机关事业单位工作人员带薪年休假实施办法》（2008 年 2 月 15 日起施行）、人力资源和社会保障部发布了《企业职工带薪年休假实施办法》（2008 年 9 月 18 日起施行）。一系列法律、行政法规和部门规章的实施，建立健全了我国职工带薪年休假制度，有力地保障了职工法定的休息休假权。

实践中，用人单位在实施年休假制度过程中，由于对法律条文的误解、曲解，对于年休假仍然存在一些重大误区，致使因侵害职工休假权益而被诉并屡屡败诉的情况时有发生。对此用人单位应当引起足够重视，依法建立和完善保障职工休息休假的规章制度，采取有效措施保护职工的合法权益和防范法律风险。

在年休假争议中，裁审机关审查的重点包括：职工是否符合年休假的享受条件、每年可以享受的年休假天数、用人单位是否安排职工休完年休假、是否已经足额支付未休年休假工资等。

第一节　年休假的适用对象及享受条件

一、哪些用人单位的职工可以享受年休假

年休假的落实一直是劳动争议中的热点问题，国家机关、事业单位、国有企业等单位基本能够依法落实年休假制度，而部分民营企业则认为年休假针对的是国家机关、国有企事业单位，民营企业的年休假可以作为给职工的一项企业福利，但不具有强制性并据此拒绝职工的年休假申请。这是对法律规定的误解。根据法律规定，各种性质的用人单位，其职工均有权享受年休假。

首先，根据《职工带薪年休假条例》和《企业职工带薪年休假实施办法》

的规定,机关、团体、企业、事业单位、民办非企业单位、有雇工的个体工商户等单位的职工,均有权享受年休假①。因此,年休假是劳动者的法定休假权利,并非国家机关、国有企事业单位职工的"专享权利",民营企业、民办非企业单位、甚至个体工商户雇用的职工都可以享受,部分企业以自身私营性质等为由剥夺职工年休假权利是没有任何法律依据的,并且严重侵犯了劳动者的合法权益。

其次,虽然上述年休假法律规定的适用范围中没有列举基金会、律师事务所、会计师事务所,但是《劳动合同法实施条例》第三条明确规定,依法成立的会计师事务所、律师事务所等合伙组织和基金会,属于劳动合同法规定的用人单位。因此,上述单位的职工同样可以享受年休假。

案例133　民营企业有义务依法安排员工休年休假

在吕某与宁波某服饰公司劳动争议一案中②,2009年5月,吕某进入某服饰公司从事缝纫工作,工资按件计算,以现金形式发放。吕某在该公司工作至2016年5月31日,2016年7月7日,吕某向当地劳动人事争议仲裁委员会申请仲裁,要求公司支付应休未休年休假工资。服饰公司代理人辩称年休假制度只适用于国家机关、事业单位和国有企业,服饰公司作为普通民营企业,并未制定相关年休假制度,不需要强制性安排职工年休假。该案后经仲裁委裁决,裁令服饰公司支付吕某2015年度以及2016年1月至5月未休年休假工资。可见年休假适用所有用人单位的劳动者,是劳动者应享有的法定权利,具有强制性,用人单位不应剥夺,也不可选择性适用。

二、职工享受年休假需要满足的条件

《劳动法》《职工带薪年休假条例》《机关事业单位工作人员带薪年休假实施办法》《企业职工带薪年休假实施办法》等法律法规均规定,职工连续工作12个月以上的,可以享受年休假,单位应当保证职工享受年休假,职工在年休假期

---

① 《职工带薪年休假条例》第二条规定:"机关、团体、企业、事业单位、民办非企业单位、有雇工的个体工商户等单位的职工连续工作1年以上的,享受带薪年休假……"
《企业职工带薪年休假实施办法》第二条规定:"中华人民共和国境内的企业、民办非企业单位、有雇工的个体工商户等单位(以下称用人单位)和与其建立劳动关系的职工,适用本办法。"
② 详见宁波市劳动人事争议仲裁院2016年发布的《2016年宁波市劳动争议典型案例》之案例五。

间享受与正常工作期间相同的工资收入。但是，实践中对于"连续工作12个月以上"存在不同的理解。

（一）连续工作时间是否必须在同一用人单位

部分用人单位在规章制度中对年休假的享受条件进行了限定，例如"需在本单位连续工作满12个月以上方可申请年休假"，该条款不符合法律规定。人力资源和社会保障部办公厅在关于《企业职工带薪年休假实施办法》有关问题的复函第一条，关于带薪年休假的享受条件中进行了释明"职工连续工作满12个月以上"，既包括职工在同一用人单位连续工作满12个月以上的情形，也包括职工在不同用人单位连续工作满12个月以上的情形。即职工只要能够证明自己已连续工作12个月以上的（无论中间换过几家用人单位），就具备享受年休假的条件。

（二）连续工作时间是否可以中断

实践中争议较多的还有"连续"工作时间的认定，关于同一或不同用人单位间的工作时间是否允许有中断及中断多长时间即属不连续，对此目前还没有统一的法律规定，但个别地方性规定中对此进行了明确。如重庆市规定在同一或不同用人单位工作时间中断超过1个月，则"连续"工作时间即需重新计算[1]。

（三）"连续工作满12个月以上"的次数

关于"连续工作满12个月以上"曾经满足过一次即可，还是每次申请年休假均需要审核休假前是否满足"连续工作满12个月以上"，对此实践中也有不同理解，部分地方进行了明确规定。比如北京地区认为，只要职工工作经历中有过一次连续工作满12个月的情形，以后无论是否中断就业，其入职新单位后都有权享受年休假[2]。

---

[1] 重庆市劳动和社会保障局关于贯彻《企业职工带薪年休假实施办法》有关问题的通知中第二条规定，"职工连续工作满12个月以上"可以是在同一单位或者不同单位连续工作的时间，但其中在同一单位或者不同单位间的工作时间不得间断超过一个月以上。超过的，其连续工作时间重新计算。在同一或者不同单位连续工作满12个月，职工才有资格享受年休假。享受年休假的天数，按累计工作时间确定。

[2]《北京市高级人民法院、北京市劳动人事争议仲裁委员会关于审理劳动争议案件法律适用问题的解答》第十八条规定，劳动者在符合参加工作后曾经"连续工作满12个月"条件后，此后年休假时间以当年度在用人单位已工作时间计算。

案例 134 入职新单位前曾经连续工作满 12 个月的新员工有权享受年休假

在刘某与某公司劳动争议一案中[①]，刘某于 1991 年 3 月至 2013 年 2 月在甲公司工作。2013 年 4 月 1 日起到乙公司工作。2014 年 2 月 20 日，双方协商一致解除劳动合同，乙公司支付给刘某 1 个月的经济补偿金。刘某主张乙公司应支付其未休带假工资，该公司认为刘某作为新进员工在本公司工作未满 12 个月不享受带薪年休假故不同意支付。法院认为，根据《企业职工带薪年休假实施办法》第三条的规定："职工连续工作满 12 个月以上的，享受带薪年休假（以下简称年休假）。"2013 年，刘某虽然在乙公司工作不满一年，但刘某在进入该公司之前已连续工作 20 年，刘某应享受 15 天的带薪年休假。故按照刘某 2013 年在乙公司工作的剩余日历天数计算应享受的年休假天数确定为 10 天。据此，法院一审判决：乙公司支付刘某 2013 年 4 月 1 日至 2014 年 2 月 20 日的未休年休假工资 3016.50 元。二审法院维持原判。

三、职工不享受当年年休假的情形

根据《职工带薪年休假条例》第四条的规定，即使职工符合连续工作满 12 个月以上的享受年休假条件，但是职工有下列情形之一的，不享受当年的年休假：（一）职工依法享受寒暑假，其休假天数多于年休假天数的；（二）职工请事假累计 20 天以上且单位按照规定不扣工资的；（三）累计工作满 1 年不满 10 年的职工，请病假累计 2 个月以上的；（四）累计工作满 10 年不满 20 年的职工，请病假累计 3 个月以上的；（五）累计工作满 20 年以上的职工，请病假累计 4 个月以上的。

根据《企业职工带薪年休假实施办法》第十四条第二款的规定，被派遣职工在劳动合同期限内无工作期间由劳务派遣单位依法支付劳动报酬的天数多于其全年应当享受的年休假天数的，不享受当年的年休假。

---

① 详见青岛市中级人民法院、青岛市劳动人事争议调解仲裁院 2016 年联合发布的《青岛劳动争议处理白皮书（2008—2015）》十大劳动人事争议典型案例之案例六。

案例135　累计工作满10年不满20年的员工连续病休3个月，不享受当年年休假

在北京森工食品有限责任公司与魏某劳动争议一案中①，魏某于2016年8月1日被调至食品公司担任特渠部部长，于2018年5月17日以食品公司拖欠工资为由离职。魏某在2017年11月1日至2018年3月31日因病休假，食品公司支付魏某工资至2018年1月25日。法院认为，劳动者连续工作满12个月以上的，应当享受带薪年休假，用人单位与劳动者解除或者终止劳动合同时，当年未安排职工休满应休年休假的，应当按照职工当年已工作时间折算应休未休年休假天数并支付未休年休假工资报酬。职工累计工作满10年不满20年，请病假累计3个月以上的，不享受当年的年休假。因魏某2018年1月1日至3月31日连续请病假3个月，故不应再享受当年的年休假，对于魏某要求食品公司支付其2018年1月1日至5月17日未休带薪年休假工资的诉请法院未支持。

另外，根据《机关事业单位工作人员带薪年休假实施办法》《企业职工带薪年休假实施办法》的规定，确因工作需要，职工享受的寒暑假天数少于其年休假天数的，用人单位应当安排补足年休假天数；职工已享受当年的年休假，年度内又出现上述第（二）项、第（三）项、第（四）项、第（五）项规定情形之一的，不享受下一年度的年休假。

需要注意的是，职工当年申请事假累计20天以上但用人单位扣除事假期间工资的，或职工虽然请病假但请病假未到达上述规定期限的，用人单位不得以此为由剥夺职工休年假的资格。

在实践中，用人单位还常在规章制度中规定法定情形之外职工不享受年休假的情形，比如将严重违纪、绩效不达标、企业停工停产职工放假、单方安排职工待岗、职工参加进修培训等情形也规定为职工不享受年休假情形，由于这些情形不属于法律规定的不享受年休假的情形，存在认定无效不被支持的风险。

---

① 北京市第三中级人民法院（2019）京03民终380号民事判决书。

四、不定时工时制、劳务派遣、非全日制员工可否享受年休假

（一）不定时工时制员工可否享受年休假

根据《劳动部关于企业实行不定时工作制和综合计算工时工作制的审批办法》的规定，因生产特点、工作特殊需要或职责范围的关系，工作无法按标准工作时间衡量或需要机动作业的职工，经过劳动部门审批后可以实行不定时工作制。《职工带薪年休假条例》《企业职工带薪年休假实施办法》没有排除不定时工作制员工享受带薪年休假的权利。《劳动部关于职工工作时间有关问题的复函》也规定，对于实行不定时工作制符合带薪年休假条件的劳动者，即连续工作满12个月的，企业可安排其享受带薪年休假。但是，对于企业没有安排不定时工作制员工休年休假的，是否需要支付未休年休假的3倍工资（含正常工作时间的工资），实践中存在争议。

支持观点认为，对于实行不定时工作制的职工，企业应采取集中工作、集中休息、轮休调休、弹性工作时间等适当的工作和休息方式，确保职工的休息休假权利和生产、工作任务的完成。企业应根据生产、工作的具体情况，并考虑职工本人意愿，统筹安排年休假。未安排年休假的，应当依法支付未休年休假3倍工资。该观点为主流观点。

🎬 案例136　实行不定时工作制的员工有权享受年休假

在张某与北京某汽车销售公司劳动争议一案中[①]，张某于2014年6月1日入职公司任职总经理，属于高级管理人员，适用不定时工作制。法院认为，关于未休年假工资，公司未能提交证据证明已安排张某休年假，应当支付张某未休年假工资。张某主张其每年年假10天，但张某提交的证据无法证明其累计工作年限及入职公司前的连续工作时间，故张某应当自2015年6与1日起每年享受5天带薪年休假。法院据此根据张某的工资发放情况核算并判令公司支付张某2015年6月1日至2017年3月7日的未休年休假工资。

反对观点认为，不定时工作制是弹性工时制度，员工可以自主决定工作、休息时间。因此不定时工作制员工可以自行安排年休假，不应再支持其未休年休假

---

① 北京市第二中级人民法院（2020）京02民终527号民事判决书。

的3倍工资。比如，浙江省规定实行不定时工作制的职工，用人单位无须支付未休年休假工资[①]。

（二）劳务派遣员工可否享受年休假

实践中，有些单位采用劳务派遣用工形式，但是部分单位制定的考勤休假制度中规定劳务派遣员工不享受年休假，或者实际执行中不给予劳务派遣员工年休假，这些做法都是不符合法律规定的。

1. 劳务派遣员工享受年休假的条件

根据《企业职工带薪年休假实施办法》第三条和第十四条的规定，劳务派遣单位的职工连续工作满12个月以上的，同样可以享受年休假。但是，劳务派遣员工在劳动合同期限内无工作期间由劳务派遣单位依法支付劳动报酬的天数多于其全年应当享受的年休假天数的，不享受当年的年休假。比如，根据《劳务派遣暂行规定》第十二条第二款的规定，劳务派遣员工被用工单位退回后在无工作期间，劳务派遣单位应当按照不低于所在地人民政府规定的最低工资标准，向其按月支付报酬。如果在此期间劳务派遣单位支付报酬的天数多于劳务派遣员工应当享受的年休假天数的，其不再享受当年的年休假。

2. 未安排年休假时用工单位和劳务派遣单位的责任

根据《企业职工带薪年休假实施办法》第九条的规定，用人单位负有统筹安排劳动者休年休假的义务。在劳务派遣用工关系中，劳务派遣单位是用人单位，因此劳务派遣单位负有安排劳务派遣员工休年休假的义务。但是，由于劳务派遣具有劳动力雇佣和使用相分离的特点，劳务派遣员工实际由用工单位进行管理和使用，劳务派遣单位只有在用工单位的配合下才能实现安排劳务派遣员工休年休假。因此《企业职工带薪年休假实施办法》第十四条规定，劳务派遣单位、用工单位应当协商安排劳务派遣员工休年休假。同时，根据《劳动合同法》第九十二条第二款的规定，如果劳务派遣员工存在未休年休假，而用工单位对此有过错的，应与劳务派遣单位承担连带赔偿责任。

[①] 《浙江省劳动和社会保障厅关于贯彻实施企业职工带薪年休假制度的若干意见》第十一条规定："经依法批准实行不定时工作制的职工，不适用未休年休假需支付3倍工资的规定，但用人单位应当根据职工的工作量和工作业绩科学合理地确定职工的劳动报酬……"

案例 137　劳务派遣单位和用工单位未安排劳务派遣员工休年假需承担连带责任

在上海外服（集团）有限公司与王某劳务派遣合同纠纷中①，2014年10月23日，王某、外服公司签订劳动合同后，被派遣至某公司上海代表处，期限为2014年11月1日至2016年10月31日，工作岗位为技术经理，工资为35000元/月。外服公司与某公司上海代表处签订《劳务合同》约定某公司上海代表处应根据法律规定执行带薪休假制度。2016年6月22日，王某以外服公司自2015年12月1日起未支付工资为由解除双方的劳动关系。王某2015年可享受年休假天数为5天，尚未使用。法院认为，根据《企业职工带薪年休假实施办法》第十四条第二款的规定，用工单位是被派遣劳动者年休假的主要安排者。现外服公司主张其不清楚王某的年休假使用情况，某公司上海代表处对王某派遣期间的年休假使用情况未提出答辩意见，亦未提供证据予以证明，故法院采信王某的主张即其2015年年休假尚未使用。外服公司应支付王某2015年未休年休假工资16091.95元。外服公司要求不承担连带责任依据不足，法院不予支持。

（三）非全日制员工可否享受带薪年休假

非全日制用工，是指以小时计酬为主，劳动者在同一用人单位一般平均每日工作时间不超过4小时，每周工作时间累计不超过24小时的用工形式。由于非全日制用工工作时间不同于全日制用工，非全日制用工期间不被视为计算年休假天数的"累计工作时间"②。但是，在国家层面的法律规定中，均未明确将非全日制员工排除在享受年休假的范围以外。

非全日制用工属于灵活用工方式之一，从事非全日制用工的劳动者可以只与一个用人单位建立劳动关系，也可以与多个用人单位建立劳动关系。如果支持非全日制员工享受年休假待遇，法律上必须建立多个用人单位之间责任承担的规则。而我

---

① 上海市第一中级人民法院（2019）沪01民终2052号民事判决书。
② 《企业职工带薪年休假实施办法》第四条规定，年休假天数根据职工累计工作时间确定。职工在同一或者不同用人单位工作期间，以及依照法律、行政法规或者国务院规定视同工作期间，应当计为累计工作时间。
《人力资源和社会保障部办公厅关于〈企业职工带薪年休假实施办法〉有关问题的复函》（人社厅函〔2009〕149号）第二条规定，关于"累计工作时间"，"包括职工在机关、团体、企业、事业单位、民办非企业单位、有雇工的个体工商户等单位从事全日制工作期间，以及依法服兵役和其他按照国家法律、行政法规和国务院规定可以计算为工龄的期间（视同工作期间）……"

们现行的带薪年休假制度是建立在单一劳动关系基础之上的，无法直接适用于调整多个劳动关系并存情况下的年休假待遇享受（停薪留职、内退、下岗、放长假等再就业的除外）。因此，实践中普遍认为，非全日制员工不应享有年休假。

四川、江苏、浙江等部分地方规定对非全日制员工是否享有年休假进行了明确，基本认为非全日制员工可以不享受年休假，但是具体规定略有差异。四川规定没有否认非全日制员工的年休假享受资格，只是与全日制员工有所不同，年休假不具有强制性，需要双方协商约定[1]。江苏规定原则上认为非全日制员工不享有年休假，但是如果双方另有约定的应当执行[2]。浙江则直接明确规定非全日制员工不享受年休假[3]。

案例138 非全日制员工不享受年休假，主张未休年休假工资不支持

在兰某与青岛健力源营养配餐公司、健力源餐饮管理有限公司等劳动争议一案中[4]，2016年10月10日，兰某入职餐饮公司处，被安排至某集团公司从事厨师工作。2016年11月6日，餐饮公司与兰某签订了《非全日制用工劳动合同》约定，兰某每周工作6日，每日工作4小时，工资标准为每小时50.9元。另约定，餐饮公司应当依法为兰某缴纳工伤保险费，兰某的其他社会保险由其自行缴纳。兰某每月工资分两次发放。兰某主张其2019年3月30日与餐饮公司解除劳动关系。餐饮公司主张双方于2019年2月28日解除劳动关系。法院确认兰某与餐饮公司之间的用工形式为非全日制用工，在2016年10月16日至2019年2月28日存在劳动关系（非全日制用工）。法院认为，关于兰某主张的餐饮公司支付其2016年10月16日至2019年3月30日未休年休假工资的诉讼请求，没有事实及法律依据，法院不予支持。

---

[1] 《四川省劳动和社会保障厅关于贯彻执行〈企业职工带薪年休假实施办法〉有关问题的通知》规定，从事全日制工作职工的带薪年休假按国务院《职工带薪年休假条例》和人力资源和社会保障部《企业职工带薪年休假实施办法》执行。从事非全日制工作职工的休息休假仍由用人单位和职工双方协商约定。

[2] 《江苏省劳动合同条例》规定，非全日制用工不适用带薪年休假、加班加点、医疗期等规定。用人单位和劳动者另有约定的除外。

[3] 《浙江省劳动和社会保障厅关于贯彻实施企业职工带薪年休假制度的若干意见》规定，非全日制用工不享受职工带薪年休假待遇。

[4] 山东省济南市中级人民法院（2020）鲁01民终3212号民事判决书。

🔍 合规建议

用人单位在判断员工是否具有年休假享受资格时，应当注意以下问题：

1. 年休假制度适用所有用人单位，适用于所有与用人单位建立劳动关系的劳动者，是劳动者应享有的法定权利，具有强制性并非单位福利，用人单位应当依法制定和完善规章制度保障劳动者享受年休假的权利。

2. 职工在同一或不同单位连续工作满12个月以上即符合年休假享受条件，用人单位可以对新入职员工是否满足年休假条件进行核实，要求劳动者提交相关材料，包括先前工作的社保缴纳记录、劳动合同、离职证明、人事档案等。

3. 职工不享受当年度或下年度年休假的情形是法定的，用人单位不应在此之外再做扩大规定。在因职工是否具有不享受年休假的情形发生争议时，用人单位具有举证责任，应当在年休假管理中注意收集并妥善保存相关证据材料，比如证明职工累计工龄的材料，职工确认的考勤记录，职工休过寒暑假的通知、请事假或病假的假条，已发放寒暑假、事假、病假工资的凭证等证据。

4. 不定时工作制员工和劳务派遣员工连续工作满12个月以上的，同样具有享受年休假的资格，非全日制员工一般可以不安排年休假。用人单位未安排不定时工作制员工休年休假的，是否需要支付未休年休假3倍工资，各地规定不同，用人单位应当关注当地规定或裁审口径。劳务派遣单位应当定期回访用工单位安排员工休年休假的情况，提示和监督用工单位及时履行法定义务。签订非全日制用工劳动合同的员工有证据证明实际按照全日制用工执行的，存在认定全日制用工的风险，未安排年休假的用人单位仍需要支付未休年休假工资。

第二节　年休假的天数

一、职工每年可以享受的年休假天数

（一）法定年休假天数

根据《职工带薪年休假条例》第三条的规定，职工每年可享受的年休假天数系根据其累计工作时间确定。详见下表：

序号	累计工作年限（n）	年休假天数
1	1 年 ≤ n < 10 年	5 天
2	10 年 ≤ n < 20 年	10 天
3	n ≥ 20 年	15 天

用人单位认定员工的"累计工作时间"时，需要注意以下问题：

1. 累计工作时间与连续工作时间的区分

累计工作时间与连续工作时间不同，连续工作时间用于审核职工是否具有享受年休假的资格，而累计工作时间则用于确定职工当年度可享受的年休假天数。比如某个"任性"的职工，工作半年，离职休养半年，这种状态持续了 20 年，那么这名职工的累计工作时间即工龄为 10 年，但这 20 年期间一次也未满足连续工作满 12 个月以上的情形，因此仍然无法享受年休假待遇。如果其之后连续工作满一年，累计工作时间 11 年，则其可以享受 10 天年休假。

2. 累计工作时间的计算

累计工作时间不应只计算本单位的工作年限，根据《企业职工带薪年休假实施办法》第四条的规定，年休假天数根据职工累计工作时间确定。职工在同一或者不同用人单位工作期间，以及依照法律、行政法规或者国务院规定视同工作期间，应当计为累计工作时间。依据《人力资源和社会保障部办公厅关于〈企业职工带薪年休假实施办法〉有关问题的复函》第二条的规定，累计工作时间的确定应包括职工在机关、团体、企业、事业单位、民办非企业单位、有雇工的个体工商户等不同单位的工作期间（非全日制工作除外），以及依法服兵役和其他按照国家法律、行政法规和国务院规定可以计算为工龄的期间（视同工作期间）。

3. 累计工作时间的认定依据

部分用人单位在计算职工当年度应享有的年休假天数时，仅仅依据职工的社保缴费年限计算累计工龄，上述操作存在一定少算、漏算的法律风险。现阶段虽然我国社会保险缴纳制度在逐步完善，但历史遗留问题及部分单位不合规操作仍实际存在，并非所有单位均严格按照法律规定为职工按月缴纳社保，社保缴纳记录亦非劳动者累计工作时间的唯一凭证。

依据人力资源和社会保障部办公厅关于《企业职工带薪年休假实施办法》有关问题的复函第二条的规定,职工的累计工作时间可以根据档案记载、单位缴纳社保费记录、劳动合同或者其他具有法律效力的证明材料确定。

案例139　累计工龄应当结合档案记载、社保记录、劳动合同等综合认定

火箭军总医院与王某劳动争议一案中[①],2011年3月11日北京市朝阳区职业介绍服务中心为王某出具证明一份,内容为:王某系我中心个人委托存档人员。根据档案中保险转移单记载,截至目前工龄总计:25年11个月。王某据此认为其每年应享受带薪年休假天数为15天。火箭军总医院调取王某的社会保险个人权益记录,其中显示王某缴纳社会保险的起始日期为2008年12月1日。依照该权益记录,火箭军总医院认为王某工龄不满10年,应享受5天年假。即火箭军总医院不认可王某的存档工龄,主张依据社保缴纳年限计算年休假天数。法院认为,社保缴纳情况并不足以客观、真实反映王某的累计工龄情况。故王某提交的北京市朝阳区职业介绍服务中心出具的证明可以作为认定王某工龄的有效证据。根据该记载,王某自入职火箭军总医院起,每年应享受的年休假为15天,从而认定火箭军总医院应支付王某上述期间未休带薪年假工资14112.09元。

(二)企业福利年休假天数

部分企业出于人文关怀,提高员工工作的积极性,在保障法定年休假的基础上,还会为员工提供企业福利年休假。企业福利年休假属于员工福利,不是法律强制性规定,其年休假的享受条件、休假天数、未休假是否补偿、补偿标准等均可以在劳动合同、集体合同中约定,或由企业通过规章制度自行规定,企业对此具有自主决定权。比如,规章制度中规定,根据职工在本企业的连续工作年限,每年增加一定的企业福利年休假天数。

根据《企业职工带薪年休假实施办法》第十三条的规定,劳动合同、集体合同约定的或者用人单位规章制度规定的年休假天数高于法定标准的,用人单位应当按照有关约定或者规定执行。职工符合企业福利年休假条件的,用人单位不

---

① 北京市第二中级人民法院(2019)京02民终2613号民事判决书。

得随意取消或减少企业福利年休假，除非双方变更劳动合同、集体合同约定或者用人单位依法修订规章制度。

二、国家规定的各类假期与年休假的关系

《职工带薪年休假条例》第三条第二款规定，国家法定休假日、休息日不计入年休假的假期。《机关事业单位工作人员带薪年休假实施办法》第三条和《企业职工带薪年休假实施办法》第六条规定，职工依法享受的探亲假、婚丧假、产假等国家规定的假期以及因工伤停工留薪期间不计入年休假假期。

根据上述法律规定，国家法定休假日、休息日、产假、探亲假、婚丧假、因工伤停工留薪期等，与年休假之间是相互独立的休息休假，不存在冲突，也不能互相冲抵。当员工符合年休假享受条件时，并不因其请产假、婚丧假、工伤假等而丧失年休假，也不会因为休过年休假而失去产假、婚丧假、工伤假等法定休假权。

案例140 员工因工伤停工留薪期间不计入年休假假期

在张某与全程劳务派遣有限公司中山分公司、广新海事重工股份有限公司工伤保险待遇纠纷一案中[①]，张某于2015年5月1日入职全程公司中山分公司，随后张某被派遣至广新公司工作。2016年5月18日21时50分左右，张某在广新公司工作时受伤。中山人社局于2016年7月7日认定张某工伤。张某于2016年5月18日至2016年11月24日休工伤假，2016年11月25日至2017年2月23日休病假。广新公司《员工手册》规定，累计工作满1年不满10年的员工病假累计2个月以上的，下一年度不再安排年休假。法院认为，根据《企业职工带薪年休假实施办法》第六条的规定，职工依法享受的探亲假、婚丧假、产假等国家规定的假期以及因工伤停工留薪期间不计入年休假假期。张某2016年度享有3天［（245天÷365天）×5天］年休假。因广新公司提交的《员工手册》有关病假时间超期的规定与张某享有的工伤治疗期并不相同，且上述相关的法规已经明确职工因工伤停工留薪期间不计入年休假假期。法院判决全程公司中山分公司支付张某2016年3天年休假工资1613元。

---

① 广东省中山市中级人民法院（2019）粤20民终4794号民事判决书。

实践中，某些用人单位在其规章制度、劳动合同中规定"员工享受了产假、婚丧假或其他假期待遇则无权享受当年的年休假"，此种规定明显违反法律规定，损害职工合法权益，必然给用人单位带来法律风险。

另外，有些用人单位的规章制度还规定"员工申请病假、事假时，有未休年休假的，必须先用年休假抵扣"，该条款的效力需要区分不同情况。由于对事假用人单位可以决定是否批准，因此员工不同意年休假抵扣事假的，一般情况下用人单位可以不批准事假。但是，如果员工不同意年休假抵扣病假的，只要员工提交合法有效的病假证明，用人单位必须批准病假而不能拒绝。此外，由于一般情况下病假工资低于本人正常工资、事假期间需扣除工资，如员工主动要求用年休假冲抵病假、事假是可以的，用人单位可以根据生产经营情况决定是否批准。

三、新进单位职工及离职员工的年休假天数

（一）新进单位职工的年休假

根据《企业职工带薪年休假实施办法》第三条和第五条的规定，职工新进用人单位且已满足连续工作满12个月以上年休假享受条件的，可以享受带薪年休假，当年度年休假天数，按照在本单位剩余日历天数折算确定，折算后不足1整天的部分不享受年休假。前款规定的折算方法为：（当年度在本单位剩余日历天数÷365天）×职工本人全年应当享受的年休假天数可享受带薪年休假。

有些用人单位规章制度中规定或年休假管理中执行"试用期员工不享有年休假"。但是，《职工带薪年休假条例》和《企业职工带薪年休假实施办法》明确规定了职工享受年休假的条件和不享受年休假的情形。只要职工连续工作满12个月以上，即使是新进用人单位的试用期员工，也可以享受年休假，而且法律规定的职工不享受年休假的情形并不包括职工处于试用期。因此，试用期员工与正式员工一样，都可以享受年休假，年休假天数应按照在本单位剩余日历天数折算确定。

案例141　用人单位需按新员工当年度在本单位剩余日历天数折算未休年休假工资

在张某与广州甲乙广告有限公司劳动争议一案中[1]，张某于2017年5月22

---

[1] 广东省广州市中级人民法院（2019）粤01民终24759、24760号民事判决书。

日入职广告公司担任行政运营总监，签订3年劳动合同约定6个月试用期，2017年8月31日转正，试用期工资25000元/月，转正后35000元/月。2018年9月18日公司解除劳动合同。张某累计工作已年满1年，已休2017年年休假1天，已休2018年年休假4.5天。法院认为，2015年12月至2017年5月，由广州某贸易公司为张某缴纳社保，2017年6月至2018年9月，由广告公司为张某缴纳社保，由此可见，张某从贸易公司离职后又马上入职广告公司，且在入职广告公司时已连续工作满12个月，故根据法律规定，张某2017年度休假天数，按照其在广告公司剩余日历天数折算确定。经核算，张某2017年的年休假（从2017年5月22日计至2017年12月31日）为6天（224天÷365天×10天），2018年的年休假（从2018年1月1日计至2018年9月18日）为7天（261天÷365天×10天）。故2017年度月平均工资为（25000元×3个月+35000元×4个月）÷7个月=30714.29元。张某2017年未休年休假工资为30714.29÷21.75天×（6－1）天×200%=14121.51元；2018年未休年休假工资为35000元÷21.75天×（7－4.5）天×200%=8045.98元。

（二）离职员工的年休假

根据《企业职工带薪年休假实施办法》第十二条的规定，用人单位与职工解除或者终止劳动合同时，当年度未安排职工休满应休年休假的，应当按照职工当年已工作时间折算应休未休年休假天数并支付未休年休假工资报酬，但折算后不足1整天的部分不支付未休年休假工资报酬。前款规定的折算方法为：（当年度在本单位已过日历天数÷365天）×职工本人全年应当享受的年休假天数－当年度已安排年休假天数。用人单位当年已安排职工年休假的，多于折算应休年休假的天数不再扣回。

劳动者离职时，用人单位应根据上述法律规定对其年休假进行结算，结算后劳动者存在未休年休假的，用人单位应安排其在离职前休完或另外支付200%未休年假工资报酬。但也可能会出现另一种情况，即结算后发现劳动者已休年假天数超过了应休年假天数，比如年初劳动者就已经申请休完了当年度的年休假，未到年终就从用人单位离职。依据上述法律规定，离职时用人单位当年已安排职工年休假的，多于折算应休年休假的天数不再扣回。也就是说，劳动者离职时多休的年休假，用人单位无权以任何理由扣回，不能按照事假处理扣减工资，即使劳动合同或规章制度作出规定的也会被认定无效，这无疑对用人单位的年休假管理提出了更高的要求。在日常休假管理中用人单位应注意年休假安排,特别是年休假的审批制度,在年度中统筹安排、合理布局年休假期间,尽量避免出现劳动者预支或多休年休假的情况。

案例142　离职员工已休年休假多于折算应休年休假的天数,用人单位不得再扣回

在北京中广上洋科技股份有限公司与赵某劳动争议一案中①,赵某于2011年2月1日入职科技公司,担任商务部经理。赵某正常工作至2017年7月17日。赵某每年有10天年假,其中2017年2月已休5.5天年假,4月、5月各休1天年假,2017年7月13日、7月14日下午均休0.5天年假。科技公司认为赵某可休年假为5.5天,故多休的3天年假应视为事假进行扣款。法院认为,根据《企业职工带薪年休假实施办法》第十二条第一款、第三款之规定,用人单位与职工解除或者终止劳动合同时,当年度未安排职工休满应休年休假的,应当按照职工当年已工作时间折算应休未休年休假天数并支付未休年休假工资报酬,但折算后不足一整天的部分不支付未休年休假工资报酬。用人单位当年已安排职工年休假的,多于折算应休年休假的天数不再扣回。科技公司已经安排赵某休年休假,现其公司以与赵某解除劳动合同为由,将赵某多休的年休假按照事假扣除工资的行为,缺乏法律依据,法院不予支持。

合规建议

用人单位计算员工的年休假天数时,应当注意以下问题:

1. 职工的法定年休假天数是根据其累计工作时间而非本单位工作年限来确定的,用人单位可以在员工入职时要求职工书面申报累计社会工龄,并提供离职证明、劳动合同、档案记录、社保缴费记录等材料予以证明。企业福利年休假天数,可以根据劳动合同、集体合同或用人单位规章制度规定执行。

2. 员工可享受的休息休假种类很多,用人单位应充分保障员工依法享受各类法定假期的权利,不得因员工休过产假、探亲假、婚丧假、因工伤停工留薪期就取消员工年休假的权利,也不应强制员工年休假和病假、事假相互冲抵。

---

① 北京市第一中级人民法院(2018)京01民终3441号民事判决书。

3. 新入职员工在同一或不同单位连续工作满 12 个月以上的，可以享受年休假，年休假天数按照在本单位剩余日历天数折算确定。如果用人单位认为，试用期休假对生产经营和试用期考核等会造成不利影响，可以在试用期结束后再行安排。试用期内未安排年休假并解除劳动合同的，用人单位应当按照法律规定支付未休年休假工资。

4. 员工离职时，用人单位应进行年休假结算，对于未休年休假应安排休假或依法支付补偿，对于多休的年休假天数不得扣回。比如新冠肺炎疫情期间，由于防控需要政府要求企业延迟复工或员工居家隔离，很多用人单位在春节后安排劳动者休完了 2020 年甚至 2021 年的年休假，这部分劳动者当年离职的对于多休的年休假不应再扣回。

第三节　年休假的申请与安排

一、用人单位安排职工休年休假是否需要员工同意

（一）当年度安排年休假应当考虑职工本人意愿但无须本人同意

根据《职工带薪年休假条例》的规定[①]，用人单位是安排职工年休假的主体责任人，对职工年休假有统筹安排权。用人单位安排职工年休假需要兼顾单位生产、工作需要和职工本人意愿，在 1 个年度内对职工年休假可以集中安排，也可以分段安排，比如在生产淡季、法定节假日前后可以统一安排职工休一部分年休假。

实践中，对于用人单位安排年休假"考虑职工本人意愿"，是否需要员工同意，存在不同的理解。主流观点认为，用人单位具有安排年休假的决定权，可以考虑职工本人意愿，但是并非必须征得本人同意。除了用人单位安排年休假之外，职工也可以主动申请休年休假，用人单位根据生产需要和职工申请决定是否批准年休假。如果用人单位确因特殊情况不批准职工年休假申请的话，

---

① 《职工带薪年休假条例》第五条规定："单位根据生产、工作的具体情况，并考虑职工本人意愿，统筹安排职工年休假。年休假在 1 个年度内可以集中安排，也可以分段安排，一般不跨年度安排……"

职工只能服从单位安排，不得擅自休假，否则构成违纪的将受到相应纪律处分。

2020年新冠肺炎疫情蔓延，受疫情影响延迟复工复产期间，用人单位是否有权单方面安排劳动者休带薪年休假，各地存在不同意见。比如广东规定，2020年春节假期延长假期间及延迟复工期间，企业不得强制职工休带薪年休假；2月9日之后企业可以安排职工优先使用带薪年休假①。天津规定，春节假期延长期间不得抵扣带薪年休假，疫情防控期间不能开工生产的企业与职工协商，可优先使用带薪年休假②。福建规定，延迟复工期间用人单位与劳动者协商优先使用带薪年休假等未达成一致，直接优先使用带薪年休假并已按规定足额支付工资的，不再支持劳动者年休假请求③。

人力资源社会保障部等四部门发布的《关于做好新型冠状病毒感染肺炎疫情防控期间稳定劳动关系支持企业复工复产的意见》（人社部发〔2020〕8号）规定，对受疫情影响职工不能按期到岗或企业不能开工生产的，对不具备远程办公条件的企业，可与职工协商优先使用带薪年休假、企业自设福利假等各类假。8号文件只是强调安排年休假应当与职工协商，但是没有要求必须协商一致，也就是说双方经过协商后无论职工是否同意，用人单位都可以统筹安排年休假。

案例143　用人单位可以在履行协商程序后统筹安排休年休假

在李某与某餐饮公司劳动争议一案中④，李某在某餐饮公司担任厨师，月工资为8000元，2019年开始李某可以享受每年5天带薪年休假，其书面提出要求跨

---

① 广东省人力资源和社会保障厅发布的《新冠肺炎疫情防控期间劳动关系处置导则》规定，春节假期延长期间及延迟复工期间，企业不得强制职工休带薪年休假。对2月9日之后，因受疫情影响不能按期到岗的职工或仍不具备复工条件的企业，要指导企业通过安排职工居家远程办公或优先使用带薪年休假、企业自设福利假等各类假的方式，协商解决无法复工问题。

② 《天津市新冠肺炎疫情防控期间劳动关系处理指南（二）》规定，春节假期延长期间不得抵扣年休假等各类假期。在疫情防控期间，职工不能按期到岗或企业不能开工生产的，企业与职工协商，可优先使用带薪年休假、企业自设福利假等各类假。

③ 《福建省人力资源和社会保障厅办公室关于处理新冠肺炎疫情引发的劳动争议案件若干问题的指导意见》规定，受延迟复工限制的用人单位在延迟复工期间的工资支付，如果用人单位与劳动者协商优先使用带薪年休假等各类假的，用人单位应当按照相应休假的规定向劳动者支付工资；用人单位与劳动者协商未达成一致，直接优先使用带薪年休假并已按规定足额支付工资的，劳动者主张享受已抵扣部分的带薪年休假有关权利的，仲裁机构一般按《职工带薪年休假条例》规定裁决不予支持。

④ 《人力资源社会保障部、最高人民法院关于联合发布第一批劳动人事争议典型案例的通知》（人社部函〔2020〕62号）典型案例六。

年休假并征得餐饮公司同意。2020年2月3日，当地市政府要求全市所有非涉及疫情防控企业延迟复工复产至2月17日。餐饮公司即通知李某延迟复工，并要求李某2月3日至14日休完2019年度、2020年度的带薪年休假。李某表示不同意，餐饮公司要求李某服从安排，并支付了李某2月3日至14日工资。3月9日，餐饮公司复工复产后，因李某多次旷工，餐饮公司与其解除劳动合同。李某提出餐饮公司未征得本人同意就安排休假不合法，该期间工资应当视为停工停产期间工资，并要求支付2019年度、2020年度未休年休假工资报酬，餐饮公司拒绝。李某遂申请仲裁。人力资源社会保障部等四部门《关于做好新型冠状病毒感染肺炎疫情防控期间稳定劳动关系支持企业复工复产的意见》规定："对不具备远程办公条件的企业，与职工协商优先使用带薪年休假、企业自设福利假等各类假。"从上述条款可知，用人单位有权统筹安排劳动者带薪年休假，与劳动者协商是用人单位需履行的程序，但并未要求"必须协商一致"。无论劳动者是否同意，企业都可以在履行协商程序后统筹安排带薪年休假。本案中，餐饮公司在市政府要求延迟复工复产期间，主动与李某沟通后安排李某休带薪年休假符合法律和政策规定，而且李某2月3日至14日已依法享受2019年度、2020年度带薪年休假并获得相应的工资。李某要求餐饮公司支付2019年度、2020年度未休带薪年休假工资无事实依据，故依法驳回李某的仲裁请求。该案例的典型意义是，8号文件明确引导企业与劳动者优先使用带薪年休假、企业自设福利假等各类假，把新冠肺炎疫情对企业经营和劳动者收入损失降到最低。安排劳动者在延迟复工复产期间优先使用带薪年休假时，企业应当尽量考虑劳动者实际情况，依法履行协商程序，并依法支付带薪年休假工资；劳动者应当准确理解法律和政策规定，积极接受用人单位安排。

(二) 跨年度安排年休假及工资补偿替代年休假应当征得员工同意

根据《职工带薪年休假条例》和《企业职工带薪年休假实施办法》的规定[①]，一般情况下，用人单位应当在当年度内安排职工年休假，但是因生产、工作特点无法安排职工在当年度内休完年休假，应当征得职工本人同意后再决定是否跨1个年度安排。职工跨年度申请年休假的，可以视为职工同意跨年度安排。所

---

① 《职工带薪年休假条例》第五条第二款规定："……单位因生产、工作特点确有必要跨年度安排职工年休假的，可以跨1个年度安排。"
《企业职工带薪年休假实施办法》第九条规定："……用人单位确因工作需要不能安排职工年休假或者跨1个年度安排年休假的，应征得职工本人同意。"

以，用人单位未经职工同意而作出的跨年度安排必将给用人单位带来潜在的法律风险。

案例144　用人单位跨年度安排年休假应当征得员工本人同意

在沈某与赫兹汽车租赁（上海）有限公司劳动合同纠纷案中[①]，沈某于2010年2月23日入职赫兹汽车租赁公司工作，双方订立了为期两年的书面劳动合同。2012年1月12日，双方续签了劳动合同至2015年2月21日。2013年1月21日，赫兹汽车租赁公司通知员工2012年年休假可以延后到下一年度3月初使用完毕。2013年2月6日，赫兹汽车租赁公司以沈某违反长租发车规定和车辆租赁合同审批制度为由解除了与沈某之间的劳动合同。沈某认为，赫兹汽车租赁公司应支付其2012年年休假折算工资13793.10元。赫兹汽车租赁公司则认为，其已通知员工2012年年休假可以延后至下一年度3月初使用完毕，因沈某于2013年2月因违纪被公司解除劳动关系，其未休2012年年休假的责任不在公司，无须支付其2012年未休年休假折算工资。二审法院认为，赫兹汽车租赁公司未安排沈某休2012年的年休假，公司决定跨年度安排沈某休年休假需征得沈某本人同意，但赫兹汽车租赁并未就沈某同意跨年使用年休假进行举证证明，赫兹汽车租赁公司应当依法向沈某支付2012年未休年休假的折算工资。

另外，用人单位不能全部或部分安排年休假时，也应当经职工本人同意后，支付职工应休未休年休假工资补偿。即用补偿买休假方式，应当征得职工同意。职工不同意的，仍应当安排休假。但是，用人单位拒绝安排的，如果职工在年末强行休假，是否属于违纪行为，法律没有作出明确规定，用人单位作出纪律处分的合法性存在不确定性。

二、法定节假日期间多休的带薪假期可否视为年休假

用人单位有统筹安排年休假的权利，系用工自主权的体现，原则上，员工应当服从用人单位的安排。实践中，部分用人单位会在法定节假日期间安排职工多休几天带薪假期，双方对休假的性质有争议时，如果用人单位无法提供充分有效的证据证明此带薪假期为年休假，对于此带薪假期能否视为年休假，司法实践中

[①] 上海市第一中级人民法院（2014）沪一中民三（民）终字第31号民事判决书。

存在不同的认定。

持"支持说"者认为，年休假本质是休息权，单位统一安排休假保障了劳动者的休息权，休假期间正常支付工资也符合年休假的特点；用人单位在年休假安排上具有主导地位，根据工作需要统一安排休年休假并不违法；反对论的结果导向是劳动者同时获得了带薪休假和未休年休假工资补偿两项权利，权利义务明显失衡。

持"反对说"者认为，用人单位统一安排年休假无法兼顾职工本人意愿，与法律规定不符；认定休假性质应以劳动者的休假申请为依据，用人单位应对休假性质负举证责任，在休假性质不明的情况下应作出对劳动者有利的认定；统一安排休假只有在用人单位明示其性质为年休假且劳动者同意的情形下，才能认定用人单位履行了安排带薪年休假的义务，否则用人单位仍应支付未休年休假工资；也有仅要求证明用人单位曾明示多休带薪假为年休假，而无须提供职工同意此安排的证据，即可视为休假性质为年休假，证明程度要求相对较低。

案例145　用人单位在春节假期外安排带薪休假应明确告知休假性质

在某管理公司与李某劳动争议一案中[1]，李某于2016年6月6日入职某管理公司，任数据中心产品经理。双方均认可某管理公司于2017年1月17日至2017年2月2日统一安排放寒假16天。某管理公司主张其中包含7天春节假、5天2017年度的带薪年休假、其余4天按事假扣发工资。为证明其主张，某管理公司提交了执行生效日分别为2016年6月22日及2017年8月1日的两版《员工手册》，其中2017年8月1日生效的《员工手册》第15页显示有"原则上公司统一在春节假期期间集中休年假"的内容，2016年6月22日生效的《员工手册》中未显示有相关内容，李某认可上述证据的真实性，但不认可其证明目的。法院认为，《职工带薪年休假条例》第五条第一款规定："单位根据生产、工作的具体情况，并考虑职工本人意愿，统筹安排职工年休假。"某管理公司主张2017年1月17日至2月2日其公司统一安排放寒假16天，李某2017年度带薪年休假统一安排在寒假内。李某对此不予认可，称除7天春节假外，其余均系某管理公司

---

[1] 北京市第一中级人民法院（2019）京01民终10328号民事判决书。

的福利假，不包含 2017 年度带薪年休假。现某管理公司未能就其公司统一安排 2017 年度带薪年休假之主张提交已经公示或已送达李某本人的具体放假通知，其虽提交两版《员工手册》为据，但 2016 年 6 月 22 日生效的《员工手册》中未显示有员工带薪年休假统一安排在当年寒假内的相关内容，2017 年 8 月 1 日生效的《员工手册》虽显示有"原则上公司统一在春节假期期间集中休年假"之内容，但该手册于上述寒假之后才生效。故法院对某管理公司所持之主张不予采信，进而采信李某所持的主张。

三、年休假过期作废规定的效力

实践中，有些用人单位会在规章制度中规定员工应当主动申请年休假，当年度未申请年休假逾期作废。年休假过期作废的规定是否有效，应区分法定年休假和福利年休假。

（一）法定年休假过期未休的后果

1. 用人单位未主动安排、员工也未主动申请年休假

根据《职工带薪年休假条例》《企业职工带薪年休假实施办法》的规定，用人单位负有安排年休假的责任。法定年休假是基于法律规定产生的，其具有强制性，用人单位不但要保障劳动者的法定年休假，还要主动安排劳动者进行休假。即使劳动者未主动申请法定年休假，用人单位也应当主动安排，而不能直接视为劳动者放弃其应享受的法定年休假，规章制度中法定年休假过期作废的规定排除了劳动者的合法权利、免除了用人单位的法律责任，应属无效条款。

🎬 案例 146　规章制度规定职工未休年休假过期作废无效

在北京王府世纪发展有限公司与薛某劳动争议一案中[①]，薛某于 2002 年入职北京王府世纪公司，2016 年 1 月 1 日，双方签订无固定期限劳动合同，约定基本工资每月为税前 7700 元，岗位津贴 3300 元。北京王府世纪公司一直为薛某缴纳社保到 2019 年 6 月。关于未休年假工资，双方均认可薛某 2017 年应享有 10 天带薪年休假而薛某未休年休假。法院认为，北京王府世纪公司以公司制度规定休年休假需员工提出申请，如不休年休假过期作废。因该主张缺乏法律依据，

---

① 北京市第二中级人民法院（2020）京 02 民终 3225 号民事判决书。

故法院对此不予支持。北京王府世纪公司仍应支付薛某2017年未休年假补偿金10114.94元。

2. 用人单位主动安排但员工提出不休年休假

根据《企业职工带薪年休假实施办法》的规定，如果用人单位安排职工休年休假，但是职工因本人原因且书面提出不休年休假的，用人单位可以只支付其正常工作期间的工资收入。由此可见，如果用人单位安排了休年休假，劳动者由于个人原因并且书面提出不休年休假的，属于劳动者放弃休假，用人单位无须另外安排年休假。

（二）福利年休假过期未休的后果

在法定年休假之外给予职工的福利年休假，是基于劳动合同、集体合同约定或用人单位的规章制度规定产生的，用人单位对福利年休假的享受条件和逾期未休的后果具有自主决定权。用人单位在劳动合同、集体合同或规章制度中规定福利年休假过期作废，其不违反法律强制性规定，应属有效条款。

🔍 合规建议

法律赋予用人单位统筹安排职工年休假的权利和义务，用人单位应保障和落实职工的合法休假权益，并注意以下问题：

1. 用人单位享有年休假的安排权和决定权，但是也需要考虑职工的本人意愿，尤其是在疫情防控期间优先安排年休假应当事先履行协商程序，但是并非必须协商一致取得职工同意。

2. 用人单位可以根据生产、工作需要，集中或分段安排年休假，在法定节假日前后统一安排年休假时，应当在通知中明确休假的性质。

3. 用人单位应当制定并完善年休假管理制度，明确规定年休假申请程序，包括职工年休假的申请时间、申请方式、审批程序、未休年休假的处理等，除福利年休假外不得规定逾期作废。

4. 用人单位应当主动安排职工年休假，并留存职工休年休假的证据。比如用人单位安排职工休年休假的通知文件、职工提交的年休假申请、职工确认的已休年休假考勤记录、职工本人原因不休年休假的声明、同意用人单位跨年度安排年休假的相关证据。

第四节　未休年休假的补偿

一、未休年休假应当如何支付工资报酬

关于未休年休假工资报酬，与企业、机关、事业单位、社会团体建立劳动关系的职工和机关、事业单位的工作人员适用不同的法律规定[1]，前者适用《企业职工带薪年休假实施办法》，后者适用《机关事业单位工作人员带薪年休假实施办法》。

（一）建立劳动关系的职工

1. 未休法定年休假的工资报酬

对于建立劳动关系的职工，存在未休法定年休假时，用人单位是否需要以及如何支付其未休年休假工资，取决于职工未休年休假的原因。根据《职工带薪年休假条例》第五条第三款和《企业职工带薪年休假实施办法》第十条的规定，单位确因工作需要不能安排职工休年休假的，经职工本人同意，不安排年休假或者安排职工年休假天数少于应休年休假天数，应当在本年度内对职工应休未休年休假天数，按照其日工资收入的300%（包含用人单位支付职工正常工作期间的工资收入）支付未休年休假工资报酬。即用人单位原因存在未休法定年休假的，仅需另支付2倍工资即可，而非3倍。

案例147　用人单位应当按照员工日工资收入的200%另外支付未休年休假工资

在何某与沈阳一鸣咨询服务有限公司劳动争议一案中[2]，自何某与咨询公司建立劳动关系开始，咨询公司将何某派遣至沈阳地铁物业管理有限公司工作，岗位为保安，月工资为1770元。何某要求支付自2013年至2019年的未休带薪年

---

[1] 《企业职工带薪年休假实施办法》第十七条第一款规定："除法律、行政法规或者国务院另有规定外，机关、事业单位、社会团体和与其建立劳动关系的职工，依照本办法执行。"
[2] 辽宁省沈阳市中级人民法院（2020）辽01民终1645号民事判决书。

假工资。法院认为，未休年假工资的仲裁申请时效为 1 年，何某 2019 年 6 月 27 日向仲裁机构申请仲裁，对于 2018 年度以前的未休年休假工资已超过仲裁时效，该院不予支持；对何某主张的 2018 年度未休年休假工资，何某主张年休假天数为 15 天，故何某 2018 年未休年假工资为 2441.4 元（1770 元/21.75 天×15 天×200%）。依照《企业职工带薪年休假实施办法》第十条的规定，用人单位经职工同意不安排年休假或者安排职工年休假天数少于应休年休假天数，应当在本年度内对职工应休未休年休假天数，按照其日工资收入的 300% 支付未休年休假工资报酬，其中包含用人单位支付职工正常工作期间的工资收入。本案中，何某虽主张应按其日工资 300% 计算未休年休假工资，但依照上述法律规定，日工资收入 300% 的未休年休假工资报酬，已经包含用人单位支付职工正常工作期间的工资收入，故何某主张按照其日工资收入 300% 计算未休年休假工资没有法律依据。

需要注意的是，劳动合同、集体合同约定的或者用人单位规章制度规定的未休年休假工资报酬高于法定计算标准的，用人单位须按照约定或规定的标准支付未休年休假工资。

2. 未休福利年休假的工资报酬

如果劳动合同、集体合同约定或者用人单位规章制度规定了企业福利年休假及未休福利年休假补偿标准的，应当按照规定执行；如果规定员工未休企业福利年休假不予支付补偿的，用人单位则无须补偿；反之，若用人单位未就未休企业福利年休假是否补偿作出规定或规定不明的，用人单位需要按照法定未休年休假工资报酬支付未休福利年休假补偿。

用人单位设定福利年休假时，为避免混淆法定年休假与福利年休假，应在规章制度中分别规定，并明确福利年休假的享受条件、享受天数以及逾期未休假是否需要支付补偿。同时，对法定年休假与福利年休假的休假顺序进行规定，明确员工应先就法定年休假提出休假申请，待法定年休假享受完毕后，方可就福利年休假提出休假申请，并且年休假申请中应对休假性质予以明确，防范支付未休假工资补偿的风险。

案例148　规章制度规定员工离职时未休公司福利年休假不支付补偿有效

在拜耳医药保健有限公司与何某劳动争议一案中[①]，何某于2005年12月19日入职拜耳医药公司，拜耳医药公司于2014年12月29日通知与何某到期终止劳动合同。何某在2014年度有9天公司福利年休假未休。拜耳医药公司已送达给何某的《员工手册》中规定："5.3，补充福利。5.3.1，补充福利是公司在法定福利以外提供给员工的福利。5.3.3，公司节假日、公司年假和全薪病假等假期以及新婚礼金和新生子女礼金：具体规定和流程详见本《员工手册》第六章和公司《假期政策》。"《假期政策》第5.2.7条规定："iii，员工离职时未休的公司年假，不进行工资折算。如遇特殊情况，经与人力资源业务伙伴商议，由资源管理经理确定是否发放……v，公司年假工资折算标准基数为＝员工本人月工资÷21.75天。员工本人月基本工资是指劳动合同或最近一次调薪信上所载明的月基本工资。"法院认为，结合《员工手册》的相关规定，对拜尔医药公司员工未休公司福利年假的计算标准予以确认，并对公司有权不向何某支付未休公司福利年假的主张予以支持。

（二）机关、事业单位的工作人员

根据《机关事业单位工作人员带薪年休假实施办法》第七条的规定，机关、事业单位因工作需要不安排工作人员休年休假，应当根据工作人员应休未休的年休假天数，按照本人应休年休假当年日工资收入的300%（含工作人员正常工作期间的工资收入）支付年休假工资报酬，除正常工作期间工资收入外，其余部分应当由所在单位在下一年第一季度一次性支付。

另外，根据《机关事业单位工作人员带薪年休假实施办法》第九条的规定，机关、事业单位已安排年休假，工作人员因个人原因不休年休假，或请事假累计已超过本人应休年休假天数，但不足20天的，只支付其正常工作期间的工资收入即可。

[①] 北京市第二中级人民法院（2016）京02民终3518号民事判决书。

二、未休年休假工资报酬的日工资收入如何计算

建立劳动关系的职工和机关、事业单位的工作人员，未休年休假工资报酬的日工资计算也存在不同规定①。

（一）建立劳动关系的职工日工资收入

1. 日工资收入的计算方法

在计算未休年休假工资报酬的日工资收入时，企业、机关、事业单位、社会团体建立劳动关系的职工需按照职工本人的月工资除以月计薪天数（21.75 天）进行折算。

2. 日工资收入的组成

对建立劳动关系的职工，计算未休年休假工资报酬的日工资收入，应剔除加班工资及福利费用（如防暑降温费、取暖费等）。此处的加班工资，既包括用人单位固定发放的加班工资，也包括用人单位根据职工具体加班情况核算发放的加班工资。对于以货币形式发放的餐补、房补、交通补助、通讯补助等都属于职工的工资组成部分，不再纳入职工福利费管理范畴，在具体计算未休年休假工资报酬的日工资收入时，不应被扣除。

🎬 案例149　餐补及交通费属于工资，应当计入未休年休假工资基数

在赵某与天津某环卫公司、天津某人力公司劳动争议一案中②，赵某自 1992 年 4 月 27 日进入天津某人力公司工作，并被天津某人力公司派遣至天津某环卫公司从事环卫工工作。2014 年 10 月 28 日，赵某与天津某人力公司协商解除了劳动合同关系。

---

① 《企业职工带薪年休假实施办法》第十一条规定："计算未休年休假工资报酬的日工资收入按照职工本人的月工资除以月计薪天数（21.75 天）进行折算。前款所称月工资是指职工在用人单位支付其未休年休假工资报酬前 12 个月剔除加班工资后的月平均工资。在本用人单位工作时间不满 12 个月的，按实际月份计算月平均工资。职工在年休假期间享受与正常工作期间相同的工资收入。实行计件工资、提成工资或者其他绩效工资制的职工，日工资收入的计发办法按照本条第一款、第二款的规定执行。"

《机关事业单位工作人员带薪年休假实施办法》第八条规定："工作人员应休未休假当年日工资收入的计算办法是：本人全年工资收入除以全年计薪天数（261 天）。机关工作人员的全年工资收入，为本人全年应发的基本工资、国家规定的津贴补贴、年终一次性奖金之和；事业单位工作人员的全年工资收入，为本人全年应发的基本工资、国家规定的津贴补贴、绩效工资之和。其中，国家规定的津贴补贴不含根据住房、用车等制度改革向工作人员直接发放的货币补贴。"

② 天津市高级人民法院（2017）津民再 40 号民事裁定书。

再审法院查明，2013年10月至2014年9月，天津某环卫公司给赵某的餐补、交通费列入其月工资台账，餐补按每天14元，交通费每天7元的标准每月发放。赵某工资台账中的项目包括基本工资、奖金、工龄工资、加班费、餐补、交通费、取暖费等。赵某2013年10月至2014年9月的总报酬为32608.5元，其中加班费为4469.83元，餐补3360元，交通费1680元，防暑降温费和取暖费为1032元。

再审法院认为，赵某主张计算未休年休假月工资基数时餐补、交通费不应被剔除，故天津某环卫公司给赵某发放的餐补、交通费两项是属于工资总额的组成部分还是属于福利，是双方争议的核心问题。2009年11月12日实施的《财政部关于企业加强职工福利费财物管理的通知》（财企〔2009〕242号）第二条规定："企业为职工提供的交通、住房、通讯待遇，已经实行货币化改革的，按月按标准发放或支付的住房补贴、交通补贴或者车改补贴、通讯补贴，应当纳入职工工资总额，不再纳入职工福利费管理；尚未实行货币化改革的，企业发生的相关支出作为职工福利费管理，但根据国家有关企业住房制度改革政策的统一规定，不得再为职工构建住房。企业给职工发放的节日补助、未统一供餐而按月发放的午餐费补贴，应当纳入工资总额管理。"结合本案案情，赵某的餐补及交通费按月按标准发放，且列入工资台账，根据该规定，赵某的餐补和交通费不应再纳入职工福利费，而应属于工资范畴。赵某2013年10月至2014年9月的月平均工资在剔除加班费、防暑降温费、取暖费等福利项目后，应为2258.89元，即实发12个月的工资总额减加班费、取暖费和防暑降温费（32608.5－4469.83－1032）/12个月＝2258.89元。鉴于赵某自认于2014年9月休年休假3天，则其应休未休年休假天数为9天，故天津某环卫公司作为用工单位应支付赵某该期间带薪年休假工资是1869.43元（2258.89元/21.75天×9天×200%）。天津某人力公司对此承担连带责任。

3. 日工资收入的计算期间

原则上，建立劳动关系的职工在支付未休年休假工资前，向前倒推本人12个月收入计算月平均工资，在本用人单位工作时间不满12个月的，按实际月份计算月平均工资。但江苏规定，计算多个年度的未休年休假工资，应分别计算各年度的月平均工资①。

---

① 《江苏省高级人民法院关于审理带薪年休假纠纷若干问题的指导意见》规定，月工资是指劳动者应休假年度的月平均工资，包含奖金、津贴等工资性收入，不包含加班工资。

案例 150　未休年休假工资基数的计算期间

王某等与上海友而信市场信息咨询有限公司郑州分公司、上海友而信市场信息咨询有限公司劳动争议一案中[1]，2013 年 12 月 6 日至 2019 年 8 月 1 日，王某等 17 人通过签订劳动合同、工作调动的方式，与友而信郑州分公司建立劳动关系。王某等 17 人的劳动报酬由基本工资及绩效工资、奖金、补贴等组成。在劳动合同约定的期限未到期前，友而信郑州分公司向王某等 17 人出具《终止劳动关系通知书》，主要载明：因第十四项"用人单位被吊销营业执照、责令关闭、撤销或者用人单位决定提前解散的"原因，双方劳动关系于 2019 年 11 月 15 日终止。法院认为，未休年休假工资报酬应适用一般时效。王某等人可以主张 2018 年度、2019 年度的未休年休假工资。结合王某等人在上述年度已经休过的年假天数，可以得知王某等人在 2018 年度、2019 年度未休带薪年假天数（具体天数详见附表 2），故友而信郑州分公司应向王某等人支付的未休带薪年休假工资数额详见附表 2，具体计算方法为：终止劳动关系前 12 个月平均工资÷21.75 天×2018 年度、2019 年度未休带薪年假天数之和×200%。

（二）机关、事业单位工作人员的日工资收入

机关、事业单位工作人员的日工资收入是按照本人应休年休假当年的全年工资收入除以全年计薪天数（261 天）进行折算，作为未休年休假工资计算基数。

机关工作人员的全年工资收入，为本人全年应发的基本工资、国家规定的津贴补贴、年终一次性奖金之和；事业单位工作人员的全年工资收入，为本人全年应发的基本工资、国家规定的津贴补贴、绩效工资之和。国家规定的津贴补贴应剔除根据住房、用车等制度改革向工作人员直接发放的货币补贴。

三、未休年休假工资报酬属于工资还是经济补偿

在我国现行的法律规定中，并未对未休年休假工资报酬的性质进行明确。对此，实践中存在争议。

（一）未休年休假工资报酬的性质认定

未休年休假工资报酬的性质在我国现行法律法规中并无明确规定，在各地的

---

[1] 河南省郑州市中级人民法院（2020）豫 01 民终 6937 号民事判决书。

相关规定及司法实践中，存在"补偿说""赔偿说""工资说"三种观点。如北京市人社局发布的《关于进一步做好劳动争议案件仲裁终局裁决工作的通知》明确，未休带薪年休假工资报酬差额属于《劳动争议调解仲裁法》第四十七条第一款第（一）项中的"经济补偿"。浙江省劳仲委发布的《浙江省劳动人事争议仲裁终局裁决适用规定》明确，未休年休假工资报酬属于《劳动争议调解仲裁法》第四十七条第一款第（一）项中的"赔偿金"。天津市人社局发布的《关于劳动人事争议案件适用一裁终局有关问题的通知》明确，因未休带薪年休假产生的带薪年休假工资属于《劳动争议调解仲裁法》第四十七条第一款第（一）项中的"劳动报酬"。

（二）未支付未休年休假工资，能否适用《劳动合同法》第三十八条

用人单位未及时足额支付劳动报酬的，劳动者可以按照《劳动合同法》第三十八条的规定提出解除劳动合同。由于对未休年休假工资的性质存在不同认识，导致用人单位未支付未休年休假工资时，劳动者是否可以按照《劳动合同法》第三十八条规定提出解除劳动合同和要求支付经济补偿金，司法实践中也存在争议。

北京等部分地区认为，未休年休假的工资报酬与正常劳动工资报酬、加班工资报酬的性质不同，其中包含用人单位支付职工正常工作期间的工资收入（100%部分）及法定补偿（200%部分），故因用人单位未支付未休年休假的工资报酬（200%部分）而主张用人单位拖欠劳动报酬，法院不予支持，职工仅以此项要求单方解除劳动合同及用人单位支付解除劳动合同经济补偿金，无法获得支持。

重庆等部分地区则认为，带薪年休假应是定期休假的一种，相应地未休假应享受的待遇属于工资报酬范围，职工以用人单位未支付未休年休假工资而要求单方解除劳动合同及用人单位支付解除劳动合同经济补偿金，应获得支持。

案例151　未休年休假工资报酬属于特殊情况下支付的工资

在刘某与重庆某电器维修部经济补偿金纠纷一案中[①]，2013年2月27日，刘某与重庆某电器维修部签订了《劳动用工合同》，2015年9月23日刘某向电

---

① 重庆市第五中级人民法院（2016）渝05民终5077号民事判决书。

器维修部邮寄送达了《解除劳动关系告知书》，载明单位未按照相关法律、法规的规定按时、足额为其参加各项社会保险，也未给其补休年假或发放年休假报酬工资等，根据《劳动合同法》第三十八条及《劳动合同法实施条例》第十八条等规定，决定解除劳动合同。法院认为，双方存在劳动关系，刘某应当依法享有休息休假的权利。庭审中，重庆某电器维修部并未举示证据证明其已安排刘某休年休假或支付未休年休假工资报酬，因未休年休假工资报酬属于"特殊情况下支付的工资"，故重庆某电器维修部存在未及时足额支付刘某劳动报酬的情形，根据上述法律规定，刘某可以解除劳动合同。重庆某电器维修部应当依法向刘某支付解除劳动关系的经济补偿。

🔍 合规建议

用人单位未安排职工休年休假支付工资报酬时，应当注意以下问题：

1. 用人单位应当依法安排年休假，如因工作需要确实无法安排也不能跨年安排的，经职工同意后，应当依法及时支付未休年休假工资报酬。除用人单位制度规定或劳动合同、集体合同约定高于法定标准外，未休法定年休假应当另行支付2倍工资；法定年休假之外的福利年休假，未休假时是否支付工资补偿及补偿标准，根据劳动合同、集体合同的约定或规章制度规定执行。

2. 用人单位性质和法律关系不同，未休年休假的日工资计算方式、计算期间和组成项目不同，应当注意正确选择法律适用。

3. 各地对未休年休假工资性质的裁判口径不同，因未休年休假工资而引发职工单方解除后是否支付经济补偿金会大有不同，用人单位应依法安排年休假或及时支付未休年休假工资报酬，避免因小失大。

第五节　年休假争议的处理

一、用人单位未安排年休假也未依法支付未休年假工资报酬的法律责任

根据《职工带薪年休假条例》《机关事业单位工作人员带薪年休假实施办

法》《企业职工带薪年休假实施办法》等法律规定①，既不安排职工休年假也不支付未休年休假工资报酬，国家机关、企事业单位需承担的法律责任包括：

（一）责令限期改正，依法安排年休假或支付未休年休假工资

国家机关、企事业单位不安排职工休年休假又不依照规定支付未休年休假工资报酬的，由县级以上地方人民政府人事部门或者劳动保障部门依据职权责令限期改正，即国家机关、企事业单位应当在限期内依法安排职工休年假或另外支付2倍未休年休假工资。

（二）逾期不改正的，责令支付未休年休假工资并加罚赔偿金

对逾期不改正的，除责令该国家机关、企事业单位支付未休年休假工资报酬外，单位还应当按照未休年休假工资报酬的数额向职工加付赔偿金。即除支付300%未休年休假工资报酬外，还需要另外加付300%的赔偿金。也就是说，逾期不改正的，单位需要向职工支付6倍工资（包含本人正常工作时间的工资）。

（三）企业拒不整改的，可处以罚款，并可申请人民法院强制执行

根据《劳动保障监察条例》第三十条的规定，拒不整改的，劳动和社会保障行政机关可依法给予行政处罚，处以2000元以上2万元以下的罚款。对企事

---

① 《职工带薪年休假条例》第七条规定："单位不安排职工休年休假又不依照本条例规定给予年休假工资报酬的，由县级以上地方人民政府人事部门或者劳动保障部门依据职权责令限期改正；对逾期不改正的，除责令该单位支付年休假工资报酬外，单位还应当按照年休假工资报酬的数额向职工加付赔偿金；对拒不支付年休假工资报酬、赔偿金的，属于公务员和参照公务员法管理的人员所在单位的，对直接负责的主管人员以及其他直接责任人员依法给予处分；属于其他单位的，由劳动保障部门、人事部门或者职工申请人民法院强制执行。"

《企业职工带薪年休假实施办法》第十五条第二款规定："用人单位不安排职工休年休假又不依照条例及本办法规定支付未休年休假工资报酬的，由县级以上地方人民政府劳动行政部门依据职权责令限期改正；对逾期不改正的，除责令该用人单位支付未休年休假工资报酬外，用人单位还应当按照未休年休假工资报酬的数额向职工加付赔偿金；对拒不执行支付未休年休假工资报酬、赔偿金行政处理决定的，由劳动行政部门申请人民法院强制执行。"

《机关事业单位工作人员带薪年休假实施办法》第十一条规定："机关、事业单位不安排工作人员休休假又不按本办法规定支付年休假工资报酬的，由县级以上地方人民政府人事行政部门责令限期改正。对逾期不改正的，除责令该单位支付年休假工资报酬外，单位还应当按照年休假工资报酬的数额向工作人员加付赔偿金。对拒不支付年休假工资报酬、赔偿金的，属于机关和参照公务员法管理的事业单位的，应当按照干部管理权限，对直接负责的主管人员以及其他直接责任人员依法给予处分，并责令支付；属于其他事业单位的，应当按照干部管理权限，对直接负责的主管人员以及其他直接责任人员依法给予处分，并由同级人事行政部门或工作人员本人申请人民法院强制执行。"

业单位拒不执行支付未休年休假工资报酬、赔偿金行政处理决定的，由同级人事行政部门或工作人员本人或劳动行政部门申请人民法院强制执行。

🎬 案例152　用人单位未安排年休假也未支付未休年休假工资的法律责任

在申请执行人江苏省泰州市姜堰区人力资源和社会保障局（以下简称姜堰区人社局）与被执行人江苏苏北某公司劳动和社会保障行政管理纠纷中[1]，姜堰区人社局申请人民法院强制执行其对江苏苏北某公司作出的泰姜人社察理字〔2018〕第2004号《劳动保障监察行政处理决定书》。

经审查，姜堰区人社局因接到钱某的投诉，于2018年1月15日向钱某所在的江苏苏北某公司发出泰姜人社察询字〔2018〕第2003号《劳动保障监察调查询问书》，要求江苏苏北某公司派员到劳动保障监察大队接受调查询问。因江苏苏北某公司未依法安排钱某2016年至2017年带薪年休假又不给予其年休假工资报酬，同年2月27日，姜堰区人社局向其发出泰姜人社察令字〔2018〕第2004号《劳动保障监察限期改正指令书》，限令限期三日支付钱某2016年至2017年带薪年休假工资报酬，但江苏苏北某公司置之不理。此后姜堰区人社局分别向江苏苏北某公司发出泰姜人社察处告字〔2018〕第2002号《劳动保障监察行政处罚告知书》和泰姜人社察处告字〔2018〕第2004号《劳动保障监察行政处理告知书》，告知拟对其处以18000元的行政处罚、并作出责令其支付钱某2016年至2017年带薪年休假工资9059.83元、加倍支付赔偿金9059.83元的处理。此后江苏苏北某公司虽进行申辩，但撤回行政复议且未提起行政诉讼，亦未按照上述处罚决定书和处理决定书自觉履行。12月23日，姜堰区人社局向江苏苏北某公司发出泰姜人社察催字〔2018〕第1632号《行政强制执行催告书》，催告江苏苏北某公司按照上述处理决定书履行，江苏苏北某公司依然未履行给付义务。2019年1月21日，姜堰区人社局申请强制执行泰姜人社察理字〔2018〕第2004号《劳动保障监察行政处理决定书》。

法院认为，江苏苏北某公司未依法安排钱某2016年至2017年带薪年休假又不给予其年休假工资报酬的行为，违反了《职工带薪年休假条例》第二条、

---

[1] 江苏省泰州市姜堰区人民法院（2019）苏1204行审6号行政裁定书。

第五条的规定，姜堰区人社局作出的行政处理决定程序合法，申请强制执行符合《行政强制法》第五十三条、第五十五条的规定，裁定准予强制执行泰姜人社察理字〔2018〕第2004号《劳动保障监察行政处理决定书》。

（四）机关、事业单位的直接负责的主管人员以及其他直接责任人员还可能被行政处分

对拒不支付年休假工资报酬、赔偿金的，属于机关和参照公务员法管理的事业单位的，应当按照干部管理权限，对直接负责的主管人员以及其他直接责任人员依法给予处分；属于其他事业单位的，应当按照干部管理权限，对直接负责的主管人员以及其他直接责任人员依法给予处分。

二、解决年休假争议的法律途径

（一）年休假争议的救济途径

根据相关法律规定[①]，用人单位既不安排职工休年休假还不支付未休年休假工资报酬时，职工可以选择以下救济途径之一：

1. 向相关部门投诉

建立劳动关系的职工可向用人单位所在地区县级以上劳动和社会保障行政机关的劳动监察部门投诉，机关事业单位工作人员可以向地方人民政府人事行政部门进行投诉，请求相关部门责令用人单位限期支付；逾期不改正的，相关部门还将责令用人单位加付赔偿金。

2. 申请劳动或人事争议仲裁

建立劳动关系的职工可以向用人单位所在地或劳动合同履行地的劳动人事争议仲裁委员会申请劳动仲裁，要求用人单位支付未休年休假工资报酬。国家机关、事业单位工作人员与所在单位因年休假发生的争议，可以依照国家有关公务员申诉控告和人事争议处理的规定处理。

[①] 《职工带薪年休假条例》第八条规定："职工与单位因年休假发生的争议，依照国家有关法律、行政法规的规定处理。"
《企业职工带薪年休假实施办法》第十六条规定："职工与用人单位因年休假发生劳动争议的，依照劳动争议处理的规定处理。"
《机关事业单位工作人员带薪年休假实施办法》第十二条规定："工作人员与所在单位因年休假发生的争议，依照国家有关公务员申诉控告和人事争议处理的规定处理。"

(二) 两种法律救济途径的区别

1. 赔偿数额不同

申请劳动或人事争议仲裁的,赔偿数额一般为未休年假中200%法定补偿部分。向劳动监察部门或人事行政部门投诉的,不但可以要求支付未休年假法定补偿,对于用人单位被责令限期支付但逾期不支付的,相关部门还可以要求加付赔偿金。

2. 时效不同

申请劳动或人事争议仲裁的,必须符合仲裁时效规定,各地对未休年假工资性质认定不同,可能适用1年时效,也可能适用特殊时效。向劳动监察部门投诉的,自违法行为发生之日2年内的违法行为可以进行处理,违法行为有连续或者继续状态的,自行为终了之日起计算。

3. 处理期限不同

申请劳动或人事争议仲裁的,仲裁程序期限一般为45日,但是在实践中由于大量案件积压一般数月后才可以作出仲裁裁决,且可能存在后续的诉讼程序,全部程序完成,时间较长。向劳动监察部门投诉的,调查期限一般为60个工作日。

4. 异议程序不同

针对劳动或人事争议仲裁结果不服的,可继续提起一审、二审、再审、抗诉等程序。针对劳动监察行政投诉处理结果不服的,可继续提起行政复议或行政诉讼,但是不影响行政处理决定的执行。

实践中,很多劳动者对劳动监察处理程序不了解,与用人单位发生年休假争议后,一般会选择劳动仲裁。其实向劳动监察部门投诉,可以更快捷地得到处理,并且可能获得更多的赔偿。

案例153 员工可以向劳动监察部门投诉解决年休假争议

在申请执行人苏州市吴中区人力资源和社会保障局(以下简称吴中人社局)与被执行人苏州某公司劳动和社会保障行政管理纠纷中[1],吴中人社局申请强制执行其对被执行人苏州某公司作出的苏吴人社察理字(2014)第1号《行政处

---

[1] 江苏省苏州市吴中区人民法院(2015)吴非诉行审字第17号行政裁定书。

理决定书》。

经审理查明，吴中人社局根据《职工带薪年休假条例》第七条和《企业职工带薪年休假实施办法》第十五条第二款的规定，于2014年11月24日作出苏吴人社察理字（2014）第1号行政处理决定书，明确苏州某公司未按规定支付职工带薪年休假工资报酬的行为，违反了《职工带薪年休假条例》第二条、第五条及《企业职工带薪年休假实施办法》第三条的规定，决定：限期苏州某公司于2014年11月24日前支付员工周某2013年度15天带薪年休假及2014年1月1日到2014年10月14日11天带薪年休假工资报酬11953.76元并向周某加付赔偿金11953.76元，共计23907.52元。该行政处理决定书于2014年11月24日送达苏州某公司。苏州某公司在规定期限内既未申请行政复议或提起行政诉讼，也未履行。吴中人社局于2015年3月11日向苏州某公司送达了该局劳动保障监察履行行政处理决定催告书，要求其在10日内履行上述支付义务，但苏州某公司仍未履行支付义务。吴中人社局于2015年5月15日申请强制执行，执行内容为：向周某支付2013年度15天带薪年休假及2014年1月1日到2014年10月14日11天带薪年休假工资报酬11953.76元，并向周某加付赔偿金11953.76元，共计23907.52元。

法院认为，被执行人苏州某公司未支付员工周某带薪年休假工资报酬的行为，违反了相关法律规定，申请执行人吴中人社局作出的所涉行政处理决定，事实清楚、程序合法，适用法律、法规正确，该处理决定之事项具有可执行内容，符合人民法院强制执行的法定条件，最终裁定对苏吴人社察理字（2014）第1号《行政处理决定书》予以强制执行。

三、未休年休假工资报酬争议的仲裁时效

根据《劳动争议调解仲裁法》规定，劳动争议的仲裁时效分为普通时效和特殊时效[①]。未休年休假工资报酬系由劳动者未休年休假期间正常工资收入（100%）（用人单位一般已随工资发放）和需要另外支付的未休年休假工资报酬

---

① 《劳动争议调解仲裁法》第二十七条第一款和第四款规定，劳动争议申请仲裁的时效期间为一年。仲裁时效期间从当事人知道或者应当知道其权利被侵害之日起计算。劳动关系存续期间因拖欠劳动报酬发生争议的，劳动者申请仲裁不受本条第一款规定的仲裁时效期间的限制；但是，劳动关系终止的，应当自劳动关系终止之日起一年内提出。

（200%）两个部分构成，实践中由于对未休年休假工资报酬性质认定不同，导致各地对未休年休假工资报酬争议适用不同的仲裁时效。

一种观点认为，未休年休假工资报酬属于劳动报酬，适用劳动仲裁特殊时效，不受 1 年仲裁时效期间的限制，员工可以主张在职期间历年未休年休假工资报酬，比如内蒙古、广西、重庆、福建、云南。

另一种观点认为，200% 未休年休假工资报酬为法定补偿，应适用劳动仲裁一年时效规定。该观点为主流观点，比如北京、上海、山东、黑龙江、辽宁、湖北、湖南等。但是，即使适用 1 年仲裁时效的，不同地区的计算方法也有差异，可能出现支持 2 年或 3 年未休年休假工资报酬的不同结果。

1. 北京地区认为，考虑年休假可以集中、分段和跨年度安排的特点，劳动者每年未休年休假工资报酬的仲裁时效，从第二年的 12 月 31 日起算。

2. 上海、浙江、江苏、安徽地区认为，未休年休假工资报酬的仲裁时效期间，从应休假年度次年的 1 月 1 日起计算；确因生产、工作需要，经劳动者同意，用人单位跨年度安排劳动者休年休假的，请求权时效顺延至下一年度的 1 月 1 日起计算；劳动关系已经解除或者终止的，从劳动关系解除或者终止之日起计算。

3. 深圳地区认为，未休年休假工资报酬的仲裁时效期间，应从第 3 年的 1 月 1 日当天开始计算。但双方劳动合同解除或终止的，应从劳动合同解除或终止之日起计算。

案例154　未休年休假工资 1 年仲裁时效的起算时间

在刘某与深圳市合和泰五金塑胶制品有限公司劳动争议一案中[①]，刘某于 2011 年 6 月 3 日受聘于公司，在公司的连续工作时间已满 1 年不满 10 年。2016 年度、2017 年度、2018 年 1 月 1 日至 2018 年 11 月 2 日刘某依法享受年休假天数分别为 5 天、5 天、4 天。刘某要求支付 2016 年、2017 年、2018 年 1 月 1 日至 2018 年 11 月 2 日的带薪年休假工资 5090.96 元。

法院认为，根据《职工带薪年休假条例》第五条第二款的规定，年休假可以跨 1 个年度安排。也就是说，年休假可以在第二年才安排，故如在第二年 12

---

① 广东省深圳市龙岗区人民法院（2019）粤 0307 民初 4329 号民事判决书。

月 31 日前用人单位未安排劳动者进行休假，亦未依法支付未休年休假工资，劳动者才应当知道其权利受到侵害。因此，未休年休假工资的申请仲裁时效期间应从第三年的 1 月 1 日开始起算，并且应以自然年计算。本案中，刘某于 2018 年 11 月 12 日申请仲裁，故刘某 2016 年至 2018 年的未休年休假工资未超过申请劳动仲裁的时效期间。法院以刘某的应发日工资 181.82 元为基数计算刘某上述期间的带薪年休假工资，因法定年休假的 300% 中的 1 倍为工资，刘某已在每月工资中实际领取，不再计入。故公司应支付刘某 2016 年度、2017 年度、2018 年 1 月 1 日至 2018 年 11 月 2 日的带薪年休假工资共计 5090.96 元［181.82 元×（5 天 +5 天 +4 天）×200%］。

合规建议

用人单位在处理年休假争议时，应当注意以下问题：

1. 用人单位既不安排年休假也不支付未休年休假工资报酬的，除需要依法支付未休年休假工资报酬外，还可能需要承担加付赔偿金、罚款等相应法律责任。用人单位应当依法合规的处理年休假争议，避免承担不必要的法律责任。

2. 用人单位既不安排年休假也不支付未休年休假工资报酬的，职工除可以申请劳动或人事争议仲裁外，也可以选择向劳动监察部门或人事行政部门投诉。用人单位应当依法合规进行应对，避免造成不必要的损失。尤其面对劳动监察部门检查时，不能置之不理，应当积极配合稽查，提供核实材料，说明相关情况。针对劳动监察的处理决定，无异议的，应及时履行；不服的，应及时提起行政复议或行政诉讼。

3. 各地对未休年休假工资报酬的性质和仲裁时效存在不同意见，用人单位应关注所在地区的裁判口径，判断所需承担法律责任和支付义务的时间范围，并在仲裁时主动提出时效抗辩，减少经济损失，降低法律风险。